Manfred Rolfes

Regionale Mobilität und akademischer Arbeitsmarkt

Osnabrücker Studien zur Geographie
Band 17

Herausgegeben von

Jürgen Deiters, Gerhard Hard, Norbert de Lange,
Walter Lükenga, Hans-Claus Poeschel, Diether
Stonjek und Hans-Joachim Wenzel

Manfred Rolfes

Regionale Mobilität und akademischer Arbeitsmarkt

Hochschulabsolventen beim Übergang vom Bildungs- in das Beschäftigungssystem und ihre potentielle und realisierte Mobilität

Universitätsverlag Rasch Osnabrück

Die vorliegende Arbeit wurde 1995 im Fachbereich Kultur- und Geowissenschaften, Fachgebiet Geographie, der Universität Osnabrück als Dissertation angenommen. Der Text wurde für den Druck nur geringfügig geändert, auf den Abdruck der 15 verschiedenen Studenten- und Absolventenfragebögen wurde hier verzichtet.

Die Deutsche Bibliothek – Cip-Einheitsaufnahme

Rolfes, Manfred:
Regionale Mobilität und akademischer Arbeitsmarkt : Hochschulabsolventen beim Übergang vom Bildungs- in das Beschäftigungssystem und ihre potentielle und realisierte Mobilität / Manfred Rolfes. - Osnabrück : Rasch, 1996
(Osnabrücker Studien zur Geographie ; Bd. 17)
Zugl.: Osnabrück, Univ., Diss., 1995
ISBN 3-930595-77-X
NE: GT

Herstellung: Rasch Druckerei und Verlag, Bramsche
Gedruckt auf säurefreiem Offsetpapier, TCF
Printed in Germany

ISBN 3-930595-77-X

Inhalt

Verzeichnis der Tabellen

Verzeichnis der Abbildungen

Dank

Auf diesem Wege möchte ich allen danken, die mir bei der Entstehung meiner Arbeit hilfreich zur Seite gestanden haben. Ich denke dabei zuerst an meinen Doktorvater Hans-Joachim Wenzel, der über den langen Zeitraum meines Dissertationsvorhabens für mich stets ein interessierter und kompetenter Diskussionspartner gewesen ist. Er hat durch sein tatkräftiges Engagement die notwendigen Rahmenbedingungen geschaffen, die es mir ermöglicht haben, diese Arbeit zu schreiben. Darüber hinaus bedanke ich mich bei dem zweiten Gutachter meiner Arbeit, Herrn Prof. Dr. Gerhard Hard. Seine kritischen Stellungnahmen haben mir insbesondere beim theoretischen Teil meiner Arbeit sehr geholfen. Ein herzlicher Dank geht auch an Herrn Prof. Dr. Ulrich Teichler (Kassel), der mir die Daten der Kasseler Hochschulabsolventen-Verlaufsstudie zur Verfügung stellte sowie an Harald Schomburg (Kassel), mit dem ich so manchen fruchtbaren methodischen Disput hatte.

Schließlich möchte ich auch denjenigen Kolleginnen und Kollegen danken, die mir bei Vorträgen, auf Kolloquien oder in Einzelgesprächen als interessierte Diskussionspartner hilfreiche Anregungen für meine Arbeit gegeben und mich auf einige Ungereimtheiten aufmerksam gemacht haben. Mein Dank geht hierbei besonders an die Mitarbeiterinnen und Mitarbeiter im Fachgebiet Geographie der Universität Osnabrück und am Wissenschaftlichen Zentrums I für Berufs- und Hochschulforschung an der Gesamthochschule Kassel sowie an die Mitglieder im Arbeitskreis Bildungsgeographie.

Der Universitätsgesellschaft Osnabrück e.V. danke ich für die Würdigung meiner Arbeit und den ansehnlichen Druckkostenzuschuß. Den Herausgebern der Osnabrücker Studien zur Geographie danke ich für die Aufnahme der Arbeit in die Publikationsreihe. Susanne Franzkeit vom Universitätsverlag Rasch sei für die freundliche und unbürokratische Betreuung sowie die schnelle Drucklegung meiner Arbeit gedankt, Thomas Baschetti für den fachgerecht durchgeführten Feinschliff an Abbildungen, Tabellen und Text.

Abschließend möchte ich mich bei meiner Freundin Ingrid Stroot bedanken. Zu einer Zeit, in der sie selbst beruflich sehr stark eingebunden war, hat sie meine Arbeit Korrektur gelesen und mir viele Hinweise auf Unklarheiten und Mißverständnisse gegeben.

Anstelle eines Vorwortes: Ein Augenblick der Selbstbeobachtung

Wenn ich mir rückblickend die einzelnen Stadien meiner Arbeit in Ruhe anschaue, so fällt mir auf, daß ich eigentlich an ziemlich viele Dinge denken bzw. ziemlich viele verschiedene Aspekte berücksichtigen mußte. Aus einem umfangreichen themenbezogenen Literaturbestand mußten wesentliche Sachverhalte extrahiert und sinnvolle Hypothesen gebildet werden; empirisches Datenmaterial mußte auf Validität geprüft werden; die theoretischen Vorüberlegungen und Hypothesen mußten auf das empirischen Material abgestimmt werden, dabei sollten die jeweils verwendeten statistischen Verfahren der jeweiligen Fragestellung angemessen sein; .... Kurzum, alles verlief so, wie es von einem klassischen empirischen Forschungsprozeß erwartet wurde: Theoretisches Vorstudium – Bildung von Hypothesen – Methodische Überlegungen – Prüfung der Hypothesen – Bestätigung bzw. Ablehnung der Hypothesen – Aufwerfen neuer Fragestellungen. Bei diesem scheinbar objektiven bzw. zumindest objektivierten Forschungsverlauf bleibt die Person des Wissenschaftlers und bleiben besonders seine subjektiven »Vor-« Urteile über das von ihm behandelte Thema in der Regel unberücksichtigt. Diese subjektiven Erfahrungen, Suchbilder und Vorstellungen spielen natürlich mehr oder weniger unbewußt im Forschungsprozeß eine Rolle. Sie wirken mit bei der Aufstellung von Hypothesen; sie beeinflussen die Selektionsfilter der Wahrnehmung; sie steuern z.B. bei den empirischen Auswertungen, welchem Ergebnis eine hohe und welchem eher eine untergeordnete Bedeutung zugeschrieben wird. Liefern die empirischen Ergebnisse Abweichungen von den *mental maps* des Forschers bzw. der Forscherin (die sich schließlich über Jahre hinaus aufgebaut haben), werden diese nur widerwillig akzeptiert, (nachdem vorher aber lange nach möglichen Erklärungen und Unregelmäßigkeiten gesucht wurde, um diese Ergebnisse wegzuinterpretieren; vgl. dazu auch den diesbezüglichen Erlebnisbericht von HARD, 1987, S. 12 ff.). Im Extremfall liefert dann der empirische Forschungsprozeß quasi automatisch die empirischen Belege für die Theorien und Erwartungen im Kopf des Forschers. All diesem wird natürlich durch ein umfassendes Theoriestudium vorzubeugen versucht, doch schon dieses ist subjektiv anlegt.

Insbesondere auch die Dissertation und der Disputationsvortrag einer Kollegin, Frauke Kruckemeyer, gab mir den letzten Anstoß, mich zumindest im Vorwort mit meiner persönlichen und subjektiven Sichtweise, meinem Vorverständnis und meinen Erwartungen in bezug auf die regionale Mobilität von Hochschulabsolventen in der Berufsstartphase auseinanderzusetzen. Nur durch diese Selbstbeobachtung würde ich feststellen können, welche eigenen Erwartungen und Hypothesen ich eigentlich habe und inwieweit ich Gefahr laufe, in diese mir selbst gestellten »Fallen« zu laufen (also durch mein Vorverständnis und meine Vorurteile den empirischen Forschungsprozeß zu stark vorzustrukturieren).

Wenn ich versuche zu ergründen, wodurch mein Vorverständnis und meine Erfahrungen von regionaler Mobilität geprägt worden sind, so muß ich dabei bis in meine Schulzeit zurückgehen. Als Abiturient des Kreisgymnasiums in Meppen im ländlich-peripheren Emsland war für mich wie für viele meiner Mitschülerinnen und Mitschüler klar (zumindest für diejenigen, die an ein Studium dachten), daß eine Abwanderung aus der Heimatregion unausweichlich war. Möglicherweise spielten einige auch mit dem Gedanken einer eventuellen Rückkehr nach Studien- oder Ausbildungsabschluß, zunächst mußte man jedoch in die (mehr oder weniger) »weite Welt«. Grundsätzlich erschien dabei den meisten das Verlassen der Herkunftsregion durchaus mit etwas Positivem verbunden zu sein (fort aus der Enge und Langeweile der Kleinstadt oder des Dorfes; endlich unbeaufsichtigt das Leben genießen können; selbständig und selbstbestimmt Entscheidungen treffen;...). Daß diese Notwendigkeit und auch der offensichtliche Wunsch nach einer Wohnortverlagerungung später für die überwiegende Mehrheit tatsächlich Realität geworden ist, konnte ich auf der Grundlage einer Adressenliste aus dem Jahr 1991 feststellen.[1] Die Abbildung zeigt die Wohnstandortverteilung ehemaliger emsländischer Abiturientinnen und Abiturienten 11 Jahre nach dem Schulabschluß. Deutlich wird die breite Streuung der Wohnorte über den gesamten norddeutschen und nordrhein-westfälischen Raum, auch wenn eine starke Konzentration im Emsland (hier insbesondere in Meppen und Haren) sichtbar wird. Vor allem diejenigen, die ein Studium absolviert hatten, wohnten 1991 außerhalb des engeren westniedersächsischen Raumes. Hauptwohnorte waren dabei in erster Linie die norddeutschen oder nordrhein-westfälischen Großstädte (Osnabrück, Münster, Hannover, Braunschweig, Hamburg, Bremen, Ruhrgebiet).[2] Unter denjenigen, die 11 Jahre nach Schulende immer noch oder wieder in ihrer Herkunftsregion lebten, waren solche überproportional vertreten, die entweder eine betriebliche Lehre absolviert hatten, eine Verwaltungslaufbahn im öffentlichen Dienst eingeschlagen hatten oder Hausfrau/-mann waren. Für uns frischgebackene Abiturienten war damals jedenfalls klar: Wer etwas »aus sich machen wollte« und den »Mief« des Kleinstädtischen endgültig hinter sich lassen wollte, der mußte also räumlich mobil sein. Dies war der erste Baustein, der mein *subjektives* Bild von der besonderen Bedeutung der regionalen Mobilität im Lebensverlauf von Höherqualifizierten prägte.

[1] Im Dezember 1991, also 11 Jahre nach unserem Schulabschluß, fand zum ersten Mal ein Abituriententreffen statt. Von den 93 Abiturientinnen und Abiturienten unseres Jahrgangs konnten für das geplante Treffen die aktuellen Anschriften von 75 Ehemaligen ermittelt werden. Drei waren zu diesem Zeitpunkt bereits verstorben. Damit waren von mehr als 80 Prozent der Abiturienten die Adressen bekannt. Von einem Großteil sind auch die derzeit ausgeübten beruflichen Tätigkeiten bekannt. Bezüglich der erlernten beruflichen Tätigkeiten kann dieses Spektrum aber sicherlich nicht als repräsentativ angesehen werden. Insbesondere solche ehemaligen Mitschülerinnen und Mitschüler werden keine Angaben zu ihrem Beruf gemacht haben (bzw. sich erst gar nicht gemeldet haben), die die statusbezogenen Erwartungen, die 11 Jahre nach Schulabschluß an sie (von uns, ihren ehemaligen Mitschülern) gestellt werden, nicht erfüllen (z.B. weil sie arbeitslos sind, ihr Studium abgebrochen haben, sich noch im Studium befinden, ...).

[2] Zu der Frage, inwieweit es sich bei den aktuellen Wohnorte auch um die ehemaligen Studienorte handelt, habe ich zu wenig Informationen. Mir ist nur von einigen Mitschülern bekannt, daß sie am Studienort wohnen geblieben sind. Die in der Karte dominierenden Wohnorte sind dabei allerdings die typischen Studienorte emsländischer Studienberechtigter (vgl. dazu die Zieluniversitäten der Studentenströme der westniedersächsischen Landkreise im Jahr 1981/82 bei WENZEL/EHRHARDT, 1987, S. 42).

Abb. 0.1: Wohnstandorte der Abiturienten des Jahrganges 1980 am Kreisgymnasium Meppen im Jahr 1991

Als ich mein Studium an der Universität Osnabrück aufnahm, kam ein weiterer Baustein hinzu, der genau in dieses Bild paßte. Nicht nur, daß für die Studienaufnahme ein Verlassen des Wohnortes notwendig war, auch eine adäquate und befriedigende Berufstätigkeit schien in hohem Maße regionale Wanderungsprozesse zu erfordern. Zum einen wurde zur Zeit meines Studiums (Mitte der 80er Jahre) angesichts der hohen Akademiker- und Lehrerarbeitslosigkeit regelmäßig die Forderung nach mehr regionaler Mobilität der Hochschulabsolventen laut, insbesondere auf Seiten der Arbeitgeber und einiger Politiker. Zum anderen konnte ich dieses Phänomen auch selbst erleben, und zwar unmittelbar durch die Umzüge und Abwanderungen von Freunden und Bekannten aus Osnabrück. Wenn ich aus heutiger Sicht die Wohnorte von Freunden und Bekannten betrachte, mit denen ich zusammen studiert habe (Berlin, Hamburg, Lüneburg, Westerstede, Köln, München, Marburg, Wilhelmshaven, Cuxhaven, Verden, Hannover, Oldenburg, Rügen, Frankreich, Zimbabwe; aber auch Osnabrück, Bramsche, Lohne), so fällt doch auf, daß nur sehr wenige heute noch in Osnabrück oder seiner Umgebung wohnen. Die Ursachen dieser hohen regionalen Mobilität sind dabei durchaus nachvollziehbar: Zum einen setzt sich mein Bekanntenkreis größtenteils aus Lehramtsabsolventen zusammen. Diese mußten nach Abschluß des Studiums gezwungenermaßen zur Aufnahme des Referendariats Osnabrück verlassen und hatten in der Regel kaum eine Chance, in der Osnabrücker Region dauerhaft eine Anstellung zu finden.[3] Zum zweiten bietet die Region Osnabrück als ein eher peripherer Hochschulstandort nur wenige attraktive Arbeitsplätze für Akademiker. Auch wenn die Zukunftsprognosen diesbezüglich etwas günstiger sind, werden sich in Osnabrück nicht dauerhaft Wirtschafts- und Industriezweige ansiedeln, die in großer Zahl dieses regionale Absolventenaufkommen abschöpfen könnten.

Diese Erfahrungen aus meiner Schulzeit und meinem Studium haben bei mir die Vorstellung reifen lassen, daß regionale Mobilität für Hochschulabsolventen ein notwendiges Muß bei der Suche nach einem Arbeitsplatz ist.4 Angesichts meiner eigenen Erfahrungen mit regionaler Mobilität und den mir persönlich bekannten Mobilitätsbiographien von Freunden und Bekannten überraschte mich die Selbstverständlichkeit, mit der Arbeitgeber und Politiker von Hochschulabsolventen immer noch mehr regionale Mobilität einforderten (teilweise auch heute noch; vgl. HESSLER, 1994, S. 44 f; FALK/WEISS, 1993, S. 24). Schließlich verbirgt sich hinter dieser Forderung der Vorwurf, Hochschulabsolventen wären viel zu selten regional mobil. Dabei schien zumindest auf der Grundlage meiner Erfahrungen diese Forderung nach mehr regionaler Mobilität von Hochschulabsolventen doch auch tatsächlich eingelöst zu werden. Auch empirische Studien, die sich mit der regionalen Mobilität von Akademikern befaßten, bestätigten diese Annahmen größtenteils. Aus diesem Widerspruch zwischen den Mobilitätsanforderungen einerseits und den Mobilitätsrealisierungen andererseits entwickelte sich langsam der Schwerpunkt meines Dissertationsvorhabens. Gerade vor

[3] Bereits im Rahmen meiner Hausarbeit zum ersten Staatsexamen hatte ich in einer kleinen empirischen Erhebung herausgefunden, daß einige Lehramtsabsolventen eine regional sehr mobile Absolventengruppe bildeten (vgl. ROLFES, 1988, S. 113).

[4] Insbesondere im Rahmen unterschiedlicher Forschungsprojekte, an denen ich beteiligt war, und später dann auch im Laufe meiner Dissertation wurden diese Erfahrungen allerdings durch Gespräche mit Hochschulabsolventen anderer Studiengänge und anderer Hochschulstandorte teilweise relativiert. Deren regionale Orientierungen waren zum Teil sehr viel stärker auf die engere Heimat- oder Studienregion beschränkt, und sie hatten sich auch in zahlreichen Fällen realisieren lassen.

dem Hintergrund der von mir gemachten Vorerfahrungen wollte ich herausfinden, inwieweit Hochschulabsolventen (besonders bei der Berufssuche) räumlich mobil sind.

Aufgrund meiner Vorerfahrungen besitze ich damit natürlich ein ganz spezifisches Suchbild in bezug auf regionale Mobilität. Wie oben schon angedeutet, löste ich mich erst während meines Dissertationsprojektes von der Vorstellung, Hochschulabsolventen wären immer und in jeder Lebensphase mobil. Aber auch wenn sich meine subjektiven Vorurteile abgebaut haben, so haben sie doch weite Teile meiner Arbeit geprägt. Ich bin sicherlich mit ganz anderen Erwartungen und Suchfragen an diese Thematik herangegangen, als es beispielsweise ein Hamburger Abiturient getan hätte, der sein Abitur in Hamburg gemacht hat, dort ein Studium aufgenommen und abgeschlossen hat und jetzt in einem Hamburger Betrieb oder an einer Hamburger Schule einer Berufstätigkeit nachgeht. Für ihn wäre die regionale Mobilität von Hochschulabsolventen unter Umständen nicht einmal ein relevantes Thema für eine wissenschaftliche Untersuchung gewesen.

I Einleitung und Abgrenzung der Fragestellung

Als im Laufe der 80er Jahre zunächst Lehramtsabsolventen und später weitere Akademikergruppen in zunehmendem Maße von Arbeitslosigkeit bedroht waren, wurden insbesondere von Seiten der Arbeitgeber zwei Forderungen immer lauter: Zum einen wurde von Hochschulabsolventen mehr regionale Mobilitätsbereitschaft und regionale *Mobilität* bei der Stellensuche und zum anderen mehr *Flexibilität* verlangt. Unter Flexibilität wurde insbesondere die Bereitschaft zum Erwerb von zusätzlichen Qualifikationen oder zur Weiterbildung verstanden, die Bereitschaft nicht ausbildungsadäquaten Tätigkeiten nachzugehen, schließlich auch die Berufsperspektiven ganz aufzugeben und sich neu zu orientieren (z.B. eine Umschulung im Bereich der EDV etc.). Dabei war die Aufforderung zu mehr regionaler Mobilität durchaus noch nachvollziehbar, wenn man von der Annahme ausging, die Akademikerarbeitslosigkeit sei der Effekt regionaler Ungleichgewichte im Angebot und der Nachfrage akademischer Qualifikationen (mismatch). Anders bei der Forderung nach mehr Flexibilität: Als von Arbeitslosigkeit betroffener oder bedrohter Hochschulabsolvent war man immer wieder überrascht, mit welcher Selbstverständlichkeit hier beruflich Etablierte von anderen, beruflich (noch) nicht Etablierten sehr hohe persönliche und berufliche Opfer verlangten, die für die Betroffenen erhebliche persönliche, wirtschaftliche, soziale und nicht zuletzt psychische Konsequenzen nach sich ziehen können (vgl. dazu die Beiträge in HERLYN/WEYMANN, 1987 u.v.a.). Diese Flexibilitätsaspekte beim Übertritt vom Ausbildungs- in das Beschäftigungssystem werden in dieser Arbeit ebenfalls eine wichtige Rolle spielen. Ausgehend von der Analyse *regionale Mobilitätsprozesse*, die in dieser Arbeit im Vordergrund stehen werden, muß auch die Bedeutung beruflicher Flexibilität in der Berufseintritts- und Konsolidierungsphase genau herausgearbeitet werden.

Wissenschaftliche Studien haben immer wieder belegt, daß Hochschulabsolventen am Arbeitsmarkt zu den mobilsten Gruppen gehören (in jüngster Zeit für die Bundesrepublik BIRG, 1993; vgl. aber auch BÖLTKEN, 1992; BIRG/FLÖTHMANN, 1992; M. WAGNER, 1992 u. 1989). Ihre regionale Mobilität wird notwendig aufgrund der regional disparitären Verteilung adäquater Akademikerarbeitsplätze: ... *Personen mit gehobener Ausbildung (finden) Aufstiegsmöglichkeiten in der Regel erst in einiger Entfernung ...; denn je höher der Status des Berufs, den man ergreift, desto geringer ist die Chance, daß man eine Stellung in diesem Beruf in unmittelbarer Nähe findet,* ... (ALBRECHT, 1972, S. 123, vgl. dazu auch MEUSBURGER, 1980, S. 185). Der Mobilitätsdruck und Abwanderungstendenzen haben sich insbesondere in ländlich-peripheren Regionen durch die Dezentralisierung und Regionalisierung des sekundären und insbesondere des tertiären Bildungssektors (z.B. Hochschulneugründungen in peripheren Regionen; vgl. dazu GEIPEL, 1984; FRAMHEIN, 1984; MAYR, 1979) noch weiter verstärkt. Durch eine bessere Versorgung der ländlich-peripheren Räume z.B. mit Institutionen des tertiären Bildungssektors (z.B. durch die Neugründungen Osnabrück und Oldenburg) nahmen nun mehr Studienberechtigte in dieser Region (wie z.B. des westlichen Niedersachsens) die Möglichkeit wahr, in der Nähe ihrer Herkunftsorte akademische Qualifikationen zu erwerben. Auf der anderen Seite des Beschäftigungssystems haben sich aber in den ländlich-peripheren Gebieten nach wie vor die Qualifikationsstrukturen nicht in der Weise gewandelt, daß das durch die Regionalhochschulen ausgebildete akademische Qualifikationspotential auch nur annähernd ausgeschöpft werden könnte. In der Heimatregion erworbene akademische Qualifikationen können häufig nicht in der Heimatregion beruflich verwertet werden.[5] Die Folge ist eine z.T. dauerhafte bildungsselektive Abwanderung (vgl. dazu ausführlicher für Niedersachsen ROLFES/WENZEL, 1990, S. 347 ff.). Auch das jüngst wieder prognostizierte allgemeine Ansteigen der Qualifikationsanforderungen im Beschäftigungssystem und die damit verbundene größere Nachfrage nach Höherqualifizierten und Hochschulabsolventen (vgl. TESSARING, 1994, S. 10 ff.) wird m.E. daran nichts Grundsätzliches ändern. Die fehlende Ausstattung ländlich-peripherer Räume mit akademikerintensiven Beschäftigern ist ein strukturelles Problem, das trotz politischer Fördermaßnahmen kaum »in den Griff« zu bekommen sein wird. Der Abwanderungsdruck wird damit für einen Großteil der Absolventen regionaler Hochschulen bestehen bleiben.

In der Regel sind alle akademischen Berufsgruppen gleichermaßen von der Notwendigkeit betroffen, mobil zu sein, da mit wachsendem Ausbildungsniveau die regionale Konzentration der Arbeitsplätze auf größere Städte und Agglomerationen zunimmt (vgl. MEUSBURGER, 1980, S. 55 ff). Lediglich in einigen Berufsbereichen stehen auch dezentral hochqualifizierte Arbeitsplätze zur Verfügung (z.B. im Bereich des Bildungs- oder Gesundheitswesens). Aber auch für Hochschulabsolventen, die in diesen Beschäftigungsfeldern eine dauerhafte Berufstätigkeit zu finden hofften (z.B. Lehramtsabsolventen und Mediziner), hat die wachsende Akademikerarbeitslosigkeit seit den 80er Jahren die Notwendigkeit regionaler Mobilität noch verstärkt. Längst stehen auch in dezentralen-ländlichen Gebieten keine freien Akademikerarbeitsplätze mehr zur Verfügung (vgl. z.B. den Einstellungsstopp für Lehrer in Niedersachsen und Nordrhein-Westfalen in der zweiten Hälfte der 80er Jahre).

Ein Defizit an Arbeitsplätzen ist in zunehmendem Maße auch auf solchen Facharbeitsmärkten zu verzeichnen, die lange Zeit relativ sichere Beschäftigungsaussichten versprachen (wie Chemiker, Physiker, Ingenieure; vgl. BUTTLER/TESSARING, 1993, S. 469). Damit wird der berufliche Einstieg von Hochschulabsolventen in regionaler Hinsicht aber auch in sektoraler branchenspezifischer Sicht zunehmend hürdenreicher. Es gibt kaum noch Regionen, in denen ein Berufseinstieg problemlos möglich ist, und auch Berufsbereiche, die einen sicheren Arbeitsplatz garantieren, werden immer weniger.

In dieser Arbeit wird in erster Linie der regionale Aspekt des Berufseintritts und des Berufsverlaufs von Hochschulabsolventen im Vordergrund stehen. In welchem Ausmaß sind Absolventen von Hochschulen regional mobil? Welche fach-, geschlechts-, hochschulart-, regions- und konjunkturspezifischen Unterschiede regionaler Mobilität gibt es? Welche Rolle spielt die regionale Mobilität beim Berufseintritt, welche im weiteren Berufsverlauf?

[5] Diese Annahmen werden durch Daten der Bundesforschungsanstalt für Landeskunde und Raumordnung bestätigt (hier Angaben für die *siedlungsstrukturellen Regionstypen*): Während 1984 in *hochverdichteten Regionen* 30 Prozent, in *Regionen mit Verdichtungsansätzen* 27 Prozent und in *ländlichen Regionen* 23 Prozent der Schulabgänger *studienberechtigt* waren, ist die Verteilung hochqualifizierter Arbeitsplätze (allerdings bezogen auf das Jahr 1986) auf diese siedlungsstrukturellen Regionstypen weitaus disparitärer: In *hochverdichteten Regionen* sind von 1000 sozialversichungspflichtig Beschäftigten 60 *Hochqualifizierte* (Fach-, Fachhochschul- oder Universitätsabschluß), in *Regionen mit Verdichtungsansätzen* 37 und schließlich in *ländlichen Regionen* nur noch 28 (vgl. BfLR, 1987, S. 186 und S. 127). Es wird für die weitere Zukunft davon ausgegangen, daß sich die Attraktivität der Ballungsräume aufgrund der großen und differenzierten Arbeitsmärkte für Arbeitskräfte und Aufsteiger weiter verstärken wird (MACKENSEN, 1992, S. 740).

Welche Rolle spielt sie im Kontext anderer Faktoren, die für den Berufseintritt von Bedeutung sind? Im welchen Verhältnis stehen regionale Mobilitätsbereitschaft und die realisierte regionale Mobilität zueinander? In welchem Zusammenhang steht die regionale Mobilität mit der sozialen Mobilität? Welches sind die Motive regionaler Mobilität (berufsbedingt – familienbedingt)? Inwieweit werden sie von persönlicher Lebensplanung (Kinder, Familie) oder Rahmenbedingungen und Faktoren von außen bestimmt? Ist die soziale Herkunft beim Ausmaß der regionalen Mobilität bedeutsam? Die regionale Mobilität von Hochschulabsolventen wird eine zentrale Variable dieser Untersuchung sein. Dabei darf sich die Untersuchung jedoch nicht nur auf realisierte Mobilitätsprozesse beschränken, sondern muß auch nach Ursachen und Begründungskomplexen regionaler *Immobilität* (Seßhaftigkeit) fragen. Welche Bedingungen verhindern Mobilitätsvorgänge? Welche beruflichen Nachteile bringt regionale Seßhaftigkeit mit sich, und welche Nachteile werden akzeptiert? Es liegt auf der Hand, daß eine reine Beschränkung auf die regionalen Mobilitätsaspekte nicht ausreichend ist. Vielmehr muß der Berufseintrittsprozeß ganzheitlich analysiert werden, und darauf aufbauend kann der Stellenwert regionaler Mobilitätsaspekte bestimmt werden.

Im Zuge der Öffnung und Vereinheitlichung des europäischen Binnenmarktes soll auch die freie Arbeitsplatzwahl innerhalb der Länder der Europäischen Gemeinschaft ermöglicht werden. Vieles spricht dafür, daß es insbesondere die Hochqualifizierten und Hochschulabsolventen sein werden, die Bereitschaft zeigen, diese innereuropäische Mobilität an den Tag zu legen. Dabei erschweren allerdings die unterschiedlichen Hochschulsysteme innerhalb der Europäischen Gemeinschaft und die mangelnde Äquivalenz der Hochschulabschlüsse die europaweiten Migrationsprozesse (vgl. TEICHLER, 1989, S. 38 f.). Dennoch werden deutsche Studenten und Hochschulabsolventen aufgefordert, im europäischen Ausland zu studieren oder eine Beschäftigung aufzunehmen (vgl. BMWi, 1991). Dabei haben diese Forderungen nach mehr Mobilität im internationalen Maßstab nicht so sehr die Entspannung des bundesdeutschen Akademikerarbeitsmarktes im Auge. Im Vordergrund steht vielmehr der Vorteil, daß die akademischen Qualifikationen von Hochschulabsolventen durch ein Auslandsstudium bzw. durch berufliche Auslandserfahrung eine wichtige Internationalisierung erfahren (vgl. TEICHLER, 1991, S. 53). Die hier geplante Untersuchung kann leider nur ansatzweise prüfen, inwieweit bei den befragten Hochschulabsolventen eine Bereitschaft besteht, Beschäftigungsangebote auch im europäischen Raum in die engere Wahl zu nehmen und auch tatsächlich zu akzeptieren. Interessant ist hierbei die Frage, in welchem Ausmaß hier fachspezifische und geschlechtsspezifische Unterschiede auftreten.

Aktueller als die Wanderungsprozesse im europäischen Maßstab sind insbesondere die Migrationen zwischen den alten und den neuen Bundesländern seit 1989. Nach einer Anfangsphase umfassender Wanderungsbewegungen von den neuen in die alten Bundesländer haben sich seit etwa 1992 die Größenordnungen diese Wanderungsströme normalisiert. Insgesamt lag die Abwanderungsquote von Osten nach Westen 1993 im Rahmen anderer bundesweiter Binnenwanderungen zwischen den Bundesländern. Auch hier waren es besonders Hochqualifizierte und Akademiker, die zu den Gruppen mit den größten Wanderungsabsichten und -realisierungen zählten (vgl. BÜCHEL/SCHWARZE, 1994, S. 47 ff.; DURRER/HEINE, 1993, S. 3 ff.). Da der gesamte Komplex innerdeutscher Wanderungen erst nach dem Umbruch in der ehemaligen DDR zum Tragen kam, spielt er in dieser Studie keine entscheidende Rolle. Zum Zeitpunkt der Befragungen waren die politischen Umbrüche im Osten noch nicht im Gange bzw. war eine konsequente Einarbeitung in das Forschungsdesign nicht befriedigend möglich.

In theoretischer Sicht werden Anleihen in der Migrationsforschung und der Berufsforschung notwendig sein. Die *Migrationsforschung* liefert die notwendigen Begriffsdefinitionen und stellt darüber hinaus Hypothesen über die Wanderungsmotive, Rahmenbedingungen und Folgen regionaler Mobilität auf. Außerdem wurden die Zusammenhänge von regionalen und sozialen Mobilitätsveränderungen beleuchtet, die eine entscheidende Rolle bei der Klärung von Wanderungsmotiven spielen werden. Die *Berufs-/Verbleibsforschung* soll in erster Linie darüber aufklären, welche Faktoren beim Übergang vom Bildungs- in das Beschäftigungssystem von besonderer Bedeutung sind. Regionale Mobilität(-sbereitschaft) ist aus dem Blickwinkel dieser Forschungsrichtung nur eine Variable von vielen, die beim Berufseintritt und dem weiteren Berufsverlauf von Hochschulabsolventen eine Rolle spielt.

Neben der Migrationsforschung und der Berufs-/Verbleibsforschung leistet innerhalb der Geographie die *Bildungsgeographie* einen Beitrag zum hier behandelten Forschungsfeld. In ihr wird der raumbezogene Aspekt, also der Prozeß der Migration von Herkunftsin Zielgebiete und die zu überwindende Distanz, mit qualifikatorischen und arbeitsmarktbezogenen Variablen in Zusammenhang gebracht. Für die österreichische Arbeitsbevölkerung untersuchte MEUSBURGER (1980 und 1988) insbesondere die regionale Verteilung und Konzentration von Akademikerarbeitsplätzen, und er berücksichtigte dabei vor allem die Frage, inwieweit die soziale Herkunft und die Inter-Generationen-Mobilität die regionale Mobilität von Hochschulabsolventen beeinflussen (vgl. MEUSBURGER, 1980, S. 50 ff und S. 167 ff.).[6] Untersuchungen, die sich schwerpunktmäßig mit der regionalen Mobilitätsbereitschaft bzw. Mobilität von Hochschulabsolventen beschäftigen, gibt es nur für das westliche Niedersachsen. In den verschiedenen Untersuchungen, auf die weiter unten eingegangen wird, stand insbesondere der Zusammenhang von regionaler Mobilität(-sbereitschaft) und beruflicher Flexibilität(-sbereitschaft) im Vordergrund (vgl. ROLFES/WENZEL, 1990, S. 345–380; WENZEL/EHRHARDT/ROLFES, 1990, S. 130–141; WENZEL, 1989, S. 71–100). H. WAGNER hat kritisch auf die Entwicklung der raumorientierten Arbeitsmarktforschung und die Untersuchungsansätze zur regionalen Arbeitsmarktentwicklung innerhalb der Bildungsgeographie hingewiesen (H. WAGNER, 1993, S. 100 ff. und 132 ff.). Danach haben in makrotheoretisch-bildungsgeographischen Arbeiten in der Regel die Analysen räumlicher Mobilitätsprozesse vor dem Hintergrund des Ausgleichs regionaler Disparitäten von Arbeitsmarkt und Wirtschaftswachstum im Mittelpunkt gestanden (vgl. H. WAGNER, 1993, S. 101). Um aber räumliche Mobilitätsprozesse verstehen zu können, müssen zunächst individuelle Wanderungsentscheidungen und Wanderungsmotive zum Gegenstand einer Untersuchung werden. Erst wenn Klarheit darüber herrscht, aus welchen Motiven Wohnsitze verlagert werden, können Erklärungen geliefert bzw. Fragen beantwortet werden, ob und auf welche Weise z.B. ein Ausgleich von regionalen Disparitäten möglich ist; oder wie beispielsweise eine staatliche Mobilitätspolitik aussehen könnte bzw. ob sie überhaupt sinnvoll ist.

---

[6] Vgl. auch die Studien zur sozialen und regionalen Herkunft der Heidelberger Professoren (MEUSBURGER, 1990, S. 187 ff. und 1986, S. 63 ff.)

Im Rahmen dieser Arbeit werden daher die Hauptuntersuchungen auf der mikrotheoretischen Ebene (auf der Grundlage von Individualdaten) durchgeführt. Dabei werden Daten aus Panelbefragungen von Hochschulabsolventen aus den 80er Jahren ausgewertet. Regionaldaten auf makrotheoretischer Ebene (Aggregatdaten, ökologische Daten) werden mit in die Auswertungen eingearbeitet, wenn es darum geht, den Einfluß verschiedener regionaler Rahmenbedingungen zu analysieren. Erst in diesem Bezugsrahmen sind die Individualerhebungen aussagekräftig.

Diese Arbeit soll keinen Beitrag dazu leisten, Argumente für eine politische Unterstützung der bereits erwähnten Mobilitätsanforderungen an Hochschulabsolventen zu liefern, hinter denen der Glaube steht, dadurch »mismatches« auf dem Arbeitsmarkt abzubauen. Untersuchungen haben inzwischen gezeigt, daß regionale Mobilität kein Mittel ist, um Arbeitsmarktdisparitäten auch nur annähernd auszugleichen. *Von einem regionalen und sektoralen »mismatch« zwischen Arbeitsangebot und Arbeitsnachfrage kann ... kaum die Rede sein, da weniger als 10 Prozent der offenen Stellen sich nicht mit am Ort verfügbaren Qualifikationen besetzen lassen* (BÖRSCH-SUPAN, 1990, S. 66). *Bei einem gesamtwirtschaftlichem Beschäftigungsdefizit fehlen überall Arbeitsplätze. Regionale Mobilität kann daran nichts ändern* (BLASCHKE/NAGEL, 1984, S. 209; vgl. entsprechend KARR u.a., 1987, S. 212). Es ist eher vorstellbar, daß hochqualifizierte Arbeitskräfte durch regionale Mobilität ihre Qualifikationen in bestimmten Zielregionen ökonomisch besser verwerten können.

II Theoretische Grundlagen und Vorüberlegungen aus der Migrationsforschung sowie der Berufs- bzw. Verbleibsforschung

1 Migrationsforschung: ein interdisziplinäres Forschungsfeld

Die wichtigsten Theorien und Ergebnisse der Migrationsforschung der letzten Jahre in ihrer Gesamtheit darzustellen, würde in dieser Arbeit zu weit führen. Die möglichen Wanderungsdistanzen (vom Tagespendler bis zur internationalen Wanderung), die denkbaren Wanderungsmotive (von der freiwilligen ausbildungs- bzw. berufsbedingten oder familiären Mobilität bis hin zur Zwangswanderung oder Vertreibung), die an der Wanderung beteiligten und von ihr betroffenen Personen sowie eine Vielzahl weiterer Faktoren eröffnen ein Forschungsfeld, in das eine große Zahl gesellschaftlicher Prozesse und Strukturen eingeordnet werden können (vgl. dazu HEIDTMANN-FROHME, 1991, S. 384 ff. und BOMMES u.a., 1991, S. 73 ff.). Es sei an dieser Stelle auf einige einschlägige Arbeiten verwiesen, die versuchen, dieses Forschungsgebiet zu beschreiben und abzugrenzen (vgl. BÄHR, 1992; FRANZ, 1984; ALBRECHT, 1972; HOFMANN-NOWOTNY, 1970). In diesem Kapitel können nur solche Hypothesen und Ergebnisse vorgestellt werden, die im Rahmen der Untersuchung ›Regionale Mobilität von Hochschulabsolventen beim Übergang vom Bildungs- in das Beschäftigungssystem‹ von Interesse sind.

1.1 Begriffsdefinitionen: Migration – Mobilität – Wanderung

Die Begriffe Migration, Mobilität und Wanderung haben in unterschiedlichen Kontexten unterschiedliche Bedeutungen. Es sei zunächst darauf hingewiesen, daß im vorliegenden Untersuchungszusammenhang die Begriffe Migration, Wanderung und regionale bzw. räumliche (oder auch geographische) Mobilität dieselben Prozesse bezeichnen. Es geht, wie oben bereits erwähnt, um die *Wohnsitzverlagerung* von Hochschulabsolventen nach Studienabschluß. Periodisch wiederkehrende Pendelwanderungen (Tages- oder Wochenpendler) werden hier nicht berücksichtigt.

Es existieren unterschiedlich strenge Kriterien darüber, wann von einer Wanderung gesprochen werden kann bzw. wie der Begriff Wanderung defininiert ist. Häufig ist bei einer Verlagerung des Wohnsitzes von Bedeutung, ob administrative Grenzen (Gemeindegrenzen) überschritten werden. Auf diese Weise werden beispielsweise Nah- von Fernwanderungen unterschieden (vgl. BIRG, 1992, S. 6 ff.; BIRG u.a., 1991, S. 180). Des öfteren werden auch distanzabhängige Maße gewählt, um Personen in Mobile und Immobile einzuteilen (vgl. z.B. SCHOMBURG, 1992, S. 258; M. WAGNER, 1989, S. 60 f.).[7] Die Klassifikation von Wanderungen auf der Grundlage administrativer Regionsabgrenzungen oder anhand von Schwellenwerten ist insofern unbefriedigend, als sie die *Motive der Wanderun-*

---

[7] Die Problematik solcher Abgrenzungen wird u.a. ausführlich diskutiert in M. WAGNER, 1989, S. 25 ff.; BETZ, 1988, S. 18 ff.; BLASCHKE/NAGEL, 1984, S. 203 f.; FRANZ, 1984, S. 48 ff..

gen unberücksichtigt lassen (müssen). Auf der Grundlage von Klassifizierungen können Wanderungen zunächst nur beschrieben werden. Wanderungsursachen sind auf der Basis makrostatistischer Daten aus Melderegistern, Mikrozensus oder Volkszählungen im allgemeinen nicht zu erschließen (vgl. BLASCHKE/NAGEL, 1984, S. 203). Auch mikrostatistische Daten (Individualdaten aus Panelbefragungen oder Longitudinaluntersuchungen) erlauben einen Rückschluß auf die Wanderungsmotive nur, wenn explizit nach den Gründen der Migration bzw. Nicht-Migration gefragt wurde oder das Migrationsereignis in engem zeitlichen Zusammenhang zu einem potentiellen Wanderungsmotiv steht (Studien- oder Ausbildungsbeginn, Arbeitsplatzwechsel, Familienzuwachs, etc.). Auf der Grundlage einer Klassifikation von Wanderungsvorgängen in zeitlicher Kombination mit (möglichen) Wanderungsursachen wurden Migrationsprozesse vom Institut für Arbeitsmarkt- und Berufsforschung in Nürnberg analysiert (besonders KARR u.a., 1987, S. 204; CRAMER, 1992, S. 69 ff.; BLASCHKE/NAGEL, 1984, S. 207 ff.). Bei dieser Einteilung waren Betriebswechsel der Ausgangspunkt, und es wurde untersucht, inwieweit ein Betriebswechsel mit einem regionalen Wohnortwechsel über einen definierten Tagespendelbereich hinaus verbunden war. Es wird in diesem Zusammenhang von *arbeitsbedingter regionaler Mobilität* gesprochen.

Der Schwerpunkt der hier geplanten Studie wird auf eben dieser arbeitsbedingten regionalen Mobilität liegen. Es geht nicht um Personen, die innerhalb von Gemeindegrenzen oder eines überschaubaren Radius ihren Wohnstandort wechseln (um beispielweise einen besseren Wohnkomfort bzw. Wohnungsstandard zu erreichen). In erster Linie werden arbeitsplatzmotivierte Wanderungen über größere Distanzen im Mittelpunkt stehen, die in der Regel mit dem Verlust des lokalen und sozialen Netzwerkes verbunden sein werden. Das durch regionale Mobilität bedingte Verlassen sozialer Netze (z.B. der Verlust von Freunden, Bekannten und Verwandten oder das Verlassen der vertrauten Umgebung) ist m.E. *der* entscheidende soziale Prozeß, der hinter einer Wohnortverlagerung über größere Distanzen steht. Diese »sozialen Kosten« scheinen für die wandernden Individuen sehr viel signifikanter zu sein, als die finanziellen Kosten einer Distanzüberwindung (z.B. Umzugskosten, finanzielle Aufwendungen für die Wohnungssuche, Informationskosten, ...). In welcher Weise regionale Mobilität für die hier durchgeführten Untersuchungen operationalisiert worden ist, wird in den Kapiteln V und VI erläutert.

1.2 Die (sozial-)geographische Mobilitätsforschung im Kontext der Migrationsforschung

Die in der Migrationsforschung behandelten Forschungsansätze, Modelle und Theorien sind so zahlreich wie die beteiligten Wissenschaftsdiszplinen (u.a. Soziologie, Demographie, Ökonomie, Geographie). Dabei befaßt sich jede Disziplin mit den Migrationsprozessen aus ihrer spezifischen Sicht. Es kommt dabei zu vielfältigen Überschneidungen zwischen den einzelnen Bereichen, so daß es schwierig ist, den einzelnen Wissenschaften spezielle Fragestellungen zuzuordnen.[8] Die *Soziologie* beschäftigt sich schwerpunktmäßig mit den gesellschaftlichen Bedingungen, die Migrationsprozesse auslösen, und damit, welche Konsequenzen der Wanderungsvorgang für die aufnehmende Gesellschaft

[8] Eine Beschreibung idealtypischer Erkenntnisinteressen der einzelnen Wissenschaften (einschließlich der Sozialpsychologie und Sozialökologie) versucht FRANZ (1984, S. 9 ff.).

(Integration von Ausländern) hat bzw. für die Gesellschaft, die die Migranten verlassen (vgl. BOMMES u.a., 1991, S. 73 bzw. für internationale Migrationen HOFMANN-NOWOTNY, 1995, S. 410). In der Soziologie werden Migrationsphänomene nicht isoliert betrachtet, sondern in übergeordnete soziale und kulturelle Zusammenhänge eingebettet (z.B. in die Theorie des sozialen Wandels; vgl. ALBRECHT, 1972) und aus diesen heraus gedeutet und zu erklären versucht. In den *Wirtschaftswissenschaften* interessieren insbesondere die ökonomischen Bedingungen, Ursachen und Folgen von Migrationsprozessen für die betrachteten Untersuchungseinheiten (vgl. FRANZ, 1984, S. 14). Auf der Individualebene werden Migrationsentscheidungen als Investitionskalkül zur optimalen Nutzung des eigenen Humankapitals interpretiert, die langfristig wirtschaftliche und finanzielle Vorteile bringen (vgl. als Überblick zur Migration aus ökonomischer Sicht SIEBERT, 1995, S. 405 ff.). Die *Demographie* legt den Schwerpunkt ihrer Untersuchungen auf den quantitativen Aspekt von Bevölkerungsbewegungen in zeitlichem und räumlichem Kontext (vgl. FRANZ, 1984, S. 13). Dabei werden wanderungsbiographische Ereignisse mit der Familien- sowie Ausbildungs-/Erwerbsbiographie in Verbindung gebracht (vgl. BIRG, 1994, S. 104 ff. und 1992, S. 29 f.).

Für die *Geographie* kommt FRANZ zu dem Ergebnis, daß *auf dem Gebiet der Mobilitätsforschung eine starke Konvergenz von Sozialgeographie und Soziologie zu verzeichnen ist* (FRANZ, 1984, S. 12). Dabei handelt es sich allerdings um ein einseitiges Verhältnis, in dem vornehmlich von Seiten der (Sozial-) Geographie soziologische (und auch ökonomische) Theorien über Migrationsprozesse übernommen werden (vgl. z.B. BÄHR, 1995 und 1992; SCHWARZ-v. RAUMER, 1991; BETZ, 1988). Geographische Theorieansätze innerhalb der deutschsprachigen Sozialgeographie, die auch interdisziplinär Beachtung gefunden haben, sind mir nicht bekannt, soweit es sie überhaupt geben mag (oder geben kann?).

Analog zur Soziologie und den Wirtschaftswissenschaften, die die *sozialen*, *kulturellen* und *ökonomischen* Bedingungen, Ursachen und Folgen von Mirgationsphänomenen untersuchen, müßte sich die (Sozial-)Geographie mit den *räumlichen* bzw. *geographischen* oder *regionalen* Aspekten von Wanderungsprozessen befassen. Weil aber die Bedingungen, Gründe und Konsequenzen von Mobilitätsprozessen in erster Linie sozialer, kultureller, ökonomischer und auch psychologischer Natur sind, die sich mehr oder weniger sinnvoll in einer räumlichen Ebene ausdifferenzieren und beschreiben lassen, muß die geographische Perspektive eher als eine Ordnungskategorie der unterschiedlichen Aspekte von Mobilitätsprozessen bezeichnet werden und weniger als eine Analysekategorie. Die typisch geographische Herangehensweise an Mobilitätsprozesse ist daher funktionalistisch-deskriptiv: die Folgen räumlicher Mobilität für das Quell- und Zielgebiet und die daraus resultierenden Veränderungen werden ausführlich beschrieben, der individuelle Mobilitäts- und Entscheidungsprozeß ist nur aufgrund seiner räumlichen Komponente interessant (vgl. z.B. P. WEBER, 1982, S. 28 ff. und 68 ff.). Die *Distanz*, eine typisch geographische Erklärungsvariable regionaler Mobilität, verliert für Migrationsprozesse zunehmend an Bedeutung, da in einer mobilen Gesellschaft die bestehenden lokalen Netzwerke oder vorhandener Eigentums- oder Grundbesitz als mobilitätshemmende Ursachenkomplexe weitaus bedeutsamer sind (vgl. hierzu auch die Zusammenhänge zwischen Mobilitätsabsichten, Wohnungsstatus und Alter bei BÖLTKEN, 1992, S. 752 und S. 754). Distanzen stellen nur aus finanziellen Gründen eine Behinderung von Mobilitätsvorgängen dar (vgl. M. WAGNER, 1989, S. 72 ff.), die aber relativ leicht ausgeräumt werden können.

Wenn also die sozialgeographische Mobilitätsforschung interdisziplinär registrierte Ergebnisse erzielen will, muß sie ihre Forschungsanstrengungen über die funktionalistisch-deskriptive Untersuchungsebene hinaus weiterführen. Mobilität und Seßhaftigkeit können nur befriedigend analysiert werden, wenn die sozialen, kulturellen und ökonomischen Aspekte dieser Phänomene eingehend untersucht und in die Erklärungszusammenhänge integriert werden. Diese Aspekte mögen zwar räumlich fixierbar sein, jedoch sind es nicht »der Raum« bzw. selten die Distanz, die Migrationsprozesse begründen helfen. Regionen sind die Ordnungseinheiten, innerhalb derer bzw. zwischen denen aufgrund sozialer, kultureller, ökonomischer und psychologischer Bedingungen, Ursachen und Konsequenzen Wanderungsprozesse ablaufen (vgl. entsprechend BÖLTKEN, 1992, S. 748).

1.3 Migration im Lebenszyklus

Analysen zur regionalen Mobilität von (Hoch-)Schulabsolventen beim Übergang vom Bildungs- in das Beschäftigungssystem tangieren eine biographische Phase, in der die regionale Mobilität von Individuen am größten ist. Forschungen zum Zusammenhang von Migration und Lebenszyklus weisen das Alter zwischen dem 21. und 35. Lebensjahr als die mobilste Phase im Lebenszyklus aus (vgl. dazu auch den Zusammenhang von Mobilität und Altersstruktur bei BIRG, 1993, S. 48 oder BÖLTKEN, 1992, S. 750). KILLISCH bezeichnet diese Phase, in der seiner Meinung nach die Suche nach adäquaten Ausbildungs- und Arbeitsplätzen sowie das Eingehen partnerschaftlicher Bindungen wesentliche Migrationsmotive darstellen, als *Gründungsphase* im Hinblick auf die familiale und berufliche Etablierung (vgl. KILLISCH, 1979, S. 126 ff.).[9] Eine andere Einteilung, die bei Migrationen nicht primär die zeitliche Komponente in den Vordergrund stellt, haben BIRG/FLÖTHMANN vorgenommen. Sie klassifizieren Wanderungen nicht nach Lebenszyklusphasen, sondern orientieren sich an den (altersunabhängigen) Wanderungsmotiven. Im Zusammenhang mit berufsbezogenen Wanderungen sprechen sie hier von *selbstinitiierten Wanderungen auf Grund von Motiven, die mit ausbildungs- und berufsbezogenen Entwicklungen in Zusammenhang stehen* (BIRG/FLÖTHMANN, 1992, S. 35). Bezieht man die Einteilung von KILLISCH und die Einordnung von BIRG/ FLÖTHMANN auf die Gruppe von Hochqualifizierten und Hochschulabsolventen, so scheint es nun sinnvoll, für die hier zu untersuchende Fragestellung eine noch weitergehendere Differenzierung vorzunehmen. Die ausbildungsmotivierten einerseits und die berufs- bzw. arbeitsbedingten regionalen Mobilitätsprozesse andererseits sollten getrennt voneinander analysiert und interpretiert werden: Das Verlassen des Elternhauses mit dem Ziel, ein Studium außerhalb des Heimatortes/der Heimatregion aufzunehmen und daran anschließend das Abwandern aus dem Studienort bzw. der Studienregion zur Aufnahme einer Beschäftigung können zwei Wanderungsprozesse mit zum Teil erheblich unterschiedlichen Motivstrukturen und Zielvorstellungen sein. Bei GATZWEILER (1975) findet sich eine Einteilung in *Bildungswanderer* und *qualifizierte*

[9] Auch in stadtgeographischen Arbeiten zu innerstädtischen/intraregionalen Migrationsprozessen wurde der Zusammenhang zwischen Lebenszyklus und Wanderung häufig nachgewiesen (vgl. dazu die Zusammenfassung in BÄHR, 1983, S. 358 ff. oder FRANZ, 1984, S. 77 ff.). Diese Wanderungsprozesse haben in der Regel jedoch familiäre und wohn-/wohnungsumfeldbezogene Motive und sind im vorliegenden Untersuchungszusammenhang von untergeordneter Bedeutung.

Arbeitsplatzwanderer (GATZWEILER, 1975, S. 77 f.).[10] Für die qualifizierten Arbeitsplatzwanderer steht dabei als Wanderungsmotiv die *wirtschaftliche Existenzsicherung der Familie sowie eine damit verbundene gesicherte und qualifizierte berufliche Position bzw. Arbeitsstelle* (GATZWEILER, 1975, S. 78) an erster Stelle. Neuere Studien haben gezeigt, daß *vor allem solche Jobs mit regionaler Mobilität verknüpft (sind), die am Anfang der Berufskarriere liegen, ...* (M. WAGNER, 1992, S. 160) und daß von Hochqualifizierten solche berufsbedingten Migrationen überdurchschnittlich oft vorgenommen werden (vgl. dazu BÖLTKEN, 1992, S. 750 und M. WAGNER, 1987, S. 103 f.). Um diese qualifizierten Arbeitsplatzwanderer wird es in dieser Untersuchung gehen.

1.4 Mikro- und makrotheoretische Ansätze zur Erklärung regionaler Migrationsprozesse

Im Rahmen von Arbeiten zur regionalen Mobilität werden in der Regel auch die verschiedenen Migrationstheorien zu den Ursachen und Motiven von Mobilitätsprozessen vorgestellt. In den meisten Fällen wird dabei eine Einteilung in makrotheoretische, systemtheoretische oder ökonomische auf der einen und mikrotheoretische bzw. individualistische (manchmal auf verhaltenstheoretische) Erklärungsansätze auf der anderen Seite vorgenommen (vgl. u.a. M. WAGNER, 1989, S. 20 ff.; BETZ, 1988, S. 24 ff.; FRANZ, 1984, S. 60 ff.). Untersuchungen auf makrotheoretischer Ebene versuchen kollektive Wanderungsströme und -vorgänge zu beschreiben und zu analysieren und sie mit sozialen, kulturellen und ökonomischen Strukturbedingungen eines sozialen Systems bzw. eines regionalen Systems in Beziehung zu setzen. Die mikrotheoretischen Ansätze orientieren sich an Migrationsvorgängen und -entscheidungen einzelner Individuen oder homogener wandernder Einheiten (Familien, etc.). Von Interesse sind die sozialen, kulturellen, ökonomischen und psychologischen Motive sowie die durch das Individuum wahrgenommenen Rahmenbedingungen und die Frage, wie diese für den Migrationsprozeß und die Migrationsentscheidung handlungs- bzw. verhaltensleitend werden. Die Ansätze auf der Makroebene verwenden in der Regel Aggregatdaten/ökologische Daten auf einem hohen, (über-) regionalen Abstraktionsniveau (statistische Maßzahlen für Kreise, Länder, Staaten,...) – Mikroansätze werten primär Individualdaten aus (Daten aus Panel- oder Longitudinalbefragungen).

1.4.1 Makrotheoretische Ansätze

Für den Untersuchungszusammenhang der vorliegenden Arbeit sind makrotheoretische Erklärungsansätze deswegen interessant, weil mit ihnen auf der einen Seite die regionalen Rahmenbedingungen von Migrationsprozessen beschrieben und analysiert werden können.

---

[10] Diese Einteilung in »Bildungswanderer« und »qualifizierte Arbeitsplatzwanderer« erweckt wiederum den Eindruck, als ob beide Migrationsprozesse streng voneinander zu trennen seien. Dabei ist zu bedenken, daß mit der Seßhaftigkeit oder Abwanderung zu Beginn eines Studiums der weitere Verlauf der Wanderungsbiographie entscheidend beeinflußt werden *kann*. Es bestehen vielfältige Wechselwirkungen zwischen Ausbildungsmobilität und späterer Berufsmobilität. So kann ein immobiler Ausbildungswanderer, je nachdem welche Erfahrungen er im Verlaufe des Studiums gemacht hat und inwieweit sich bei ihm die Mobilitätspräferenzen verschoben haben, immobil bleiben oder aber ein mobiler Arbeitsplatzwanderer werden (falls sich nämlich die beruflichen Vorstellungen am Heimat- bzw. Studienort oder in der Heimat- bzw. Studienregion nicht zur Zufriedenheit realisieren lassen). Ein mobiler Ausbildungswanderer wird ebenfalls entsprechend seinen Erfahrungen und Präferenzen in Ausbildung und Studium bei der Arbeitsplatzwahl mobil sein oder aber, falls seine Präferenzstruktur dies zuläßt, am Studienort oder am ehemaligen Heimatort eine Beschäftigung aufnehmen.

Auf der anderen Seite liefern sie Erklärungshintergründe für das Auftreten von Wanderungsprozessen aufgrund bestimmter Konstellationen und Wirkungsgefüge auf der Aggregat- bzw. (über-) regionalen Ebene. In systemtheoretischer Terminologie ausgedrückt, versuchen Makroansätze zu klären, *wie ein soziales System (interne) Spannungen seiner Subsysteme bzw. (externe) Spannungen zwischen ihm und anderen Systemen [verarbeitet]* (FRANZ, 1984, S. 62). Ausgegangen wird in diesen Ansätzen immer von regional disparitären Lebensbedingungen (gemessen anhand ausgewählter Variablen wie Bruttoinlandsprodukt, Pro-Kopf-Einkommen, Erwerbsquote, Arbeitslosenquote, Mietpreisspiegel, Lärmbelästigung), die dann Wanderungsbewegungen in Gang bringen.

In *ökonomischen Migrationstheorien* stehen dabei ungleichmäßige Arbeitsmarktbedingungen (bezüglich regional unterschiedlicher Lohnniveaus oder der regionalen Verteilung von Arbeitsplätzen) als erklärende Größe im Vordergrund. Ökonomische Faktoren sind migrationsbestimmend: Idealtypischen ökonomischen Annahmen zufolge gleicht regionale Mobilität regionale Disparitäten von Produktionsfaktoren, Einkommensunterschieden und Arbeitslosigkeit aus. (vgl. FRANZ, 1984, S. 58, ALBRECHT, 1972, S. 42 ff.)

Den ökonomischen Migrationstheorien und ökonomisch orientierten Untersuchungen liegt in der Regel die Annahme vom *homo oeconomicus* zugrunde. Dieser ist in erster Linie bestrebt, einen Wohn- und Arbeitsstandort zu finden, der für ihn einen maximalen Nutzen besitzt; eine Wanderung orientiert sich vor allem an ökonomischen Bedingungen mit dem Ziel, diese für die eigene Person bzw. Familie zu optimieren. Bestimmte ökonomische Faktoren im Herkunfts- und Zielgebiet werden dabei als anziehende oder abstoßende Kräfte qualifiziert (Push-Pull-Theorie), durch die die Wanderungsströme auf der Aggregatebene erklärt werden können (vgl. FRANZ, 1984, S. 58 und LEE, 1972, S. 115 ff.).

Auf der Ebene von Bundesländern konnte allerdings der Einfluß vom *Lohnniveau* auf die Wanderungshäufigkeit nicht nachgewiesen werden (vgl. ADEBAHR, 1972). BILGER u.a. (1991) haben demgegenüber festgestellt, daß die regionale Zuwanderungsrate positiv und signifikant mit dem regionalen Verdienstniveau zusammenhängen. Die migrationssteuernde Wirkung regionaler Lohndifferenzen nachzuweisen, bereitet also auch auf der Aggregatebene Schwierigkeiten – inwieweit sie auf der Individualebene zu Wanderungsprozessen führen, kann auf dieser Untersuchungsebene nicht befriedigend festgestellt werden (vgl. auch M. WAGNER, 1989, S. 30). Es sei hier auch auf die Gefahr eines ökologischen Fehlschlusses hingewiesen. Sicher ist, daß zumindest für Hochschulabsolventen, die eine Position bei öffentlichen Arbeitgebern anstreben, regionale Einkommensunterschiede aufgrund der festgeschriebenen tariflichen Entlohnung kaum existieren. Problematischer ist es schon, die regionalen Einkommensdifferenzen bei nicht-öffentlichen Beschäftigern zu quantifizieren; hier könnte es durchaus Unterschiede auf der Ebene der Bundesländer geben. Hinzu kommen jedoch regional unterschiedliche Lebenshaltungskosten, die das individuelle Gehalt aus ökonomischer Sicht relativieren. Forschungen in den USA deuten jedoch an, daß regional unterschiedliche Kosten und Ausgaben keinen signifikanten Einfluß auf das Wanderungsverhalten haben (vgl. IZRAELI/LIN, 1984, S. 113).

Neben dem Lohnniveau ist auch der Einfluß von regionalen *Disparitäten im Angebot freier und attraktiver Arbeitsplätze* als Auslöser von Migrationsströmen untersucht worden. Die bereits zitierte Studie von BILGER u.a. (1991) konnte zwar in einigen Fällen zwischen der Arbeitslosenquote und den Binnenwanderungsquoten eine negative sowie zwischen der Erwerbsquote und der Einwanderungsrate eine positive Korrelation feststellen (vgl. BILGER u.a.; 1991, S. 162), jedoch waren diese Ergebnisse nur für bestimmte Bundesländer signifikant. Dennoch – die vielfach nachgewiesenen bildungsselektiven Land-Stadt-Wanderungen belegen den Einfluß von regionalen Arbeitsmarktstrukturen auf das Migrationsverhalten (vgl. M. WAGNER, 1992, S. 160 und 1989, S. 95 ff.; WENZEL/EHRHARDT/ROLFES, 1990, S. 136; GATZWEILER, 1975, S. 49 ff. und S. 76 ff). Verdichtungsräume, mit ihrem für Hochqualifizierte attraktiven Arbeitsplatzangebot, wirken auf Akademiker anziehend und damit insgesamt mobilitätsfördernd. Wichtiger als das Lohnniveau werden daher die regionalen Arbeitsmarktstrukturen sein. Das Vorhandensein einer ausreichenden Zahl adäquater Arbeitsplätze muß als eine der zentralen Rahmenbedingungen in die Analyse des Wanderungsgeschehens eingehen.

Es soll hier noch kurz auf eine Migrationstheorie eingegangen werden, die Migrationsprozesse auf soziale und gesellschaftliche Ungleichheiten zurückzuführen versucht und nach den Konsequenzen der Ungleichheit für Gruppen und Individuen fragt. Sie verfolgt dabei das Ziel, auf der Makroebene die gesamtgesellschaftliche Dimension einer »Theorie der Gesellschaft« zu bewahren und gleichzeitig auf der Mirkoebene die sozialpsychologisch-individuelle Sichtweise und Betroffenheit zu berücksichtigen (vgl. HOFFMANN-NOWOTNY, 1970, S. 20 und 22). Migrationsprozesse werden hier auf der Grundlage einer Theorie struktureller und anomischer Spannungen zu erklären versucht.[11] In dieser Theorie sind *Prestige*, als *der Grad, zu dem der Anspruch von Akteuren auf Teilhabe an zentralen sozialen Werten oder ihr Besitz als legitim angesehen wird* (HOFMANN-NOWOTNY, 1970, S. 26), und *Macht*, als *der Grad, zu dem der Anspruch von Akteuren auf Teilhabe an zentralen sozialen Werten durchgesetzt werden kann* (HOFMANN-NOWOTNY, 1970, S. 26), zentrale Begriffe.[12] In einem sozietalen (sozialen) System treten *strukturelle Spannungen* auf, wenn innerhalb dieser sozialen Struktur Macht und Prestige ungleich verteilt sind, d.h. wenn ein Individuum oder eine Gruppe über weniger Machtteilhabe verfügen, als es aufgrund seines bzw. ihres Prestige legitim wäre (vgl. HOFMANN-NOWOTNY, 1970, S. 26 f.).[13] Als *anomische Spannungen* bezeichnet HOFMANN-NOWOTNY einen Zustand, in dem bei einem Akteur ein Ungleichgewicht auftritt zwischen dem Anspruch auf einen zentralen sozialen Wert und den normativ geregelten tatsächlichen Möglichkeiten des Zugangs zu diesem Wert (vgl. HOFMANN-NOWOTNY, 1970, S. 26 f.). Für den hier behandelten Forschungszusammenhang würde dies bedeuten, daß strukturelle Spannungen und damit Migrationsprozesse dann ausgelöst werden könnten, wenn Hochschulabsolventen mit einem bestimmten Qualifikationsniveau eine inadäquatere Position innehätten oder weniger verdienen würden, als aufgrund ihrer Qualifikationen von ihnen erwartet werden könnte (siehe

[11] Die Theorie strukturellen und anomischer Spannungen geht zurück auf Peter HEINTZ (1968) und soll hier nur insoweit vorgestellt werden, als es für das Verständnis der Migrationstheorie von HOFMANN-NOWOTNY notwendig ist (vgl. die ausführliche Darstellung in HOFMANN-NOWOTNY, 1970, S. 20 ff.).

[12] Für den Begriff des *sozialen Wertes* als ein *materielles oder immaterielles Gut, das in einer aggregativen Bewertung als erstrebenswert angesehen wird* (HOFMANN-NOWOTNY, 1970, S. 26), werden keine Beispiele gegeben, um die Allgemeingültigkeit der Theorie nicht zu gefährden. Lediglich »Bildung« wird als immaterielles Gut explizit genannt. In unserem Untersuchungszusammenhang kann auch eine »adäquate Erwerbstätigkeit« als erstrebenswerter sozialer Wert festgeschrieben werden.

[13] Wenn verschiedene Individuuen in unterschiedlicher Weise an *einem* Macht repräsentierenden Werten teilhaben, wird von »einfacher Rangspannung« gesprochen. Von Ungleichgewichts- und Unvollständigkeitsspannung wird dann gesprochen, wenn ein einzelnes Individuum oder mehrere Akteure ungleichgewichtig oder gar nicht an *verschiedenen* zentralen sozialen Werten (wie Macht *und* Prestige oder Macht *und* Bildung) teilhaben (vgl. HOFMANN-NOWOTNY, 1970, S. 26 f. und 31 ff.).

die vergleichbare Überlegung bei M. WAGNER, 1989, S. 35). Migration ist dabei aber nur *eine* Lösungsmöglichkeit, um strukturelle Spannungen aufzulösen (siehe dazu HOFMANN-NOWOTNY, 1970, S. 37).[14]

Migrationsprozesse kommen dann in Gang, wenn ein Ausgleich von Macht und Prestige angestrebt wird und Differenzen der strukturellen und/oder anomischen Spannungen zwischen verschiedenen sozietalen Einheiten (Nationen, Bundesländer, Landkreise,...) vorhanden sind (vgl. HOFMANN-NOWOTNY, 1970, S. 98). Ein Ausgleich von Macht- und Prestigeteilhabe durch Migration kann dann auf unterschiedliche Weise erreicht werden: z.B. durch eine Positionsänderung, womit das Ausscheiden aus dem sozialen System (Emigration) oder die individuelle Änderung der Position in der Einheit gemeint ist; denkbar ist auch das vollständige Aufgeben von Positionen (vgl. HOFMANN-NOWOTNY, 1970, S. 98 f.). *Wenn es einer machtdefizitären Einheit nicht, nicht schnell genug oder nicht in befriedigendem Ausmaß gelingt, ihr Machtdefizit durch ökonomische Entwicklung abzubauen, so kann durch Migration aus diesem Kontext das weitere Ansteigen struktureller Spannungen zumindest verlangsamt werden ...* (HOFMANN-NOWOTNY, 1970, S. 98). Im Vorgriff auf die Diskussion in Abschnitt 1.5.1 dieses Kapitels sei schon darauf verwiesen, daß damit geographische Mobilität als Möglichkeit gesehen wird, vertikale soziale Aufstiegsmobilität zu verwirklichen (vgl. HOFMANN-NOWOTNY, 1970, S. 99). Vor allem deswegen ist diese Migrationstheorie für den vorliegenden Untersuchungszusammenhang wertvoll. Bei diesem Ansatz wird aber auch deutlich, daß der Begriff Mobilität im allgemeinen nicht auf die regionale Mobilität eingeschränkt ist, sondern alle Mobilitätsprozesse einbezieht, die innerhalb einer Gesellschaft auftreten.

Die Theorie von HOFFMANN-NOWOTNY ist von BETZ (1988, S. 35) und FRANZ (1984, S. 67) kritisiert worden, weil Personen *als willenlose, nur von sozialen Kräften gesteuerte kleinste Systemeinheiten gesehen werden, deren individueller Entscheidungsspielraum zu vernachlässigen ist.* (FRANZ, 1984, S. 64). Dabei ist anzumerken, daß HOFMANN-NOWOTNY selbst eingesteht, den individuellen Entscheidungsprozeß im Rahmen der empirischen Operationalisierung seiner Theorie als *black-box* zu betrachten, daß er aber behauptet, diesen Entscheidungsprozeß theoretisch aufgearbeitet zu haben (vgl. HOFFMANN-NOWOTNY, 1970, S. 100). Kritisch anzumerken ist weiterhin, daß nicht näher verifiziert wird, welche zentralen sozialen Werte es sind, die von den Akteuren als erstrebenswert angesehen werden und so die Teilhabe an Prestige und Macht sichern (vgl. die entsprechende Kritik bei M. WAGNER, 1989, S. 36).

Eine *grundsätzliche Kritik* an den makrotheoretischen Erklärungsansätzen setzt in dem Punkt an, daß nicht die objektiven Daten, sondern die *Wahrnehmung* dieser Rahmenbedingungen durch die potentiellen Wanderer bzw. Nicht-Wanderer für eine Migrationsentscheidung von Bedeutung ist (vgl. dazu auch BÄHR, 1992, S. 292 und S. 303; M. WAGNER, 1989, S. 22 ff.). So wird beispielsweise verschiedentlich darauf hingewiesen, daß die be-

[14] Ein auf die Thematik dieser Arbeit bezogenes Beispiel für anomische Spannungen wäre z.B. die Situation von Lehramtsabsolventen, die das Referendariat abgeschlossen haben und keine Stelle im Schuldienst finden. Sie haben zwar durch das Absolvieren des Referendariats einen Anspruch auf eine Stelle im Schuldienst, bzw. sie erfüllen die geforderten Voraussetzungen, aber aufgrund des normativ geregelten Zugangs (z.B. restriktive Einstellungspolitik) besitzen sie de facto keine Möglichkeit, diesen Anspruch zu verwirklichen. Auch dadurch können Migrationsprozesse ausgelöst werden. Von solchen anomischen Spannungen ausgelöste Migrationen werden in der Regel nur dann in Gang, wenn in anderen Regionen ein problemloser Berufszugang garantiert werden kann oder eine adäquate Beschäftigung so gut wie sicher ist.

stehenden regionalen Rahmenbedingungen offenbar nur auf die potentiell Abwanderungsbereiten mobilitätsfördernd wirken, *denn es gibt jederzeit eine Menge von Personen in einer Region, die objektiv unter gleichen ökonomischen Bedingungen leben, von denen aber nur ein Teil die Wanderung antritt, während andere nicht einmal daran denken* (ALBRECHT, 1972, S. 44; vgl. auch ZINGG, 1976, S. 200 ff. und HABERKORN, 1981, S. 252).

Diese letzte Feststellung macht deutlich, daß mit einer umfassenden Erhebung regionaler Rahmenbedingungen kaum auf das Wanderungsverhalten der regionalen Bevölkerung geschlossen werden kann. Die Informationen werden von den Individuen unterschiedlich und selektiv wahrgenommen. Rationale Entscheidungen aufgrund objektiver Daten können nicht erwartet werden. Hochschulabsolventen nehmen dabei allerdings eine gesonderte Stellung ein. Einige Autoren rechnen sie zum *zweckrational handelnden Typ* (vgl. FRANZ, 1984, S. 72 und ZINGG, 1976, S. 191 nach Kategorien von M. WEBER), so daß von ihnen eher rationale Handlungen aufgrund ungünstiger bzw. günstiger PUSH-PULL Faktoren oder eine Loslösung von lokalen Netzwerken erwartet werden kann als von Nicht-Akademikern. Für die anstehende Untersuchung bedeutet dies, daß die objektiven regionalen Rahmenbedingungen für die Mobilität von Hochschulabsolventen eine bedeutsame Rolle spielen können und einer eingehenden Analyse unterzogen werden sollten. Folgt man der Annahme einer eher zweckrationalen Entscheidung, so deutet sich hier bereits die Konfliktlinie (insbesondere bei weiblichen Hochschulabsolventen) zwischen beruflichen Zukunftsvorstellungen und -perspektiven und den Realisierungsmöglichkeiten eines möglichen Kinderwunsches an.

1.4.2 Mikrotheoretische Erklärungsansätze

Die Kritik an den makrotheoretischen Migrationsansätzen verdeutlicht die Notwendigkeit, die individuellen Handlungen und Perspektiven im Vorfeld und im Verlauf von Migrationsentscheidungen eingehend zu untersuchen. Bei den mikrotheoretischen Erklärungsansätzen von Migrationsphänomenen stehen einerseits die Untersuchungen migrationsrelevanter *Motive* einzelner Individuuen, Familien oder Gruppen und andererseits der Ablauf der *Entscheidung*, ob ein Wechsel des Wohnortes vorgenommen wird oder nicht, im Vordergrund des Interesses. *Entscheidungstheoretische Modelle* (vgl. z.B. die entscheidungstheoretischen Modelle in BÄHR, 1992, S. 300; DEJONG/FAWCETT, 1981, S. 47 ff.; VANBERG, 1974, S. 6 ff.; WOLPERT, 1975, S. 191 ff. (zuerst 1965) und andere) sind Ansätze, *die explizit mit der Annahme arbeiten, daß Migrationen Resultate eines Entscheidungsprozesses mobilitätsfähiger Einheiten (Einzelpersonen, Familien) sind und dann erklärbar, wenn die wesentlichen entscheidungsrelevanten Faktoren gefunden werden können* (FRANZ, 1984, S. 67).[15] Es erscheint an dieser Stelle nicht sinnvoll, eine Auswahl entscheidungstheoretischer Modelle in ihrer Gesamtheit darzustellen. Zum einen würde das den Rahmen dieser Arbeit sprengen, und die Fülle von Hypothesen und Annahmen wäre zur Klärung der spezifischen Interessen dieser Arbeit nur wenig hilfreich. Zum anderen gilt für alle Modelle, daß sie sich auf einem sehr allgemeinen Niveau mit Migrationsprozessen beschäftigen, also weder spezifische Annahmen zur hier interessierenden Gruppe der Hochschulabsolventen noch zu der Lebenszyklusphase des Berufseintritts bzw. der Beschäftigungssuche machen.

[15] Anstelle des Begriffs »Faktoren« könnte man auch von »Motiven« sprechen.

Es werden daher nur zwei Ansätze der mikrotheoretischen Migrationsforschung eingehender diskutiert: In dem einen wird versucht, den Verlauf der Migrationsentscheidung aus sozialpsychologischer Forschungsperspektive nachzuzeichnen, der zweite Ansatz nennt mögliche Motive individueller Wanderungs- bzw. Seßhaftigkeitsentscheidungen. Exemplarisch soll für die Verlaufsstruktur anderer Entscheidungsmodelle das relativ komplexe Modell von HABERKORN und die Werterwartungstheorie von DEJONG/FAWCETT vorgestellt werden. Potentielle Wanderungs- bzw. Seßhaftigkeitmotive haben ebenfalls DEJONG/FAWCETT ausführlich erarbeitet.

Es ist ein mit Entscheidungsmodellen stets verbundenes Problem, daß der Verlauf einer Entscheidung von individuellen Dispositionen und Persönlichkeitsmerkmalen abhängig ist und nie rational und gleichförmig abläuft (vgl. HABERKORN, 1981, S. 253; vgl. dazu die idealtypischen Kategorien von M. WEBER, die bereits bei den makrotheoretischen Ansätzen angesprochen wurden). Trotz dieser Einschränkungen hat HABERKORN (1981, S. 256 ff.) ein *fünfstufiges Entscheidungsmodell* von JANIS/MANN (1977) auf Migrationsentscheidungen ausgeweitet – dieses Modell sollte dabei neben der Entscheidung zugunsten einer Migration auch Erklärungsmöglichkeiten für regionale Seßhaftigkeit mit einbeziehen. In der *1. Phase* wird das Individuum mit der neuen Situation konfrontiert und bewertet diese. Diese neue Situation kann ausgelöst werden durch Veränderungen im beruflichen, familiären oder sozialen Bereich. Das Individuum wird sich klar darüber, inwieweit ein Verharren in der gegenwärtigen Lage mit Problemen und Risiken verbunden ist. In der *2. Phase* werden akzeptable Alternativen gesucht. Ob in diesem Zusammenhang auch ein Erreichen der beabsichtigten Ziele in anderen Regionen antizipiert wird, hängt u.a. davon ab, inwieweit Bereitschaft zu regionaler Mobilität besteht bzw. ob damit bereits positive oder negative Erfahrungen gemacht worden sind. Von allen Alternativen werden in der *3. Phase* die Vor- und Nachteile abgewogen und die vielversprechendste Möglichkeit ausgewählt. Schließlich (*4. Phase*) wird das Entschcidungsergebnis den Familienmitgliedern, Freunden, Vorgesetzten/Kollegen etc. (HABEKORN, 1981, S. 269 f. nennt diese auch *significant others*) bekannt gegeben. Dieser Schritt des Publikmachens des beabsichtigten Ziels (der Migration) ist deswegen von besonderer Bedeutung, weil ab diesem Stadium ein Rückschritt in die Ausgangssituation oder eine vorhergehende Phase schwieriger wird. Im letzten Schritt (*5. Phase*, z.B. nach der Wohnortverlagerung) geht es darum, inwieweit die mit der Entscheidung verbundenen Konsequenzen den Erwartungen entsprechen und insbesondere, wie sie gegenüber den nun möglicherweise auftretenden negativen Feedbacks behauptet bzw. gerechtfertigt werden kann.[16]

Wie in vielen anderen entscheidungstheoretischen Modellen sind auch bei HABERKORN in zwei wesentlichen Punkten Ergänzungen und Erläuterungen nötig. Zum einen verschleiert eine Einteilung von Entscheidungsprozessen in unterschiedliche, chronologisch aufeinanderfolgende Phasen die Dynamik des Entscheidungsverlaufs. So muß ein Entscheidungsmodell die Möglichkeit offenlassen, daß in jeder Phase ein Zurückfallen in bzw. Einbauen vorheriger Phasen in den aktuellen Verlauf denkbar ist (z.B. neue Alternativen auch in der Auswertungsphase aktiv zu suchen oder sich schließlich aufgrund neuer Informationen und Bewertungsgrundlagen trotz eines weit vorangeschrittenen Entscheidungsprozesses mit der Ausgangssituation abzufinden). Zum anderen ist eine Entscheidung,

[16] Eine Beschreibung weiterer Entscheidungsmodelle findet sich bei BÄHR (1992, S. 299 ff.), WAGNER (1989, S. 20 ff) oder BETZ (1988, S. 30 ff.).

insbesondere über eine mögliche Migration, ein interaktiver Prozeß, in dem nicht nur diejenige Person isoliert beurteilt und entscheidet, die den Entscheidungsprozeß initiert bzw. verursacht hat, sondern in dem alle von dem potentiellen Migrations- und Entscheidungsprozeß direkt oder indirekt betroffenen Inidividuen eine mehr oder weniger einflußreiche Rolle spielen (z.B. (Ehe-)Partner, Kinder etc.). Problematisch wird der Entscheidungsprozeß z.B. dann, wenn bei einem berufstätigen Paar (beide sind Hochschulabsolventen), einem Partner eine bessere Beschäftigungsmöglichkeit in einer anderen Region in Aussicht gestellt wird. Um ein weiteres harmonisches Zusammenleben sicherzustellen, wird hier sicher eine gemeinsame Entscheidung nötig sein. In vielen Entscheidungstheorien zum Migrationsverhalten werden daher nicht mehr einzelne Individuen als Entscheidungsträger gesehen, sondern Familien, Gruppen oder Entscheidungseinheiten (vgl. BÄHR, 1992, S. 301; besonders DAVANZO, 1981, S. 112 ff.).

Einen anderen Aspekt des Entscheidungsablaufes, der hier nur noch kurz angesprochen werden soll, beleuchtet die *Werterwartungstheorie* von DEJONG/FAWCETT (1981, S. 53 ff.).[17] Nach dieser Theorie hängt die Migrationsentscheidung davon ab, inwieweit das Individuum *erwartet*, daß mit einer Handlung bzw. Migration erwünschte Konsequenzen eintreten, und von dem *Wert*, die das Individuum dieser (erwarteten) Konsequenz zumißt (vgl. DEJONG/FAWCETT, 1981, S. 47). *Migration is viewed as an instrumental behavior, and decision making is based on a »cognitive calculus« that involves a subjective, anticipatory weighing of the factors involved in achieving certain goals* (DEJONG/ FAWCETT, 1981, S. 47). Dabei ist die Migrationsentscheidung das Produkt einer Summe von Werterwartungen (Faktoren, Motive), womit darauf hingewiesen wird, daß Migrations- bzw. Seßhaftigkeitsentscheidungen auf vielfältigen und komplexen Konstellationen beruhen (vgl. DEJONG/FAWCETT, 1981, S. 47 f.). Modelle, die Migration als quasi linearen und chronologisch ablaufenden Prozeß beschreiben, sind damit auch aus Sicht der Werterwartungstheorie wenig erklärungstüchtig.

Mit der Werterwartungstheorie von DEJONG/FAWCETT wurde der zweite wesentliche Aspekt von entscheidungstheoretischen Erklärungsansätzen regionaler Mobilität bereits angesprochen, und zwar die Motiv- und Ursachenstruktur von Wanderungsprozessen. Dabei ist ein entscheidender Hinweis schon vorweggenommen worden, daß nämlich die Ursachen und Motive von Mobilität einerseits oder Seßhaftigkeit anderseits in der Regel mit einem eindimensionalen Modell nur unzureichend erfaßt werden.[18] Das Grundmotiv, das allen entscheidungstheoretischen Migrationsmodellen zugrundeliegt und aus dem ein erster Anstoß für eine mögliche Wanderung resultiert, ist die Unzufriedenheit mit der gegenwärtigen Situation, die sich durch eine Migration verbessern ließe (bzw. von der erwartet wird, daß sie sich verbessert). DEJONG/FAWCETT haben auf der Grundlage von umfangreichen Literaturauswertungen 7 Motivkomplexe gebildet, die im Zusammenhang mit Migrationsentscheidungen eine bedeutsame Rolle spielen können (vgl. DEJONG/FAWCETT, 1981, S. 49 ff.):

---

[17] Vgl. dazu auch die Anmerkungen von M. WAGNER, 1989, S. 23. Auch ESSER bezeichnet die Wert-Erwartungstheorie als eine einfache Handlungstheorie (1993, S. 95).

[18] In der Literatur wird insbesondere kritisiert, daß in der Migrationsforschung in erster Linie nach den Motiven von Wanderungen gesucht wurde, mobilitätshemmende Motive und die Faktoren und Ursachen regionaler Immobilität und Seßhaftigkeit bisher von der Forschung aber kaum erarbeitet wurden (DEJONG/FAWCETT, 1981, S. 43). Eine Ausnahme bilden hier die Forschungen zur Bedeutung sozialer und lokaler Netzwerke (vgl. M. WAGNER, 1989, S. 41 ff.); siehe zu diesem Problemkomplex die Ausführungen in Abschnitt 1.5.2 dieses Kapitels.

- *Wohlstand* (gutes Einkommen; berufliche und ökonomische Sicherheit, gesundheitliche Absicherung),
- *Statusaspekte* (hoher sozialer Status, Prestige und Ansehen, Einfluß, gute (Schul-/Aus-) Bildung),
- *Komfort* (akzeptable berufliche und private Anforderungen, ausreichend Freizeit, Wohnkomfort),
- *Abwechslung* (abwechslungsreiche Umgebung, gute Freizeit- und Kontaktmöglichkeiten),
- *Unabhängigkeit* (ökonomische, soziale und ideelle Unabhängigkeit, Möglichkeiten zur Selbstverwirklichung),
- *Soziales Netzwerk* (Eingebundensein in ein funktionierendes lokales und soziales Netzwerk von Familie, Freunden und Bekannten),
- *Moralisches und ethisches Klima* (freie Religionsausübung, Meinungsfreiheit).

Wie schon die theoretischen Vorüberlegungen zum Verhältnis von Lebenszyklus und regionaler Mobilität verdeutlich haben, werden bei Hochschulabsolventen in der Phase des Berufseintritts sowie in ihrer beruflichen Etablierung Status- und Wohlstandsmotive von grundlegender Bedeutung sein (vgl. auch DEJONG/FAWCETT, 1981, S. 39 f.).

Wenn eine neue Situation (Arbeitslosigkeit, Aussicht auf eine besser dotierte Stelle, ...) eine Entscheidung über eine Wanderung nötig macht, so wirken im Entscheidungsprozeß und bei der Abwägung möglicher Alternativen die verschiedenen Motive aus diesen 7 Bereichen mit sicherlich unterschiedlicher Gewichtung. Welche Bedeutung dabei einzelne Ursachenkategorien im Gesamtkomplex der entscheidungsleitenden Motivstruktur spielen (möglicherweise differenziert nach Wanderungstypen), ist in der Migrationsforschung bisher noch nicht geklärt worden. Auch diese Studie kann dies nicht leisten. Die Liste von Faktoren kann aber helfen, die mögliche Komplexität von Wanderungsentscheidungen zu verdeutlichen, und sie fordert den Migrationsforscher auf, genaue Rahmenbedimgungen zu benennen, innerhalb derer einzelne Motivkomplexe (wie ökonomische oder statusbezogene Aspekte) für eine Wanderungsentscheidung von dominanter Bedeutung sein können. So kann für die Berufseintrittphase von Akademikern angenommen werden, daß Absolventen eines Studienganges, der gute Beschäftigungschancen verspricht, bei der Wahl eines Arbeitsplatzes und Wohnstandortes eher die Möglichkeit haben, neben ökonomischen oder statusbezogenen Motiven, auch Faktoren wie Abwechslungsreichtum oder soziale Netzwerke bei ihrer Entscheidung zu berücksichtigen. Dagegen werden bei Hochschulabsolventen mit Arbeitsmarktproblemen (z.B. Lehrer, Geisteswissenschaftler, ...) primär ökonomische Motive (berufliche und finanzielle Existenzsicherung) bei der Arbeitsplatzsuche im Vordergrund stehen und dadurch möglicherweise Migrationsprozesse auslösen. Damit werden dann aber wieder Probleme aufgeworfen, inwieweit diese Entscheidung zu wandern mit der Situation von Partner und Familie vereinbar ist (s.o.).[19]

[19] Der Vollständigkeit halber sei an dieser Stelle auf zwei weitere Entscheidungsmodelle aus den Wirtschaftswissenschaften hingewiesen, die sich aber nicht expilizit mit Migrationsentscheidungen beschäftigen: die Humankapitaltheorie und die Job-Search-Theorie. Die beiden Ansätze versuchen den Prozeß der Arbeitsplatzsuche bzw. des Arbeitsplatzwechsels zu beschreiben und zu erklären. Besonders viele Untersuchungen zum Forschungsfeld Arbeitsplatzsuche bzw. -wechsel und regionaler Mobilität gibt es in den Vereinigten Staaten. Dort sind auch Geographen und Regionalwissenschaftler weitaus häufiger in interdisziplinären Zusammenhängen forschend tätig (vgl. die Beiträge in STILLWELL/CONGDON, 1991).

1.4.3 Integration mikro- und makrotheoretischer Ansätze

In der Migrationsforschung wird schon seit Beginn der 80er Jahre darauf hingewiesen, daß es notwendig ist, die mikro- und makrotheoretische Ebene miteinander zu verknüpfen (vgl. STILLWELL/CONGDON, 1991; S. 6 ff.; M. WAGNER, 1989, S. 22; BETZ, 1988, S. 37 ff.; FRANZ, 1984, S. 76; ESSER, 1980, S. 183 ff.). *Bei isolierter Betrachtungsweise vernachlässigen sie entweder die subjektiven Gründe und Interessenlagen der Wandernden oder sie bieten keine hinreichende Basis für eine quantitative Erfassung räumlicher Bewegungsvorgänge* (KILLISCH, 1979, S. 12).[20]

Da in der vorliegenden Untersuchung der Frage nachgegangen werden soll, inwieweit Hochschulabsolventen durch regionale Mobilität ihre Aussichten auf einen adäquaten und befriedigenden Arbeitsplatz verbessern können, muß zusätzlich geklärt werden, wie die Rahmenbedingungen auf der Makroebene in die individuellen Entscheidungsstrukturen eingebaut werden können. *... a discussion of macro-micro links is, at the conceptual level, a discussion of the translation of the objective world of macrofactors into the set of factors the individual sees as important and as impinging upon his or her own satisfaction* (GARDNER, 1981, S. 72). Mikrotheoretische Ansätze, die Makrofaktoren berücksichtigen wollen, müssen sich also eingehender mit der *Wahrnehmung* der Makrofaktoren durch das Individuum befassen.

Wie das Individuum einzelne Rahmenbedingungen (z.B. die Lage auf dem Arbeits- oder Wohnungsmarkt) wahrnimmt und welche Rolle dieser eine Wahrnehmungskomplex im Gesamtkontext aller als wichtig wahrgenommenen Makrofaktoren spielt, kann nur durch eine (schriftliche) Befragung oder qualitative Interviews annäherungsweise ermittelt werden. Die näherungsweise Ermittlung der *mental map* des Entscheidenden, und damit die Repräsentation der realen Umwelt im Kopf des Individuums, stellt das erste schwerwiegende Problem dar, Einflüsse der Makroebene in individualtheoretische Entscheidungsmodelle einzubauen (vgl. GARDNER, 1981, S. 78). Der wahrnehmungsgeographische Ansatz geht von der Hypothese aus, daß sich soziale Handlungs- und Verhaltensweisen auf der Grundlage individueller, gesellschaftsspezifischer Wahrnehmungen und Bewertungen der realen physischen und sozialen Welt abspielen. Wahrnehmungs- und Erlebnisräume (mental maps) werden dementsprechend verhaltensrelevant und handlungsleitend (vgl. WENZEL, 1982, S. 326 und S. 330; siehe auch RHODE-JÜCHTERN, 1975, S. 197 ff.). Es könnten im Prinzip vom potentiell Wandernden eigene Einschätzungen über bestimmte Makrofaktoren (zum Beispiel zum Arbeitsmarkt) verlangt werden und dann geprüft werden, ob diese handlungsrelevant geworden sind. Allerdings müßte dann auch getestet werden, welche Bedeutung den jeweiligen Makrofaktoren bei der eigenen Entscheidung oder dem eigenen Verhalten zugemessen wird.[21] In diesem Zusammenhang wäre es dann auch wichtig, das Informationsverhalten und die Informationsquellen genauer zu analysieren, über die den Individuen die Merkmale der realen Welt vermittelt werden.

---

[20] Aus methodischer Sicht existiert mit der Mehrebenen-Analyse ein Instrumentarium, mit dem sowohl Aggregatdaten als auch Individualdaten im Zusammenhang ausgewechselt werden können (vgl. KRIZ, 1983, S. 262 f.).

[21] In den durchgeführten Befragungen, die Grundlage für den empirischen Teil dieser Arbeit sind, wurden solche Einschätzungen nur teilweise abgefragt. Die Zielrichtung der Befragungsaktionen war nicht primär die Überprüfung regionaler Mobilitätsprozesse beim Berufseintritt, so daß das Prüfen der Wahrnehmung relevanter Rahmenbedingungen und ihre Auswirkungen auf Migrationsentscheidungen nicht konsequent durchgeführt wurde (vgl. die Fragebögen in der Anlage).

Neben den vom Individuum als wichtig wahrgenommenen Merkmalen der Makroebene müssen bei Entscheidungsprozessen auch subjektive und objektive Zwänge *(constraints)* mitbedacht werden, die die Entscheidungsfreiheit einschränken (vgl. BÄHR, 1992, S. 303 ff; GARDNER, 1981, S. 80 ff.). Wichtige *constraints* sind dabei zum einen physische oder geographische Zwänge, z.B. die Distanz (vermittelt durch die zeitlichen und finanziellen Belastungen des Umzugs), die Verkehrsinfrastruktur oder physische Hindernisse, zum zweiten normative Zwänge und Möglichkeiten der Migration: soziale Anerkennung und Befürwortung von Wanderungen, geschlechtsspezifisches Rollenverständnis, Normen und Werte der Gemeinschaft und schließlich staatliche Mobilitätspolitik oder -programme (vgl. GARDNER, 1981, S. 80 ff.).

Auf die Notwendigkeit einer handlungstheoretischen Fundierung der Migrationsforschung hat ESSER bereits 1980 (S. 182 ff.) hingewiesen. Darauf aufbauend weist M. WAGNER darauf hin, daß *handlungstheoretische Ansätze* in der Migrationsforschung in der Lage sind, den *Gegensatz zwischen Makroansätzen, die die Wirkungen von regional unterschiedlichen Sozial- und Opportunitätsstrukturen betonen, und Mikroansätzen, die Merkmale der Persönlichkeit – wie Informationsniveau, Kognition, Bewertungen – als entscheidende Erklärungsfaktoren ansehen* [aufzuheben] (M. WAGNER, 1989, S. 22). Die regionalen Rahmenbedingungen, die bei den makrotheoretischen Migrationsansätzen von Bedeutung sind, spiegeln sich in den subjektiven Wahrnehmungen der Individuen wider (vgl. M. WAGNER, 1989, S. 24). Auf die Bedeutung der Handlungstheorie wird in Kapitel III noch ausführlich eingegangen.

1.5 Erklärungsfaktoren regionaler Mobilität

1.5.1 Der Zusammenhang von sozialer und regionaler Mobilität

Wie schon beim Ansatz von HOFFMANN-NOWOTNY angedeutet wurde, beschäftigt sich die Migrationsforschung nicht nur mit den regionalen Dimensionen von Mobilitätsvorgängen. Bei Analysen von Mobilitätsprozessen im Rahmen von Erwerbstätigkeiten spielen die dabei auftretenden regionalen Standortverlagerungen in den meisten Wissenschaftsdisziplinen nur eine untergeordnete Rolle. Wird in diesem Zusammenhang von Mobilität gesprochen, so geht es in erster Linie um den Wechsel von Arbeitsplatz, Position oder Betrieb, zunächst unabhängig davon, ob damit auch eine räumliche Komponente verbunden ist. Der allgemeinste und umfassendste Begriff für solche Migrationsprozesse ist *soziale Mobilität.*[22] Für einige Migrationssoziologen ist ein regionaler Arbeitsplatzwechsel nur interessant, wenn mit ihm auch ein Positions- oder Betriebswechsel verbunden ist. *Insofern also eine Wanderungsbewegung ... einhergeht mit der mehr oder weniger ausschließlichen Übernahme gleicher oder gleichartiger Positionen am neuen Wohnort, fehlt ihr die soziologische Dimension* (ZINGG, 1976, S. 183). Wenn es also darum geht, soziale Phänomene und Prozesse zu verstehen und zu erklären, dann muß ganz offensichtlich der soziale Aspekt von Mobilitätsprozessen der entscheidende Ausgangspunkt einer Analyse sein. Die räumliche Komponente eines Migrationsvorganges (die reine Distanzüberwindung) ist in

[22] Einige Autoren sprechen verwiorrenderweise auch nur von Mobilität, meinen damit aber soziale, beruflich und/oder sektorale Mobilität (vgl. KELLER/KLEIN, 1994, S. 152). Hier sollte auf eine genauere Begriffsdefinition und -verwendung geachtet werden.

diesem Zusammenhang nur ein Nebeneffekt, gewissermaßen ein Indikator für ein soziales Phänomen.

Auf die Bedeutung speziell ökonomischer und statusbezogener Motive bei der Entscheidung zu wandern, wurde bereits ausführlich verwiesen. Gerade diese Motive sind es, die bei Hochschulabsolventen und Berufseinsteigern Entscheidungsprozesse leiten. Sie haben das Erreichen einer adäquaten Berufsposition und eines sozialen Aufstiegs zum Ziel, regionale Mobilität tritt nur als Nebenprodukt auf. Trotz der dominanten Rolle sozialer Aspekte der Mobilität soll die Verklammerung sozialer und regionaler Mobilitätsprozesse aufgezeigt sowie beide Prozesse so gut es geht terminologisch und thematisch umrissen und gegeneinander abgegrenzt werden.

Zur Unterscheidung dieser beiden Mobilitätsprozesse sind verschiedene Termini verwendet worden. Eine schon genannte erste Grobeinteilung besteht in der Unterscheidung von regionaler Mobilität, als Bezeichnung für den Wechsel des Wohnsitzes, und *sozialer Mobilität*[23], als Kennzeichnung des Wechsels der Arbeitsplatzes, des Betriebs oder der beruflichen Position (vgl. dazu M. WAGNER, 1989, S. 106 ff.; FRANZ, 1984, S. 148 ff.; ZINGG, 1976, S. 181 ff.; ALBRECHT, 1972, S. 120 ff. spricht von vertikaler Mobilität). Allgemeiner wird auch von Bewegungen im sozialen Gefüge oder innerhalb bzw. zwischen sozialen Systemen gesprochen (vgl. M. WAGNER, 1989, S. 20; FRANZ, 1984, S. 62). Es existieren aber auch feinere Unterteilungen zur Beschreibung des Wechsels eines Individuums zwischen definierten Einheiten eines sozialen System, die ausführlicher in ZINGG (1976, S. 181 ff.) und besonders FRANZ (1984, S. 23 ff.) diskutiert werden. Dabei wird der Oberbegriff der sozialen Mobilität weiter spezifiziert und die Bewegungen im sozialen Gefüge mit den Begriffen horizontale und vertikale Mobilität detaillierter zu beschreiben versucht. Mit *vertikaler Mobilität* werden insbesondere Statusveränderungen bezeichnet, womit nicht notwendigerweise ein Arbeits- oder Betriebswechsel verbunden sein muß (z.B. Beförderungen, Herabstufungen). Als *horizontale Mobilität* werden Migrationsprozesse wie Arbeitsplatz- oder Betriebswechsel verstanden, die nicht mit Statusveränderungen verbunden sind (vgl. dazu FRANZ, 1984, S. 25 und ZINGG, 1976, S. 181 ff.). Es wird deutlich, daß *regionale Mobilität* kein komplementärer Prozeß zu den Mobilitätsprozessen im sozialen Gefüge ist, sondern gleichzeitig mit diesen auftreten kann. So kann eine Statusveränderung (vertikale Mobilität) zum einen mit einem Wohnortwechsel zusammenfallen, zum zweiten aber natürlich auch ohne einen solchen auftreten. Im ersten Fall wäre beispielsweise ein aufwärtsgerichteter Positionswechsel (z.B. vom Gruppenleiter zum Abteilungsleiter) nur im Zusammenhang mit einem Wohnortwechsel realsierbar; der zweite Fall umfaßt Positionsänderungen (Positionsverbesserungen wie -verschlechterungen) ohne regionale Mobilität. Ein positionaler Arbeitsplatzwechsel innerhalb eines Betriebes oder zwischen unterschiedlichen Betrieben am selben Ort erfordert keine Wohnsitzverlagerung. Auch positionsneutrale Arbeitsplatz- oder Betriebswechsel (horizontale Mobilität) können mit einem Wohnortwechsel verbunden sein, aber auch ohne Wohnortwechsel stattfinden. Mit den Begriffen der vertikalen bzw. horizontalen Mobilität auf der einen und regionaler Mobilität auf der anderen Seite lassen sich jedoch nicht alle sozialen Migrationsbewegungen auf dem Arbeitsmarkt beschreiben. Steigt beispielsweise ein Ingenieur innerhalb seines Betriebes auf (ohne den Wohnort zu wechseln), so würde ebenso

[23] Statt des Begriffes soziale Mobilität wird in einigen Fällen auch von *beruflicher* Mobilität gesprochen (vgl. BIRG, 1992, S. 29 f.; KAISER, 1985, S. 86).

von vertikaler Aufstiegsmobilität ohne regionale Dimension gesprochen, wie für den Fall, daß dieser Ingenieur innerhalb eines Ortes oder einer Stadt den Betrieb gewechselt und entsprechend seine berufliche Position verbessert hätte. Gemäß dieser Terminologie werden hier unter nur einem Mobilitätsbegriff zwei sehr unterschiedliche soziale Prozesse subsumiert. Entsprechende Unzulänglichkeiten gibt es auch bezüglich der horizontalen Mobilität. Positionsneutrale Arbeitsplatzwechsel innerhalb eines Betriebes fallen ebenso darunter, wie der positionsneutrale Wechsel von einem Betrieb in einen anderen. Diese Beispiele machen deutlich, daß nicht alle sozialen Mobilitätsprozesse auf dem Arbeitsmarkt mit dieser Terminologie eindeutig beschrieben werden können.

Nach neueren Untersuchungen, die die regionale Mobilität von Erwerbstätigen aus unterschiedlichen Geburtsjahrgängen zum Thema hatten (vgl. M. WAGNER, 1989), hat sich der Zusammenhang zwischen sozialer und regionaler Mobilität im Laufe der letzten Jahrzehnte allerdings abgeschwächt; Berufs- und Wanderungsbiographie haben sich entkoppelt: *Positionswechsel im Berufssystem sind immer weniger stark mit Positionswechseln zwischen Regionen verbunden* (M. WAGNER, 1989, S. 127). Inwieweit diese offenbar konjunkturspezifische Entwicklung allerdings auch für Hochschulabsolventen zutrifft, konnte bisher noch nicht zufriedenstellend geklärt werden. Auch in dieser Arbeit kann diese Entwicklung nicht geprüft werden, da dazu das vorhandene Datenmaterial fehlt. Allerdings sollte in diesem Zusammenhang nicht unerwähnt bleiben, daß regionale ebenso wie soziale Mobilitätsprozesse in starkem Maße von der konjunkturellen und wirtschaftlichen Entwicklung und ihrer Dynamik abhängen. In der Bundesrepublik haben sich seit Beginn der 70er Jahre insbesondere die Einstellungen aus bestehenden Beschäftigungsverhältnissen, also zwischenbetriebliche Arbeitsplatzwechsel, deutlich verringert (vgl. SCHETTKAT, 1992, S. 31 ff.).[24] Mit diesem partiell geringeren Arbeitsplatzangebot und der insgesamt zurückgegegangen Arbeitsplatzdynamik (weniger frei werdende Stellen und weniger Neubesetzungen) geht gleichzeitig eine deutliche Verringerung regionaler Mobilitätsprozesse einher (vgl. BIRG, 1993, S. 7 f. und 131 f.). Wenn generell weniger freie Arbeitsplätze zur Verfügung stehen, müssen auch soziale und regionale Migrationen abnehmen.

Zusammenhänge zwischen sozialer und regionaler Mobilität bei Hochschulabsolventen sind erst in Ansätzen untersucht worden. In der Regel beziehen sich Untersuchungen zu den Zusammenhängen zwischen diesen beiden Migrationsprozessen auf alle Qualifikationsgruppen (vgl. BIRG u.a., 1991, S. 74; M. WAGNER, 1989, S. 58 f.; WEISSHUHN/BÜCHEL, 1992, S. 172 f.); spezielle empirische Untersuchungen über Hochschulabsolventen fehlen bisher ganz. Einige grundlegende Ergebnisse der Studien zu diesem Mobilitätskomplex sollen hier dennoch vorgestellt werden, auch wenn in ihnen nicht gesondert auf die Situation von Akademikern eingegangen wurde. Sie liefern aber Ergebnisse zum Zusammenhag von sozialer und regionaler Mobiltät, die auch in bezug auf Hochqualifizierte und Hochschulabsolventen hilfreich sein können.

Empirische Studien über das Verhältnis von sozialer zu regionaler Mobilität haben stets eine hohe positive Korrelation zwischen beiden Phänomenen ergeben (vgl. BIRG/ FLÖTHMANN, 1992, S. 31; FRANZ, 1984, S. 148 ff.). In diesem Zusammenhang wird häufig die Frage diskutiert, welcher Mobilitätsvorgang dabei die abhängige Variable bzw. welches

[24] Neueinstellungen aus Nichtbeschäftigung (z.B. Erwerbstätigkeit nach vorhergehender Ausbildung oder Arbeitslosigkeit) waren von dieser Negativentwicklung allerdings nicht betroffen. Hier haben sich seit Beginn der 70er Jahre die Einstellungszahlen positiv entwickelt (vgl. SCHETTKAT, 1992, S. 31 f.).

die unabhängige Variable ist. Dabei ist die Annahme einer einfachen Kausalbeziehung zwischen sozialer Mobilität und regionaler Mobilität zu vereinfachend (wie bereits deutlich wurde). Vielmehr muß ein interaktiver Entscheidungsprozeß angenommen werden, bei dem der potentiell Mobile alle Vor- und Nachteile, die mit der bevorstehenden Wanderungsentscheidung in Zusammenhang stehen, gegeneinander abwägt (vgl. in diesem Sinne auch ZINGG, 1976, S. 202). Albrecht verdeutlicht die Komplexität der Beziehung, wenn er annimmt, daß *die Wahrscheinlichkeit groß sein [dürfte], daß Personen deshalb umziehen, weil sie irgendwoanders eine Aufstiegsmöglichkeit sehen, die ihnen an ihrer bisherigen Niederlassung nicht geboten wurde. ... Natürlich treten auch Fälle auf, in denen die vertikale Mobilität der geographischen Mobilität nachfolgt, aber diese Reihenfolge dürfte relativ selten sein ...* (ALBRECHT, 1972, S. 141). Wenn schon *zunächst* eine Wohnsitzverlagerung vorgenommen wird, ohne daß ein konkretes Arbeitsplatzangebot vorliegt, dann muß sichergestellt sein, daß am neuen Wohnort mit Sicherheit oder zumindest sehr hoher Wahrscheinlichkeit ein adäquater oder besser dotierter Arbeitsplatz gefunden werden kann (vgl. z.B. Gastarbeiter- oder Aussiedler-Wanderung).[25] In der Gruppe der Hochqualifizierten spricht zunächst einmal vieles dafür, daß die soziale Mobilität die regionale Mobilität determiniert. Sie stehen nach dem Abschluß ihres Studiums am Beginn ihrer Berufskarriere. Faßt man den Übergang vom Studium oder einer (Such-) Arbeitslosigkeit bzw. Gelegenheitstätigkeit nach Studienabschluß in eine mehr oder weniger adäquate berufliche Tätigkeit als soziale Mobilität auf, so ist anzunehmen, daß diese Beschäftigung zunächst gesucht und dann erst eine Wanderung zu diesem Arbeitsplatz in Erwägung gezogen wird. Vereinzelt mag es Fälle geben, in denen ein Absolvent zunächst seinen Wohnsitz an einen völlig neuen Wohnort verlagert und erst dadurch eine berufliche Tätigkeit findet.[26] Bei erzwungener oder nicht selbst initiierter regionaler Mobilität (z.B. bei einer Arbeitsplatzverlagerung des Partners) wird es sich hier aber eher um negative Statusveränderungen handeln. *Wird für das eine Haushaltsmitglied räumliche Mobilität zu einem Mittel des sozialen Aufstiegs, kann es für das andere Mitglied den Abstieg oder eine Unterbrechung der Erwerbstätigkeit bedeuten* (M. WAGNER, 1989, S. 106).

Der Zusammenhang von soziale und regionaler Mobilität wird für diese Arbeit von grundlegender Bedeutung sein, weil gerade in der Gruppe der Hochschulabsolventen ein Arbeitsplatzwechsel bei *gleichzeitigem* Standortwechsel überdurchschnittlich oft zu beobachten ist. *Personen mit hohem Ausbildungsniveau wechseln seltener ihren Arbeitsplatz, sind aber eher geneigt, über weitere Distanzen umzuziehen* (BÖRSCH-SUPAN, 1989, S. 461).

---

[25] Eine weitere Möglichkeit, bei der regionale Mobilität einem beruflichen Aufstieg (und damit sozialer Mobilität) vorausgeht, würde sich z.B. ergeben, wenn ein Berufstätiger in Erwartung einer Verbesserung seiner beruflichen Stellung/Position eine neue Wohnung sucht (die möglicherweise statusangemessener ist, aber vorher nicht finanziert werden konnte, oder der näher an der Arbeitsstätte liegt).

[26] Etwas anders ist eine Wohnortverlagerung z.B. nach Studienende zurück an den Herkunftsort zu sehen. Das Vorhandensein und die Sicherheit eines sozialen und lokalen Netzwerkes ermöglicht es einem Hochschulabsolventen, sich auch hier auf die Suche nach einem Arbeitsplatz zu begeben. Diese Sozialkontake können beispielsweise im Rahmen der Beschäftigungssuche genutzt werden. Wenn trotz aller Bemühungen die berufliche Kontaktaufnahme und die Stellensuche Probleme bereiten, so bestehen wenigstens ausreichende soziale und lokale Kontaktpunkte und Kommunikationspartner, die dem Arbeitssuchenden die eventuelle Problematik und Bedrohlichkeit seiner Situation im Kontext dieser Sozialbeziehungen leichter verarbeiten lassen.

1.5.2 Zur Bedeutung sozialer und lokaler Netzwerke im Kontext von Wanderungsentscheidungen

Im vorangegangenen Abschnitt standen stets die arbeitsbedingten Mobilitätsmotive der Hochschulabsolventen im Vordergrund. Es wurde bisher nur am Rande auf nichtberufliche Motivaspekte der Migration eingegangen. Auf diesen Motiv- und Faktorenkomplex soll deswegen noch einmal ausführlicher eingegangen werden, weil es sich hierbei um einen Ursachenbereich handelt, der Entscheidungshintergründe für regionale Immobilität und Seßhaftigkeit liefert. Dennoch weist z.B. MACKENSEN (1992, S. 738) darauf hin, daß bei Fernwanderungen von Ausbildungs- und Berufsanfängern die Zusammenführung von Paaren eine erhebliche Rolle spielt. Es ist hierbei sicher an solche Hochschulabsolventen zu denken, die aus *familiären oder partnerschaftlichen Gründen* auf eine eigenen Berufskarriere verzichten und sich den Präferenzen und Mobilitätsentscheidungen des Partners anschließen oder aus diesen Gründen eigene regionale und soziale Mobilitätsabsichten zurückstellen. Dabei wird es sich wahrscheinlich insbesondere um ein Problem von weiblichen Hochschulabsolventen handeln, wie neuere Untersuchungsergebnisse vermuten lassen. *Berufliche Gründe des Partners sind für Frauen in hohem Maße Ursache eines Wohnortwechsels. ... Umgekehrt treten für Männer berufliche Gründe ihrer Partnerin als Wanderungsmotiv praktisch nicht auf.* (BIRG/FLÖTHMANN, 1992, S. 37; vgl. entsprechend M. WAGNER, 1989, S. 106 f. und 123 f.). Diese Ergebnisse beziehen sich allerdings auf alle Qualifikationsgruppen. Die nachfolgenden Untersuchungen müssen zeigen, inwieweit diese Hypothesen auch für Hochqualifizierte und Hochschulabsolventen zutreffend sind.

Neben der Frage des vollständigen Verzichts (von vor allem weiblichen Hochschulabsolventen) auf eine eigene berufliche Karriere zugunsten des Partners und der Familie ist noch weitestgehend ungeklärt, inwieweit sich berufliche Tätigkeitsfelder von Akademikern und Akademikerinnen verändern, wenn diese mit den familiären und partnerschaftlichen Rahmenbedingungen abgestimmt werden müssen. In vielen Fällen führt eine mangelnde Versetzungsbereitschaft oder ein begrenztes Zeitbuget bzw. beschränkte Einsatzbereitschaft aufgrund familiärer bzw. partnerschaftlicher Bindungen oder Verpflichtungen zum Ende einer beruflichen Karriere oder dem Verharren in einmal erreichten Positionen. Doppelkarrieren existieren kaum und in der großen Mehrzahl bieten die Beschäftiger für diesen Problemkomplex keine Lösungsmöglichkeiten an. Das Problem muß auf der Familien- bzw. Partnerebene gelöst werden (vgl. dazu auch den Beitrag »Doppelkarriere ...« in UNI, 1992, S. 36 ff.). Empirische Studien aus den Niederlanden deuten an, daß in Familien mit Doppelveredienern mit einem gleichzeitig fortschrittlichem, modernen Lebensstil geschlechtsspezifische Mobilitätsunterschiede fast verschwunden sind. Diese Doppelverdiener-Paare sind dabei eingebunden in ein komplexes Mobilitätssystem. Inwieweit qualifikatorische Unterschiede in der Berufsausbildung der Partner hierbei von Bedeutung sind, konnte in diesen Studien allerdings nicht berücksichtigt werden (vgl. CAMSTRA, 1995, S. 53 f. und S. 88; vgl. auch die anderen Beiträge in dem Band).

Ob soziale und lokale Netzwerke bzw. Bindungen (worunter in erster Linie die Familie und Verwandte zu zählen sind), die nach ZINGG (1976, S. 200 ff.) und M. WAGNER (1989, S. 41 ff.) insbesondere für Unterschichtangehörige bzw. Personen mit unteren und mittleren Qualifikationsgruppen mobilitätshemmend wirken, für Hochschulabsolventen ebenfalls in gleicher Weise ein Wanderungshindernis darstellen, kann in dieser Arbeit nur ansatzweise untersucht werden. Grundsätzlich wurde jedoch festgestellt: *Im allgemeinen zeigen*

Familien eine ausgeprägte regionale Seßhaftigkeit – ... . Neben lebensräumlichen Qualitäten ist dafür das soziale Umfeld ausschlaggebend, d.h. die sozialen Beziehungsnetze und deren ökonomische Stützungskräfte (SCHUBERT, 1987, S. 473). Fehlende regionale Mobilität kann also unter diesen Annahmen wiederum als ein Indikator für soziale Phänomene interpretiert werden. Seßhaftigkeit ist damit kein Hinweis auf eine fehlende oder Nicht-Entscheidung, sondern kann im Gegenteil auf sehr komplexe Problemhintergründe und Entscheidungskriterien verweisen.

Inwieweit für stellensuchende Hochschulabsolventen und Berufseinsteiger solche mobilitätshemmenden Motive handlungsleitend werden, muß noch eingehender untersucht werden. Hier geht es um die Frage, ob z.B. am Studienort oder am Heimatort noch derart starke soziale Kontakte und Bindungen bestehen, daß diese bei der Berufssuche so nachhaltig Berücksichtigung finden, daß sie dfas regionale Suchfeld stark begrenzen. Soziale Netze können aber auch gegenläufige Effekte haben: So sind gerade zu Beginn einer neuen Beschäftigung in einem neuen Wohnort die sozialen Kontakte noch so gering sind, daß sie beispielsweise in den ersten Berufsjahren kaum mobilitätshemmend wirksam werden.

1.6 Regionale Mobilität und Arbeitslosigkeit bei Hochschulabsolventen

Im Zeichen wachsender Arbeitslosigkeit auch in akademischen Berufen beschäftigt sich die Forschung zunehmend auch mit der regionalen Mobilität von Akademikern während oder angesichts einer drohenden Arbeitslosigkeit. In den USA erzielten LANSING/MUELLER (1967) das Ergebnis, daß die Arbeitslosen nur ein wenig häufiger umziehen als die Nichtarbeitslosen; wobei allerdings – [...] – gilt, daß die Arbeitslosen mit höherer schulischer und beruflicher Qualifikation wesentlich häufiger umziehen als die schlechter Ausgebildeten (zitiert nach ALBRECHT (1972, S. 70).

Für die Bundesrepublik wurde am Institut für Arbeitsmarkt und Berufsforschung der Zusammenhang zwischen Arbeitslosigkeit und regionaler Mobilität untersucht. Zunächst zeigte sich, daß unter den Arbeitslosen Personen mit besonders hoher Mobilitätsbereitschaft unterdurchschnittlich vertreten waren (vgl. KARR u.a., 1987, S. 205). Weitergehendere Untersuchungen belegten aber, daß insbesondere bei Langzeitarbeitslosigkeit ein deutliches Ansteigen der regionalen Mobilitätsraten zu beobachten war. Für solche Hochschulabsolventen, die von der Arbeitslosigkeit in eine Erwerbstätigkeit wechselten, wurden höhere regionale Mobilitätsquoten ermittelt, als für diejenigen, die direkt von einem Erwerbsverhältnis in ein neues überwechselten (vgl. KARR u.a., 1987, S. 205 f.). Daß Langzeitarbeitslose unabhängig von regionalen Präferenzen ein Stellen- oder Arbeitsplatzangebot annehmen, ist angesichts ihrer problematischen sozioökonomischen Situation durchaus verständlich.

Es muß davon ausgegangen werden, daß die fachspezifisch unterschiedlich stark ausgeprägte Akademikerarbeitslosigkeit für viele Akademiker eine enorme Einschränkung der potentiellen Handlungsalternativen darstellt. Diese Einschränkung scheint für den Großteil der Absolventen (auch durch großräumige Mobilitätsbereitschaft) kaum veränderbar, so daß sie (in der Terminologie der Entscheidungstheorie) schon den Charakter von *constraints* haben.

2 Berufs-/Verbleibsforschung

2.1 Theoretische Überlegungen zum Problemkomplex Berufseintritt und Arbeitsplatzsuche/Stellenfindung bei Akademikern

2.1.1 Berufseintritt und Arbeitsplatzsuche aus ökonomischer Sicht

Beim *humankapitaltheoretischen Ansatz* wie auch bei der noch zu behandelnden Job-Search-Theorie ist das Einkommen die grundlegende Variable, die für das Individuum verhaltensrelevant und handlungsleitend ist. Die Verhaltens- und Handlungsweisen des Einzelnen orientieren sich in erster Linie an Kosten-Nutzen-Abwägungen der erwarteten Situationen. Nach dieser Auffassung ist mit dem Erwerb eines möglichst hohen Bildungsabschlusses bereits ein bedeutender Schritt in Richtung auf die Erreichung dieses Zieles vollzogen worden. *Dabei hat Qualifikation den Charakter von Sachkapital, was die Anwendung des Investitionskalküls ermöglicht. [...] Das Ziel der Arbeitskraft, die wiederum als homo oeconomicus verstanden wird, ist es, die Investition so zu tätigen, daß das Einkommen maximal wird* (FLÖTHMANN, 1985, S. 116). Hochschulabsolventen haben somit mit dem Abschluß eines Studiums und dem Erwerb akademischer Qualifikationen eine hohe Investition in (ihr) Humankapital erbracht, womit eine wesentliche Voraussetzung für eine Einkommensmaximierung gegeben ist.

FLÖTHMANN hat vorgeschlagen, daß die Faktoren, die das Humankapital bzw. die Verwertbarkeit des Humankapitals bestimmen, danach unterschieden werden sollten, inwieweit sie *vor* oder *nach* Eintritt in die Erwerbstätigkeit wirksam sind (1985, S. 117 ff.).[27] Dadurch wird verdeutlicht, daß auch die persönlichen Merkmale und arbeitsmarktspezifischen Einflußfaktoren *nach Eintritt in die Berufstätigkeit* für die Optimierung der Einkommens- und Karriereentwicklungen (im Sinne des Humankapitalansatzes) wesentlich sind. Dies besonders herauszustreichen ist deswegen von großer Bedeutung, weil gerade im Bereich hochqualifizierter Arbeitsplätze weitere Investitionen in das Humankapital (z.B. in Form von Trainee-Programmen, Praktika, Erwerb von Zusatzqualifikationen, ständige Erneuerung und Neuaneignung von Fachwissen,...) auch nach dem Abschluß des Studiums und nach dem Eintritt in die Erwerbstätigkeit wichtig sind (vor allem angesichts der großen Konkurrenz und den fachspezifisch defizitären Arbeitsmarktbedingungen).

Die Erklärung von Migrationsvorgängen auf der Grundlage des Humankapitalansatzes sieht wie folgt aus: *In the basic human capital model of migration, the potential migrant considers the expected net benefits and costs of moving to each potential destination and chooses to move if there is at least one destination for which expected benefits exceed costs.* (DAVANZO, 1981, S. 93; entsprechend äußern sich PICKLES/ROGERSON, 1984, S. 132; vgl. auch M. WAGNER, 1989, S. 29 ff.). Regionale Mobilität stellt damit, ebenso wie das erreichte Bildungsniveau, eine Investition in das eigene Humankapital dar. Das Entstehen von Migrationsprozessen ist auf der Grundlage dieser Theorie auf regionale

[27] Einflußfaktoren vor Beginn der Erwerbstätigkeit: ererbte Fähigkeiten, Qualität der Bildung, Qualität und Quantität der Erziehungsaufwendungen der Eltern, Vermögen der Eltern, Religionszugehörigkeit der Eltern, Beziehungen der Eltern zu potentiellen Arbeitgebern, sozialkulturelle Chancenunterschiede. Einflußfaktoren nach Beginn der Erwerbstätigkeit: a) persönliche Merkmale: berufliches Interesse, Leistungs-/Mobilitätsbereitschaft, Familienstand, Gesundheit; b) arbeitsmarktspezifische Faktoren: konjunkturelle und technische Entwicklung, branchen-/regionsspezifische Strukturbedingungen, berufsspezifische Anpassungsanforderungen, Mobilitätsanforderungen (FLÖTHMANN, 1985, S. 117 ff.).

Differenzen des Lohnniveaus oder des regional unterschiedlichen Angebotes freier Arbeitsplätze zurückzuführen (vgl. M. WAGNER, 1898, S. 29 ff. und PICKLES/ROGERSON, 1984, S. 132). Migrationsprozesse könnten gemäß der Marktvorstellungen des Humankapitalansatzes regionale Disparitäten abbauen. Daß sich aber gerade durch den (bildungs-)selektiven Charakter von Arbeitskräfte(ab)wanderungen regionale Disparitäten verstärken können, ist insbesondere in der Geographie schon häufig theoretisch begründet und empirisch nachgewiesen worden (vgl. ROLFES/WENZEL, 1990, S. 347 ff.; DERENBACH, 1987, S. 183 ff.; TAUBMANN, 1980, S. 2 ff.).

Die häufigste Kritik am humankapitaltheoretischen Ansatz setzt jedoch nicht an diesem Punkt an, sondern weist die Annahme zurück, stellensuchende Individuen hätten einen realistischen Überblick über betriebs- oder regionalspezifische Lohn- und Arbeitsplatzverteilungen (vgl. ZIEGLER u.a., 1988, S. 247; PICKLES/ROGERSON, 1984, S. 132; DAVANZO, 1981, S. 95). Die *Job-Search-Theorie* nimmt dieses Kritik auf, indem sie keine vollständige Markttransparenz und vollkommene Informiertheit des Individuums mehr voraussetzt. Sucht ein Arbeitnehmer eine Beschäftigung, so ist sein erster Schritt, Informationen über potentielle Erwerbsmöglichkeiten zu sammeln und den interessierenden Stellen- und Arbeitsmarkt zu beobachten. Der Prozeß der Arbeitsplatzsuche und die damit zusammenhängende Informationsbeschaffung sind zentraler Bestandteil dieser Theorie. Entscheidend für Verlauf und Dauer des Suchprozesses sind dabei die entstehenden *Kosten. Information wird als knappes Gut betrachtet, dessen Beschaffung Aufwand und Kosten verursacht* (NOLL, 1984; S. 278). Die Job-Search-Theorie geht weiterhin davon aus, daß sich der Arbeitssuchende mit einem bestimmten *Lohnanspruchsniveau* auf die Suche begibt, welches sich an den erwarteten Kosten der Suche orientiert (vgl. ZIEGLER u.a., 1988, S. 247). *Die Arbeitskraft sucht so lange, bis sie den gewünschten Arbeitsplatz bzw. Lohn erhalten hat. ... der Suchprozeß wird so lange fortgesetzt, wie die Grenzerträge des Informationsprozesses die Grenzkosten übersteigen* (FLÖTHMANN, 1985, S. 115). *... the optimal policy for an individual is to accept the first offer that exceeds the critical value known as the reservation wage* (PICKLES/ROGERSON, 1984, S. 133).[28]

Es wird sofort deutlich, daß dieser Ansatz eine bedeutende regionale Komponente besitzt. Die Suche kann natürlich regional eng begrenzt sein (z.B. nur innerhalb einer Stadt oder eines Landkreises); insbesondere bei Hochschulabsolventen ist aber von einem überregionalen Suchprozeß auszugehen (da man davon ausgegehen kann, daß Hochschulabsolventen überdurchschnittlich mobil sind; vgl. die Ausführungen in Kap. I). Dabei wird der erwartete Nutzen der unterschiedlichen Wahlmöglichkeiten abgewogen. *If the expected utility of further search is the greater of the two then locational stress is positive and search will occur in that zone or region where locational stress is greatest* (PICKLES/ROGERSON, 1984, S. 133). Bei der Einführung einer regionalen Komponente wird deutlich, daß hier eine Unterscheidung vorgenommen werden muß, und zwar zwischen solchen Arbeitsplatzsuchern, die zunächst in eine neue Region wandern, um dann dort nach einer Beschäftigung zu suchen (*speculative migrants*) – und denjenigen, die nur dann umziehen,

[28] Die Kritik an der Job-Search-Theorie, wie auch schon am Humankapitalansatz, hält die Annahme für unrealistisch, daß den Arbeitssuchenden die Lohnverteilung bekannt ist bzw. für sie erfahrbar ist. Zudem erscheinen die (materiellen und insbesondere immateriellen) Kosten des Suchprozesses kaum bezifferbar (vgl. ZIEGLER u.a., 1988, S. 248; NOLL, 1984, S. 279; PICKLES/ROGERSON, 1984, S. 134).

wenn in der Zielregion ein Arbeitsplatz in Aussicht steht (*contracted migrants*; vgl. PICKLES/ROGERSON, 1984, S. 134).

Dieser Ansatz ist für den vorliegenden Themenzusammenhang von besonderer Bedeutung, da *Sucharbeitslosigkeit* für Hochschulabsolventen zwischen Studienabschluß und erster Berufstätigkeit (besonders in Zeiten ungünstiger Arbeitsmarktbedingungen) geradezu paradigmatisch ist (vgl. ZIEGLER, 1988, S. 247).[29] Nach Studienabschluß (z.T. allerdings auch schon vor dem Abschluß des Examens) beginnt für viele Absolventen die Phase der Arbeitsplatzsuche und Bewerbungen. Die Annahmen der Job-Search-Theorie gehen davon aus, daß diese *full-time-Suche* finanziell lohnender ist als die sogenannte *on-the-job-Suche* (vgl. NOLL, 1984, S. 280). Auf den ersten Blick erscheint es durchaus nachvollziehbar, daß eine *full-time-Suche* effektiver ist: Die zur Verfügung stehende Zeit direkt im Anschluß an das Studium kann intensiv für ausführliche berufsbezogene Recherchen, das Studieren von Stellenauschreibungen, umfangreiche Informationsbeschaffung, das Schreiben von Bewerbungen und (unaufgeforderte) Bewerbungs- oder Informationsgespräche genutzt werden. Andererseits ist aber unverkennbar, daß insbesondere unter ungünstigen Arbeitsmarktbedingungen und bei langanhaltender Arbeits- oder Beschäftigungslosigkeit die Länge der Suchphase einen negativen Effekt auf die Beschäftigungschancen ausübt (vgl. ZIEGLER u.a., 1988, S. 252 und NOLL, 1984, S. 294). Insbesondere Arbeitgeber (aber auch die Absolventen selbst) fürchten den Verlust oder das »Verfallen« von Qualifikationen (vgl. ZIEGLER u.a., 1988, S. 248 f.).[30] Als Anpassung an die defizitären Bedingungen auf dem Akademikerarbeitsmarkt ist dann ein Absenken des Lohnanspruchsniveaus die Folge, mit der Konsequenz einer womöglich dauerhaften ausbildungsinadäquaten Beschäftigung. Insofern ist fraglich, ob die Annahme einer finanziell lohnenderen *full-time-Suche* unter restriktiven Arbeitsmarktbedingungen haltbar ist.

Eine grundsätzliche Kritik an allen ökonomischen Ansätzen zum Berufseintritt und dem Prozeß der Arbeitsplatzsuche betrifft die Annahme, dieser Prozeß orientiere sich primär an finanziellen und ökonomischen Kalkülen. Diese Kritik wird von den Vertretern dieser Ansätze durchaus aufgenommen, aber nur selten konsequent umgesetzt: Nicht-ökonomische Kosten und Faktoren werden durchaus als wichtig angesehen, sie finden aber aufgrund der schwierigen Operationalisierbarkeit selten Berücksichtigung (vgl. DAVANZO, 1981, S. 92). Kritisiert wird auch, daß dem homo oeconomicus das Fehlen einer besonderen Findigkeit unterstellt wird. Auch sind die impliziten Annahmen unrealistisch, Erwartungen und Einstellungen seien langfristig stabil (vgl. ESSER, 1993, S. 236 f.).

2.1.2 Kontaktnetztheorie

Die Vertreter der *Kontaktnetztheorie* weisen den Informations- und Suchprozessen im Sinne der Job-Search-Theorie nur eine untergeordnete Rolle zu. Sie gehen davon aus, daß *die für den Arbeitsmarktakteur handlungsrelevanten Informationen keineswegs in erster*

[29] Die Job-Search-Theorie geht zurück auf George J. STIGLER (1962), der dieses Konzept an einer empirischen Untersuchung mit Hochschulabsolventen entwickelte (vgl. NOLL, 1984, S. 278 und S. 299; PICKLES/ROGERSON, 1984, S. 132 f.).

[30] Dies gilt besonders, wenn Arbeitslosigkeit droht oder bereits vorliegt: *Der vermutete oder tatsächliche Verlust von Qualifikationen (»Humankapitalabschreibungen«) während der Dauer der Beschäftigungslosigkeit wird den negativen Effekt der Arbeitslosigkeitsdauer auf die Beschäftigungschancen weiter verstärken* (ZIEGLER u.a., 1988, S. 249).

Linie über rational angelegte und zweckrationale Suchstrategien gewonnen werden, sondern überwiegend über nicht-marktbezogene soziale Prozesse diffundieren, d.h. als Nebenprodukte sozialer Interaktion verbreitet werden, ... (NOLL, 1984, S. 282) und weiterhin, daß *informelle Wege der Arbeitssuche den formellen Wegen quantitativ zumindest gleichwertig oder sogar überlegen sind* (HABICH, 1987, S. 143). Sie sprechen in diesem Zusammenhang von *sozialem Kapital* (HABICH, 1987, S. 143). Die Vermittlung von beruflichen Positionen geschieht nicht in erster Linie über offizielle Kontakte, sondern wird durch private Beziehungen und informelle Kontakte zustande gebracht. Diese informellen Kontakte und Vermittlungen sind für beide Partner vorteilhaft, *weil Informationen dieser Art nicht nur billiger, sondern vor allem umfassender, präziser und vertrauenswürdiger sind* (NOLL, 1984, S. 283). Für den Anbieter hochqualifizierter Arbeitsplätze ist das Risiko einer Fehlplatzierung dadurch kalkulierbarer – Hochschulabsolventen erhalten umfängliche und teilweise inoffizielle (z.T. auch vertrauliche) Informationen über den zukünftigen Arbeitsplatz und Arbeitgeber.

Die theoretischen Annahmen der Kontaktnetztheorie werden durch empirische Studien bestätigt. Quantitativ wurde festgestellt, daß die Mehrzahl beruflicher und sozialer Mobilitätsvorgänge *nicht* das Ergebnis individueller Suchprozesse sind, sondern ohne eigene Suchaktivität des potentiellen Stelleninhabers besetzt wurden (vgl. HABICH, 1987, S. 147; NOLL, 1984, S. 288). Auch qualitativ wurde die Kontaktnetztheorie gestützt: Wenn Stellen über persönliche und informelle Kanäle besetzt werden, so sind die Arbeitskräfte in der Regel nach subjektiven wie objektiven Kriterien positional und finanziell besser plaziert und sind im Durchschnitt zufriedener (vgl. NOLL, 1984, S. 283 und S. 292). Zudem werden bei solchen Vermittlungen die Stellen überdurchschnittlich schnell und auch langfristig besetzt (vgl. HABICH, 1987, S. 144 f.).

Die Kontaktnetztheorie berührt jedoch die Thematik des Übergangs vom Bildungs- in das Beschäftigungssystems nur am Rande. Die im Rahmen dieser Theorie durchgeführten empirischen Analysen bezogen sich in erster Linie auf Mobilitätsvorgänge (Berufs-, Positions- und Arbeitgeberwechsel) von einer bestehenden Erwerbstätigkeit in ein neues Beschäftigungsverhältnis. Die berufliche Erstplazierung, also das Besetzen einer ersten Stelle nach Abschluß des Studiums, sowie die Wiedereingliederung in eine berufliche Tätigkeit nach zeitweiliger Nicht-Erwerbstätigkeit machten an der Gesamtzahl der untersuchten Personen nur einen geringen Teil aus (vgl. HABICH, 1987, S. 148). Die in dieser Studie befragten Hochschulabsolventen fanden demnach überdurchschnittlich oft eine Stelle, ohne aktiv danach gesucht zu haben (vgl. NOLL, 1984, S. 288). Anders sieht es aus bei Berufseinsteigern: *Die Mehrzahl der Berufsanfänger und vor allem die Arbeitslosen fanden ihren Arbeitsplatz dagegen als Ergebnis aktiver Suchprozesse* (NOLL, 1984, S. 288). Offensichtlich sind auch die Vertreter der Kontaktnetztheorie der Auffassung, daß die Besetzung einer ersten Stelle nach Studienende eher im Sinne der Job-Search-Theorie erfolgt. Wie die individuellen Prozesse sozialer Mobilität (und damit auch regionaler Mobilität) auf dem Arbeitsmarkt und im Berufsleben verlaufen, hängt demnach entscheidend davon ab, aus *welchen Statuslagen heraus berufliche Veränderungen angestrebt werden* (HABICH, 1987, S. 148).

Für die Gruppe der Hochschulabsolventen direkt nach Studienabschluß und die Berufsanfänger können demnach unterschiedliche Prozesse der Arbeitsplatzsuche und Stellenfindung angenommen werden: Absolventen direkt im Anschluß an das Studium oder arbeitslose Akademiker scheinen in der Regel noch nicht in dem Maße in soziale und beruflich relevante Kontaktnetze eingebunden zu sein, daß sich daraus in überproportionalem Maße Positionsveränderungen und Arbeitsplatzangebote ergeben könnten. Sie werden eher im Sinne der Job-Search-Theorie aktiv nach einem Arbeitsplatz suchen. Für Akademiker in den ersten Berufsjahren, die sich bereits beruflich etabliert haben, ist es durchaus vorstellbar, daß inzwischen durch berufliche und soziale Kontaktnetze informelle und inoffizielle Informationen über positionale und berufliche Veränderungsmöglichkeiten wahrnehmbar werden oder ihnen entsprechende Angebote gemacht werden. Diese positionsvermittelnden »Beziehungen« können natürlich auch schon im Studium über Hochschullehrer oder in praktischen Studienphasen durch Firmenkontakte aufgebaut werden.[31]

Inwieweit für die Gruppe der Hochschulabsolventen die Hypothese aufrecht erhalten werden kann, daß Absolventen, die aufgrund von sozialen Kontakten auf berufliche Positionen vermittelt wurden, die attraktiveren und besseren Arbeitsplätze besetzen als diejenigen Absolventen, die durch einen aktiven Suchprozeß einen Arbeitsplatz gefunden haben, muß noch geprüft werden. Interessant ist in jedem Fall die Frage, ob die sogenannten Stellensucher räumlich mobiler sind als die Stellenfinder. Dies wäre zweifellos zu erwarten, denn es ist zu vermuten, daß es sich bereits erwerbstätige Absolventen aus der Position beruflicher Sicherheit eher leisten könnten, auf überregionale Beschäftigungsangebote zu verzichten, wohingegen beschäftigungslose Akademiker auch größere Entfernungen noch im Kauf nehmen würden, um überhaupt beruflich adäquat tätig werden zu können.

2.1.3 Determinaten des Berufseintritts und der beruflichen Etablierung von Akademikern

Die individuellen Motivationen und Ziele sowie die externen Rahmenbedingungen, die in der Phase des Übergangs vom Bildungs-. in das Beschäftigungssystem für den erfolgreichen Berufseinstieg und die beruflichen Etablierung wichtig sind, unterscheiden sich je nachdem, welche zeitliche Phase des Übergangs betrachtet wird. So unterschied LANGE die Bedingungsvariablen, die für den Austritt aus der Hochschule wesentlich sind, von den Faktoren, die den Eintritt in das Berufsleben bestimmen (vgl. LANGE, 1985, S. 177 ff. und S. 192 f.). Dabei kann allerdings für Studienfächer mit einem problemlosen Übergang vom Bildungs- in das Beschäftigungssystem oder in Zeiten eines ausgewogenen Verhältnisses von Arbeitskräfteangebot und -nachfrage angenommen werden, daß die Bedingungsvariablen des Austrittes aus der Hochschule deutliche Überschneidungen mit denen des Berufseintritts aufweisen. Die gegenwärtig angespannte Lage auf Teilen des Akademikerarbeitsmarktes, die in vielen Fällen zu einer langen Übergangsphase zwischen Studienabschluß und Arbeitsaufnahme führt, sind Parallelen zwischen Faktoren, die den Hochschulaustritt bzw. den Berufseintritt bedingen, seltener (vgl. LANGE, 1985, S. 162 ff.).

Den stärksten Effekt auf den Verbleib in oder den *Austritt aus der Hochschule* üben nach LANGE strukturelle Bedingungen des Studiums aus. Ein stark reglementiertes Studium

---

31 HABICH unterteilt die beiden Gruppen in *Arbeitsplatzsucher* (diejenigen, die sich aktiv um eine Stelle bemühen) und *Arbeitsplatzfinder* (diejenigen, bei denen sich trotz passiven Verhaltens eine berufliche Veränderung ergeben hat). Wie bereits beschrieben, machten in seiner Studie die Arbeitsplatzfinder quantitativ den erheblich größeren Teil aus (vgl. HABICH, 1987, S. 149). In der bevorstehenden Untersuchung wird aber der Schwerpunkt eher auf den sog. Arbeitsplatzsuchern liegen. Insofern ist die Kontaktnetztheorie als Erklärungshintergrund für eine berufliche Ersteingliederung nur für einen kleinen Teil der in dieser Arbeit zu untersuchenden Population maßgebend.

mit vorgeschriebener Semesterzahl veranlaßt Studenten eher, die Hochschule nach dem Erbringen bestimmter Leistungen zu verlassen. Auch außeruniversitäre Begleitumstände und die familiäre Situation sind von Bedeutung. Insbesondere Verheiratete oder Studenten mit Kindern stehen unter dem Druck, eine gesicherte ökonomische Basis zu erreichen. Auch die soziale Herkunft und die Einflußnahme bzw. Erwartungen der Eltern spielen eine (wenn auch untergeordnete) Rolle (vgl. LANGE, 1985, S. 177 f.). Kritisch anzumerken ist hier, daß sicherlich auch die Wahrnehmung der Arbeitsmarktchancen im studierten Fach den Verbleib an der Hochschule determinieren, die von LANGE als Bedingungsvariable für den Hochschulaustritt aber nicht berücksichtigt wurde (vgl. dazu REISSERT/WELZER, 1987, S. 228: *Die Ausdehnung der Verweildauer ist in erster Linie eine Reaktion der Studierenden auf die veränderte Arbeitsmarktlage.*).

Für den *Berufseintritt* sind demgegenüber die studierte Fachrichtung und die damit in Zusammenhang stehenden Arbeitsmarktchancen von zentraler Bedeutung. *Im wesentlichen sind es somit die fachliche Ausrichtung des Studiums und die während der Schul- und Studienzeit erbrachten Leistungen, die Auskunft darüber ausgeben, ob jemand unmittelbar nach Studienabschluß eine Stelle erhält oder nicht* (LANGE, 1985, S. 185). Ebenfalls vermittelt durch die Studienfachwahl wies LANGE allerdings auch deutliche Effekte der sozialen Herkunft und des Geschlechts auf den Erfolg des Berufseintritts nach. *Absolventen aus höheren sozialen Schichten, mit besseren Schul- und Studienleistungen und vor allem männlichen Geschlechts besitzen in der gegenwärtigen restriktiven Arbeitsmarktsituation erheblich bessere Arbeitsmarkt- und Eintrittschancen als ihre Kolleginnen und Kollegen* (LANGE, 1985, S. 192 f.; vgl. dazu auch LANGE, 1983, S. 99 ff.). Individuelle Einflußfaktoren wie Werthaltungen und Einstellungen, die den Erwartungen (und Hoffnungen) der Arbeitgeber entsprechen (Leistungsmotivation, pragmatisch-technokratische Orientierung, ...) üben ebenfalls einen deutlichen Effekt auf die Berufseintrittschancen aus. Hochschulabsolventen, die eine Stelle gefunden haben, legen »arbeitgeberfreundliche« Werthaltungen, Einstellungen und Verhaltenweisen signifikant häufiger an den Tag als Hochschulabsolventen ohne eine feste Stelle (vgl. LANGE, 1985, S. 186 ff.). Daß dabei wiederum das gewählte Studienfach ein wichtiges Selektionskriterium für derartige Eigenschaften *und* den Besitz oder Nicht-Besitz eines Arbeitsplatzes darstellt, steht außer Frage.

Die von LANGE aufgeführten Bedingungen des Hochschulaustritts bzw. Berufseintritts bieten einen ersten Ausgangspunkt, auf den weiter aufgebaut werden kann. Nachfolgend sollen einige *zentrale Determinanten* des Erfolges der Arbeitsplatzsuche und des Berufseintritts bei Akademikern genannt werden, die zum Teil durch Hochschulabsolventen-Verlaufsstudien und Arbeitsmarktbeobachtungen auch empirisch geprüft wurden:

- Als eine der bedeutsamsten Bedingungsvariablen wurden die *fachspezifischen Arbeitsmarktchancen* identifiziert, die aus der individuellen *Studienfachwahl* resultieren. Mit der Entscheidung für ein Studienfach fällt in der Regel gleichzeitig auch eine Entscheidung darüber, wie problembelastet der Berufseintritt im Anschluß an das Studium verläuft; auch berufliche Spezialisierungen ändern daran meistens nichts (vgl. RAMM/BARGEL, 1995, S. 19 ff.; SCHOMBURG, 1992b, S. 36 ff.; SCHOMBURG, 1990a, S. 32 f.; MINKS/NIGMANN, 1991, S. 134 ff.; EHRHARDT u.a., 1990, S. 42 ff., BUND-LÄNDER-KOMMISSION, 1989, S. 18 ff.; ROLFES/WENZEL, 1989, S. 68 ff.).[32] In den akademischen

[32] Die *wirtschaftliche und konjunkturelle Entwicklung*, die als Hauptsteuerungsvariable hinter der Entwicklung fachspezifischer Arbeitsmarktchancen steht, ist hier nicht explizit aufgeführt. Sie ist ebenso wie die Arbeitsmarkt-

Beschäftigungs- und Wirtschaftsbereichen mit deutlichen Arbeitsplatzdefiziten dominieren die arbeitsmarktbezogenen Effekte den Erfolg des Berufseintrittes in weitaus überwiegendem Maße.

- Verläßt man diese fachspezifische Ebene, so muß noch darauf hingewiesen werden, daß es bei den wirtschaftlichen, konjunkturellen und arbeitsmarktbezogenen Bedingungen für den Berufseintritt *regionale Arbeitsmarktungleichgewichte* gibt. Es existieren beträchtliche Unterschiede der Beschäftigungschancen für Hochqualifizierte zwischen ländlich-peripheren und großstädtisch geprägten Regionen oder auch zwischen verschiedenen Bundesländern (vgl. ROLFES/WENZEL, 1990, S. 350; ROLFES/WENZEL, 1989, S. 66 ff.; KOLLER, 1988, S. 1; EGLE/MERSCHWIRTH, 1987, S. 3 ff.).[33]
- Wichtig für den Erfolg in der Berufseintrittsphase sind gute *Leistungen im Studium* und ein erfolgreich abgeschlossenes Examen bzw. Diplom. Allgemeiner gesprochen geht es dabei um die erworbenen *fachlichen Qualifikationen* (Methoden, Fertigkeiten und Kenntnisse) im studierten Fach, die durch die Hochschulzertifikate und damit in erster Linie durch die *Noten* vermittelt werden (sollen).[34] Gute Studienleistungen und Abschlußnoten sind für potentielle Arbeitgeber nach wie vor ein wesentliches, wenn auch nicht ausschließliches Selektionskriterium bei der Rekrutierung von Bewerbern und Berufsanfängern. Dies gilt insbesondere auch dann, wenn die Absolventen und Bewerberzahlen hoch sind, wie beispielsweise bei der Einstellung von Lehrern (vgl. ROLFES, 1993; WINKLER, 1990, S. 69 ff.; UNSELD u.a., 1989, S. 38 f.; TEICHLER u.a. 1987, S. 209 ff.; TEICHLER u.a., 1984, S. 52 ff.).
- Neben den fachlichen Qualifikationen tritt auch die Bedeutung *nicht-fachlicher Qualifikationen* (auch extra-funktionale, über-, außerfachliche Qualifikationen oder Schlüsselqualifikationen)[35] immer mehr in den Vordergrund. Dazu zählen beispielsweise soziale Qualifikationen wie Team- und Kommunikationsfähigkeit; Selbstorganisation; Lernbereitschaft; Fähigkeit, Probleme zu erkennen und Lösungsvorschläge auszuarbeiten; Bereitschaft, Verantwortung zu übernehmen; Fremdsprachenkenntnisse sowie Kenntnisse im Bereichen der elektronischen Datenverarbeitung (TEICHLER, 1992, S. 273 f.; BUNK u.a., 1991, S. 365 ff.; SPRETER-MÜLLER, 1988, S. 46 ff.; TEICHLER u.a., 1984; S. 125 ff.).
- Nicht eindeutig zu bestimmen ist der Einfluß der *Studiendauer*, die insbesondere im Zusammenhang mit dem *Alter* zu sehen ist. Gerade die in der jüngsten Zeit wieder aufgeflammte Diskussion um Studienreformen zum Zwecke der Studienzeitverkürzung machen dies deutlich. Generell erscheinen die deutschen Hochschulabsolventen (insbesondere Universitätsabsolventen) vor allem im europäischen Maßstab zu lange zu stu-

---

entwicklung eine makrostrukturelle Determinante des Übergangs vom Bildungs- in das Beschäftigungssystem, die den individuellen Berufseintritts- und -etablierungsprozeß als externe Größe entscheidend mitbestimmt. Fachspezifische Arbeitsmarktbedingungen können als ein stellvertretender Indikator für die dahinterstehenden wirtschaftlichen und konjunkturellen Bedingungen gesehen werden.

[33] Vgl. auch die Beiträge in BfLR, 1990 und in AKADEMIE FÜR RAUMFORSCHUNG UND LANDESPLANUNG, 1988a und 1988b.

[34] Auf die Problematik des Verhältnisses von tatsächlicher Leistungsfähigkeit, Leistungsmessung (Referate, Haus- und Diplomarbeiten, Klausuren, mündliche Prüfungen, ...) und Leistungsbeurteilung (Zeugnisse, Leistungsnachweise, Diplome, ...) soll hier nicht weiter eingegangen werden.

[35] Hierunter werden neben außerfachlichen Fertigkeiten und Kenntnissen (EDV, Fremdsprachen, ...) besonders auch persönlichkeitsgebundene Fähigkeiten (Durchsetzungsvermögen, Teamgeist, Kompromißbereitschaft, interdisziplinäres Denken, ...) verstanden.

dieren und bei Berufseintritt zu alt zu sein (vgl. dazu die Aufstellung in TEICHLER, 1991, S. 50). Empirische Studien haben allerdings immer wieder belegt, daß eine überdurchschnittliche Studiendauer nicht automatisch zu einer Verschlechterung der individuellen Beschäftigungsaussichten führen muß. In der Regel sind lange Studienzeiten (auch für Personalleiter) inhaltlich begründbar . Im Kontext nachvollziehbarer, studienzeitverlängernder Rahmenbedingungen (wie z.B. Jobben, Familie) sind sie dann auch kein Hindernis für den beruflichen Einstieg (vgl. MINKS, 1992, S. 13 ff.; WINKLER, 1990, S. 66 ff; zu den Hintergründen langer Studienzeiten sowie ihrer Bedeutung für die Einstellung vgl. MINKS/NIGMANN; 1991, S. 45 ff. und TEICHLER u.a., 1984, S. 93 ff.).

- Schließlich sind auch individuelle *berufsbezogene Einstellungen* und *Werthaltungen* (wie das Ausmaß der Leistungsmotivation, Einsatzbereitschaft, Engagement, Karriere- und Fachorientierung usw.) insbesondere in der Berufseintritts- und -startphase von grundlegender Bedeutung. Da in der Regel viele Absolventen bei Bewerbungen gleichwertige fachlich-formale Qualifikationen nachweisen können, gewinnen berufliche Wertorientierungen und Einstellungen an Gewicht. Eine genaue Abgrenzung von den nicht-fachlichen Qualifikationen ist allerdings nicht ohne weiteres möglich (vgl. RAMM/BARGEL, 1995, S. 118 ff.; SCHOMBURG, 1992a, S. 223 f. und 239 f.; LANGE, 1985, S. 186 ff.; BUSCH/HOMMRICH, 1983, S. 77 ff.).
- In diesem Zusammenhang muß auch auf die *berufspraktischen Erfahrungen* und Qualifikationen und ihre Bedeutung für den Berufsstarterfolg hingewiesen werden. Von studienvorbereitenden bzw. studienbegleitenden Praktika (z.B. Praxissemester) oder einer betrieblichen Ausbildung wird erwartet, daß sie dazu beitragen, daß das theoretische Wissen in einem sinnvollen praktischen Bezugsrahmen gesetzt wird und nicht losgelöst von seiner praktischen Verwertbarkeit vermittelt wird (vgl. WINKLER, 1990, S. 68 ff.; PARMENTIER, 1989, S. 73 f. UNSELD u.a., 1989, S. 38 f.). Zudem ermöglichen berufspraktische Erfahrungen (besonders eine betriebliche Ausbildung) häufiger auch die Aufnahme einer Beschäftigung in einem Bereich, der nicht eng mit dem Studium korrespondiert. Weil in berufspraktischen Phasen arbeitgeberfreundliche Werthaltungen und Einstellungen sowie wichtige nicht-fachliche Qualifikationen erworben werden, verbessern sich die Beschäftigungschancen auch in fachlich-inhaltlich weniger affinen Bereichen. (Allerdings hat eine Kombination aus Lehre und Studium nicht nur positive Beschäftigungseffekte; vgl. BÜCHEL/HELBERGER, 1995, S. 37 ff.)
- Wenn von berufspraktischen Erfahrungen und ihrer Bedeutung für den erfolgreichen Berufseintritt die Rede ist, dann muß natürlich auch nach dem *Typ der besuchten Hochschule* (Fachhochschule, Gesamthochschule, Universität) gefragt werden. Fachhochschulabsolventen werden dabei aufgrund ihrer praxisorientierten Ausbildung insgesamt weniger Arbeitsmarktprobleme vorausgesagt als den Absolventen wissenschaftlicher Hochschulen, eine Annahme, der TEICHLER (1990, S. 247) widerspricht.[36] In quantitativer Gesamtsicht schneiden Fachhochschulabsolventen dennoch besser ab, und zwar aufgrund ihres auf dem Arbeitsmarkt weniger problematischen Fächerspektrums (vgl. WINKLER, 1992, S. 270 ff.; MINKS/NIGMANN, 1991, S. 150 ff. und S. 162 ff.; ROLFES/WENZEL, 1989, S. 68 ff. und S. 72 ff.). Ein Vergleich des Berufsstarterfolgs der Absolventen von Hochschulen gleichen Typs zeigte übrigens, daß es hier keine nennens-

[36] Es *stellt sich – ... – der Berufsstart für Fachhochschulabsolventen in vieler Hinsicht problematischer dar als für Universitätsabsolventen des jeweils entsprechenden Faches* (TEICHLER, 1990, S. 247).

werten hochschulspezifischen Unterschiede gab (vgl. SCHOMBURG, 1992c, S. 263 ff.; SCHOMBURG, 1990b, S. 233 f.).[37]

- Es wurde auch nachgewiesen, daß *indirekt* der *soziale Status* (der Bildungsstatus der Eltern, in der Regel des Vaters) den Erfolg bei der Arbeitsplatzsuche und dem Berufseintritt signifikant mitbestimmt. Dies ist einerseits wiederum als ein Effekt der Studienfachwahl anzusehen (vgl. PEISERT u.a., 1988, S. 70 ff.). Andererseits können für Absolventen aus gehobenen und höheren sozialen Schichten die »Beziehungen« der Eltern (im Sinne der Kontaktnetztheorie) ein nicht zu unterschätzender Vorteil beim Berufseintritt sein.[38] In diesem Zusammenhang erscheinen also Stichworte wie Bildungsvererbung oder Bildungsmeritokratie durchaus zutreffend (vgl. BARGEL, 1987, S. 64 ff.; LANGE, 1985, S. 183 ff.; TEICHLER u.a., 1976, S. 50 ff.).[39] Empirisch ist der zweite Aspekt (die »Beziehungen« der Eltern) bisher nicht untersucht worden.
- Eine weitere wichtige Variable, die ebenfalls in einem engen Zusammenhang zur Studienfachwahl steht, ist das *Geschlecht*. Die Orientierung der weiblichen Studierenden auf eher kultur-, geistes- und erziehungswissenschaftliche Fächer und der männlichen auf technische, natur- und ingenieurwissenschaftliche Studiengänge sind dafür mit ausschlaggebend (vgl. PEISERT u.a., 1988, S. 68 ff.). Dennoch haben in der Regel weibliche Absolventen auch bei gleichem Studienfach und gleicher Qualifikation schlechtere Beschäftigungschancen als Männer (vgl. TEICHLER, 1992, S. 276 ff.; MINKS/NIGMANN, 1991, S. 136 ff.; ROLFES/WENZEL, 1989, S. 70 und S. 75; BARGEL u.a., 1989, S. 203 f.).[40]
- Ein erfolgreicher Berufseintritt ist auch davon abhängig, in welcher *familiären Situation* bzw. in welchem Haushaltstyp sich ein Arbeitsplatzsucher befindet. So verringert im allgemeinen ein starkes Engagement in Haushalt und Familie sowohl bei Männern als auch bei Frauen die berufliche Einsatzfähigkeit und damit die Aussicht auf einen attraktiven Posten.[41] Zweifellos sind Frauen von Abstimmungsproblemen zwischen Beruf und Familie häufiger betroffen, was die bereits erwähnten geschlechtsspezifischen

[37] Vgl. dazu auch das Interview mit TEICHLER: Bonus durch Examensort? (UNI. 1994, S. 32 f.), in dem das Vorhandensein derartiger Effekte noch einmal nachdrücklich relativiert und (für die weitaus überwiegende Zahl der Fälle) als unbedeutend klassifiziert wird.

[38] Hieran wird auch deutlich, daß es sich beim Übergang vom Bildungs- in das Beschäftigungssystem nicht nur um einen Entscheidungsprozeß mit unterschiedlichen Bedingungsvariablen handelt, sondern auch um einen *Interaktionsprozeß* (vgl. LANGE, 1983, S. 92 f.). Vgl. auch die Ausführungen von KOHLI (1973) über den Prozeß der Berufswahl.

[39] In den Zeiten vor der Hochschulexpansion war der positive Zusammenhang zwischen sozialem Status und Arbeitsmarktchancen sowie erwarteter beruflicher Position (und damit sozialer Ungleichheit) fraglos gültig. Mit dem Begriff der *Statusdistribution* (TEICHLER u.a., 1976, S. 50; TEICHLER, 1981, S. 88) wurde dieser Prozeß beschrieben, der *zu einer Reproduktion der elitären Struktur der Gesellschaft und der Selbstrekrutierung der oberen sozialen Schichten* [führt] (KLOSE, 1987, S. 65). Mit der Expansion des Hochschulsystems (Mobilisierung von Begabungsreserven) kann es zum Aufbrechen dieses Zusammenhanges kommen (vgl. KLOSE, 1987, S. 65). Das durch die Bildungsexpansion entstandene Überangebot an hochqualifizierten Arbeitskräften kann durch eine weitere Akademisierung von Berufsbereichen, vermehrte vertikale Substitution oder »upgrading« von Arbeitsplätzen nur zum Teil abgebaut werden. Dabei ist jedoch ungeklärt, inwieweit die statusdistributive Funktion der Hochschulsystems erhalten bleibt (vgl. KLOSE, 1987, S. 76).

[40] Vgl. auch die Beiträge in CLEMENS u.a., 1986.

[41] Vgl. dazu die Ausführungen in Absch. 1.5.2 dieses Kapitels. In erweiterter Form gilt der dort geschilderte Zusammenhang zwischen Mobilitätsentscheidungen und familiärer Situation und die entsprechenden Bedingungen ebenso für die Phase des Eintritts in die erste Tätigkeit nach Studienabschluß bzw. eine neue Tätigkeit.

Nachteile bei der Stellensuche mitbedingt (vgl. HERRMANN, 1992, S. 73 ff.; KAHLE, 1992, S. 10 f.; LEWIN, 1992, S. 24 f.; LANGE, 1985, S. 177).

Mit diesen Bedingungsvariablen sind nicht alle Faktoren erfaßt, die für den beruflichen Übergang von Akademikern wichtig sind (z.B. das Thema der Diplom- oder Examensarbeit; Auslandsstudium oder Hochschulwechsel). Dennoch scheinen auch vor dem Hintergrund der diskutierten theoretischen Ansätze zumindest die bedeutendsten Determinanten genannt, die bei empirischen Untersuchungen zum Verbleib von Hochschulabsolventen immer wieder Berücksichtigung gefunden haben. Sie sind gewissermaßen die internen und externen *Input-Variablen*, die den Hochschulabsolventen zugeordnet werden, wenn sie die Hochschule verlassen haben und den beruflichen Einstieg und die berufliche Etablierung realisieren wollen. Dabei ist aber zu berücksichtigen, daß diese Merkmale nicht statisch sind. Berufliche Einstellungen oder berufspraktische Erfahrungen sind natürlich veränderliche Ausgangsgrößen.

Welche Art von Suchstrategien (Bewerbungs- und Informationsverhalten) und Anpassungsleistungen (berufliche Flexibilität, regionale Mobilität) die Absolventen an den Tag legen, um im Beschäftigungssystem unterzukommen, ist zwar auch von großer Bedeutung für den Berufsstarterfolg, sie sind aber nicht in dem oben genannten Sinne Ausgangs- oder Hintergrundvariablen. Berufseintrittspezifische Suchstrategien und Anpassungsleistungen laufen auf der Grundlage dieser Einstiegsbedingungen ab. Diese individuellen Prozeßabläufe beim Übergang von der Hochschule in den Beruf sind keine feststehenden, persönlich zuzuordnenden Determinanten des Berufseintritts. Es ist vielmehr ein individuell differierendes, situativ bedingtes und bewußtes Eingehen, Reagieren und Handeln in Richtung auf die Verwirklichung beruflicher Zielvorstellungen. Sie werden eingehender in Abschnitt 2.2.3 dieses Kapitel behandelt.

2.2 *Die Übergangsphase vom Bildungs- in das Beschäftigungsssystem bei Hochschulabsolventen*

2.2.1 Makrostrukturelle Aspekte des Übergangs vom Bildungs- in das Beschäftigungssystem

An westdeutschen *Hochschulen* waren zum Wintersemester 1994/95 1,676 Mio Studenten immatrikuliert (zum Vergleich: 1980 waren es 1,04 Mio; 1970 nur 0,51 Mio.; nach BMBW, 1995, S. 137) und knapp 183.000 Absolventen verließen 1993 erfolgreich die Hochschulen (1990: 166.000; 1980: 124.000; 1970: 87.000; nach BMBW, 1995, S. 226). Diese starke Expansion im deutschen Hochschulwesen ist fast ausschließlich auf die wieder gestiegene Studierneigung von Abiturienten zurückzuführen.[42] Aufgrund der demographischen Entwicklung und unter der Voraussetzungen annähernd gleichbleibender Studierneigungen unter den Studienberechtigen wird für die nächsten Jahre allgemein mit einer Verringerung der Studentenzahlen gerechnet. Auch die gegenwärtig diskutierten staatlichen Reformbestrebungen bezüglich der Kürzung von Studienzeiten würden einen Rückgang der Studentenzahlen zur Folge haben.

[42] Während 1985 nur noch 58,6 % eines westdeutschen Abiturientenjahrganges die Absicht hatten, ein Studium aufzunehmen, lag der entsprechende Anteil 1991 bei 68,8% (1992 aber wieder bei 68,1%, vgl. BMBW, 1992, S. 80).

Dieser Expansion im Bildungssystem stand dagegen auf der Seite des *Beschäftigungssystems* keine entsprechende Ausweitung hochqualifizierter Arbeitsplätze gegenüber. Zwar gab es auch hier durch höhere Akademisierungsgrade[43] insbesondere im Bereich der Privatwirtschaft zum Teil beträchliche Arbeitsplatzgewinne für Akademiker (in der Privatwirtschaft und im öffentlichen Dienst stieg die Zahl der Akademikerarbeitsplätze von 1976 bis 1987 um fast 1 Mio.; vgl. TESSARING, 1989, S. 17); dennoch reichten diese Zugewinne nicht aus, um das Angebot an Hochschulabsolventen vollständig in das Beschäftigungssystem zu integrieren. Besonders die restriktive Einstellungspolitik im Bereich der öffentlichen Dienste, in denen 1976 noch drei Viertel, aber 1985 nur noch zwei Drittel der Akademiker beschäftigt waren, verschlechterte die Beschäftigungsmöglichkeiten für Hochqualifizierte. Davon waren besonders diejenigen Absolventen betroffen, deren Studienqualifikationen sehr eng auf die Bereiche der öffentlichen Dienstleistungen zugeschnitten waren, wie Lehrer, Geisteswissenschaftler, Sozialpädagogen oder Sozialwissenschaftler (vgl. TESSARING, 1989, S. 18 – vgl. dazu auch die Einteilung in »wirtschaftsnahe« und »wirtschaftsferne« Studiengänge und Qualifikationen; BUSCH/HOMMRICH, 1987, S. 91).

Folge dieses Mißverhältnisses von Qualifikationsangebot und der Nachfrage nach akademischen Qualifikationen war eine wachsende *Akademikerarbeitslosigkeit.* Ihren vorläufigen offiziellen Höchststand erreichte sie 1988 mit knapp 100.000 arbeitslosen Universitätsabsolventen und knapp 40.000 arbeitslosen Fachhochschulabsolventen.[44] Aufgrund der weniger auf den öffentlichen Dienst zielenden Studiengangsstruktur waren die Absolventen von Fachhochschulen (gemessen an den qualifikationsspezifischen Arbeitslosenquoten) nicht in dem Maße von Arbeitslosigkeit betroffen wie die Universitätsabsolventen (vgl. aber TEICHLER, 1990, S. 247). Dennoch waren Frauen, unabhängig vom Typ der besuchten Hochschule deutlich stärker von Arbeitslosigkeit betroffen als ihre männlichen Kollegen. 1987 lag die Arbeitslosenquote von Universitätsabsolventinnen etwa doppelt so hoch wie die der Männer, bei den Fachhochschulabsolventinnen war sie sogar dreimal so hoch (vgl. TESSARING, 1988, S. 6). Bedingt wird diese geschlechtsspezifische Benachteiligung durch die fachbezogenen Arbeitsmarktbedingungen. So zählen bei den Universitätsabsolventen Lehrer, Sozial- und Geisteswissenschaftler und Ärzte bzw. Apotheker zu den von Arbeitslosigkeit am stärksten bedrohten Gruppen – bei den Fachhochschulabsolventen Ingenieure und Techniker sowie die Absolventen sozialpflegerischer Berufe (vgl. ROLFES/ WENZEL, 1989, S. 78 ff. und 85 ff.). *Insgesamt betrachtet wird also bestätigt, daß die Arbeitslosigkeit der Akademiker ganz überwiegend von denjenigen Fächern geprägt wird, die auf*

[43] In der Privatwirtschaft besaßen 1976 3,4 Prozent der dort Erwerbstätigen einen Hochschulabschluß, 1985 schon 5,5 Prozent. Im öffentlichen Dienst waren es 1976 19,2 Prozent und 1985 22,7 Prozent. Die steigende Akademisierung in der Privatwirtschaft bei gleichzeitigem Personalabbau deutet darauf hin, daß Hochschulabsolventen in zunehmendem Maße Arbeitsplätze besetzen, auf denen vormals Nicht-Akademiker arbeiteten. Geht man davon aus, daß es sich nicht um inadäquate oder unterwertige Arbeitsplätze handelt, so muß angenommen werden, daß insgesamt die Qualifikationsanforderungen gestiegen sind (vgl. TESSARING, 1989, S. 17).

[44] Gerade bei Hochschulabsolventen kann allerdings von einer nur schwer zu kalkulierenden Dunkelziffer von Erwerbslosen ausgegangen werden. Hochschulabsolventen haben in der Regel nach Abschluß des Studiums keinen Anspruch auf Arbeitslosengeld bzw. Arbeitslosenhilfe, so daß der Gang zum Arbeitsamt zumindest finanziell wenig lohnend erscheint (vgl. die entsprechende Überlegung bei BUTTLER/TESSARING, 1993, S. 469). Zudem bestehen selbst über die Fachvermittlungsdienste für besonders qualifizierte Fach- und Führungskräfte in den Arbeitsämtern kaum Möglichkeiten, eine adäquate Stelle zu finden. Zahlreiche erwerbslose Hochschulabsolventen bilden die sogenannte »Stille Reserve«, dadurch, daß sie sich in Ehe und Familie zurückziehen, Nebenjobs suchen oder ein weiteres Studium beginnen.

den öffentlichen Dienstleistungsbereich hin ausgerichtet sind und zudem einen höheren Frauenanteil aufweisen (TESSARING, 1989, S. 20; vgl. auch SCHMIDT, 1994, S. 43 ff.). Dies gilt auch für die neuere Entwicklung, auch wenn sich der Anteil von arbeitslosen Lehrerinnen und Lehrern deutlich verringert hat und einige Absolventen ehemals problemloser Fächer wie Ingenieure und Wirtschaftswissenschaftler heute etwas häufiger in den Arbeitslosenstatistiken zu finden sind (vgl. AMTLICHE NACHRICHTEN DER BUNDESANSTALT FÜR ARBEIT, 1993, S. 518 f.). Daß die gesellschaftspolitische Brisanz dieser hohen Akademikerarbeitslosigkeit nicht voll zum Tragen kommt, ist sicher mit darauf zurückzuführen, daß vor allem Frauen von ihr betroffen sind. Sie haben eher die Gelegenheit, die ihnen traditionell zugedachte Rolle als Hausfrau und Mutter als Rückzugsmöglichkeit zu nutzen. Seit 1988 hat sich die Situation auf dem akademischen Arbeitsmarkt nach einer leichten Entspannungsphase zu Beginn der 90er Jahre wieder verschärft – 1994 waren in den alten Bundesländern 106.363 Universitäts- und 49.957 Fachhochschulabsolventen arbeitslos gemeldet – die fach- und geschlechtsspezifischen Aspekte dürften sich dabei kaum verändert haben.[45]

Diese allgemeine Verschlechterung der Arbeitsmarktbedingungen für Hochschulabsolventen hat sich allerdings *regional unterschiedlich* entwickelt. In ländlich-peripheren Regionen und in den nördlichen Bundesländern ist die Entwicklung noch negativer verlaufen als im Bundesdurchschnitt. So konnten ROLFES/WENZEL für das westliche Niedersachsen zeigen, daß dort die Entwicklung der sozialversicherungspflichtig Beschäftigten mit akademischen Qualifikationen in der Zeit von 1980 bis 1988 deutlich hinter der niedersächsischen Zuwachsrate von Beschäftigten dieser Qualifikationsstufe und noch deutlicher hinter der bundesdurchschnittlichen Entwicklung zurückgeblieben ist (vgl. ROLFES/WENZEL, 1990, S. 350 und S. 352; siehe auch die vergleichbaren Ergebnisse von HOLST u.a., 1989, und JUNG, 1989). Beim Übergang vom Bildungs- in das Beschäftigungssystem müssen daher neben den geschlechts- und fachspezifischen Aspekten auch die regionsspezifischen Entwicklungen berücksichtigt werden.

Zusammenfassend kann festgehalten werden, daß in einigen akademischen Fachrichtungen die sogenannte *Privilegierungsthese* nach wie vor ihre Gültigkeit besitzt. Im Vergleich zu anderen Qualifikationsgruppen sind eine Reihe von Hochschulabsolventen (z.B. spezialisierte Wirtschafts- und Ingenieurwissenschaften; vgl. BAUMGARTEN/WIEGAND, 1996, S. 10 ff.) auf dem Arbeitsmarkt bezüglich Arbeitsplatzsicherheit oder Einkommen nach wie vor privilegiert. Auch insgesamt waren Hochschulabsolventen im Durchschnitt deutlich seltener von Arbeitslosigkeit betroffen, wenn man beispielsweise die qualifikationsspezifischen Arbeitslosenquoten vergleicht (vgl. TESSARING, 1988, S. 5). Dennoch haben sich diese Differenzen in den 80er Jahren immer weiter verringert, so daß in weiten Bereichen im Prinzip an die Stelle der Privilegierungsthese die *Nivellierungsthese* getreten ist. Fachschulabsolventen sind beispielsweise in jüngster Zeit seltener von Arbeitslosigkeit bedroht als Fachhochschul- oder Universitätsabsolventen. Die Beschäftigungschancen der Akademiker haben sich also soweit verringert, daß sie inzwischen denen der mittleren Qualifikationsgruppen (Facharbeiter, Meister, ...) vergleichbar oder z.T. sogar noch schlechter sind. Aufgrund des Übergangs der geburtenstarken Jahrgänge auf die Hochschulen und den dadurch steigenden Absolventenzahlen wird von einigen sogar angenommen,

[45] Für die vorliegende Arbeit sind ohnehin in erster Linie die Bedingungen aus der Zeit Mitte bis Ende der 80er Jahre von Bedeutung, da die empirischen Erhebungen vor allem in diesem Zeitraum durchgeführt wurden.

daß aus der Privilegierung vergangener Tage und der Nivellierung von heute auch Akademiker eine Problemgruppe auf dem Arbeitsmarkt werden könnten (KAISER, 1988, S. 116). Fachspezifisch hat diese *Benachteiligungsthese* heute schon ihre Gültigkeit, wenn man beispielsweise an die Beschäftigungsaussichten von Lehramtsabsolventen oder Geisteswissenschaftlern denkt.

Glaubt man allerdings den aktuellen Prognosen von TESSARING, wird sich der *Qualifikationsbedarf* in den nächsten 20 Jahren zugunsten der akademischen Qualifikationen entwickeln (vgl. TESSARING, 1994, S. 11 f. und 1991b, S. 53). Im Jahre 2010 wird aller Voraussicht nach ein Ausgleich zwischen Angebot und Nachfrage nach akademischen Qualifikationen eintreten. Er erwartet vor allem eine Expansion im Bereich der sekundären Dienstleistungen. Hierzu zählen Tätigkeiten in der Forschung, Entwicklung und Planung, der Sicherung, Ordnung und Rechtsanwendung, Management-, Organisations- und Dispositionsaufgaben und Tätigkeiten im Bereich Betreuung, Beratung, Ausbildung und Information (vgl. TESSARING, 1994, S. 8 ff. und 1991b, S. 51).[46]

Allerdings muß in diesem Zusammenhang auch daran gedacht werden, daß sich in jüngster Zeit insbesondere große Unternehmen daran setzen, ihre überbürokratisierten und starren Organisationsstrukturen zu optimieren. Stichworte wie *Lean-Production* oder *Lean-Management* beschreiben diesen Kontext. *Der Weg zur schlanken Organisation wird heute üblicherweise gleichgesetzt mit: Abflachen der Management-Hierarchie, Reduzierung der Hierarchiestufen, Verkürzung der traditionellen Karriere-Leiter* (FUCHS, 1994, S. 20). Wichtiges Ziel ist eine Verkürzung der Entscheidungsstrukturen, um so schneller und flexibler auf Marktänderungen reagieren zu können. Dies hat in zunehmendem Maße auch Folgen für Höherqualifizierte und Hochschulabsolventen. Mit dem Lean-Management geht eine drastische Reduktion der Führungspositionen einher, die vielen Akademikern die Aussicht auf eine Karriere traditioneller Prägung nimmt. Sie werden sich darauf einstellen müssen, als qualifizierte Sachbearbeiter tätig zu werden.[47] Dies hat auch Konsequenzen für die zukünftigen Qualifikationsanforderungen an Hochschulabsolventen. Gefragt sind nicht mehr Spezialisten und Fachexperten, sondern in zunehmendem Maße Generalisten, die soziale und überfachliche Qualifikationen besitzen (vgl. FUCHS, 1994, S. 21 f.).[48]

2.2.2 Folgen der Abstimmungsprobleme zwischen Bildungs- und Beschäftigungssystem auf der Individualebene

Die hohen Absolventenzahlen auf der einen und die schlechten Arbeitsmarktaussichten auf der anderen Seite führten dazu, daß für viele Akademiker der Berufseintritt und die berufliche Etablierung immer schwieriger geworden sind. Es werden in der Regel drei unterschiedliche Typisierungen beruflicher Übergänge vorgenommen:

– Von einem *glatten Übergang* wird dann gesprochen, wenn zwischen Studienabschluß und der ersten Erwerbstätigkeit nur eine kurze Übergangszeit bzw. freiwillige Sucharbeitslosigkeit (z.B. bis zu 3 Monaten) zu überbrücken ist und sich daran eine dauerhafte,

[46] TESSARING geht nicht davon aus, daß die deutsche Vereinigung eine grundlegende Veränderung in der Richtung dieser [...] Strukturveränderungen der Sektoren, Tätigkeiten und Qualifikationsanforderungen mit sich bringt (TESSARING, 1991a, S. 23).

[47] Vgl. dazu auch das Interview mit R. FALK, »Akademiker als Sachbearbeiter«, in UNI, 1994, S. 23.

[48] Vgl. dazu auch den Artikel in »Die WELT« vom 15.5.1993: »Studienziel muß der »berufsfähige Generalist« sein«.

ausbildungsadäquate Beschäftigung anschließt (vgl. SCHOMBURG, 1990a, S. 46 ff.; BUTTLER, 1985, S. 442).

- Bei einem *verzögerten Übergang* wird von einer bedeutend längeren Arbeitslosigkeitsphase (unfreiwillige Sucharbeitslosigkeit) nach Studienende ausgegangen, bis ein Beschäftigungsverhältnis aufgenommen werden kann (vgl. BUTTLER u.a., 1985, S. 442).
- Falls mehrere Arbeitslosigkeits- und Jobphasen aufeinander folgen und sich der endgültige Beschäftigungsbeginn immer wieder hinauszögert, spricht man von einem *stotternden Übergang* (vgl. BUTTLER u.a., 1985, S. 442). Da ein problembeladener Übergang in den Beruf in vielen Fällen sowohl verzögert als auch stotternd ist, wird auf diese dritte Kategorisierung häufig verzichtet und nur von einem verzögerten Übergang gesprochen (vgl. SCHOMBURG, 1990a, S. 46 ff.).

In neueren Studien wird die These aufgestellt, daß die Art des Übergangs vom Studium in den Beruf langfristige Folgen für den weiteren Berufsverlauf hat. Auch wenn sich die Ergebnisse der zugrundeliegenden Untersuchungen nur auf die drei Fachrichtungen Maschinenbau, Sozialwesen und Wirtschaftswissenschaften beziehen, so zeigt sich doch in allen drei Studiengängen, daß Absolventen mit verzögertem Übergang in die spätere Berufstätigkeit bezüglich des beruflichen Status, der beruflichen Autonomie, des Einkommens und der beruflichen Zufriedenheit zum Teil deutlich schlechter abschneiden als die Absolventen mit einem glatten Übergang (vgl. SCHOMBURG, 1992b, S. 56 ff.). Es gilt dabei allerdings zu bedenken, daß die Art des Übergangs hier nur als ein Indikator für die eigentlich ursächlichen Bedingungen (z.B. Geschlecht, Familienstand, Qualifikationen, Studienfach, Einstellungen) sein kann, die sowohl den Übergang als auch den beruflichen Erfolg beeinflussen. So wurde auch gezeigt, daß unter den Absolventen mit einem nahtlosen Übergang der Anteil von karriere- und berufsorientierten besonders hoch war. Für diese hatte das Studium dann auch häufiger einen instrumentellen Charakter zur Erreichung der anvisierten Berufsziele (vgl. BUTTLER u.a., 1985, S. 453 ff.). Bei einem verzögerten Übergang wurde dagegen häufiger beobachtet, daß sich die Absolventen mehr Zeit bei der Suche nach einem angemessenen Arbeitsplatz ließen, um sich über ihre weiteren Lebensperspektiven klar zu werden (vgl. BUTTLER u.a., 1985; S. 444 f. und S. 453 ff.).[49]

Die defizitäre Arbeitsmarktlage und verzögerte oder sogar überhaupt nicht realisierte Übergange in befriedigende Erwerbstätigkeiten haben häufig für die betroffenen Absolventen z.T. schwerwiegende *finanzielle, psychische und soziale Folgen.* Die ehemaligen Nebenjobs während des Studiums werden nun möglicherweise zur Haupteinahmequelle, denn aufgrund fehlender Beschäftigungszeiten besteht in der Regel kein Anspruch auf Lohnersatzleistungen, Sozial- oder Krankenversicherungsleistungen. Hinzu kommen Belastungen durch das soziale Umfeld, die umso größer sind, je prekärer die familiäre Lage ist (z.B. Familie mit Kind). Besonders Bildungsaufsteiger können ihren Eltern nur schwer klarmachen, daß sich die hohe Investition in ein Studium in absehbarer Zeit nicht bezahlt machen wird (vgl. REISSERT/WELZER, 1987, S. 236). Psychische Belastungen, die Angst, den Anschluß zu verpassen, der Verlust des Selbstvertrauens, und eine unklare oder fehlende Lebensperspektive verstärken sich immer mehr, je häufiger Mißerfolgserlebnisse auftreten

[49] Die Hypothesen zur *Auspendlung konkurrierender Lebensziele* von BUSCH/HOMMRICH (1983, S. 75), die besagen, daß sich Hochschulabsolventen nach Abschluß des Studiums darüber klar werden müssen, welche Schwerpunkte in bezug auf Beruf und Familie sie in ihrer weiteren Lebensperspektive entwerfen wollen, gehen ebenfalls in diese Richtung.

(Absagen auf Bewerbungen, keine Stellenausschreibungen) und die erlernten Qualifikationen nicht verwendet werden können. Ein Prozeß der *Desozialisation* (langsamer Verlust der Verbindlichkeit der akademischen Sozialisation) und *Deprofessionalisierung* (zunehmende Entwertung der Qualifikation und sinkende Hoffnungen, jemals ausbildungsadäquat eingesetzt zu werden) schreitet immer weiter voran. Im Extremfall bleibt nur noch die Aufgabe beruflicher Ansprüche (z.B. unterwertige, möglicherweise dequalifizierende Tätigkeiten) oder eine völlige Neuorientierung (z.B. Umschulung, Zweitstudium), die aber auch nicht notwendigerweise einen Erfolg garantieren (vgl. dazu REISSERT/WELZER, 1987, S. 236 ff.).

2.2.3 Handlungsstrategien und Anpassungsleistungen von Akademikern bei der Beschäftigungssuche

Zwischen den beiden Extrempunkten des beruflichen Verbleibs, einerseits dem problemlosen Berufseintritts in eine adäquate Erwerbstätigkeit und andererseits der völligen beruflichen Umorientierung oder (besonders bei Frauen) des Rückzugs im Sinne traditioneller Rollenklischees, gibt es viele qualitative Abstufungen denkbarer beruflicher Verbleibsformen. Zum einen lassen sich diese beruflichen Verbleibsformen danach ordnen, inwieweit sie der Hochschulausbildung adäquat sind bzw. wie groß das Maß der Zufriedenheit ausfällt, zum anderen danach, welche Anpassungsleistungen und Strategien notwendig waren bzw. eingesetzt wurden, um die aktuelle oder (vorerst) endgültige Verbleibssituation zu erreichen.[50] Dabei stehen beide Einteilungskategorien in einem wechselseitigen Verhältnis zueinander. So kann beispielsweise das Absenken des Anspruchsniveaus und die damit verbundene Nicht-Adäquatheit einer Tätigkeit und die größere Unzufriedenheit auch als eine bewußte Anpassungsleistung verstanden werden, um überhaupt beruflich tätig zu werden. Bei der Analyse der Verbleibsformen müssen die Strategien und Anpassungsleistungen, die zu der jeweils aktuellen Situation geführt haben, ebenso untersucht werden, wie das Ausmaß der Adäquatheit und Zufriedenheit. Da die subjektiv wahrgenommene Zufriedenheit und die eher mit objektiven Methoden zu bewertende Adäquatheit (z.B. im Sinne von Positions- oder Inhaltsadäquatheit) einer beruflichen Tätigkeit im allgemeinen die Folgen der Anpassungs- bzw. Einordnungsprozesse und Handlungsstrategien sind, steht deren Analyse und theoretische Aufarbeitung zunächst im Vordergrund.

Auch wenn es hier vor allem um den Übergangsprozeß nach Abschluß des Studiums geht, soll doch kurz auf das veränderte *Berufs- und Studienfachwahlverhalten* angesichts verschlechterter Beschäftigungsbedingungen für Hochschulabsolventen eingangen werden. Die Studienberechtigten haben z.T. schon recht früh die problematischen Arbeitsmarktentwicklungen für Akademiker wahrgenommen und entsprechende Konsequenzen für ihren eigenen Bildungsweg gezogen. Diese Reaktionen wurden flankiert durch warnende

[50] Eine Unterscheidung von Anpassungsleistungen und Handlungsstrategien ist nur tendenziell möglich. Mit dem Begriff Anpassungsleistungen läßt sich eher ein passives Akzeptieren vorgegebener Zwänge des Beschäftigungssystems beschreiben (z.B. inadäquate Tätigkeiten annehmen oder ein geringes Gehalt akzeptieren). Handlungsstrategien betonen eher die aktiven Momente, die das Individuum beim Übergangsprozeß an den Tag legt (z.B. regionale Mobilität, Bewerbungs- und Informationsaktivitäten). Beide Aktivitäten (Anpassungsleistungen und Strategien) sind aber nicht streng voneinander zu trennen. Was einem neutralen Beobachter wie eine passive Anpassungsleistung erscheinen mag (z.B. eine nicht-ausbildungsangemesse Tätigkeit aufzunehmen), kann für das handelnde Subjekt selbst eine wohlüberlegte Strategie sein (z.B. wird bewußt eben diese unangemessene Stellung angenommen, um bestimmte soziale, familiäre und berufliche Aspekte besser miteinander vereinbaren zu können).

Hinweise vor einer drohender Überqualifizierung und Akademikerschwemme von Seiten z.B. der Arbeitgeberverbände aber auch bildungs- und arbeitsmarktpolitischer Interessenvertreter. Drei Entwicklungen waren hier festzustellen:

- In der Mitte der 80er Jahre war bei allen Studienberechtigten ein starker Trend zu einem *Studienverzicht* zu verzeichnen. Während 1980 noch 68,3 Prozent und 1992 wieder 68,1 Prozent der Abiturienten in den alten Bundesländern ihre Studienabsicht bekundeten, lag der Anteil 1985 bei nur 58,6 Prozent. Die unsicheren Beschäftigungsaussichten, die mit einem Studium verbunden waren, schreckte viele Studienberechtigte davon ab, ein Studium aufzunehmen. Immer mehr Abiturienten entschieden sich für einen zum Studium alternativen Ausbildungsweg. Abiturientinnen wollten dabei in sehr viel größerem Ausmaß auf ein Studium verzichten (1980: 63,0 Prozent; 1985; 49,1%; 1992: 62,8 Prozent; vgl. BMBW, 1992, S. 80). Angesichts der seinerzeit auch in der Öffentlichkeit thematisierten hohen Lehrerarbeitslosigkeit wurden besonders weibliche Studienberechtigte, die stets eine starke Orientierung auf die Lehramtsstudiengänge aufwiesen, von einem Studium abgeschreckt. Die Zahl der Studienanfänger ging somit Mitte der 80er Jahre deutlich zurück (vgl. auch BMBW, 1989, S. 63).
- Wer sich trotz der insgesamt verschlechterten Arbeitsmarktperspektiven für Akademiker für ein Studium entschied, wählte vermeintlich aussichtsreiche Studienfächer (wie beispielsweise die Wirtschaftswissenschaften, vgl. BMBW, 1989, S. 65 f.; siehe aber auch die wachsende Zahl von Magister- und Diplomstudenten in den Geisteswissenschaften; BUSCH/HOMMRICH, 1987, S. 91). Diese *geänderten Studienfachwahlpräferenzen* bewirkten in vielen Studiengängen einen Einbruch der Studentenzahlen (besonders bei den Geistes- und Sozialwissenschaften und den Lehramtsstudiengängen; vgl. BMBW, 1989, S. 66). Gleichzeitig wurde vor allem bei den Abiturientinnen ein deutlicher Trend zur Aufnahme eines *Fachhochschulstudiums* festgestellt (vgl. LEWIN u.a., 1994, S. 4 f.; NIGMANN, 1989, S. 29 ff.).[51] Hauptursache für die Wahl eines Fachhochschulstudiums waren die Ablehnung des starken Theoriebezugs der Universitäten und die positive Bewertung der Praxisorientierung von Fachhochschulen. Auch die erwarteten, besseren Beschäftigungsaussichten spielten eine entscheidende Rolle (vgl. NIGMANN, 1989, S. 34 ff.).
- In zunehmendem Maße konnten bei den Studienberechtigten auch *Doppelqualifizierungen* festgestellt werden. Zunächst wurde häufig eine betriebliche Lehre abgeschlossen daran anschließend ein korrespondierendes Studium aufgenommen. 1985 hatten 14 Prozent der Studienanfänger an Universitäten eine Berufsausbildung abgeschlossen, zwischen 1990 und 1994 waren es jeweils 20 bzw. 21 Prozent (vgl. BMBW, 1995, S. 192) – nach Untersuchungen von HIS/Hannover soll der Anteil bereits bei zwei Fünfteln liegen (vgl. LEWIN u.a., 1994, S. 4). Den ungünstigen Beschäftigungsaussichten und der Kritik an der mangelnden Praxisbezogenheit und der zu starken »Verkopfung« der universitären Ausbildungsgänge sollte auf diese Weise begegnet werden (vgl. KAISER, 1988, S. 121).[52] Das damit gleichzeitig ein deutlich höheres Alter der

[51] Die seit Jahren rückläufige Zahl von Fachhochschulberechtigten und die gleichzeitig expandierende Zahl von Abiturienten bescherte den Fachhochschulen eine völlig neue Zusammensetzung ihrer traditionellen Klientel, die aber in der Regel von den Fachhochschullehrern positiv bewertet wird (vgl. NIGMANN, 1989, S. 55 ff.).

[52] Daß aufgrund dieser (vielseits begrüßten) Wahl des Berufsweges deutsche Hochschulabsolventen im Vergleich zu den Akademikern anderer europäischer Staaten erst sehr spät in den Arbeitsmarkt eintreten, ist dann wenig überraschend (vgl. TESSARING, 1989, S. 15).

Hochschulabsolventen einherging, wurde demgegenüber von eben dem Personenkreis wieder kritisiert, die diese Praxisorientierung dringend forderten. Demgegenüber zeigen BÜCHEL/HELBERGER, daß sich innerhalb der Gruppe der Universitätsabsolventen, *ein zuvor erworbener Lehrabschluß nicht positiv, sondern im Gegenteil signifikant negativ auf die Übergangschancen in adäquate Beschäftigung aus(wirkt)* (BÜCHEL/HELBERGER, 1995, S. 38).

Was tun aber nun Hochschulabsolventen, um einen möglichst optimalen Berufseinstieg zu bewerkstelligen? Dies hängt sicherlich nicht unerheblich mit dem Ausmaß der erwarteten oder realen Beschäftigungsprobleme auf dem Arbeitsmarkt zusammen. Sind die Übertrittschancen noch relativ günstig oder werden sie als günstig bewertet, so werden die Suchanstrengungen der Absolventen eher bescheiden ausfallen – mit wachsendem Problemdruck werden dann wohl immer einschneidendere und komplexere Aktivitäten erforderlich.[53]

Im Rahmen der Kontaktnetztheorie wurde schon auf die Wichtigkeit und den *Nutzen von informellen Kontakten* hingewiesen. Ihrer Bedeutung für einen erfolgreichen Berufseintritt sind sich selbstverständlich auch die Hochschulabsolventen bewußt. Insofern versuchen sie Arbeitgeberkontakte, die sie während der Berufsausbildung, in praktischen Studienphasen oder durch praxisorientierte Hausarbeiten geknüpft haben, für ihren beruflichen Einstieg nutzbar zu machen. Auch über Familienangehörige, Freunde oder Bekannte können so informelle Kontakte zu potentiellen Arbeitgebern aufgebaut werden (vgl. BUTTLER u.a., 1985, S. 446 ff.). Die Bandbreite der Effektivität solcher Kontakte reicht dabei von einfachen Insider-Informationen über z.B. Einstellungsmodalitäten bis zu konkreten Einladungen zu Bewerbungsgesprächen und Stellenangeboten. Diese Handlungsstrategie ist sicher nicht von allen Absolventen nutzbar, da aufgrund fehlender praktischer Ausbildungsanteile derartige Kontakte nicht zustande gekommen sind.

Das Ausmaß der *Informations- und Bewerbungsaktivitäten* ist ebenfalls mitentscheidend für das Gelingen des beruflichen Eintritts (vgl. auch BUTTLER u.a., 1985, S. 446 ff.). Dabei ist zu unterscheiden zwischen eher passiven Bewerbungen auf ausgeschriebene Stellen und den aktiven Spontanbewerbungen an potentielle Arbeitgeber, die noch mit der Bitte um persönliche Informations- oder Bewerbungsgespräche ergänzt werden können. Welchen Umfang diese Informations- und Bewerbungsaktivitäten einnehmen, hängt von den wahrgenommenen Beschäftigungsaussichten ab.

Eine von Hochschulabsolventen in Krisenzeiten immer wieder geforderte Anpassungsleistung an die Arbeitsmarktbedingungen zielt auf eine Erhöhung der *regionalen* bzw. *räumlichen Mobilität* (vgl. auch FALK/WEISS, 1993, S. 23 f.; MINKS/REISSERT, 1985, S. 609). Dabei kann räumliche Mobilität nicht nur als erzwungene oder passive Anpassung an widrige Arbeitsmarktbedingungen verstanden werden, sondern auch als eine aktive Suchstrategie, um potentiell ein möglichst großes Angebot adäquater Stellen annehmen zu können (BUTTLER u.a, 1985, S. 446 ff.). So *konnte festgestellt werden, daß sich mit der Bereitschaft zum Ortswechsel die Wahrscheinlichkeit erheblich erhöhte, ... eine »Akademikerposition« zu besetzen* (BUSCH/HOMMRICH, 1983, S. 80 f.; vgl. auch SCHOM-

[53] Ein Versuch, die nachfolgend aufgeführten Anpassungsleistungen und Handlungsstrategien danach zu ordnen, daß zunächst die Aktivitäten besprochen werden, die unabhängig von der Arbeitsmarktsituation in Angriff genommen werden (Nutzen informeller Kontakte, Bewerbungs- und Informationsaktivitäten), und daran anschließend solche Aktivitäten, die eine zunehmend problematischere Situation am Arbeitsmarkt in Rechnung stellen (finanzielle Anpassungsbereitschaft, berufliche Flexibilität, ...), konnte nicht konsequent durchgehalten werden.

BURG, 1992c, S. 262 f.). Regionale Immobilität und Seßhaftigkeit verschlechtern dagegen die Aussichten erheblich, einen befriedigenden Arbeitsplatz zu finden. Diese Überlegungen setzen implizit die Annahme voraus, daß es im Prinzip eine ausreichende Zahl akademischer Arbeitsplätze gibt, daß diese nur regional ungleichmäßig verteilt sind. Wie bereits mehrfach geschildert, gibt es zwar eine regional ungleichmäßige Verteilung besonders von Arbeitsplätzen für Hochschulabsolventen und Hochqualifizierte, so daß Akademiker immer zu vermehrter regionaler Mobilität gezwungen sind; darüber hinaus existiert aber auch unbestritten ein quantitatives Ungleichgewicht zwischen Angebot und Nachfrage bei Akademikern, das sich zudem auf bestimmte Fachgruppen konzentriert. Für viele Hochschulabsolventen, besonders der von Arbeitslosigkeit am stärksten bedrohten Gruppen, fehlt daher der Hauptanreiz für regionale Mobilität, nämlich freie Arbeitsplätze (vgl. ROLFES/WENZEL, 1990, S. 365 f.; MINKS/REISSERT, 1985, S. 611). Unter diesen Umständen erscheint für Hochschulabsolventen die Annahme eines *speculative migrant*, der zunächst umzieht und dann am neuen Wohnort einen Arbeitsplatz sucht, eher unrealistisch zu sein. Schließlich sind die mit einem Wohnortwechsel verbundenen finanziellen und sozialen Kosten und Risiken sehr hoch: Probleme mit dem Partner, Verlust des sozialen Netzwerkes, Wohnungsaufgabe usw.[54] Allenfalls ist noch eine Rückwanderung z.B. vom Studienort in die Heimatregion bzw. den Heimatort denkbar, ohne das dort eine Arbeitsstelle zur Verfügung stehen muß. Dort existiert zumindest noch ein soziales und lokales Netzwerk.

Diese Überlegungen machen deutlich, daß somit bei der Untersuchung des Übergangsprozesses die *regionale Mobilitätsbereitschaft* als potentielle Anpassungsleistung an ungünstige Arbeitsmarktbedingungen und denkbare Handlungsstrategie bei der Stellensuche eine ebenfalls aussagekräftige Variable ist. Sie ist ein Indikator dafür, in welchem Ausmaß Hochschulabsolventen bei ungünstigen Arbeitsmarktaussichten die Bedrohlichkeit ihrer Situation wahrnehmen; indem sie ihre Bereitschaft bekunden, gegebenenfalls räumlich mobil zu sein, deuten sie zumindest theoretisch an, daß für sie eine solche Anpassungsleistung nicht undenkbar erscheint. Andererseits machen hiermit die Absolventen mit unproblematischen Studienfächern deutlich, daß sie bei der Arbeitsplatzsuche auch Angebote in Betracht ziehen, die außerhalb der engen Heimatort- oder Studienortregion liegen. Für sie wäre dementsprechend die regionale Mobilitätsbereitschaft eine aktive Suchstrategie, um eine angemessene und zufriedenstellende Beschäftigung zu finden. Wie sich später in dieser Arbeit noch zeigen wird, ist dabei das Verhältnis zwischen regionaler Mobilitätsbereitschaft und der später dann tatsächlich realisierten Mobilität nicht eindeutig. Die Annahme, die Bereitschaft zur Wanderung liege meist höher als deren spätere tatsächliche Umsetzung, kann nicht ohne weiteres aufrecht erhalten werden (vgl. dazu auch BÜCHEL/SCHWARZE, 1994, S. 44 f.; ROLFES/WENZEL, 1990, S. 366 und S. 369). Gerade für Absolventen mit fachspezifischen oder regionsspezifischen Arbeitsmarktproblemen (in strukturschwachen, ländlich-peripheren Regionen) ergibt sich offenbar häufiger der Fall, daß eine gewünschte Seßhaftigkeit und geringe räumliche Mobilitätsbereitschaft aufgrund mangelnder Stellenangebote nicht durchgehalten werden kann (vgl. ROLFES/WENZEL, 1990, S. 369 f.).

Aufgrund des hohen Bestandes an qualifizierten Hochschulabsolventen wird von diesen in immer stärkerem Maße auch eine *finanzielle Anpassungsbereitschaft* gefordert, denen

[54] So sind es denn auch bezeichnenderweise Akademikerinnen, die den Wunsch nach berufsbedingter regionaler Mobilität nur selten gegen Partner oder Familie durchsetzen können (BUSCH/HOMMRICH, 1983, S. 81).

sich die Absolventen prinzipiell kaum widersetzen können. Vor allem im Bereich der öffentlichen Dienste werden immer häufiger Teilzeitstellen ausgeschrieben, für Referendare und Berufsanfänger wird eine niedrigere Eingangsbesoldung festgesetzt. Auch sind befristete Verträge für Berufseinsteiger längst zur Regel geworden (vgl. KAISER, 1988, S. 121 f.; REISSERT/WELZER, 1987, S. 237). Solche Anpassungsleistungen werden in der Regel widerspruchslos akzeptiert, eröffnet die Tätigkeit doch häufig die einzige Möglichkeit, die fachlichen Qualifikationen ausbildungsadäquat einsetzen zu können. Die Identifikation mit dem Beruf ist insbesondere bei den von Arbeitslosigkeit stark betroffenen Lehramtsabsolventen, sozialpflegerischen Berufen und Geistes- und Sozialwissenschaftlern sehr groß. Finanzielle und wirtschaftliche Nachteile werden daher eher in Kauf genommen.

Neben dieser finanziellen Anpassungsbereitschaft sehen sich Hochschulabsolventen in zunehmendem Maße auch mit steigenden *extra-funktionalen und wertorientierten Qualifikationsanforderungen* von Seiten der Arbeitgeber konfrontiert.[55] Die Wunschvorstellungen von Beschäftigern, Absolventen zu rekrutieren, die neben Fachwissen auch arbeitgeberfreundliche Qualitäten wie professionelle Verhaltensstile, Sozialfertigkeiten und Wertorientierungen mitbringen (»akademische Modellathleten«[56]), kann nun aufgrund der großen Zahl von Hochschulabsolventen befriedigt werden (vgl. BUSCH/HOMMRICH, 1983, S. 77 ff.). *Gefragt ist also nicht nur Leistungsfähigkeit im Sinne fachlicher Kompetenz und Leistungsbereitschaft als motivationale Grundlage für den Einsatz dieser Kompetenz; gefragt ist darüberhinaus die Abgabe einer Loyalitätsgarantie an potentielle Nachfrager* (BUSCH/HOMMRICH, 1983, S. 79). Von Hochschulabsolventen wird erwartet, daß sie das berufliche Handeln zur Zentralkategorie ihrer weiteren Lebensperspektive machen. Wer dazu nicht bereit ist (und dies z.B. in Bewerbungsgesprächen oder auf andere Weise zeigt), wird sicher Probleme haben, einen ausbildungsadäquaten Arbeitsplatz zu finden (vgl. BUSCH/HOMMRICH, 1987, S. 94).

Waren die bisher genannten Anpassungsleistungen und Handlungsstrategien nicht erfolgreich, kann ein stellensuchender Absolvent die Chancen, auf dem Arbeitsmarkt unterzukommen, durch eine erhöhte *berufliche Flexibilität* verbessern.[57] Wird trotz der bisher genannten Suchstrategien und Anpassungsleistungen auch nach längeren Arbeitslosigkeits- oder Jobphasen keine ausbildungsadäquate und zufriedenstellende Arbeitsstelle gefunden, sind die Absolventen in der Regel gezwungen, ihre inhaltlichen, emotionalen und finanziellen Ansprüche an die berufliche Tätigkeit mehr oder weniger stark zu senken (entsprechend den theoretischen Annahmen der Job-Search-Theorie). Je spezifischer dabei ein Studienfach oder eine akademische Berufsausbildung auf ein genau beschreibbares Tätigkeitsfeld zugeschnitten ist, desto größer werden die notwendigen Änderungen der

[55] Das gewünschte *Persönlichkeitsprofil* für Akademiker in Unternehmen sieht wie folgt aus: Leistungsbereitschaft, Problemlösungsfähigkeit, Initiative, Kooperationsfähigkeit, Lernbereitschaft, Teamfähigkeit, Kreativität, Dynamik, Mündliche Kommunikation, Durchsetzungsvermögen, Gutes Auftreten, Führungspotential, Anpassungsfähigkeit, Selbstsicherheit, Allgemeinbildung, schriftliche Kommunikation, äußere Erscheinung, Kontakt und Repräsentieren (vgl. FALK/WEISS, 1993, S. 25).

[56] *Dieser ist an beruflichem Erfolg orientiert und stellt seine berufliche Leistungsfähigkeit an die oberste Stelle seiner Zielhierarchie* (BUSCH/HOMMRICH, 1987, S. 94).

[57] Flexibilität ist angesichts der Probleme auf dem Arbeitsmarkt für viele *die* Lösung (vgl. RAMM/BARGEL, 1995, S. 168 ff.; FALK/WEISS, 1993, S. 22 ff.). Allerdings werden diesem Begriff je nach Verwendung und Verwender die unterschiedlichsten und weitreichendsten Bedeutungen zugeschrieben und zugedacht. Der Begriff der Flexibilität wird im Abschnitt 2.3 dieses Kapitels nach weiter aufgearbeitet.

eigenen Qualifikationsstruktur und Erwartungen bzw. Ansprüche ausfallen (müssen). Für einige Absolventen ist es möglicherweise bereits ausreichend, durch den Erwerb einiger *Zusatzqualifikationen* (z.B. Kenntnisse in der Elektronischen Datenverarbeitung oder die Beherrschung von Fremdsprachen) ihre Berufsaussichten entscheidend zu verbessern. Mit solchen Maßnahmen ist prinzipiell kein Verlust der beruflichen Identität verbunden, es sei denn, diese zusätzlichen Qualifikationen führen zu einem verstärkten beruflichen Einsatz in fachfremden Tätigkeitsfeldern. Bei anderen Absolventen, für die auch langfristig kein ausbildungs- bzw. studienadäquater beruflicher Verbleib in Sicht ist, sind *Fortbildungs- oder Umschulungsmaßnahmen* eine denkbare Lösung. Sie gehen einher mit der Vermittlung völlig neuer Fachqualifikationen, und in den meisten Fällen werden die »ursprünglichen« fachlich-inhaltlichen Qualifikationen auf Dauer überflüssig. Lediglich auf die sogenannten überfachlichen Schlüsselqualifikationen kann zurückgegriffen werden (vgl. für das Beispiel von Lehramtsabsolventen und Lehrern: WEISS/FALK, 1985, S. 50 ff.). Solche Qualifikationen sind es dann auch, auf die besonders verwiesen wird, wenn Absolventen der auf öffentliche Dienstleistungen orientierten Studiengänge in die Privatwirtschaft vermittelt werden.[58] Im Rahmen solcher Maßnahmen wird nur selten problematisiert, daß es sich bei den fortbildungs- und umschulungsbedürftigen Gruppen gerade um solche Absolventen handelt, bei denen die berufliche Orientierung und die fachliche Identität besonders groß sind. Die häufig überdurchschnittlich langen Ausbildungszeiten von z.B. Lehrern (einschließlich des Referendariats) oder Sozialarbeitern/-pädagogen (mit Berufsanerkennungsjahr oder Praktikum) bewirken eine nachhaltige Identifizierung mit den Inhalten und den erwarteten Tätigkeiten und ein hohes Maß an z.B. sozialem und pädagogischem Engagement für den Beruf. *Der lange Ausbildungsweg mit dem klaren Berufsziel ... scheint sinnlos gewesen zu sein, wenn am Ende der Ausbildung sozusagen die Umschulung steht, die selbst auch mit großen Unwägbarkeiten verbunden ist* (MINKS/REISSERT, 1985, S. 614).

Ein *Zusatzstudium* scheint in dieser Hinsicht eine bessere Alternative zu sein, da hier einerseits eine größere Wahlfreiheit darüber besteht, welchen fachlichen Interessen man nachgegehen möchte, und andererseits der bisherige Status des Studenten mit seinen finanziellen und sozialen Vorteilen gewahrt werden kann. Auch das soziale Netzwerk bleibt zunächst bestehen. Tatsächlich ziehen viele Studierende *vor Abschluß ihres Studiums* einen Verbleib am Hochschulort auch ins Kalkül (vgl. RAMM/BARGEL, 1995, S. 174). Aus Arbeitsmarktgesichtspunkten wird von einem solchen Vorgehen häufig abgeraten. Ein weiteres Studium schreckt potentielle Arbeitgeber eher ab, weil eine noch stärkere »Verkopfung« und Praxisferne der Absolventen befürchtet wird. Ein Zweit- oder Aufbaustudium in einem fachlich dem Erststudium affinen Bereich ist möglicherweise rascher abzuschließen, eröffnet aber in der Regel keine grundsätzlich besseren Beschäftigungsaussichten. In ei-

[58] In der Broschüre der Arbeitsgruppe STUDENT UND ARBEITSMARKT von der Universität München werden Personalleiter aus Betrieben der Privatwirtschaft auf für Arbeitgeber interessante Schlüsselqualifikationen von Geistes- und Sozialwissenschaftlern hingewiesen. Besonders hervorgehoben werden dabei: schriftliche und mündliche Ausdrucksfähigkeit, Denken in Alternativen und jenseits der Routine, Innovationsfreudigkeit, systematisches, konzeptgeleitetes Herangehen an Aufgaben, Denken in Zusammenhängen, Selbständigkeit, Zurechtfinden in fremden Sinnzusammenhängen, Blick für die neuen Aspekte des Wirtschaftens (vgl. STUDENT UND ARBEITSMARKT, 1991, S. 12 ff.). Genau diese Aspekte sind es auch, die in jüngster Zeit von Hochschulabsolventen immer häufiger im Zusammenhang mit der Verschlankung von Unternehmen (Lean-Management) eingefordert werden. Vgl. dazu auch das gewünschte Qualifikations- und Persönlichkeitsprofil von Akademikern in Unternehmen bei FALK/WEISS, 1993, S. 23 und 25.

nem völlig neuen Studiengang konkurriert man nach Abschluß des Studiums mit den viel jüngeren Absolventen in diesen vermeintlich arbeitsmarktgünstigeren Erwerbsbereichen. Im Durchschnitt wird aber auch dort kein derartiger Mangel an qualifizierten Bewerbern zu erwarten sein, daß ein problemloser Berufseintritt gewährleistet ist. Empirische Analysen zeigen dann auch, daß *nach Abschluß des Studiums* die Möglichkeit der Weiterqualifizierung als vollzeitige Tätigkeit von den Absolventen nur selten wahrgenommen wird (vgl. SCHOMBURG, 1990a, S. 26, S. 28 und S. 41 ff.; REISSERT/MARCISZEWSKI, 1987, S. 81). Wenn doch der Weg eines Zweit- oder Zusatzstudiums einschlagen wird, sind die Gründe für ein weiteres Studium dann auch nicht in erster Linie arbeitsmarktorientiert. Dies gilt sogar für Absolventen, die ursprünglich ein (Erst-)Fach studiert hatten, bei denen sie damit rechnen mußten, nach Studienende mit Beschäftigungsproblemen konfrontiert zu werden (vgl. SCHOMBURG, 1990a, S. 41 ff.).

Als eine äußerste Form beruflicher Flexibilität ist der Verbleib im *Alternativ- oder Schattensektor* zu bezeichnen. Diese »Alternativ«-Unternehmen sind nicht nur aufgrund einer wirtschaftlichen Gewinnorientierung und Umsatzmaximierung entstanden: Die Unternehmensgründer und (wenigen) abhängig Beschäftigten wollen insbesondere selbstbestimmt arbeiten und sich dabei gesellschaftlich und sozial engagieren; ihnen geht es darum, ihre spezifischen Interessen zu verwirklichen (vgl. RABES, 1984, S. 171 f.; GROTTIAN u.a., 1985, S. 650). In aller Regel ist mit einer Tätigkeit in diesem Bereich ein Absenken der fachlichen und finanziellen Ansprüche verbunden, da die Beschäftigungen selten ausbildungsadäquat und zudem finanziell nicht ertragreich sind. Sie bietet den Absolventen aber zumindest ein selbstbestimmtes und interessengeleitetes Arbeiten, mit dem er sich leichter identifizieren kann als mit einer Weiterbildungsmaßnahme z.B. zum EDV-Lehrer. Zudem ist der Kundenkreis solcher Alternativ-Unternehmen häufig wiederum im studentischen Milieu zu finden (Bio-Läden, EDV-Beratung und Verkauf, Copy-Shops, Buchhandlungen, Szene-Kneipen usw.), so daß in der Regel die lokalen und sozialen Kontakte größtenteils intakt bleiben.

Eine zusammenfassende Betrachtung dieser denkbaren Handlungsstrategien und Anpassungsleistungen wirft nun die Frage auf, in welcher Weise Hochschulabsolventen, die den Übergang vom Bildungs- in das Beschäftigungssystem realisieren wollen, diese denkbaren Handlungsalternativen einsetzen. Daß dies von den individuellen Studienvoraussetzungen und den Arbeitsmarktbedingungen abhängt, ist unmittelbar einsichtig. Auch konnte in empirischen Studien gezeigt werden, daß regionale Mobilität und berufliche Flexibilität selten gleichzeitig auftreten (vgl. ROLFES/WENZEL, 1990, S. 347; WENZEL, 1989, S. 83 ff.). Generell kann gefolgert werden, daß mit dem Ausmaß der Arbeitsmarktschwierigkeiten auch die Anpassungsleistungen und Handlungsstrategien zunehmen werden, die darauf zielen, diese Beschäftigungsprobleme aus dem Weg zu räumen. *Stoßen die Absolventen auf Schwierigkeiten, versuchen sie abgestuft und der tatsächlichen Arbeitsmarktlage entsprechend zu reagieren, immer in der Hoffnung doch noch den Berufswunsch verwirklichen zu können* (MINKS/REISSERT, 1985, S. 617). Wie eine solche Abstufung aussieht und auf welche Ansprüche und Vorlieben gegebenenfalls zuerst verzichtet wird, kann noch nicht abschließend beantwortet werden. Die bisherigen theoretischen Vorüberlegungen erwecken dabei den Anschein, daß der Zusammenhang zwischen regionaler Mobilität und beruflicher Flexibilität eine entscheidende Rolle spielen könnte.

2.3 *Berufliche Flexibilität als Antwort auf Diskrepanzen auf dem Akademikerarbeitsmarkt*

Nachdem zu Beginn dieses Kapitels ausführlich auf das Phänomen der regionalen Mobilität eingegangen worden ist, soll an dieser Stelle der facettenreiche Begriff der beruflichen Flexibilität noch etwas umfassender als bisher theoretisch aufgearbeitet werden. Dadurch soll deutlicher werden, welche unterschiedlichen Bedeutungen sich hinter diesem Begriff verbergen und wo die jeweiligen empirischen und theoretischen Ursprünge dieser Bedeutungen liegen.

2.3.1 Flexibilitätsansatz des Instituts für Arbeitsmarkt und Berufsforschung

Am Institut für Arbeitsmarkt und Berufsforschung der Bundesanstalt für Arbeit (IAB) wurde zu Beginn der 70er Jahre der Flexibilitätsansatz entwickelt (vgl. MERTENS, 1973 und 1974). Der Ansatz geht von der Annahme aus, daß sich die Angebots- und Nachfrageseite des Arbeitsmarktes *nicht* so gegenüberstehen, als ob es sich um eine Vielzahl von unterschiedlichen Teilarbeitsmärkten handelt, in denen die einzelnen Berufskategorien und Arbeitsplatzanforderungen nicht substituierbar sind (vgl. MERTENS, 1973, S. 314 f.). Vielmehr wird von umfangreichen Flexibilitäts- bzw. Substitutionsprozessen ausgegangen, die auch facharbeitsmarktübergreifende Ungleichgewichte verhindern oder zumindest relativieren. Dabei wird berufliche Flexibilität als Eigenschaft von Arbeitskräften *und* Arbeitsplätzen bezeichnet, *welche es ermöglicht, daß Marktpartner auf andere Märkte ausweichen, wenn sie auf ihrem primären Markt nicht zum Zuge kommen* (MERTENS, 1973, S. 315). Es sei an dieser Stelle darauf hingewiesen, daß Flexibilität nicht nur von Arbeitskräften, sondern auch von Arbeitsplätzen erwartet wird! Entsprechend beinhaltet der Begriff der beruflichen Flexibilität zwei unterschiedliche Flexibilitätsformen (nach KAISER, 1985, S. 87):

- die *berufliche Mobilität*, als die Bewegung eines Individuums zwischen verschiedenen Positionen, und
- die *berufliche Substitution*, mit der die Austauschbarkeit von Arbeitnehmern im Hinblick auf berufliche Positionen bezeichnet wird.[59]

Hochschulabsolventen können also, folgt man dem Flexibilitätsansatz, auch in solchen Tätigkeitsfeldern beschäftigt werden, die nicht in jeder Hinsicht ihren erworbenen fachlichen Qualifikationen entsprechen. Sie müssen dazu aber zusätzliche Kenntnisse und Fertigkeiten erlernen und auf die berufliche Verwendung eines mehr oder weniger großen Teils ihrer ursprünglichen Fachqualifikationen verzichten. Letztendlich auf diesen Flexibilitätsansatz setzen damit die zahlreichen Umschulungs- und Weiterbildungsmaßnahmen für Erziehungs-, Geistes- und Sozialwissenschaftler, die diesen eine Beschäftigungsperspektive in Unternehmen der freien Wirtschaft eröffnen sollen.

Demgegenüber besteht aber auch auf der Arbeitgeberseite die Möglichkeit, potentielle Arbeitsplätze für Hochqualifizierte so zu verändern bzw. neue Arbeitsplätze zu schaffen, daß Hochschulabsolventen entsprechend ihrem Qualifikationsprofil dort tätig werden können. Im Rahmen der empirischen Studien zum Absorptionsansatz wurde gezeigt, *daß hochqualifizierte Arbeitskräfte in Beschäftigungsverhältnisse eindringen, für die in diesem*

[59] Vgl. in diesem Zusammenhang auch die Weiterführung des Flexibilitätsansatzes auf die makroökonomische Ebene bei SCHETTKAT (1992, S. 25).

Umfang bis dahin kein Bedarf gesehen worden ist, also eine Bedarfsschaffung durch das Angebot zustande kommt (KLOSE, 1987, S. 50 f.).[60]

Daß in großem Maße berufliche Flexibilitätsvorgänge stattfinden, läßt sich durch das Konzept der Schlüsselqualifikationen erklären, das dem Flexibiltätsansatz zuzuordnen ist. Die rasche Entwertung des erlernten Wissens und das damit zusammenhängende ständige Neulernen sowie die rasante technische und gesellschaftliche Entwicklung lassen die Anforderungen an die Arbeitskräfte ständig steigen und sich ständig wandeln (vgl. BUNK u.a., 1991, S. 365). Damit eine berufliche Weiterbildung und ein ständiges Neulernen leistbar bleiben, müssen also Qualifikationen (z.B. methodische Fertigkeiten und Lernfähigkeiten) vermittelt werden, die die Beschäftigten in die Lage versetzen, zukünftigen Anforderungen gerecht zu werden und sich diesen immer wieder anzupassen. *Es geht also um Bildungselemente, die im Bildungsprozeß selbst eine aufschließende und vermittelnde Rolle spielen* (BUNK u.a., 1991, S. 366). *Schlüsselqualifikationen sind demnach solche Kenntnisse, Fähigkeiten und Fertigkeiten, welche ... (a) die Eignung für eine große Zahl von Positionen und Funktionen als alternative Optionen zum gleichen Zeitpunkt und (b) die Eignung für die Bewältigung einer Sequenz von (meist unvorhersehbaren) Änderungen von Anforderungen im Laufe des Lebens (erbringen)* (MERTENS, 1974, S. 40). Genau diese Schlüsselqualifikationen sind es, die Akademiker dazu befähigen, auch nicht-ausbildungsadäquaten Berufstätigkeiten nachzugehen. In neuerer Zeit werden diese Qualifikationen im Rahmen des Lean-Management gerade von Hochschulabsolventen gefordert. In Unternehmen soll nicht mehr der auf sein enges Betätigungsfeld begrenzte Spezialist eingesetzt werden. Studienziel soll ein Generalist sein, der diese Schlüsselqualifikationen besitzt und damit über fachliche, methodische und soziale Kompetenzen verfügt (vgl. FUCHS, 1994, S. 21).

Gerade in Zeiten mit hoher Akademikerarbeitslosigkeit lastet auf den Hochschulabsolventen ein hoher Flexibilitätsdruck, der sie gewissermaßen zu erzwungener Flexibilität veranlaßt. Dies ist auch ein wesentlicher Kritikpunkt am Flexibilitätsansatz. Obwohl der IAB-Ansatz zwar ausdrücklich auf die Möglichkeit der beruflichen Substitution auf Arbeitgeberseite hinweist, stehen insbesondere die arbeitssuchenden Hochschulabsolventen im Zwang, berufliche Mobilität zu zeigen. Das Problem der wachsenden Arbeitslosigkeit wird so tendenziell individualisiert, auch wenn dies nicht die Absicht der Flexibilitätsforscher war (vgl. KLOSE, 1987, S. 107 f.). Genau in dieser Bedeutung wird er üblicherweise von z.B. Personalleitern, Arbeitsmarktpolitikern und auch unreflektiert von Bildungsforschern verwendet (vgl. RAMM/BARGEL, 1995, S. 168 ff.). Ein zweiter Kritikpunkt stellt die Nutzbarkeit der beruflichen Flexibiltätsspielräume in Frage. So sind möglicherweise die Teilarbeitsmärkte durch qualifikatorische Anforderungen und berufsständische Auffassungen oder Vorurteile doch stärker segmentiert, als es der Flexibilitätsansatz suggeriert (vgl. KLOSE, 1987, S. 108). Die generellen Vorbehalte von Unternehmen der Privatwirtschaft gegenüber Lehramtsabsolventen oder Geistes- und Sozialwissenschaftlern unterstützen diese Kritik.

---

[60] In diesem Punkt präzisiert der Flexibilitätsansatz den sog. Absorptionsansatz. Dieser nimmt zunächst nur eine hohe Elastizität des Beschäftigungssystem an, wodurch auch scheinbar überflüssige und nicht-bedarfsgerechte Qualifikationen absorbiert würden. Der Flexibilitätsansatz spezifiziert, wie diese Absorptionsprozesse ablaufen könnten, z.B. durch berufliche Substitutionsprozesse. Es wird aber auch im Rahmen des Absorptionsansatzes auf eine Entspezialisierung der Ausbildung hingewiesen und die wachsende Bedeutung sozialer Qualifikationen in den Vordergrund gestellt (vgl. KLOSE, 1987, S. 48 ff.). Bereits dies ist als Grundstein für Flexibilitätsprozesse anzusehen.

2.3.2 Regionale Mobilität und berufliche Flexibilität

Im Flexibilitätsansatz des IAB spielt regionale Mobiltät keine gesonderte Rolle. Wanderungsvorgänge und Umzüge mögen zwar im Rahmen der ablaufenden Flexibilitätsprozesse auftreten, beispielsweise wenn es zu Arbeitsplatzwechseln kommt, sie werden aber nicht gesondert thematisiert. Ihr Verhältnis zur beruflichen Flexibilität bzw. ihre Bedeutung innerhalb des Flexibilitätsprozesses wird nicht zur Sprache gebracht. Dabei wurde in vorangegangenen Abschnitten deutlich gemacht, daß von Hochschulabsolventen berufliche Flexibilität und regionale Mobilität als zwei unterschiedliche Strategien bzw. Anpassungsleistungen an defizitäre Arbeitsmarktbedingungen aufgefaßt werden müssen.

Diesem Anspruch versuchen die Arbeiten von ROLFES und WENZEL (ROLFES/WENZEL, 1990, S. 365 ff.; WENZEL u.a., 1990, S. 136 ff.; WENZEL, 1989, S, 86 ff.) gerecht zu werden. Hier wird sowohl die berufliche Flexibilitäts*bereitschaft* als auch die regionale Mobilitäts*bereitschaft* von Absolventen westniedersächsischer Fachhochschulen und Universität anhand von Indikatoren untersucht und das Verhältnis dieser beiden Größen zueinander zu bestimmen versucht. Sie kommen dabei zunächst zu dem Ergebnis, daß die beiden Handlungsbereitschaften nicht parallel gezeigt werden, sondern ihr potentieller Einsatz unterschiedlich bewertet wird (vgl. WENZEL u.a., 1990, S. 138 ff.). Regionale Mobilitätsbereitschaft ist danach nicht, wie im Sinne des Flexibilitätsansatzes, eine einfache Unterkategorie der beruflichen Flexibilität, sondern zunächst einmal unabhängig davon zu sehen.[61] In einer weiteren Studie wurde der Beziehungszusammenhang von regionaler Mobilitätsbereitschaft und beruflicher Flexibilitätsbereitschaft genauer untersucht und beschrieben. Es zeigte sich, daß in Abhängigkeit vom studierten Fach ein gegenläufiger Zusammenhang zwischen beiden Indikatorvariablen beobachtet werden konnte. *Je geringer die berufliche Flexibilität in einer bestimmten Fachgruppe ausfällt, desto größer ist die räumliche Mobilitätsbereitschaft* (ROLFES/WENZEL, 1990, S. 374 ff.). Für weitere Untersuchungen zu diesem Themenkomplex ist es also notwendig, die berufliche Flexibilität und die regionale Mobilität unabhängig voneinander zu analysieren. Im empirischen Teil dieser Arbeit wird dieser Zusammenhang noch eingehender untersucht und weiter ausgebaut.

Diese Ergebnisse von ROLFES und WENZEL erlauben allerdings keine Aussagen darüber, inwieweit die *tatsächlich realisierten* beruflichen Flexibilitäts- und regionalen Mobilitätsvorgänge unmittelbar nach Abschluß des Studiums und in den ersten Berufsjahren dann auch in einem korrelativen Verhältnis zueinander stehen. Schließlich haben die vorangegangenen Überlegungen gezeigt, daß die Zusammenhänge zwischen der Bereitschaft zu beruflicher Mobilität und der tatsächlichen Mobilität nicht eindeutig sind. Insofern ist fraglich, ob die behauptete Beziehung zwischen regionaler Mobilitätsbereitschaft und beruflicher Flexibilitätsbereitschaft auch beim Übergang in den Beruf zwischen der tatsächlichen regionalen Mobilität und der realisierten beruflichen Flexibilität nachweisbar ist.

2.3.3 Berufliche Flexibilität und soziale Mobilität

Nötig erscheint in dieser Stelle eine Klärung der Begriffe soziale Mobilität und berufliche Flexibilität. Die von den beiden Begriffen beschriebenen Kontexte lassen sich allerdings

---

[61] Vgl. in diesem Zusammenhang die Theorie von HOFMANN-NOWOTNY (Abschnitt 1.4.1 dieses Kapitels), in der regionale Mobilität nur als *eine* mögliche Reaktionsweise zum Abbau struktureller und anomischer Spannungen verstanden wird (vgl. HOFMANN-NOWOTNY, 1970, S. 37).

nicht scharf voneinander abgrenzen. Es sei denn, man faßt berufliche Flexibilität als eine notwendige Anpassungsleistung an defizitäre Arbeitsmarktstrukturen auf und soziale Mobilität, im Sinne von Aufstiegsmobilität, als einen Prozeß, der berufliches Fortkommen in positiver Weise beschreibt.

Versteht man also die berufliche Mobilität bzw. Flexibilität (ähnlich wie bei ROLFES/WENZEL) im Sinne des Flexibilitätsansatzes als eine Anpassung an (restriktive) Arbeitsmarktbedingungen, so kann auf ihn besonders bei solchen Hochschulabsolventen als Interpretationshintergrund zurückgegriffen werden, die mit Problemen bei der Stellensuche und dem langfristigen beruflichen Verbleib konfrontiert sind (Erziehungs-, Geistes- und Sozialwissenschaftler usw., s.o.). Berufliche Mobilität oder Flexibilität in diesem Sinne ist für viele Absolventen negativ besetzt: Qualifikationsbezogen ist sie tendenziell dysfunktional, eher unfreiwillig und nachvollziehend, mit zusätzlichen Kosten bzw. Verzicht verbunden usw. Es handelt sich also im allgemeinen um *»schlechte Flexibilität«* (vgl. KAISER, 1985, S. 87).

Soziale Mobilität als Aufstiegsmobilität verstanden, ist demgegenüber ein Bezeichnung für einen Prozeß des positionalen Aufstiegs sowie Statusanhebungen. Man könnte hier eher von *»guter Flexibilität«* (vgl. KAISER, 1985, S. 87) sprechen: Die Veränderung ist mit einem Aufstieg verbunden, die qualifikatorische Veränderung ist eher funktional, sie geschieht freiwillig und/oder aufrund eigener Initiative (bzw. Leistungen) und ist finanziell lohnend.

Diese Trennung ist theoretisch jedoch nur schwer haltbar, da es sich auch bei der sogenannten schlechten Flexibilität schließlich um soziale Mobilität handelt und letztendlich auch soziale Mobilität (selbst bei Hochschulabsoventen) nicht (mehr) nur Aufstiegsmobilität oder sogenannte gute Flexibilität ist. Insgesamt gesehen wird mit dem Begriff der beruflichen Flexibilität, sei es als Anpassungsleistung oder als Aufstiegsorientierung, eher auf den aktiven, prozeßhaften Charakter arbeitsmarktbezogener Handlungen und Verhaltensweisen verwiesen, während der Begriff der sozialen Mobilität tendenziell eher dazu geeignet ist, berufliche Auf- bzw. Abwärtsbewegungen zu beschreiben.

Problematisch ist die Messung sozialer Mobilität beim Übergang vom Studium in die Berufstätigkeit. Zwischen dem Status des Studenten bzw. Absolventen und dem beruflichen bzw. positionalen Status der ersten Erwerbstätigkeit kann nur schwer ein Vergleich gezogen werden, da beide Seiten (Ausbildunssystem und Beschäftigungssystem) Statusaspekte auf völlig unterschiedlichen Bewertungsgrundlagen beurteilen. Es können hier nur die allgemeinen (Status-) Erwartungen der Absolventen bezüglich ihrer ersten beruflichen Positionen mit den Qualitäten der tatsächlich realisierten Erwerbstätigkeiten in Beziehung gesetzt werden. Der Flexibilitätsansatz kann diesen Übergang besser beschreiben, da es sich bei der ersten Tätigkeit nach Studienende ja tatsächlich um einen Anpassungsprozeß an Arbeitsmarktbedingungen handelt, ob diese nun restriktiv sind oder nicht. Beobachtbare soziale Mobilitätsprozesse im Sinne von beruflichem Auf- oder Abstieg sowie Statusveränderungen finden zu diesem Zeitpunkt noch gar nicht statt. Sie werden erst dann sichtbar, wenn aus einem bestehenden Beschäftigungsverhältnis heraus die berufliche Tätigkeit oder Position gewechselt wird.

3 Zusammenfassung

Theoretische Überlegungen zur Bedeutung von regionalen Mobilitätsprozessen beim Berufseintritt von Hochschulabsolventen können sowohl in der Migrationsforschung als auch in der Berufs- bzw. Verbleibsforschung ansetzen. Während dabei allerdings in der Migrationsforschung die Wanderungsprozesse und die sie determinierenden Faktoren und Motive im Zentrum stehen, befaßt sich die Berufs-/Verbleibsforschung vornehmlich mit dem Prozeß des Berufseintritts und der beruflichen Etablierung von Hochschulabsolventen. Sie untersucht die mikro- und makrostrukturellen Bedingungen der Berufseintrittsphase (z.B. Arbeitsmarktstrukturen) sowie die Handlungsstrategien und Anpassungsleistungen von stellensuchenden Akademikern. In dieser Arbeit müssen nun diese beiden Forschungsinteressen integriert werden.

Die theoretischen Vorüberlegungen haben bereits gezeigt, daß es zwischen beiden Richtungen Überschneidungen gibt. So wurde im Abschnitt 1 dieses Kapitels gezeigt, daß die soziale Mobilität bzw. ökonomische und statusbezogene Faktoren wesentliche Motive bei der Auslösung von Wanderungsprozessen sind. Beide Prozesse, soziale und regionale Mobilität, stehen in einem engen Zusammenhang zueinander, der zudem in der Phase des beruflichen Einstiegs und der Etablierung von Hochschulabsolventen besonders stark ist. Es wurde aber auch darauf hingewiesen, daß die eigene familiäre Situation und das bestehende soziale Netzwerk auf Wanderungsprozesse, und dadurch bedingt auch auf das berufliche Fortkommen, einen sehr großen, oftmals mobilitätshemmenden Einfluß ausüben kann. Daneben wurden auch noch eine Reihe weiterer wanderungsbeeinflussender Variablen herausgearbeitet, von denen gegenwärtig insbesondere der Faktor Wohnen (Komfort und Kosten) angesichts der herrschenden Verhältnisse auf dem Wohnungsmarkt nicht unterschätzt werden darf.[62] Es kann allerdings davon ausgegangen werden, daß Akademiker in dieser Hinsicht gegenüber anderen Bevölkerungsschichten nach wie vor deutlich privilegiert sind.

Vor diesem Hintergrund muß also von einem interaktiven Entscheidungsprozeß bezüglich einer möglichen Wohnortverlagerung ausgegangen werden. Darin sind Familienmitglieder als Betroffene, Freunde und Bekannte als Berater und Informationsquellen mit einbezogen. Wanderungsentscheidungen werden nicht allein vom Initiator eines möglichen Wanderungsprozesses getroffen. Dieser Prozeß verläuft auch nicht linear, sondern eher dynamisch-prozeßhaft, mit Rückversicherungen und dem ständigen Prüfen von Alternativen. Dennoch bleiben arbeits- und berufsbedingte Präferenzen und Orientierungen besonders bei Akademikern ein entscheidender, wenn nicht sogar für die Mehrzahl der Hochschulabsolventen *der* entscheidende Faktor zur Motivierung regionaler Mobilitätsprozesse. Dies ist auch der Hauptüberschneidungspunkt zwischen der Migrationsforschung und der Berufs- bzw. Verbleibsforschung.

Beim Übergang vom Hochschul- in das Beschäftigungssystem ist regionale Mobilität nur eine denkbare Handlungsstrategie, den Berufseintritt zu realisieren bzw. sich den defizitären Arbeitsmarktbedingungen anzupassen. Hier ist zusätzlich vor allem die berufliche Flexibilität (vom Erwerb von Zusatzqualifikationen bis zur kompletten Umschulung) als weitere wichtige Anpassungsleistung zu nennen, um im Beschäftigungssystem Fuß zu fassen. Als wichtig haben sich insbesondere auch informelle Kontakte erwiesen, durch die

---

[62] Vgl. dazu die Ergebnisse von Meyrat-Schlee, 1993, S. 60 ff..

Absolventen überdurchschnittlich oft auf ausbildungsadäquate und zufriedenstellende Positionen vermittelt wurden. Regionale Mobilität muß also in der Phase des Berufseintritts und der beruflichen Etablierung nur als *ein* Faktor im Kontext anderer Bedingungsvariablen (neben beruflicher Flexibilität und finanzieller Anpassungsbereitschaft sowie Informations- und Bewerbungsaktivitäten) gesehen werden. Seine Bedeutung ist auch auf der Grundlage der bisherigen theoretischen Überlegungen nur schwer zu bestimmen.

Dabei muß auch berücksichtigt werden, daß der Übergang vom Bildungs- in das Beschäftigungssystem vor unterschiedlichen individuellen Hintergründen abläuft. Das studierte Fach, die erbrachten Leistungen, die Art der besuchten Hochschule, die Studiendauer bzw. das Alter, die familiäre und soziale Situation, Einstellungen, Orientierungen und Werthaltungen, geschlechtsspezifische Besonderheiten, berufspraktische Erfahrungen und nicht zuletzt die Arbeitsmarktbedingungen bestimmen den Verlauf des beruflichen Überganges entscheidend mit.

Sowohl in der Migrationsforschung als auch in der Berufs- bzw. Verbleibsforschung spielt die Wahrnehmung der makrostrukturellen Rahmenbedingungen bei einer Wanderungsentscheidung oder dem Berufseintritt eine wichtige Rolle. Inwieweit externe Bedingungen für die individuelle Entscheidung handlungsleitend oder verhaltensrelevant werden, hängt im wesentlichen von den individuellen Bewertungs- und Wahrnehmungsprozessen ab. Da bei Hochschulabsolventen sowohl die regionale Mobilität als auch der Übergang vom Bildungs- in das Beschäftigungssystem in hohem Maße abhängig sind von den regionalen Arbeitsmarktbedingungen (d.h. der Verfügbarkeit freier adäquater Arbeitsplätze oder zumindest einer Fluktuation auf einem bewegungsintensiven Arbeitsmarkt),[63] sind insbesondere die individuellen Wahrnehmungs- und Bewertungsprozesse bezogen auf den regionalen und fach-/ branchenspezifischen Arbeitsmarkt von Bedeutung.

Im Rahmen dieser theoretischen Vorüberlegungen wurde auch deutlich, daß, wenn man eine Migrationsentscheidung bzw. die Entscheidung über den weiteren beruflichen Verbleib für sich allein betrachtet, zwei sehr komplexe Entscheidungsprozesse ineinandergreifen. Ich gehe allerdings davon aus, daß in der Phase des Übergangs vom Bildungs- in das Beschäftigungssystem der Prozeß der Stellensuche und des Berufseintritts der übergeordnete Entscheidungsprozeß ist. Migrationsentscheidungen in sozialer und regionaler Hinsicht orientieren sich in erster Linie an den Zielen und der Verwirklichung beruflicher Vorstellungen. Die Entscheidungsabläufe in bezug auf den weiteren beruflichen Verbleib beinhalten damit implizit auch die Entscheidungsprozesse bezüglich regionaler Mobilität bzw. berücksichtigen die regionalen Rahmenbedingungen. Im Vordergrund der weiteren Untersuchungen und Fragestellungen muß daher der Vorgang der beruflichen Eingliederung von Akademikern stehen. Analysen zur Bedeutung regionaler Migrationen sind nur in Verbindung mit berufsbezogenen Zielvorstellungen sinnvoll.

[63] Vgl. dazu die Theoriekonzepte der Job-Turnover-Theorie des Instituts für Arbeitsmarkt- und Berufsforschung in Nürnberg, die den tatsächlichen Stellenumschlag mißt, der aus den teilweise geringfügigen Veränderungen der Gesamtbeschäftigung kaum hervorgeht (vgl. CRAMER, 1990, S. 1 ff.; DERENBACH, 1990; S. 7 ff.).

III Handlungstheoretisches Modell des Übergangs vom Bildungs- in das Beschäftigungssystem

1 Einige Überlegungen zu dem sozialgeographischen Orientierungsrahmen dieser Studie und zu den Möglichkeiten einer handlungstheoretischen Forschungsperspektive

Geographen (insbesondere Sozialgeographen) werden weitaus häufiger als Wissenschaftler anderer Disziplinen danach gefragt, ob denn das, was sie da treiben, überhaupt noch mit »ihrer« Wissenschaften (der Geographie) vereinbar sei bzw. dazugehöre. In der Regel muß der auf diese Weise Angesprochene dann nur auf einen mehr oder weniger deutlichen regionalen oder räumlichen Aspekt verweisen, was sich bei weniger hartnäckigen Fragern als ausreichend erweist, um das spezifisch Geographische einer Studie zu verdeutlichen.[64] Schwieriger wird es dann bereits, wenn sich das »Räumliche« oder »Regionale« einer (vermeintlich) sozialgeographischen Fragestellung bei näherer Analyse für die Klärung der Forschungsfrage als ziemlich irrelevant herausstellt und die eigentlich grundlegenden und interessanten Fragestellungen soziale Phänomene und soziale Prozesse betreffen.[65] Geographen beschäftigen sich dann aus regionaler Sicht mit sozialen Phänomenen. In der Sozialgeographie und der Soziologie sind damit starke Konvergenzen zu verzeichnen (vgl. zum Beispiel in der Mobilitätsforschung; FRANZ, 1984, S. 13 f.). Wenn aber die räumlichen Aspekte sozialer Phänomene und Prozesse eher unwesentlich sind, weil sie kaum etwas zu deren Verständnis beitragen, welche Rolle kann dann eine Sozialgeographie überhaupt spielen? Genau diese Probelmatik soll im ersten Abschnitt diese Kapitels eingehender behandelt werden. Darauf aufbauend wird sich zeigen, inwieweit es eine spezifisch geographische Relevanz bei Untersuchungen zur regionalen Mobilität von Hochschulabsolventen geben kann.

1.1 Der »Raum« in der Sozialgeographie

Daß die Wissenschaft Geographie etwas mit Raum zu tun hat, darüber bestand lange Zeit in der fachinternen Diskussion, aber auch im vorwissenschaftlichen Verständnis ein völlig problemfreier Konsens. Seit einiger Zeit wird diese fast selbstverständliche Kompetenz- und Objektzuschreibung aber zunehmend suspekt. Der Raum beginnt den Geographen im Gefolge kritischer innerfachlicher Diskussionen gleichsam unter den Händen zu zerfließen. (WEICHHART, 1993, S. 225). Mit dieser etwas wehmütigen Feststellung beginnt WEICHHART eine Abhandlung über die Raumbegriffe in der Geographie und anderen, ins-

---

64 So wurde ich insbesondere von Soziologen immer wieder gefragt, was denn das typisch Geographische an meiner Untersuchung sei. Es kehrte dann immer eine leichte Beruhigung ein, wenn ich darauf verwies, daß es in erster Linie um regionale Mobilität gehen sollte.

65 »Hartnäckige« Soziologen sehen in Untersuchungen zur regionalen Mobilität von Hochschulabsolventen beim Übertritt in das Beschäftigungssystem keine ausgesprochen geographischen Aspekte. Für sie ist die regionale Mobilität nur eine (eher unwichtige) Variable von vielen, die beim beruflichen Übergang eine Rolle spielen können.

besondere sozialwissenschaftlichen Disziplinen. Das »Zerfließen« des Raumbegriffes schmerzt ihn offenbar um so mehr, weil er glaubt, in anderen sozialwissenschaftlichen Disziplinen würde der physisch-materielle Raum als fundamentale Kategorie des Sozialen und der Kultur wiederentdeckt (vgl. WEICHHART, 1993, S. 226 ff.).[66] Diese scheinbare Dramatik, der Verlust des identitätsstiftenden Raumes im Fach Geographie auf der einen und das »Wildern« von Wissenschaftlern fremder Disziplinen im Raum-»Revier« bzw. mit dem Begriff »Raum« auf der anderen Seite, kann allerdings m. E. mit Gelassenheit entgegengesehen werden. Einerseits hat die Geographie den Raumbegriff nicht »verloren«, sondern sein Stellenwert innerhalb der Disziplin hat sich verschoben, und andererseits »entdecken« die Wissenschaftler anderer sozialwissenschaftlicher Disziplinen den Raum genau in dieser Rolle als abhängige Variable.

Die Sozialgeographie sollte Räume *als ein spezifisches soziales Konstrukt, nicht als ein physisches Phänomen (oder eine Struktur der physischen Welt)* auffassen (HARD, 1986, S. 82). Diese Aussage macht deutlich, daß in sozialgeographischen Arbeiten nicht die erdräumliche Dimension eine leitende und dominante Funktion übernehmen sollte, sondern daß die Sozialgeographie ihren Blick immer zuerst auf die soziale Welt richten muß (vgl. HARD, 1986, S. 79). Erst aus dieser Perspektive kann sie Aussagen über räumliche und regionale Verhältnisse in dieser sozialen Welt machen. Räumliche Ebenen oder Strukturen sind immer nur Folgen und Konsequenzen sozialer (und physischer) Prozesse. *Damit »räumliche Information« überhaupt etwas Sinnvolles aussagt, muß man sie durchweg erst einmal sehr reichlich mit »unräumlicher Information« anreichern, und wenn man diese Anreicherung bis zu einem befriedigenden Niveau vorangetrieben hat, ist die »räumliche Information« meistens überflüssig geworden* (HARD, 1986, S. 78).[67] Die Tatsache allein, daß ein Forschungsgegenstand der sozialen Welt bestimmte räumliche oder regionale Komponenten und Bezugspunkte hat, stellt noch keine tragfähige Basis für eine sinnvolle und relevante Analyse dieses Gegenstandes dar. Eine geographische Herangehensweise an die Komplexität der sozialen Welt mit dem Selektionsprinzip »Raum« reduziert diese Komplexität in den meisten Fällen auf etwas »Räumliches« (vgl. HARD, 1986, S. 78; vgl. auch LUHMANN, 1967, S. 619 ff). Gesellschaftliches kann aber nur durch Gesellschaftliches erklärt werden, auch wenn es dabei auf andere Teilsysteme (z.B. den Raum) bezogen bzw. reduziert ist. Sozialgeographische Untersuchungen, die den Raumbegriff als Ausgangspunkt wählen, sind nicht oder nur begrenzt in der Lage, die Ereignisse der sozialen Welt angemessen zu erklären. Bei der Untersuchung von Phänomenen der sozialen Welt sind sozialwissenschaftliche Methoden und Ansätze geeigneter, um diese Phänomene zu beschreiben und zu erklären, als eine Annäherung über den »Raum« (vgl. dazu HARD, 1986, S. 77 f. und WERLEN, 1986, S. 73 f.). Der »Raum« geht also den Geographen keinesfalls verloren, er erscheint nur in einer anderen Dimension. Der Raum kann (sinnvoll) nicht

[66] Ähnlich erging es in jüngster Zeit auch POHL (1993, S. 255 ff.). Er plädierte für eine Ausweitung und Reformierung geographischer Konzepte (vgl. POHL, 1993, S. 265) und kann sich die Disziplin (Geographie) ohne Gegenstand (Raum) nicht vorstellen (vgl. POHL, 1993, S. 259).

[67] Ein Beispiel, das diese Feststellung belegt, findet man übrigens bei MEUSBURGER (1976, S. 30): *Es hat sich gezeigt, daß gerade die Korrelation zwischen der Bildungsbeteiligung der Kinder und der abgeschlossenen Schulbildung beider Elternteile außerordentlich eng ist und einen Großteil der Ursachen für die regionalen Unterschiede des Bildungsverhaltens erklärt.* Das Bildungverhalten hat sich zwar räumlich niedergeschlagen, der »Raum« selbst ist aber als Erklärungsgröße völlig nebensächlich. Es sind vielmehr die nicht-geographischen Informationen, die einen erheblichen Erklärungswert für die räumliche Ausdifferenzierung der sozialen Phänomene haben.

als erklärende Größe bzw. unabhängige Variable analysiert werden, sondern nur als zu erklärende Größe bzw. abhängige Variable (vgl. HARD, 1989, S. 2 f.). Selbstverständlich weisen soziale Phänomene und Prozesse eine räumliche Dimension auf bzw. differenzieren sich räumlich aus. Dies wird bereits in der Konzeption der Münchener Sozialgeographie auf diese Weise gesehen, wenn von der Landschaft als Prozeßfeld oder der *Landschaft als Registrierplatte sozialgeographischer Vorgänge* (RUPPERT/SCHAFFER, 1969, S. 236) die Rede ist. Im Rahmen der »Geographie als Spurenlesen« werden die Landschaft, der Raum bzw. Gegenstände oder Strukturen der physischen Welt als Artefakte oder Spuren betrachtet (vgl. HARD, 1989, S. 4). Die »Spuren« (auch der sozialen Welt) werden in ihrer (sozialen) Bedeutung interpretiert (*... sei es für die, die sie absichtlich oder unabsichtlich hergestellt haben, die sie späterhin nutzen oder umnutzen, überarbeiten oder wegarbeiten.* HARD, 1989, S. 4). Mit dieser Perspektive vom Raum als abhängiger Variable bzw. mit diesen räumlichen Mustern, in denen sich einige soziale Phänomene niederschlagen, geht m. E. auch das »Räumeln« (vgl. WEICHHART, 1993, S. 227) anderer sozialwissenschaftlicher Disziplinen konform. Ein gutes Beispiel dafür ist der von WEICHHART ins Spiel gebrachte Begriff der »Ortsorientiertheit« bzw. »Ortsloyalität« von MATTHEIER, den dieser im Zusammenhang mit der Analyse des Einflusses zentraler gesellschaftlicher Veränderungsprozesse auf den Dialektgebrauch einführt (vgl. MATTHEIER, 1980, S. 140 ff.). In seiner dialektsoziologischen Studie ging es MATTHEIER in erster Linie darum, Ursachen für den regional unterschiedlichen Gebrauch von Dialekt und Standardsprache zu untersuchen. Dabei war Ortsloyalität nur *eine* mögliche erklärende Variable für einen differierenden Standardsprachen- bzw. Dialektgebrauch neben dem Urbanisierungsgrad einer Region, ihrer historischen Entwicklung, dem Ausmaß und der Bedeutung öffentlicher Sprachsituationen und der Sprachlagenstruktur (vgl. MATTHEIER, 1980, S. 165). Ortsloyalität ist in diesem Zusammenhang kein räumliches Attribut (vgl. WEICHHART, 1993, S. 237), welches das Verhältnis von Dialekt und Standardsprache erklärt. Es ist vielmehr ein soziales Phänomen, hinter dem sich ein mehr oder weniger starkes Zusammengehörigkeitsgefühl, z.B. aufgrund gemeinsam durchlebter Problemsituationen, verbirgt oder das eng mit dem unterschiedlichen Grad der Durchsetzung von Urbanisierungs- und Industrialisierungsprozessen im ländlichen Raum zusammenhängt (vgl. MATTHEIER, 1980, S. 165). In jedem Fall ist Ortsloyalität in diesem Zusammenhang ein spezifisch soziales Konstrukt, daß in seiner räumlichen Verteilung mit der räumlichen Verteilung des Ausmaßes des Dialektgebrauchs korreliert. Diese Parallele zwischen »Räumlichem« und »Sozialem« ist insbesondere in traditionellen Gesellschaften wenig überraschend: *Die relative Gleichförmigkeit von Gesellschaften und Kulturen über längere Zeit hinweg, die enge Kammerung der Aktionsreichweiten der meisten Gesellschaftsmitglieder, die körperliche Anwesenheit als notwendige Kommunikationsbedingung sowie die raum-zeitliche Einheit der Handlungsorientierungen legten dies nahe.* (WERLEN, 1993, S. 243). Die räumliche Darstellung von sozialen (oder wie in diesem Fall sprachlichen) Phänomenen erscheint daher durchaus plausibel. Eine kausale Wirkung von raumbezogenen Merkmalen auf soziale Variablen zu behaupten, ist allerdings nicht zulässig. Hier wird der Raum wieder zum Explanans. In dieser Bedeutung als Erklärungshintergrund geht er den Sozialgeographen in der Tat verloren. Entsprechend muß sich auch eine sozialgeographische Untersuchung regionaler Aspekte beim Berufseintritt von Hochschulabsolventen interdisziplinär, d.h. sozialwissenschaftlich orientieren, wie dies auch in Kapitel II dieser Arbeit aufgezeigt worden ist. Ökonomische, soziologische und z.T. sozialpsychologische Theorien und Forschungsansätze haben für die Bearbeitung dieses Themas bedeutend größere Fortschritte gebracht als sozialgeographische Untersuchungen, die vom Raum als erklärende Variable ausgegangen sind.

Es wird in dieser Untersuchung schwerpunktmäßig um regionale Mobilität bzw. Mobilitätsbereitschaft gehen – also um Prozesse und Vorgänge in der sozialen Welt, die »raumwirksam« sind, d.h. messbare und/oder wahrnehmbare Konsequenzen auf der Ebene der Raumeinheiten, d.h. auf der Ebene aggregierter, makrostruktureller Daten haben.[68] Z.B. können sich durch regional unterschiedliche Mobilitätsprozesse für die Entleerungs- oder Verdichtungsräume sichtbare und nicht-sichtbare sowie messbare und nicht-messbare Folgen ergeben, die wiederum neue Wanderungsvorgänge bewirken können. Nicht der Raum oder die Region an sich sind es, die Mobilitätsprozesse auslösen, sondern bestimmte Konstellationen der sozialen (und physischen) Welt (z.B. fehlende oder inadäquate Arbeitsplätze, geringes Lohnniveau, unbefriedigende Lebensqualität). Diese Größen sind natürlich regional fixierbar, aber eben sie sind erklärende Variablen bei Mobilitätsvorgängen und nicht die Region oder der Raum. In der vorliegenden Arbeit geht es allerdings nur am Rande um die (sich regional ausdifferenzierenden) Folgen und Konsequenzen von Handlungen und Verhaltensweisen in der sozialen Welt (z.B. die ökonomischen oder sozialen Folgen für Entleerungs- oder Verdichtungsräume). Es geht darum, die Verhaltens- und Handlungsdispositionen der Individuen bzw. die realisierten Handlungsakte selbst zu analysieren. Bereits die Intentionen von Handlungen (z.B. in Form von gegenüber Dritten geäußerten Zielvorstellungen), die anvisierten Mittel- und Zwecksetzungen und schließlich die endgültigen Ausführungen von Handlungen ziehen reale Konsequenzen und Wirkungen für Räume und Regionen nach sich. Erst durch die Analyse und das Verstehen der Handlungen einzelner Akteure können Migrationsströme als kollektive Phänomene erklärt und nachvollzogen werden (vgl. dazu ESSER, 1993, S. 93). Untersucht werden beispielsweise die räumlichen Mobilitätsbereitschaften und realen Mobilitätsentscheidungen von Absolventen westniedersächsischer Hochschulen. Diese führen in ihrer Konsequenz zu einer bildungsselektiven Abwanderung aus dem westlichen Niedersachsen mit entsprechenden Folgen für das Qualifikationsniveau der erwerbsfähigen Bevölkerung, das sich wiederum auf die Arbeitsplatz- und Qualifikationsstruktur der regionalen Gewerbe- und Industriebetriebe auswirkt (z.B. eher ausführende als organisierende Tätigkeiten).

In der Tat hat aber auch eine traditionelle Sozialgeographie, mit ihrer Fixierung auf räumliche oder raumwissenschaftliche Aspekte, nur wenige Methoden und Anknüpfungspunkte zu bieten, um diese Thematik ergiebig zu bearbeiten. Die Theoriebildungen und auch die Untersuchungen finden meistens auf der makrostrukturellen Ebene statt: Es geht beispielsweise um Wanderungsströme zwischen Regionen und die Konsequenzen für die Herkunfts- und Zielgebiete oder um regionale Qualifikationsniveaus und deren ökonomische Folgen. Ergebnis solcher Studien sind dann meist Beschreibungen regionaler, qualifikationsbezogener Disparitäten, die dann regionale Mobilitätsströme zur Folge haben können. Inwieweit individuelle Entscheidungen und Handlungsweisen tatsächlich von diesen Rahmenbedingungen beeinflußt und gesteuert werden, wird nicht weiter analysiert. Es werden allenfalls Annahmen darüber angestellt, wie solche externen Rahmenbedingungen

[68] POHL fragt in seinem Aufsatz nach dem geographischen Aspekt bei der Erforschung von Migrationen (vgl. POHL, 1993, S. 257). Diese Ausführungen bezeichnen m.E. den geographischen Aspekt, nach dem POHL sucht.

das Entscheidungsverhalten von Personen beeinflußen könnten. Außerhalb der Geographie findet man entsprechende makrostrukturelle Ansätze und Theorien zum Beispiel in den Wirtschaftswissenschaften. Hier wird ein homo oeconomicus vorausgesetzt; d.h. individuelles Entscheidungsverhalten wird als grundsätzlich rational und damit vorhersehbar betrachtet. Das Verhalten orientiert sich demnach primär an den durch aggregierte bzw. ökologische Daten beschreibbaren Rahmenbedingungen. Diese stehen dann auch im Mittelpunkt der Theorien und Analysen.

Nötig ist also ein neuer Entwurf der Sozialgeographie, der sich stärker interdisziplinär orientiert und aus der interdisziplinären Sicht nach den regionalen oder geographischen Ausformungen und Aspekten der Prozesse in der sozialen Welt fragt. Der »Raum« als Abgrenzungskriterium (vgl. J. HEINEN, 1982, S. 17) reicht dazu nicht aus. Eine Sozialgeographie, die mit traditionellen Methoden und Ansätzen (raumwissenschaftlich-chorologisch oder verhaltenstheoretisch) operiert, ist nicht in der Lage, eine relevante und angemessene Erforschung der Phänomene und Probleme der Gesellschaft bzw. der sozialen Welt zu betreiben (vgl. dazu WEICHHART, 1986, S. 84 und WERLEN, 1986, S. 67 f.). Wenn die Sozialgeographie den Anspruch hat, eine interdisziplinär anerkannte Gesellschaftsanalyse zu realisieren, dann muß sie sich auch interdisziplinär gültiger Methoden und Ansätze bedienen. Vor dem Hintergrund dieser (z.B. aus der Soziologie entlehnten) Theorien können dann räumliche Verteilungen oder »Spuren« interpretiert und erklärt werden.

1.2 Überlegungen zu den Grundlagen eines handlungstheoretischen Forschungsansatzes in der Sozialgeographie

1.2.1 Was ist Handeln?

Die handlungstheoretische Perspektive versucht menschliche Aktivitäten bzw. menschliches Tun als *Handeln* bzw. *Handlung* zu erklären. M. WEBER konkretisiert den Begriff der Handlung in Richtung auf soziales Handeln. Hierunter sind Handlungen zu verstehen, die ihrem »subjektiven Sinn« (s.u.) nach auf andere Gesellschaftsmitglieder bezogen sind und sich in ihrem Ablauf an diesen (Gesellschaftsmitgliedern) orientieren (vgl. M. WEBER, 1984/1921, S. 19). Handeln unterscheidet sich vom Verhalten insbesondere durch seine *Zielgerichtetheit* und *Intentionalität* (vgl. SEDLACEK, 1982, S. 194; von WRIGHT, 1967, S. 83.). Diese Intentionalität bzw. Zielgerichtetheit des Individuums ist gewissermaßen der »Motor« der Handlung. Sie kann dabei auf ein Intentions-Objekt bezogen sein: *Man kann sich anscheinend darüber streiten, ob es in allen Fällen, wo wir etwas intentional tun, etwas gibt, was wir zu tun intendieren, ein Intentions-Objekt* (von WRIGHT, 1991, S. 88).[69] Als Handlungen, die auf ein Intentions-Objekt bezogen sind, können nur solche Handlungen bezeichnet werden, denen sich das handelnde Individuum auch bewußt ist (vgl. von

[69] Dem kann die Auffassung von ARNOLD gegenübergestellt werden: *Handeln ist immer intentional vom handelnden Subjekt auf ein Objekt bezogen; von diesem Objekt her bezieht das Handeln erst seinen Sinn, weil es sich in die Absichten und Tätigkeiten des Subjekts einordnen, integrieren läßt* (ARNOLD, 1988, S. 97). In diesem Fall ist der Begriff des Handelns offenbar nur auf solche Handlungen einschränkt, die ein definierbares Handlungsobjekt haben. Die Problematik von Quasi-Handlungen bzw. Quasi-Verhalten im Sinne habitualisierter oder gewohnheitsmäßiger Handlungen (vgl. SEDLACEK, 1982, S. 195) oder unbewußten, nicht-zielgerichteten Handlungen (vgl. WERLEN, 1988, S. 22) ist damit von vornherein ausgeblendet. Dies wäre nicht unproblematisch, da selbstverständlich auch Quasi-Handlungen bzw. Quasi-Verhalten Folgen haben, die die soziale Welt konstruieren (vgl. WERLEN, 1988, S. 22).

WRIGHT, 1991, S. 88). Das Bewußtsein zu handeln macht ein Tun erst zu einer Handlung. Hier wäre eine Grenzziehung zwischen Handeln und Quasi-Handeln bzw. Sich-Verhalten möglich: Der *Handelnde* interpretiert sein Tun, denkt über es nach und ist sich seiner Handlung bewußt.[70] M. WEBER spricht in diesem Zusammenhang von einem *subjektiven Sinn*, der eine Handlung von reaktivem Verhalten unterscheidet (vgl. M. WEBER, 1984/1921, S. 19).[71] Dieser subjektive Sinn kann möglicherweise als bewußtes Orientiertsein des handelnden Individuums auf ein Handlungsziel interpretiert werden. Nach WEBERS Auffassung sind dabei allerdings die Grenzen zwischen Handeln (sinnhaftem Verhalten) und reaktivem Verhalten fließend.

Die Aufgabe der Wissenschaft ist es, diese *Handlungen deutend zu verstehen* bzw. die Sinnzusammenhänge von Handlungen zu erfassen (vgl. M. WEBER, 1984/21, S. 19; *erklärendes Verstehen*, M. WEBER, 1984/21, S. 25 ff.). Die Handlungen können dabei entweder rational oder einfühlend nacherlebend erfaßt werden (vgl. M. WEBER, 1984/21, S. 20). In der Handlungslogik steht in vergleichbarer Weise die *Erklärung von Handlungen* im Vordergrund. Handlungen können hierbei nur teleologisch erklärt und verstanden werden, d.h. mit Blick auf ihre Zielgerichtetheit, Intention und Zweckbestimmtheit. Zwischen einer Handlung und dem Ergebnis einer Handlung besteht kein kausaler Zusammenhang im Sinne eines Ursache-Wirkung Prinzips, sondern ein logischer (von WRIGHT, 1991, S. 70). Bei beiden Perspektiven steht dabei für den Wissenschaftler im Vordergrund, die Handlung nachvollziehen zu können und zu verstehen. Vollzogene Handlungen von Individuen sollen erklärt werden: entweder durch deutendes Verstehen (vgl. M. WEBER) oder durch teleologische Erklärungen (vgl. von WRIGHT). Auch wenn die Rekonstruktion und vor allem die kritische Diskussion idealtypischer Handlungsabläufe (z.B. bei M. WEBER) eine bedeutende Rolle spielt, so steht eine Vorhersage von Handlungen nicht im Vordergrund.[72]

1.2.2 Entwurf einer handlungstheoretischen Sozialgeographie

In vielen sozialgeographischen Publikationen war in der Vergangenheit die Überlegung zu finden, Handlungen von Einzelpersonen oder Gruppen als Ausgangspunkt für die Beschreibung und Analyse gesellschaftlicher Probleme und Phänomene zu wählen oder zumindestens zu berücksichtigen (vgl. dazu WENZEL, 1982, S. 384 f.; HARD, 1973, S. 208 f.). Diese Notwendigkeit wird auch in der vorliegenden Studie deutlich. Um raumrelevantes Handeln bzw. räumliche Aktivitäten von Individuen zu erklären, sind mikrotheoretische Erklärungsansätze erforderlich, die Bezug nehmen auf die gesellschaftlich-bedingten Entscheidungsvoraussetzungen und -zwänge.

---

[70] Um in diesem Gedankenkomplex weitere, inhaltlich naheliegende Begriffe einzuordnen, sei auch auf den Zusammenhang von *Reflexivität* und *Autonomie* verwiesen. Im idealen Fall ist rationales Handeln autonom, weil es bezüglich der Ziele, Zwecke und Mittel allein durch die Überlegungen des Individuums bestimmt ist. *Autonomie des Handelns und der Person bedeutet also, daß sie tut, was sie will, weil sie weiß, was sie will.* (BRUNKHORST, 1991, S. 253 ff.). Diese Auffassung unterstellt allerdings einen nur selten verwirklichbaren Idealtypus eines weitgehend frei von allen äußeren Zwängen handelnen Individuums.

[71] Die *Subjektivität* des Sinns verweist darauf, daß der wahre oder richtige Sinn einer Handlung nach WEBERS Aufassung nicht erforscht werden kann (vgl. M. WEBER, 1984/1921, S. 19).

[72] Dies scheint mir bei WERLEN etwas anders gelagert zu sein, wie im weiteren Verlauf des Abschnitts noch deutlicher werden wird. Handlungsvorhersagen sind notwendig, wenn die zukünftige Entwicklung von Regionen als Folgen menschlicher Handlungen aufgefaßt werden.

Die *Handlungstheorie* ist ein sozialwissenschaftlicher Forschungsansatz, der diesen Anforderungen offensichtlich entspricht (vgl. WERLEN, 1988, S. 23). Einen grundlegenden Versuch, die wissenschaftstheoretischen und sozialwissenschaftlichen Voraussetzungen für den Entwurf einer handlungstheoretischen Sozialgeographie zu prüfen, hat WERLEN unternommen. WERLENs handlungstheoretische Konzeption der Sozialgeographie entwickelte sich aus der Kritik an der traditionellen, behavioristisch orientierten Sozialgeographie. Weil die verhaltenstheoretische Sichtweise menschliche Tätigkeiten als *Verhalten*, d.h. als Reaktionen auf die Umweltreize aus der sozialen Welt erklärt und somit die individuelle Sozialisation gewissermaßen als »Ergebnis« der Reaktionen auf die sozialkulturelle Welt aufgefaßt wird (Reiz-Reaktions Schema; vgl. BECK, 1982, S. 57), kann die Verhaltenstheorie ein *bewußtes und intentionales Eingreifen des Individuums* in die soziale Welt im Rahmen ihrer Theorie nicht befriedigend erklären (vgl. WERLEN, 1988, S. 23 f.). Der behavioristische Forschungsansatz untersucht nur eine einseitige Beziehung, nämlich den Einfluß der sozialen oder auch physischen Welt auf das Verhalten des Individuums. Unter Verhalten wird in der Regel ... *ein stimuliertes Tun (Tun als übergeordneter Prädikator zu »Handeln« und »Verhalten«), das nicht argumentationsvorbereitend ist, und dem jedliche Intentionalität fehlt* ... verstanden (SEDLACEK, 1982, S. 194). Auf der Makroebene ermittelte regionale Disparitäten des Arbeitsmarkts stellen gewissermaßen die externen Rahmenbedingungen dar, aus deren Strukturen und Ausformungen auf individuelles Verhalten von z.B. Hochschulabsolventen geschlossen wird (zum verhaltenstheoretischen Ansatz in der Sozialgeographie vgl. auch ausführlich BECK, 1982, S. 157 ff.).

WERLEN geht davon aus, daß die bestehende soziale Welt und die gegenwärtige Gesellschaft das Ergebnis von Handlungen von Personen oder Gruppen sind. *Handlungstheoretische Gesellschaftsanalyse begreift die Handlungen der Menschen, aber nicht die Personen, die Handlungen hervorbringen, als die zentrale Grundkategorie der sozialen Welt. Die Gesellschaft wird verstanden als die Gesamtheit der Handlungen in ihren kultur-, institutions-, gruppen- usw. -spezifischen Orientierungen und Verwirklichungen* (WERLEN, 1988, S. 22). Handlungstheorie fragt nicht nur danach, auf welche Weise die Umwelt auf den Menschen einwirkt, sondern auch welche Bedeutung die beabsichtigten und unbeabsichtigten Folgen dieser Handlungen für die Gesellschaft haben. *Eine aktuelle Gesellschaftsform ist ... das Ergebnis aller beabsichtigten und unbeabsichtigten Folgen der Handlungen aller Personen, welche mit ihren Tätigkeiten an dieser Gesellschaft partizipieren/partizipierten* (WERLEN, 1988, S. 22; vgl. auch HARD, 1989, S. 7). Die Größe des sozialen und auch des physischen Wirkungsbereiches und die soziale und physische Reichweite von Handlungen hängen dabei entscheidend von der *Machtbefugnis* und den Handlungsweisen ehemaliger oder gegenwärtiger Personen ab (vgl. WERLEN, 1988, S. 22 f.). Prinzipiell stellt jede Handlung einen Eingriff in die soziale und physische Welt dar; die Handlungsfolgen sind in der Regel jedoch umso größer, je mehr politische oder ökonomische Macht der Handelnde besitzt. Für die Sozialgeographie kann der Begriff des Handelnden, besonders bei der Frage nach dessen Raumwirksamkeit, noch weiter gefaßt werden. Es geht nicht nur um die beabsichtigten und unbeabsichtigten Handlungsfolgen einzelner Individuen, sondern auch um Handlungsfolgen gesellschaftlicher Gruppen, auch Institutionen und Organisationen. Auf der Grundlage ihrer politischen oder ökonomischen Macht nutzen sie Räume bzw. setzen sie in Wert und/oder schaffen dadurch für andere Individuen regional unterschiedliche Rahmenbedingungen (vgl. WENZEL, 1982, S. 384 und

RHODE-JÜCHTERN, 1975, S. 111 ff.). Hierbei kann Handeln aber nicht mehr als intentionaler Akt eines einzelnen Individuums verstanden werden. Es treten völlig neue Probleme auf, nämlich in welcher Weise Handlungen und Entscheidungsprozesse in Organisationen ablaufen, in welchem Verhältnis Organisationen zu ihrer gesellschaftlichen Umwelt stehen und wie diese gegenseitig aufeinander Einfluß nehmen (können) (vgl. POLLVOGT/ NIGGEMANN, 1991, S. 419).

Die komplexen Probleme der Gesellschaft, die nach dieser Forschungsperspektive als Folgen und Ergebnisse von Handlungen der Individuen in der Gesellschaft aufgefaßt werden, sollen mit Hilfe rekonstruierter Handlungsabläufe verstanden und erklärt werden (vgl. WERLEN, 1988, S. 22). WERLEN beschränkt sich in seinem Ansatz nicht auf die Erklärung individueller Handlungen, sondern konzipiert eine soziale Welt, die von den Handlungsfolgen der Individuen aufgespannt wird. Wenn gesellschaftliche Sachverhalte und Probleme als Handlungsfolgen zu verstehen sind, so müssen infolgedessen die zugrundeliegenden Handlungen erklärt und verstanden werden. Bewußtes und unbewußtes Handeln und dessen Folgen müssen daher für WERLEN die zentrale Untersuchungseinheit auch einer sozialgeographischen Analyse sein (vgl. WERLEN, 1988, S. 3). Hierbei tritt dann allerdings das Problem auf, daß das Erklären und Verstehen von Handlungen, das Erfassen ihres subjektiven Sinns sehr schwierig ist, wenn die Handlungen nicht rational oder einfühlend nacherlebbar sind (vgl. M. WEBER, 1984/1921, S. 20). Wenn man sich die folgende Hypothese M. WEBERS vor Augen führt: *Das reale Handeln verläuft in der großen Masse seiner Fälle in dumpfer Halbbewußtheit oder Unbewußtheit seines »gemeinten Sinns«. Der Handelnde »fühlt« ihn mehr unbestimmt, als das er ihn wüßte oder »sich klar machte«, handelt in der Mehrzahl der Fälle triebhaft oder gewohnheitsmäßig.* (M. WEBER, 1984/1921, S. 40), so scheint es kaum eine Möglichkeit zu geben, die soziale Welt auf der Grundlage der Handlungen und deren Folgen zu verstehen. Dies ist nur möglich, wenn dem (ohne Zwang) handelnde Individuum ein gewisses Maß an nachvollziehbarer und verstehbarer Rationalität unterstellt werden kann.[73] M. WEBER befürwortet sogar einen an der Zweckrationalität orientierten Idealtypus des Handelns, *um das reale, durch Irrationalitäten aller Art (...) beeinflußte Handeln als »Abweichungen« von dem rein rationalen Verhalten ...* zu verstehen (M. WEBER, 1984/1921, S. 22). Durch diese Idealisierung von Handlungen besteht allerdings die Gefahr, den Handelnden Rationalitäten zu unterstellen bzw. zuzuschreiben, die diese nicht haben. Ein idealtypischer Handlungsablauf darf daher nur als *methodisches Mittel* verstanden werden.

Vor diesem Hintergrund und mit diesen notwendigen Einschränkungen soll nun der modellhafte Handlungsablauf von WERLEN vorgestellt werden. In diesem Modell wird die Handlungssequenz in einzelne Stufen zerlegt, um sie dann auf der Basis dieser einzelnen Bestandteile als Ganzes nachvollziehbar zu machen. Abbildung 3.1 zeigt einen solchen Handlungsablauf:

[73] M. WEBER unterscheidet 4 reine Formen des sozialen Handelns: zweckrationales Handeln (Zweck des Handelns ist am Erfolg orientiert), wertrationales Handeln (Handlung steht im Dienste einer Überzeugung), affektuelles bzw. emotionales Handeln (durch Gefühl oder Erregung geleitete Handlung) und traditionales Handeln (habitualisiertes, gewohnheitsmäßiges Handeln) (vgl. M. WEBER, 1984/1921, S. 44; BRUNKHORST, 1991, S. 281).

Abb. 3.1: Modellhafte Rekonstruktion des Handlungsablaufs nach WERLEN (1988, S. 13)

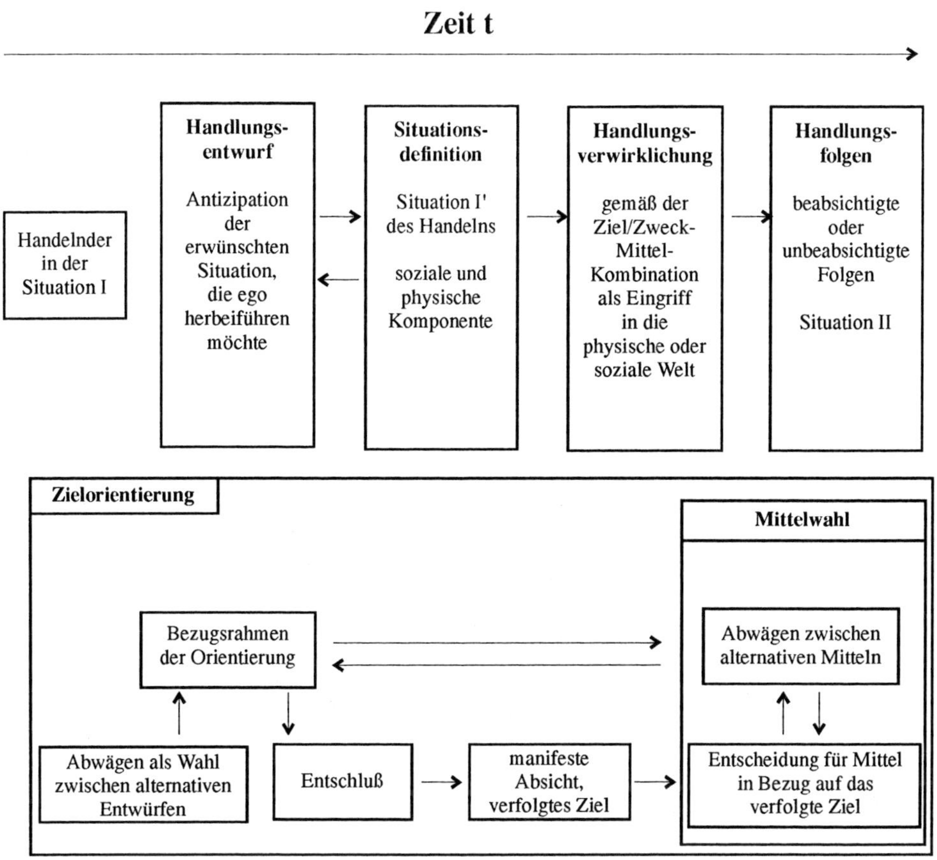

Der Handlungsablauf bzw. die Handlungssequenz besteht aus vier Stufen. Der Anfangspunkt der Handlung ist eine Situation I, in der sich ein Handelnder befindet (vgl. WERLEN, 1988, S. 12 ff.):

- *Handlungsentwurf.* Der sich in Situation I befindliche Handelnde möchte am bestehenden Zustand bzw. seiner gegenwärtigen Situation etwas ändern und setzt sich diesbezüglich ein Ziel. Er hat bestimmte Vorstellungen davon, wie die Situation nach Vollzug des Handlungsaktes beschaffen sein soll. An diesem Ziel orientieren sich alle weiteren Sequenzen des Handlungsaktes, die Intentionalität der Handlung wird deutlich. Der Handelnde überlegt in dieser Phase, welche Mittel möglich und geeignet sind, das geplante Ziel zu erreichen und welche alternativen Ziele noch akzeptiert werden können, ohne die ursprüngliche Zielorientierung aus den Augen zu verlieren. Er wählt zwischen alternativen Handlungsentwürfen den aus, der ihm für die Erreichung des Ziels am besten geeignet scheint.
- *Situationsdefinition.* Nachdem der Handelnde seinen Handlungsentwurf konkretisiert hat, überprüft und erfährt er in der Situation I', inwieweit die zur Handlungsverwirkli-

chung benötigten Mittel verfügbar sind, welche physischen und sozialen Zwänge (z.B. gesellschaftliche Werte und Normen, Arbeitsmarktchancen) dem Handlungsakt entgegenstehen. Gegebenenfalls muß der Handelnde einen alternativen, zunächst verworfenen Handlungsentwurf akzeptieren oder seine ursprüngliche Zielorientierung völlig aufgeben. Dabei steht die Situationsdefinition in sehr enger Beziehung zum Handlungsentwurf, denn mit Blick auf die Realisierbarkeit des Handlungsziels müssen die verfügbaren Mittel und Möglichkeiten bereits hier berücksichtigt werden.

- *Handlungsverwirklichung.* Hat der Handelnde eine akzeptable und realisierbare Mittel-Zweck-Relation gefunden, mit der er die Erreichung des Ziels für möglich hält, wird nun der konkrete Handlungsentwurf als tatsächliche Handlung ausgeführt. Er greift mit seinem Handlungsvollzug aktiv in die physische und soziale Welt ein und verändert sie.
- *Handlungsfolgen.* Dieser Eingriff in die soziale und physische Welt verändert die bestehende Situation und schafft die Situation II. Aus der vollzogenen Handlung haben sich Folgen ergeben, solche, die vom Handelnden beabsichtigt waren, aber auch solche, die unbeabsichtigt waren. Beide Arten von Folgeerscheinungen können einmal auf den Handelnden einwirken, aber auch auf andere Mitglieder der Gesellschaft – sie können dabei positiv oder auch negativ sein, sowohl für den, der gehandelt hat, als auch für Teile oder die gesamte Gesellschaft (vgl. WERLEN, 1986, S. 68 ff. und 1988, S. 12 ff.). Die Handlungsfolgen können für das handelnde Individuum wie auch für andere Individuen als Ausgangssituation einer neuen Handlungssequenz interpretiert werden. Dies wird im überarbeiteten Handlungsmodell noch deutlicher werden.

Eine handlungstheoretische Sozialgeographie, die gesellschaftliche Sachverhalte und Prozesse angemessen verstehen und erklären will, darf bei deren Erforschung nicht räumliche Dimensionen zur Erklärungsgrundlage machen, sondern muß die soziale Welt und die erdräumlichen Anordnungsmuster in ihr zunächst als das Ergebnis von Handlungsfolgen der Gesellschaftsmitglieder und gesellschaftlichen Gruppen begreifen. Wenn menschliche Tätigkeiten *stärker durch gesellschaftliche als durch »räumliche«/distanzielle Faktoren bestimmt sind, dann wird man über die soziale Bedeutung »räumlicher« Faktoren mehr erfahren können, indem man zuerst die sozialen Faktoren einer genauen Analyse unterzieht* (WERLEN, 1988, S. 23). Eine Sozialgeographie, die auf handlungstheoretischer Basis steht, müßte an die Untersuchung räumlicher Strukturen und Anordnungsmuster mit Fragestellungen herangehen, die menschliche Handlungen als Verursacher erdräumlicher Verteilungen und Prozesse ansehen. Es sind demnach materialisierte Handlungsfolgen, die das erdräumliche Anordnungsmuster hervorgebracht haben (vgl. WERLEN, 1988, S. 110). Wer also diese Strukturen und Anordnungsmuster analysieren will, muß zuerst die Handlungen der Individuen und Gruppen untersuchen und verstehen.

Untersuchungsgegenstände einer handlungstheoretischen Sozialgeographie sind dann die wahrgenommenen und realen physischen und sozialen Zwänge des Handelnden,[74] die Wahl der Mittel zur Zielerreichung und die beabsichtigten und unbeabsichtigten Handlungsfolgen, die in der sozialen Welt materielle und immaterielle Veränderungen bewirken

[74] Argumentiert man hier aus der Sicht des wahrnehmungsgeographischen Ansatzes, müßte man genaugenommen von *wahrgenommenen* physischen und sozialen Zwängen sprechen. *Der wahrnehmungsgeographische Ansatz ... geht ... von der Erkenntnis aus, daß Raum und Umwelt zwar real existsieren ..., jedoch in einer subjektiven, sozialspezifischen Wahrnehmungsdimension erfahren werden* (WENZEL, 1982, S. 330). Diese Wahrnehmungs- und Bewertungsprozesse motivieren die Handlungen und Verhaltensweisen in der sozialen Welt.

(vgl. WEICHHART, 1986, S. 86). Erst darauf aufbauend kann die Sozialgeographie erdräumliche Strukturen und Anordnungsmuster angemessen analysieren. Die handlungstheoretische Betrachtungsweise erklärt beispielsweise die unterschiedliche Bildungsbeteiligung von Sozialschichten dann nicht mehr als Reaktion einer bestimmten sozialen Gruppe auf bestehende und verhaltenssteuernde Werte, Zwänge und Traditionen (vgl. MEUSBURGER, 1976, S. 30), vielmehr wird diese Bildungsbeteiligung als Produkt ehemaliger und gegenwärtiger Handlungen und Handlungsfolgen verstanden und auch aus diesem Verständnis heraus interpretiert. Die bewußte Entscheidung für bestimmte berufliche Verbleibsformen eines Akademikers würde dieses Handlungsmodell als einen zielorientierten Handlungsablauf (gem. Abb. 3.1) erklären, die Verhaltenstheorie würde von gesetzmäßigem oder regelhaften Verhalten sprechen.[75] Gerade im Rahmen der vorliegenden Arbeit, in der es u.a. um Berufsentscheidungen von Hochschulabsolventen und Berufseinsteigern geht, ermöglicht es der handlungstheoretische Ansatz, Entscheidungen und Tätigkeiten von Individuen beim Übergang vom Bildungssektor in das Beschäftigungssystem als Handlungsabläufe aufzufassen und einer handlungstheoretischen Analyse zu unterziehen.

1.3 Kritische Anmerkungen zum Handlungsmodell von WERLEN

Die ausführliche Darstellung des Handlungsmodells von WERLEN war notwendig, weil ein solches idealtypisches Modell speziell für den Berufseintritt von Hochschulabsolventen entwickelt werden soll. Einige grundlegende Aspekte scheinen mir jedoch in WERLENs Konzeption noch unbefriedigend gelöst. Das Handlungsmodell sieht vor, die makrostrukturellen Rahmenbedingungen des Handelns in die Entscheidung mit einfließen zu lassen. Dies kann sinnvoll nur angenommen werden, wenn diese Rahmenbedingungen den Filter subjektiver Wahrnehmungen und Bewertungen der Handelnden durchlaufen. Im Handlungsablauf sind diese externen Bedingungen vor allem in der Phase der Situationsdefinition von ausschlaggebender Bedeutung. Hier wird die Realisierbarkeit der alternativen Handlungsentwürfe vor dem Hintergrund der Wahrnehmung und Bewertung bestehender wirtschaftlicher, arbeitsmarktbezogener, sozialer und privater Reglementierungen und Begleitumstände geprüft und die Alternativen u.a. daraufhin gegeneinander abgewogen. Diese nur punktuelle Integration der externen Rahmenbedingungen in das skizzierte Modell wird der Realität nicht gerecht. So ist davon auszugehen, daß die externen Rahmenbedingungen den Handlungsablauf nicht nur während einer Stufe beeinflussen, sondern daß sie permanent wirksam sind und dem Entscheidungsverlauf immer wieder eine andere Richtung geben können. Nur so könnte im Handlungsmodell sichergestellt werden, daß beispielsweise signifikante Veränderungen der äußeren Bedingungen (z.B. der Arbeitsmarktsituation oder der Lage auf dem Wohnungsmarkt) für die handelnden Subjekte (z.B. Hochschulabsolventen) jederzeit registrierbar sind und der Handlungsablauf entsprechend geändert werden kann. Insgesamt liefert das Modell somit nur eine relativ unbefriedigende Möglichkeit, die externen, makrostrukturellen Bedingungen in den Handlungsablauf zu integrieren. Ein idealtypisches Modell müßte daher so angelegt sein, daß in jeder Stufe der

[75] *Reiz- bzw. informationsstimulierte Reaktionen können im verhaltenstheoretischen Zusammenhang in der Regel erst dann als Entscheidung beschrieben werden, wenn man der Zweckmäßigkeit einer beobachteten Reaktion eines Individuums (...) »eine Zwecktätigkeit unterstellt und diese einem entscheidungsfähigen Subjekt als Handlung zurechnet« (Habermas, 1981, 31),* zitiert aus WERLEN, 1988, S. 19; Hervorhebungen im Original.

gesamten Handlungssequenz eine Rückkopplung auf die Situationsdefinition (insbesondere auf die externen Rahmenbedingungen des Handlungsablaufes) möglich wäre.

Ein sehr viel einschneidenderer Kritikpunkt betrifft die Annahme des Handlungsmodells, die einzelnen Stufen einer Handlungssequenz (z.B. die Entscheidungen über den Berufseinstieg und den weiteren Berufsverlauf) würden gewissenmaßen in mehr oder weniger einzelnen, zeitlich aufeinander folgenden Prozeßschritten ablaufen. Bereits bei den Entscheidungsmodellen über Migrationen wurde darauf hingewiesen, daß von derart komplexen Entscheidungen nur selten angenommen werden kann, daß sie *zeitlich linear* verlaufen, d.h. nach einer bestimmbaren Reihenfolge, in der einzelne Schritte aufeinander aufbauen. Es müßte daher auf eine zeitliche Komponente, die im Modell von WERLEN (vgl. Abb. 3.1) noch vorhanden ist, verzichtet werden. Desweiteren wird über diese Kritik an der zeitlichen Reihung der Handlungsstufen auch eine weitere Schwäche des idealtypischen Handlungsablaufes von WERLEN deutlich: die fehlende Bezogenheit der unterschiedlichen Stufen der Handlungssequenz aufeinander und das Fehlen von Wechselwirkungen untereinander. Eine Handlungsverwirklichung ist nicht notwendigerweise ein einzelner isolierter Akt, sondern besteht häufig aus mehreren, einander zugeordneten Einzelaktionen (z.B. Informationssuche, Teilnahme an Bewerbungsverfahren, Bewerbungsgespräche, Probezeit und Einarbeitung). Jede dieser Einzelaktionen hat spezifische (Handlungs-) Folgen, aus denen neue Situationsdefinitionen und Zielorientierungen, möglicherweise auch neue Handlungsentwürfe hervorgehen können. Auch die individuellen Eigenschaften und Voraussetzungen können sich durch diese Einzelaktionen bereits ändern (z.B. könnten Absolventen durch häufige Bewerbungsverfahren und umfangreiche Erfahrungen bei verschiedenen Arbeitgebern oder mit Personalleitern exaktere Vorstellungen über ihre eigene zukünftige Berufstätigkeit entwickeln).[76] Diese lineare Anordnung der verschiedenen Stufen einer Handlungssequenz vermittelt den Eindruck, zwischen den einzelnen Stufen des Handlungsablaufes würde eine kausale Beziehung bestehen: Das Handeln verläuft nach diesem Modell (idealtypisch) in einer quasi gesetzmäßigen Reihenfolge zwischen Handlungsentwürfen und Handlungsfolgen ab. Ebenso wie die zeitliche Komponente muß auch die lineare Reihenfolge der Handlungsstufen aufgebrochen werden. Die Phasen/Stufen lassen sich zwar alle unter einer handlungsleitenden Intention fassen (z.B. den Eintritt in das Berufsleben verwirklichen zu wollen), jedoch müssen für die Realisierung dieses Ziels möglicherweise zunächst vorgelagerte Ziele bestimmt und erreicht werden. Diese würden dem gesamten Handlungsablauf eine sehr viel größere Komplexität verleihen, als es vom Handlungsmodell angedeutet wird. Einerseits muß die Möglichkeit von Wechselwirkungen und Rückkopplungen zwischen allen Sequenzstufen zugelassen werden; sie sollen gewissermaßen die Selbstbeobachtung des Handelnden, sein Nachdenken und Überlegen von Handlungsschritten repräsentieren. Andererseits muß auch berücksichtigt werden, daß Handlungen natürlich ab- oder unterbrochen werden können, wenn die Realisierung des Handlungsziels nicht mehr möglich erscheint oder wünschenswert ist. Es kommen dann neue, alternative Handlungsentwürfe zum Tragen, die vorher nur Entwürfe 2. Wahl waren.

---

76 Vgl. in diesem Zusammenhang auch die Kritik an dem entscheidungstheoretischen Modell von HABERKORN in Abschnitt 1.4.2 von Kapitel II. Auch in diesem Entscheidungsmodell waren keine Wechselwirkungen zwischen den einzelnen Stufen im Entscheidungsprozeß vorgesehen.

2 Versuch einer modellhaften Rekonstruktion des Berufseintritts von Hochschulabsolventen auf der Grundlage des handlungstheoretischen Modells von WERLEN

Es sollen nun die Ergebnisse und theoretischen Ansätze aus Migrationsforschung und Berufs- bzw. Verbleibsforschung, die im Kapitel II diskutiert wurden, in das handlungstheorische Modell integriert werden. Dieses Modell muß für die Untersuchungsgruppe der Hochschulabsolventen sowohl die Migration bedingenden Determinanten und die migrationsbezogenen Entscheidungsverläufe einbeziehen als auch die Prozesse der Berufssuche, die Bedingungen des Berufseintritts und die Strategien und Anpassungsleistungen beim Übertritt vom Bildungs- in das Beschäftigungssystem. Es soll insbesondere auf die Bedeutung der regionalen Mobilität ein Augenmerk gerichtet werden. Die im vorangegangenen Abschnitt angestellten Überlegungen sollten dabei verhindern, daß eine zu starke Dominanz auf »typisch geographische« Aspekte gelegt wird. In der Berufs- bzw. Verbleibsforschung ist die regionale Mobilität (d.h. die Wohnortverlagerung von Hochschulabsolventen im Zusammenhang mit der Arbeitsaufnahme) nur *eine* potentielle Einflußvariable des Berufseintritts und der beruflichen Etablierung (neben z.B. der beruflichen Flexibilität); sie findet allerdings häufig gar keine oder zumindest keine gesonderte Berücksichtigung. Insofern ist eine geographisch orientierte Herangehensweise an diese Thematik durchaus fruchtbar, da sie bisher vernachlässigte Aspekte dieses Forschungsgebietes (mit) in den Mittelpunkt stellt.

Hochqualifizierte und Hochschulabsolventen werden tendenziell eher dem zweckrational handelnden Typ zugerechnet. So haben Untersuchungen gezeigt, ... *daß mit steigendem Status ein zweckrationales Handeln auch im Problembereich der sozialen Stellung und des Aufstiegs vorherrscht. Diese Art von Handeln senkt die möglichen emotionalen Restriktionen, die mit Wanderungen über zunehmende geographische Distanzen zusammenhängen. Dies hat zur Folge, daß Oberschichten die Aufstiegschancen bzw. die Chancen, die sozialen Positionen zu erhalten, durch die tendenzielle Vorrangigkeit langfristiger Interessen noch besser zu realisieren vermögen* (ZINGG, 1976, S. 191). Zweckrationale (und z.T. auch wertrationale) Handlungen in bezug auf regionale Mobilitätsentscheidungen sind leichter nachzuvollziehen bzw. besser deutend zu verstehen als affektuelles oder traditionales Handeln. Beim zweckrationalen Handeln werden konkurrierende und kollidierende Zwecke und Folgen gegeneinander abgewogen (vgl. M. WEBER, 1984/1921, S. 45). Für den empirischen Teil dieser Studie wäre die angenommene Dominanz zweckrationalen Handelns eine besonders günstige Voraussetzung, denn emotionale Einflüsse in bezug auf regionale Mobilität und Arbeitsplatzentscheidungen sind nur schwer operationalisierbar und quantifizierbar. Allerdings ist es wohl eine Illusion zu glauben, bei Hochschulabsolventen würden Handlungen und Entscheidungen in der Regel zweckrational verlaufen. *Absolute Zweckrationalität des Handelns ist ... ein im wesentlichen konstruierter Grenzfall.* (M. WEBER, 1984/1921, S. 46). Auch bei Fachhochschul- und Universitätsabsolventen werden Werte mit im Spiel sein (z.B. die im Elternhaus vermittelten Wertvorstellungen und Statuserwartungen in bezug auf bestimmte Berufe), ebenso emotionale Aspekte (z.B. das Vorhandensein einer engeren partnerschaftlichen Beziehung an einem bestimmten Ort) oder traditionale Einflüße. Alle diese Aspekte müssen prinzipiell berücksichtigt werden, insbesondere bei Berufs- und Migrationsentscheidungen. In die vorliegende Untersuchung können sie aber aufgrund der fehlenden Datengrundlagen nur auf der theoretischen Ebene einbezogen werden.

2.1 Übertragung des handlungstheoretischen Modells auf den Berufseintritt von Hochschulabsolventen

Im folgenden soll der Handlungsablauf von Hochschulabsolventen beim Übertritt in das Beschäftigungssystem modellhaft rekonstruiert werden. Auf die besondere Rolle der regionalen Mobilität wird an entsprechender Stelle eingegangen. Das handlungstheoretische Modell von WERLEN (vgl. Abb. 3.1) soll dabei als Vorbild dienen, es muß aber für diese Fragestellung modifiziert werden. Auch die am Handlungsmodell geäußerte Kritik soll eingearbeitet werden. In erster Linie wird das Modell die Aufgabe haben, für die nachfolgenden empirischen Analysen eine theoretische Hintergrundstruktur, d.h. ein Auswertungsraster zu liefern. Durch eine Orientierung an den unterschiedlichen Stufen einer idealtypischen Handlungssequenz kann weitgehend sichergestellt werden, daß alle grundlegenden Aspekte und Variablen aufgearbeitet werden. Das Modell hat daher primär eine *heuristische Funktion.* Dementsprechend werden im Modell bereits diejenigen Merkmale, Zielorientierungen, Strategien und Ergebnisse bzw. Folgen benannt, denen für die Phase des beruflichen Übergangs vom Bildungs- in das Beschäftigungssystem auf der Grundlage der theoretischen Vorüberlegungen eine wesentliche und grundlegende Bedeutung zugeschrieben werden kann.

Ausgangspunkt des Handlungsablaufs ist der Handelnde bzw. Hochschulabsolvent in der *Situation I.* Ihm sind die folgenden Determinanten oder Input-Variablen des Berufseintritts teilweise zuzuordnen, d.h. seine individuellen und persönlichen Merkmale und Eigenschaften: Dazu zählen insbesondere das studierte Fach, die erbrachten Leistungen (in Form von fachlichen Qualifikationen), nicht-fachliche Qualifikationen, Noten, Studiendauer, die individuellen berufsbezogenen Einstellungen und Werthaltungen, der Umfang berufspraktischer Erfahrungen, der Typ der besuchten Hochschule (Fachhochschule, Universität), das Geschlecht und die familiäre Situation.

Vor dem Hintergrund dieser individuellen Voraussetzungen beginnt nun der Übergang in das Beschäftigungssystem.[77] Dabei soll zu Beginn kein konkreter *Handlungsentwurf* angenommen werden. Immerhin stehen empirische Daten zur Verfügung, die die ersten 4 bzw. 5 Berufsjahre der Absolventen umfassen, d.h. Handlungsentwürfe und Zielorientierungen können sich innerhalb dieses langen Zeitraumes (mehrmals) ändern. Bezüglich der beruflichen Vorstellungen der Hochschulabsolventen wird daher zunächst davon zwei recht groben bzw. unspezifischen Zielen ausgegangen: einerseits beabsichtigen die Absolventen (an der Schwelle vom Studium in den Beruf) den Eintritt in das Beschäftigungssystem zu vollziehen und andererseits wollen sie (z.B. aus einer bestehende Berufstätigkeit heraus) den weiteren Verlauf ihres beruflichen Verbleibs zu organisieren. Der Handlungsentwurf bzw. die Handlungsentwürfe konkretisieren sich erst in Auseinandersetzung mit der Zielorientierung und der Situationsdefinition (vgl. Beispiele einer solchen Konkretisie-

[77] Auf Handlungsentwürfe und Zielorientierungen, die nicht unmittelbar auf das Beschäftigungssystem bezogen sind, z.B. Tätigkeiten als Hausfrau und Mutter (oder auch Hausmann und Vater), lange Urlaubsphasen, soll hier nicht eingegangen werden. Dabei können diese Handlungsentwürfe natürlich für viele Absolventinnen (und auch Absolventen) reale Handlungsalternativen und Zielorientierungen (gewesen) sein.

rung in Abb. 3.2: Alternative Handlungsentwürfe). Dabei steht der Handlungsentwurf in ständiger Wechselwirkung mit der Situationsdefinition, so daß reale Veränderungen oder geänderte Wahrnehmungen der Situation jeweils im Handlungsentwurf berücksichtigt werden können. Dies hat dann gleichzeitig auch Einfluß auf die Zielorientierungen. Diese müssen korrigiert werden, wenn wichtige Rahmenbedingungen sich verändert haben oder beabsichtigte Mittel nicht (mehr) zur Verfügung stehen. Als Folge wäre dann ein neuer alternativer Handlungsentwurf denkbar.

Für die arbeitsplatzsuchenden Hochschulabsolventen werden durch die *Situationsdefinition* die realisierbaren Handlungsentwürfe entscheidend mitbestimmt. Hierbei geht es um die bereits erwähnten *constraints*, z.B. auch gesellschaftliche Normen oder familiäre Zwänge (geplante Geschäftsübernahme usw.). Für den vorliegenden Untersuchungsrahmen spielen dabei besonders die externen Rahmenbedingungen, mit denen sich der Handelnde konfrontiert sieht, eine wesentliche Rolle. Dies sind zum einen die generellen, fach- und qualifikationsspezifischen Arbeitsmarktaussichten und zum anderen die regional disparitären Arbeitsmarktchancen. Entscheidend ist ferner, daß es in dieser Situationsdefinition nicht um die realen Zwänge und Rahmenbedingungen geht, sondern um die Bewertung und Wahrnehmung dieser Bedingungen durch die Hochschulabsolventen, wie sie diese Situation für sich definieren. Nach erfolgter Situationsdefinitionen werden Handlungsziele entworfen, die mit diesen *constraints* vereinbar sind.

Parallel zu allen Stufen einer Handlungssequenz und mit allen in Wechselwirkung stehend, ist die *Zielorientierung* »Berufseintritt« zu sehen. Im Modell (vgl. Abb. 3.2) sind denkbare Konkretisierungen zu diesen übergeordneten Zielorientierungen genannt. Alle Phasen des Handlungsablaufes können die Zielorientierung beeinflußen und verändern. Reale und wahrgenommene Konsequenzen, die sich unmittelbar aus der Handlungsverwirklichung, den Handlungsfolgen, der Situationsdefinition oder auch den Handlungszielen selbst ergeben, können zu grundlegenden Änderungen der Situation des Handelnden führen. Dies hat dann möglicherweise eine Änderung der Handlungsziele zur Folge oder macht eine Veränderung der Mittel-Zweck-Relationen notwendig. Der Handelnde wird neue Handlungsalternativen mit den zugeordneten Handlungsstrategien und Anpassungsleistungen entwerfen (müssen), die auf die Änderung seiner Zielorientierungen oder seiner neuen Intentionen zurückgehen und entsprechend koordiniert werden müssen. So kann beispielsweise dem Handelnden bewußt werden, daß der subjektive Sinn, den er mit einer Handlungssequenz verbunden hat, nur mit Mitteln verwirklichbar ist, die anderen Handlungsabsichten entgegenstehen (z.B. wenn sich eine finanzielle Anpassungsbereitschaft nicht durchhalten läßt, weil das Familieneinkommen sonst zu gering ausfällt). Vorstellbar ist auch, daß unbeabsichtigte Handlungsfolgen noch vor der eigentlichen Handlungsrealsierung absehbar sind, die die Zielorientierung in einem neuen Licht erscheinen lassen (z.B. wenn anspruchvolle Beschäftigungsmöglichkeiten nur in »problembelasteten« Industriezweigen, z.B. Chemie- oder Rüstungsindustrie, möglich sind).

Abb. 3.2: Modellhafte Rekonstruktion des Berufseintritts von Hochschulabsolventen als Handlungsablauf (erweiterte Version der modellhaften Rekonstruktion des Handlungsablaufes nach WERLEN, 1988, S. 13)

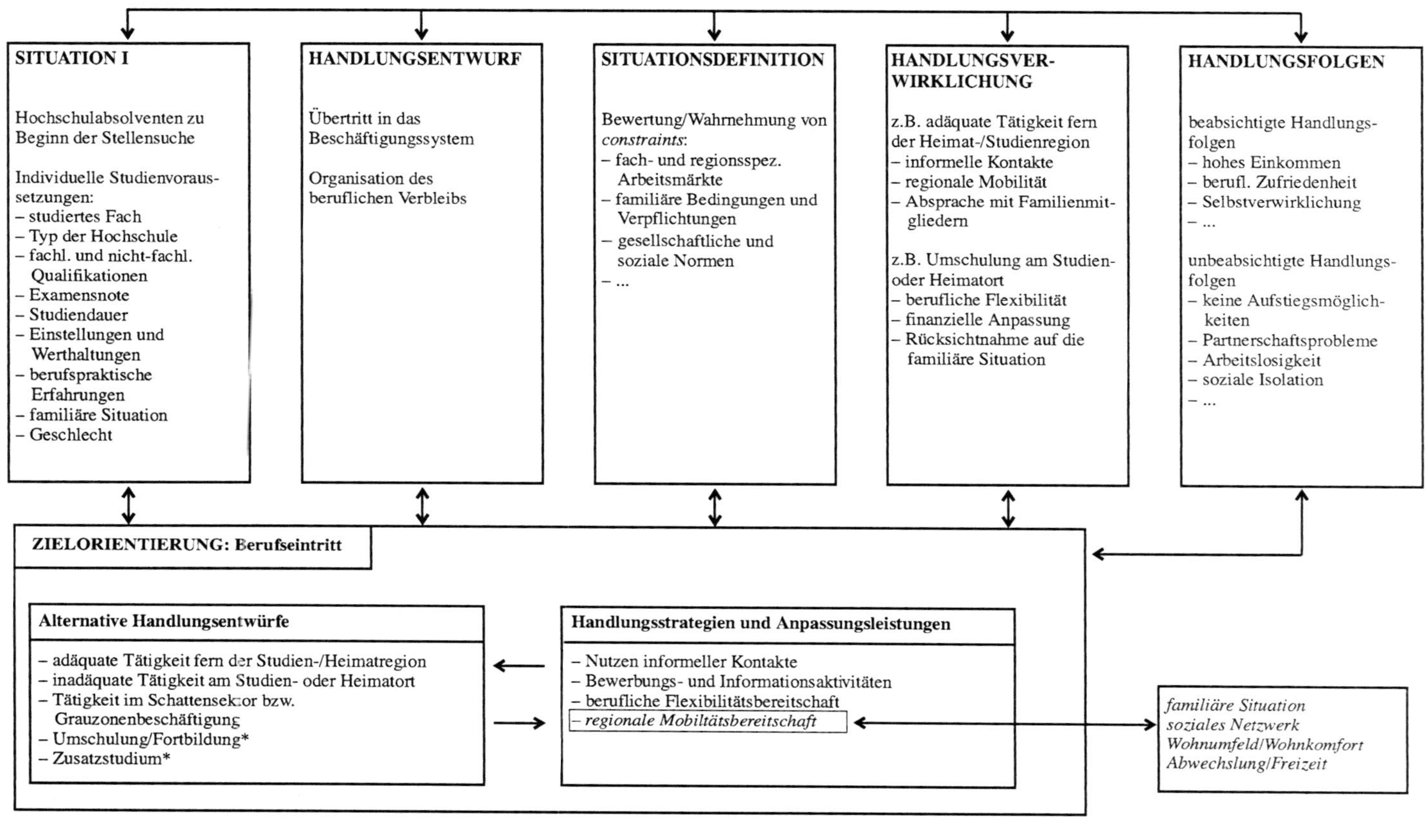

* Diese alternativen Handlungsentwürfe sind natürlich gleichzeitig auch Handlungsstrategien bzw. Anpassungsleistungen zur Erreichung eines übergeordneten Handlungsziels. Im Stadium kurz nach Abschluß des (Erst-)Studiums sollen sie hier aber den potentiellen Handlungsentwürfen der Hochschulabsolventen zugeordnet werden.

Welche Handlungsziele tatsächlich verfolgt werden, ist auch abhängig davon, inwieweit für die potentiellen *alternativen Handlungsentwürfe* die unterschiedlichen Mittel zur Erreichung und Verwirklichung dieser Handlungsziele verfügbar und realisierbar sind. So sind für Hochschulabsolventen vor dem Hintergrund der jeweiligen Situationsdefinitionen und der möglichen Mittelwahl verschiedene Handlungsentwürfe denkbar (von denen hier aber nur Extrempunkte genannt werden): Bei der Mehrzahl der Absolventen mit problemlosen Beschäftigungsaussichten wird sicherlich eine ausbildungsadäquate Erwerbstätigkeit oberstes Handlungsziel sein. Dabei werden möglicherweise Tätigkeiten an verschiedenen Orten in die engere Wahl gezogen, die in unterschiedlichem Ausmaß ausbildungsadäquat sind. Sind die Arbeitsplatzchancen eher schlecht, stehen möglicherweise ein Zusatzstudium, eine Promotion, der Versuch, im Alternativ- oder Schattensektor unterzukommen, oder Fortbildungs- bzw. Umschulungsmaßnahmen auf der Liste der potentiellen Handlungsziele. Das Abwägen zwischen den alternativen Handlungsentwürfen hängt eng mit den jeweils zur Verfügung stehenden Mitteln, den durchführbaren *Handlungsstrategien* und *Anpassungsleistungen* bzw. -bereitschaften der Akademiker zusammen. Das Nutzen von informellen Kontakten, die Informations- und Bewerbungsaktivitäten sowie insbesondere regionale Mobilitäts- und berufliche Flexibilitätsbereitschaft (im weitesten Sinne) sind für diese Studie die wichtigsten Handlungsstrategien und Anpassungsleistungen, die beim Abwägen alternativer Handlungsentwürfe und Zielorientierungen in Betracht gezogen werden.[78]

Nachdem dann eine Entscheidung darüber gefallen ist, mit welchen Strategien und Mitteln welcher Handlungsentwurf realisiert werden soll, kommt es auf der Grundlage dieser Ziel-Zweck-Mittel-Kombination zur *Handlungsverwirklichung*. Die erste oder eine neue Stelle wird angetreten, eine Umschulungsmaßnahme oder ein Zweitstudium begonnen oder auch eine Tätigkeit im alternativen Sektor aufgenommen. Dazu sind gegebenfalls regionale Mobilitätsprozesse oder berufliche Flexibilitätsprozesse nötig, die mehr oder weniger mit z.B. Familienangehörigen, Freunden oder Bekannten koordiniert werden mußten.

Nach Vollzug dieser Handlung, z.B. des Antritts der Erwerbstätigkeit, stellen sich beabsichtigte sowie unbeabsichtigte *Handlungsfolgen* ein. Zu den erwünschten und beabsichtigten Folgen wird für einige Absolventen die Tatsache gehören, überhaupt im Be-

---

[78] Die finanzielle Anpassungsbereitschaft kann hierbei durchaus auch unter einem erweiterten Flexibilitätsbegriff gefaßt werden.
Es soll noch einmal verdeutlicht werden, daß die regionale Mobilität(-sbereitschaft) aus diesem Blickwinkel nur eine von mehreren Strategien zur Erreichung gewünschter beruflicher Ziele ist. Bei den theoretischen Vorüberlegungen aus der Migrationsforschung wurde dies ebenfalls deutlich, insbesondere bezüglich der Zusammenhänge von sozialer und regionaler Mobilität. Regionaler Mobilität wurde hierbei nur eine untergeordnete Bedeutung zugeschrieben, da sie in der Regel gleichzeitig mit sozialen Mobilitätsprozessen auftritt. Der *soziale* Aspekt von Mobilität ist dabei z.B. für das nachvollziehende Verstehen von Handlungen bedeutend wichtiger als die regionale Mobilität im Sinne von Distanzüberwindung. Auch hier wird noch einmal deutlich, daß regionale Mobilität in erster Linie ein Indikator für soziale Phänomene ist. Das Eingebundensein regionaler Mobilitätsprozesse in übergeordnete Zusammenhänge und damit das komplexe Umfeld der Wanderungs*entscheidung* verdeutlicht auch die folgende Hypothese von ALBRECHT, *daß Personen u.a. dann wandern, wenn sie ihre ökonomischen Bedürfnisse in dem Gebiet ihrer Herkunft nicht in zufriedenstellender Weise erfüllt bzw. erfüllbar sehen, gleichzeitig aber annehmen bzw. wissen, daß es andere Stellen gibt, die zur Erfüllung dieser Bedürfnisse besser geeignet sind, andererseits die von ihnen internalisierten Normen der Mobilität gegenüber entweder neutral oder positiv sind und ferner die Qualität und Quantität der sozialen Beziehungen am und zum bisherigen Ort nicht derart sind, daß ihre Aufgabe eine ernsthafte soziale und Persönlichkeitskrise für die Betreffenden bewirken würde* (ALBRECHT, 1972, S. 44 f.).

schäftigungssystem Fuß gefaßt zu haben, für andere Absolventen ist dazu sicherlich der berufliche Erfolg im weitesten Sinne zu zählen. Unbeabsichtigte Folgen wären zum Beispiel das Fehlen von Aufstiegsmöglichkeiten, befristete oder teilzeitige Beschäftigung oder sogar Arbeitslosigkeit (z.B. nach einer Umschulung oder einem Zusatzstudium). Denkbar sind auch nachteilige Folgen für die Partnerschaft oder für den Partner, wenn dieser beispielsweise infolge der Tätigkeitsaufnahme oder des Tätigkeitswechsels des Akteurs eine unterwertige Beschäftigung aufnehmen muß oder sogar arbeitslos wird. Für einen großen Teil der Absolventen werden sich sicherlich (mehr oder weniger große) Diskrepanzen zwischen der im Handlungsentwurf angestrebten und erwünschten Situation (problemloser Berufseintritt und Erfolg bzw. Zufriedenheit im Beruf) und der nach Handlungsverwirklichung real entstandenen Situation (möglicherweise berufliche Unzufriedenheit, Arbeitslosigkeit) einstellen. Dabei wird die Frage von Bedeutung sein, wie Hochschulabsolventen diese Diskrepanzen verarbeiten und welche neuen Handlungsentwürfe sie möglicherweise ins Auge fassen, um diese neue Situation, Situation II, zu verändern.

Es würde sich somit eventuell ein *neuer Handlungsablauf* anschließen, bei dem die Absolventen zum Ziel haben, ihre gegenwärtige berufliche oder soziale Situation zu verändern, weil sie z.B. mit ihrem Beruf unzufrieden sind. Prinzipiell kann dieser erneute Handlungsablauf in dem in Abbildung 3.2 dargestellten Rahmen verlaufen. Der Schwerpunkt der Handlungsentwürfe wird aber nun nicht mehr auf dem Übertritt in das Beschäftigungssystem liegen, sondern die Absolventen werden nun dem Handlungsziel folgen, den weiteren beruflichen Verbleib und die Karriere zu organisieren und zu planen sowie diesen mit den Belangen des Partners oder der übrigen Familienmitglieder in Einklang zu bringen.

2.2 Unzulänglichkeiten des modifizierten Handlungsmodells

Die Komplexität aller Handlungsentwürfe von Hochschulabsolventen mit der Zielorientierung »Berufseintritt« mit diesem Modell erfassen und erklären zu wollen, erweist sich als nicht möglich. Schwierig ist in diesem Zusammenhang bereits die Frage, wie überhaupt erzwungene oder fremdinitiierte Wanderungen mit diesem Modell erklärt werden können. Welche Handlungsziele haben z.B. Frauen, die mit ihrem Partner mitziehen und damit möglicherweise auf die eigene Berufskarriere verzichten? Der Handlungsentwurf des Partners ist damit ein Teil der Situationsdefinition des handelnden Subjekts. Möglicherweise muß bei derartigen Konstellationen ein Handlungsentwurf von niedrigerer Priorität (berufliche Karriere vs. Teilzeitbeschäftigung im Schatten des »Familienglücks«) nun ins Auge gefaßt und verwirklicht werden. Gerade bei Frauen können in stärkerem Maße als bei männlichen Hochschulabsolventen sich gegenseitig ausschließende Handlungsentwürfe und Intentionen erwartet werden. Für die nachfolgenden Untersuchungen wird es daher besonders wichtig sein, die Handlungsentwürfe und Zielorientierungen der weiblichen Hochschulabsolventen mit den Folgen der Handlungsentwürfe und -realisierungen ihrer Partner in Beziehung zu setzen. In diesem Fall wären die familiären Bindungen derart starke *constraints*, daß neue Handlungsentwürfe bezogen auf die beruflichen Perspektiven entworfen werden, bei denen eine optimale Vereinbarkeit von beruflichen Ansprüchen und familiären bzw. sozialen Belangen erreicht werden kann.

Ein weiteres Problem besteht darin, daß nur hypothetische Aussagen darüber möglich sind, welche externen Aspekte überhaupt wahrgenommen werden und für die Absolventen handlungsrelevant sind. Daß Arbeitsmarktgesichtspunkte insbesondere beim Berufseintritt eine entscheidende Rolle spielen, ist dabei unbestritten. Vor allem im Zusammenhang mit sozialer und regionaler Mobilität sind vielfältige makrostrukturelle Bedingungen bedeutsam, für die aber weitgehend ungeklärt ist, wie und in welchem Ausmaß sie in individuelle Entscheidungen und Handlungsentwürfe eingehen. Es wurde schon darauf verwiesen, daß die Indikatoren bzw. Daten, die die externen Rahmenbedingungen nicht nur für den Forscher, sondern auch für die Individuen erst wahrnehmbar und bewertbar machen, transparent und verfügbar sein müssen. Dies konnte beispielsweise für regional differierende Lohnniveaus nicht angenommen werden. Über inoffizelle und informelle Kontakte sowie publizierte und offizielle Zahlen sind demgegenüber die Beschäftigungschancen im eigenen Studienfach für die Hochschulabsolventen relativ gut zu überblicken und einzuschätzen – dies gilt z.T. auch (falls ein Umzug in Erwägung gezogen wird) für die Lage am Wohnungsmarkt und die bestehenden Freizeit- und Bildungsmöglichkeiten.[79] Die gesamtwirtschaftliche und konjunkturelle Situation und Entwicklung ist diesbezüglich schon schwerer einzuschätzen, und es ist fraglich, inwieweit Absolventen diese Aspekte in ihre Handlungsentwürfe und Zielorientierungen als signifikantes Merkmal einbeziehen. In welchem Umfang und auf welche Weise diese Makrostrukturen in den Handlungsablauf eingehen, kann aber auf der Ebene des zur Verfügung stehenden Datenmaterials nicht bewertet werden.

Zusätzlich muß hier berücksichtigt werden, daß die individuellen Wahrnehmungsmuster und Bewertungsvorgänge selbstverständlich nicht bei allen Absolventen gleich ablaufen. So werden Absolventen mit eher unterdurchschnittlichen Beschäftigungschancen ihren fachspezifischen Arbeitsmarkt sehr genau beobachten und beispielsweise bei der Notwendigkeit einer berufsbedingten Wohnortverlagerung Freizeitmöglichkeiten und die Wohnungsmarktsituation erst in zweiter Linie berücksichtigen. Sind dagegen die Beschäftigungsaussichten unproblematisch, so spielen Arbeitsmarktgesichtspunkte auch nur eine eher untergeordnete, wenn nicht sogar keine Rolle. Hier werden z.B. betriebsinterne Aufstiegsmöglichkeiten, das Wohnumfeld bzw. der -komfort, die Freizeitangebote oder die Vereinbarkeit der eigenen Berufstätigkeit mit der des Partners oder mit dem Leben in der Familie für die Entscheidung sehr viel wichtigere externe Rahmenbedingungen sein. Welche Rahmenbedingungen für den Handlungsablauf wichtig sind und somit individuell bewertet werden, hängt aber auch von den alternativen Handlungsentwürfen einzelner Hochschulabsolventen ab. Je nach Handlungsziel treten dann andere Bedingungen in den Vordergrund. Die Flexibilität des Handlungsmodells läßt jedoch diese unterschiedlichen Wahrnehmungsmuster in Abhängigkeit von den Zielorientierungen und Handlungsentwürfen ausdrücklich zu. Für die nachfolgenden empirischen Studien ist wichtig, daß nicht angenommen werden kann, daß für alle Absolventen dieselben äußeren Bedingungen in gleichem Ausmaß handlungsrelevant sind.

---

[79] Daß die individuellen sozialen, familiären und privaten Rahmenbedingungen relativ problemlos wahrgenommen und bewertet werden können, ist ohne weitere Ausführungen einsichtig.

3 Zur Relevanz der handlungstheoretischen Grundlagen für das weitere Vorgehen in dieser Arbeit

Auf diese umfassenden Überlegungen zu einer handlungstheoretischen Grundlage dieser Thematik müßte nun idealerweise ein exakt abgestimmtes Forschungsvorhaben mit einem entsprechenden methodischen Rüstzeug aufsetzen. Da dies nicht bzw. nur eingeschränkt der Fall ist, möchte ich kurz skizzieren, welche wichtige Bedeutung diese theoretischen Überlegungen trotzdem für die Arbeit haben. Es gibt drei Punkte, die einen solchen theoretischen Vorbau notwendig machen und rechtfertigen:

1. Zunächst stand die Frage im Vordergrund, wie das, was untersucht werden sollte (nämlich der Berufseintritt von Hochschulabsolventen unter besonderer Berücksichtigung des Stellenwertes der regionalen Mobilität), überhaupt erfaßt werden konnte. Was tun Hochschulabsolventen eigentlich in dieser Phase? Dabei ging es nicht darum zu verstehen, was sie inhaltlich oder tatsächlich tun, sondern wie man diese »Aktivitäten« theoretisch erfassen und erklären könnte. Relativ rasch wurde deutlich, daß dieses Tun auf der Basis eines handlungstheoretischen Ansatzes besser nachvollzogen bzw. verstanden werden konnte, als es z.B. auf der Grundlage verhaltenstheoretischer Annahmen möglich wäre. Insbesondere der Aspekt der Zielorientierung/Intention und der Bewußtheit/Selbstbeobachtung/Selbstreferentialität im handlungstheoretischen Ansatz sprachen dafür, die Berufsstart- und Konsolidierungsphase unter diesen Voraussetzungen zu untersuchen: Der Großteil der Hochschulabsolventen hat am Ende seines Studiums ein mehr oder weniger klares Handlungsziel vor Augen (nämlich den Berufseintritt), und dieses Handlungsziel wird durch ein (mehr oder weniger) bewußtes und rationales Handeln zu erreichen versucht. Primär an diesem essentiellen Ziel orientieren sich in dieser Lebensphase ihre Aktivitäten und Strategien. Dieses zielorientierte Handeln konnte in Anlehnung an die Annahmen und Prämissen der Handlungstheorie modellhaft dargestellt werden. Diese theoretische Herleitung und Analyse von Handlungssequenzen hatte auch zum Ziel, die Vielschichtigkeit des Übergangsprozesses vom Ausbildungs- in das Beschäftigungssystem aufzuzeigen. Es sollte deutlich werden, daß viele verschiedene Aspekte den Handlungsablauf der Absolventen in dieser Umbruchphase bestimmen. Zwischen den relevanten Faktoren innerhalb einer idealtypischen Handlungssequenz gibt es Wechselwirkungen bzw. Abhängigkeitsverhältnisse, deren Kenntnis für eine Analyse und ein nachvollziehendes Verstehen der realen Handlungsvollzüge der Hochschulabsolventen unabdingbar ist.

Um eine sinnvolle Untersuchung der *räumlichen* Komponente sozialer Phänomene zu bewerkstelligen, war dieser ausführliche Rückgriff auf sozialwissenschaftliche Theoriegrundlagen notwendig. Erst wenn die Handlungen der Absolventen versteh- und nachvollziehbar sind, können Hintergründe für spezifische räumliche Verteilungsmuster analysiert werden (z.B. regionale Disparitäten im Qualifikationsniveau, regional unterschiedliche Beschäftigungschancen). Um »Raum« zu erklären, müssen Handlungen analysiert werden.

2. Die theoretischen Vorüberlegungen und grundlegenden Ergebnisse aus der Migrations- und Berufs- bzw. Verbleibsforschung standen bisher noch relativ unverbunden nebeneinander. Das Handlungsmodell bot hier eine Möglichkeit, diese beiden tendenziell unterschiedlichen Teilbereiche miteinander in Beziehung zu setzen. Die Ergebnisse aus beiden Forschungsrichtungen konnten auf diese Weise, als Teile eines Modells, integriert werden. Die als erklärungstüchtig herausgefilterten Variablen und Strategien wurden so in eine sinnvolle Struktur eingeordnet. Es ging dabei nicht nur darum, alle wichtigen Details

zu berücksichtigen, sondern es sollte dadurch auch das Verhältnis der einzelnen Untersuchungsaspekte zueinander und ihr jeweiliger Stellenwert in der gesamten Handlungssequenz herausgearbeitet werden. In bezug auf die regionale Mobilität der Absolventen war dies ein zentrales Anliegen der gesamten Untersuchung. Für die nachfolgenden Auswertungen steht damit ein fundiertes Analyseschema zur Verfügung, und es ist sichergestellt, daß alle Merkmale, die für die Bearbeitung des Themas wichtig sind, ausreichend Berücksichtigung gefunden haben.

3. Schließlich wurden im Zusammenhang mit dieser handlungstheoretischen Untersuchung auch die Grenzen der quantitativ-empirischen Auswertbarkeit aufgezeigt. Intentionen und Ziele in bezug auf den Berufseintritt können zwar mit Mitteln der quantitativen Sozialforschung abgefragt werden, jedoch können die hinter diesen geäußerten Handlungszielen und anvisierten Mitteln liegenden Denkvorgänge und Überlegungen nur teilweise oder gar nicht erfaßt werden. Bedenkt man beispielsweise den relativ langen Zeitraum, den Hochschulabsolventen z.T. benötigen, um eine adäquate Beschäftigung zu finden, so ist es nahezu unmöglich, diesen gesamten Prozeß zu rekonstruieren. Hier würden m.E. auch viele qualitative Methoden (wie z.B. narrative oder problemzentrierte Interviews, Gruppendiskussionen oder teilnehmende Beobachtung) scheitern (hier müßte wahrscheinlich Biographieforschung betrieben werden). Eine wesentliche Voraussetzung, um die gesamte Handlungssequenz vom Studienende bis zum Berufseintritt bzw. der beruflichen Etablierung nachzuvollziehen und zu verstehen, wäre zumindest eine Panel-Studie für den gesamten Zeitraum. So könnten die nachträglichen »Idealisierungen« vergangener Handlungen, die eine retrospektive Befragung (sei es nun schriftlich oder mündlich) immer mit sich bringt, zumindest teilweise ausgeschaltet werden. Es ist dann aber immer noch die Frage offen, inwieweit die von den Hochschulabsolventen geleisteten Verbalisierungen ihrer berufsbezogenen Vorstellungen und Überlegungen (und die dabei eventuell auftretenden oder aufgetretenen Probleme) tatsächlich ihre Denkmuster und Selbstinterpretationen/-beobachtungen repräsentieren.

Trotz auch dieser methodischen Probleme wäre es zweifellos günstiger gewesen, vor dem Hintergrund der theoretischen Überlegungen ein eigenes empirisches Untersuchungsdesign zur Bearbeitung der Fragestellungen zu entwerfen. Auf dieser Basis hätte man sich dann auch sehr viel gezielter mit dem Zusammenwirken der einzelnen Faktoren (z.B. im Hinblick auf regionale Mobilität) befassen können. Auch auf die spezifischen Belange einer handlungstheoretischen Forschungsperspektive hätte dann sehr viel besser eingegangen werden können. Eine Handlung wird erst zu einer Handlung, wenn sich der Handelnde ihrer bewußt wird und mit ihr einen subjektiven Sinn verbindet. Die Prüfung dieser konstituierenden Annahme der Handlungstheorie hätte zumindest versuchsweise in ein solches Forschungsdesign einfließen können.[80] Sicherlich wären zur Einlösung dieser Ansprüche andere Erhebungsverfahren aus dem Bereich der qualitativen Sozialforschung (wie sie beispielsweise ARNOLD, 1988, S. 99 vorschlägt) oder eine Kombination aus qualitativen und quantitativen Erhebungsmethoden notwendig gewesen (vgl. auch GARZ/KRAIMER, 1991, S. 2 und S. 15 ff.).

80 Dabei muß sich der Forscher natürlich immer des Problems bewußt sein, daß er es ist, der durch einen Fragebogen oder durch ein Interview dem Befragten bestimmte Aspekte seines Handelns erst bewußt macht. Möglicherweise erst zum Zeitpunkt der Befragung denkt die Versuchsperson zum ersten Mal über die abgefragten Aspekte nach und schreibt ihnen retrospektiv einen subjektiven Sinn zu.

Hinzukommt, daß die zur Verfügung stehenden Daten auf zwei Befragungen zurückgehen, die nicht nur methodisch, sondern auch inhaltlich tendenziell andere Zielrichtungen und Forschungsinteressen verfolgen. Es konnten somit nicht immer alle wesentlichen Variablen und Aspekte geprüft werden, die in den theoretischen Vorüberlegungen und insbesondere im Handlungsmodell als zentral herausgearbeitet worden sind. Die den beiden Befragungen zugrundeliegenden Forschungsschwerpunkte sind jedoch mit der in diesem Dissertationsvorhaben zu bearbeitenden Thematik eng verwandt. Es kann also davon ausgegangen werden, daß einige der grundlegenden Zusammenhänge geprüft und zumindest teilweise die wesentlichen Ausgangs- und Rahmenbedingungen kontrolliert werden können. Trotzdem sind die Diskrepanzen zwischen diesen theoretischen Anforderungen und ihrer empirischen Einlösbarkeit so groß, daß den handlungstheoretischen Grundlagen und dem erarbeiteten Modell im weitesten Sinne nur eine *heuristische Funktion* zugeschrieben werden kann.

IV Empirische Datengrundlagen

Die empirischen Auswertungen zu dieser Arbeit basieren auf zwei unterschiedlichen Hochschulabsolventenbefragungen. Beide Untersuchungen sind Längstschnittstudien, d.h dieselben Absolventen wurden in zeitlichen Abständen von 2 bis 3 Jahren zweimal bzw. dreimal befragt. Die Studien wurden zum einen im Rahmen eines Forschungsprojekts am Fachgebiet Geographie der Universität Osnabrück durchgeführt (Ltg.: Hans-Joachim Wenzel) und zum anderen am Wissenschaftlichen Zentrum für Berufs- und Hochschulforschung an der Gesamthochschule Kassel (Ltg.: Ulrich Teichler).

Das Osnabrücker Projekt ist besonders geeignet, die für den regionalen Aspekt dieser Arbeit wichtigen Daten zu liefern, da regionale Mobilitätsbereitschaft und das tatsächliche Wanderungsverhalten bei diesen Befragungen im Mittelpunkt standen. Die Kasseler Hochschulabsolventen-Verlaufsstudie hat sich dagegen insgesamt sehr viel ausführlicher mit dem Prozeß des Austritts aus der Hochschule, dem Eintritt in den Beruf und der beruflichen Konsolidierung auseinandergesetzt. Sie zielte nicht schwerpunktmäßig auf die Erfassung regionaler Migrationsprozesse. Die regionale Mobilitäts-(bereitschaft) der befragten Absolventen war nur eine Variable von vielen. Es wird u.a. Aufgabe dieser Untersuchung sein, die zentralen Berufseintrittsvariablen im Hinblick auf ihre Effekte und Zusammenhänge für regionale Mobilitätsprozesse zu analysieren.

1 Studenten, Absolventen und Berufsanfänger westniedersächsischer Hochschulen: Studie an der Universität Osnabrück

1.1 Themenstellung und Anlage der Studie

Das Projekt ›Hochschulabsolventen und Arbeitsmarkt in Niedersachsen‹ gliederte sich in zwei Hauptphasen. Zunächst wurden Studierende im höheren Semester und gleichzeitig Absolventen an den *Universitäten* Osnabrück (an den Standorten Osnabrück und Vechta) und Oldenburg befragt, dann wurden entsprechende Befragungsaktionen an allen westniedersächsischen *Fachhochschulen* durchgeführt: Fachhochschule Osnabrück, Kath. Fachhochschule Norddeutschland (Standorte in Osnabrück und Vechta), Fachhochschule Oldenburg (mit dem Außenstandort Elsfleth), Fachhochschule Ostfriesland (Standorte Emden und Leer) und die Fachhochschule Wilhelmshaven. Die befragten Absolventen der Fachhochschulen und Universitäten wurden 12 bis 18 Monate nach ihrem Examen bzw. ihrer Diplomierung ein weiteres Mal befragt. In der Abbildung 4.2 sind alle einzelnen Befragungsdurchgänge zusammengestellt. Zur besseren Übersicht für die nachfolgenden Analyseschritte sind in der Abbildung 4.1 alle Hochschulstandorte verzeichnet, an denen die Befragungen durchgeführt wurden. Zusätzlich sind in der Abbildung zur besseren Orientierung auch die Namen der westniedersächsischen Landkreise und kreisfreien Städte angegeben.

Abb. 4.1: Standorte von Fachhochschulen und Universitäten im westlichen Niedersachsen (Regierungsbezirk Weser-Ems)

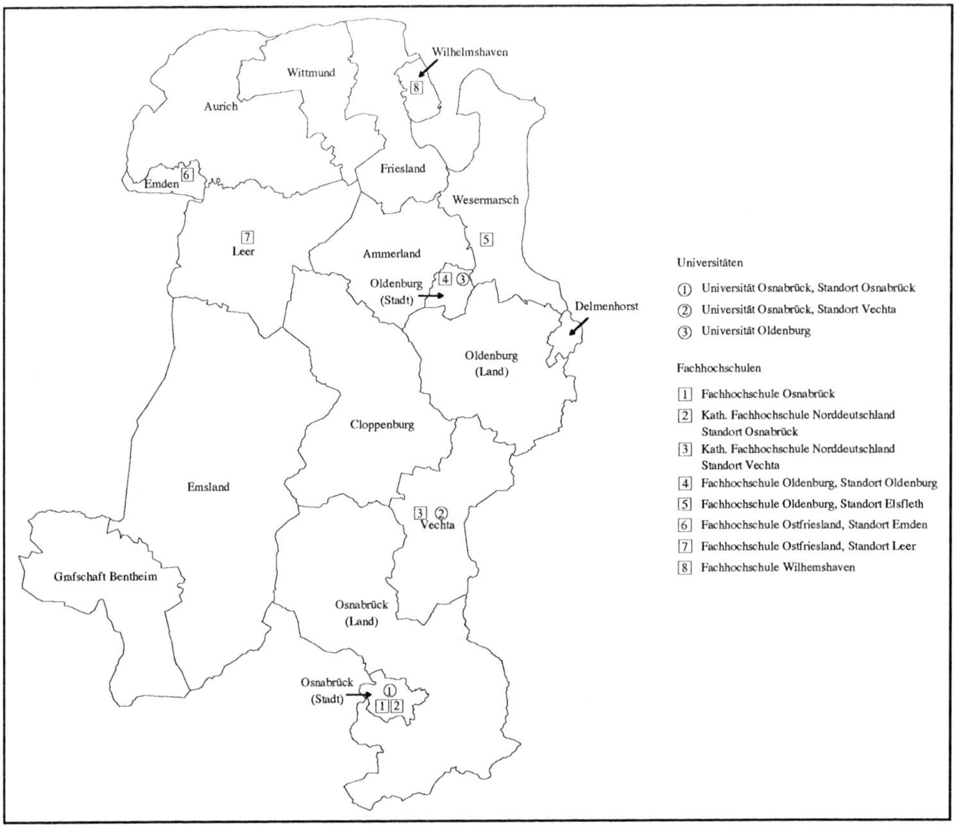

Es war ein Hauptanliegen dieser Untersuchungen, die Frage zu klären, wie für die Absolventen der westniedersächsischen Hochschulen der Übergang vom Bildungs- in das Beschäftigungssystem verläuft, insbesondere vor dem Hintergrund der geringen Nachfrage nach Akademikern in weiten Teilen des strukturschwachen, ländlich-peripheren westniedersächsischen Wirtschaftsraumes. Im Zusammenhang mit ein Befragung von westniedersächsischen Abiturienten sowie Studienanfängern und Studienwechslern der Regionalhochschulen wurde nachgewiesen, daß das westliche Niedersachsen eine dauerhafte, bildungsselektive Abwanderung von Hochqualifizierten und Hochschulabsolventen zu verzeichnen hat, die sich bereits in einer überregionalen Orientierung des regionalen Abiturientenaufkommens gezeigt hat (WENZEL/EHRHARDT/ROLFES, 1990, S. 136; WENZEL, 1989b, S. 54 ff.; EHRHARDT/WENZEL, 1988, S. 47 ff.). Um diesem Phänomen weiter auf den Grund zu gehen, ist in den unterschiedlichen Befragungen und Analysen vor allem Fragen zu Wohn- und Arbeitsortspräferenzen, regionaler Mobilitätsbereitschaft und regionaler Mobilität der Hochschulabsolventen nachgegangen worden.

Im Mittelpunkt der Forschungsprojekte stand die Frage, wie Hochschulabsolventen ihren beruflichen Übergang organisieren, z.B. welche alternativen Handlungsstrategien für die befragten Absolventen ins Blickfeld kamen, wenn das regionale Mobilitätspotential gering war und eine Wohnortverlagerung nicht akzeptabel oder möglich erschien. Dem Verhältnis von regionaler Mobilität(-sbereitschaft) und beruflicher Flexibilität(-sbereitschaft) wurde in diesem Zusammenhang besondere Aufmerksamkeit geschenkt.

Abb. 4.2 Übersicht der durchgeführten Befragungen im Projekt ›Hochschulabsolventen und Arbeitsmarkt in Niedersachsen‹

	Absolventen der Fachhochschulen Osnabrück, Oldenburg, Ostfriesland (Emden und Leer), Wilhelmshaven und Kath. Fachhochschule Osnabrück/Vechta (1989 bis 1992)	Absolventen der Universitäten Osnabrück (mit Vechta) und Oldenburg (1986 bis 1990)
Studierende im höheren Semester	1989 und 1990: 1.602 Studierende ab 5. Semester Schwerpunkte – individuelle Studienvoraussetzungen – Studiensituation und -verlauf – Verhältnis von Fachhochschul- und Universitätsausbildung – zukünftige Beschäftigungssituation – Einstellungen zu Beruf und Stellensuche	1986 und 1987: 782 Studierende ab 7 Semester Schwerpunkte – individuelle Studienvoraussetzungen – Studiensituation und -verlauf – zukünftige Beschäftigungssituation – Einstellungen zu Beruf und Stellensuche
Absolventen nach Abschluß des Studiums	1989 bis 1990: 707 Fachhochschulabsolventen Schwerpunkte – individuelle Studienvoraussetzungen – Studienverlauf – Situation nach dem Studium – beruflicher Verbleib und Stellensuche – Einstellungen zum Beruf	1986 bis 1989: 574 Universitätsabsolventen Schwerpunkte – individuelle Studienvoraussetzungen – Studienverlauf – Situation nach dem Studium – beruflicher Verbleib und Stellensuche – Einstellungen zum Beruf
Absolventen in der beruflichen Einstiegsphase	1990 bis 1992: 384 Absolventen 12 bis 15 Monate nach Studienabschluß Schwerpunkte – gegenwärtige Lebenssituation – beruflicher Verbleib – rückblickende Beurteilung von Ausbildung und Studium – regionale Präferenzen	1987 bis 1990: 272 Absolventen 12 bis 18 Monate nach Studienabschluß Schwerpunkte – gegenwärtige Lebenssituation – beruflicher Verbleib – rückblickende Beurteilung von Ausbildung und Studium – regionale Präferenzen – Arbeitslosigkeit

1.2 Zur Durchführung der Erhebungen

Wie bereits erwähnt, wurden die Untersuchungen in zwei zeitlich versetzten Abschnitten durchgeführt. Die Befragungen an den Fachhochschulen fanden im Durchschnitt etwa 2 bis 3 Jahre nach den Befragungsaktionen an den Universitäten statt. Die Befragungen erfolgten mittels standardisierter Fragebögen, wobei in den meisten Fällen Antwortkategorien vorgegeben wurden und die Fragen in der Regel fachübergreifend formuliert wurden. Allerdings wurden für die Fachhochschulen und die Universitäten jeweils unterschiedliche Fragebogen entworfen (siehe Anhang), die in der Konzeption der wesentlichen Untersuchungsschwerpunkte (z.B. zur regionalen Mobiltätsbereitschaft und beruflichen Flexibilitätsbereitschaft) vergleichbar gestaltet wurden. Die Zusendung bzw. Aushändigung der Fragebögen an die Studierenden im höheren Semester und die Absolventen erfolgte aus Zeit- und Kostengründen sowie aufgrund datenschutzrechtlicher Zwänge nicht durch die Projektgruppe (die Adressen der Zielgruppen durften den Projektmitarbeitern nicht zur Verfügung gestellt werden). Es mußte hier in den meisten Fällen auf die Hilfe der Verwaltungen der Hochschulen zurückgegegriffen werden. Dies wirkte sich z.T. nachteilig auf die Rücklaufquoten aus: Einerseits wurden die Fragebögen nicht an jeder Verteilungsstelle mit dem gleichen Nachdruck verteilt, andererseits standen somit von der überwiegenden Zahl der Befragten keine Anschriften zur Verfügung, so daß eine Erinnerungsaktion nicht möglich war.

Die *Befragung von Studierenden im höheren Semester* (7. Semester und höher) fanden für die Universitäten Oldenburg und Osnabrück im Sommersemester 1986 und 1987 statt. Nach einer Zufallsstichprobe wurden im ersten Jahr 2000 im zweiten Jahr 1600 Studierende angeschrieben, von denen 426 (21 Prozent) bzw. 356 (22 Prozent) den Fragebogen ordnungsgemäß ausgefüllt zurücksandten. An 4 der 5 westniedersächsischen Fachhochschulen wurden im Sommersemester 1989 Vollerhebungen bei den Studierenden im höheren Semester (5. Semester und höher) durchgeführt, an der Fachhochschule Osnabrück eine 67 Prozent Stichprobe gezogen. Es wurden insgesamt 3385 Fragebögen ausgegeben, von denen 1235 (37 Prozent) zurückgesandt wurden. Im Sommersemester 1990 wurden an einigen Fachhochschulstandorten und in speziellen Fächern Nacherhebungen durchgeführt. Von den 946 verschickten Fragebögen wurden 367 zurückgeschickt (39 Prozent). Auf diese Befragungen der »höheren Semester« soll in den nachstehenden Untersuchungen allerdings nur am Rande eingegangen werden.

Schwieriger gestaltete sich die *Befragung der Absolventen* der Fachhochschulen und besonders der Universitäten, weil die Fragebögen hier nicht von zentralen Verwaltungseinheiten an die Absolventen aushändigt werden konnten, sondern die einzelnen prüfenden Fachbereiche Fragebögen und Rückumschläge in der Regel bei der Ausgabe der Zeugnisse an die Hochschulabgänger verteilten. Dadurch ergaben sich bei manchen Hochschulen Schwierigkeiten, die genaue Zahl der tatsächlichen Absolventen zu erfassen. Die tatsächlichen Absolventenzahlen konnten von den Fachbereichen nur zum Teil exakt mitgeteilt werden,[81] und auch die Hochschulleitungen hatten keine genauen Kenntnisse darüber, wieviele Absolventen während der Befragungsphase das Studium erfolgreich abgeschlos-

---

[81] Schwierig war die Feststellung der Zahl von Absolventen immer dann, wenn in den Fachbereichen die Prüfungen nicht im Block abgenommen wurden, sondern sich die Absolventen jederzeit für das Prüfungsverfahren anmelden konnten. Hier wäre es dann nur mit einem großen bürokratischen Aufwand möglich gewesen, die genaue Zahl von Absoventen zu bestimmen, die in der Befragungsphase das Studium erfolgreich beendet hatten.

sen hatten. Insgesamt wurden im Zeitraum von Juli 1898 bis September 1990 an den Fachhochschulen an etwa 2060 bis 2070 Absolventen Fragebögen verteilt, wovon 707 zurückgesandt wurden (ca. 33 Prozent). An den Universitäten startete die Befragungsaktion bereits im Sommer 1986 und wurde erst im Herbst 1989 beendet. Da aus den o.g. Gründen keine verläßlichen Daten darüber vorliegen, wievielen Absolventen in diesem Zeitraum tatsächlich ein Fragebogen ausgehändigt wurde, können auch keine Angaben zum Fragebogenrücklauf gemacht werden.[82] Es ist in jedem Fall anzunehmen, daß die Erfassungsquoten für die Universitäten unter den Zahlen der Fachhochschulen liegen, da die Mitarbeiter in den verschiedenen Fachbereichen der Universitätstandorte Osnabrück, Oldenburg und Vechta gegen Ende der Erhebungsphase kaum noch für eine weitere Mitarbeit zu motivieren waren. Insgesamt wurden in diesen drei Jahren 574 Fragebögen ausgefüllt zurückgesandt.[83]

Vergleichbar hohe Rückläufe waren bei der *Befragung der Berufsanfänger* zu verzeichnen. Von den 707 Fachhochschulabsolventen und den 574 Universitätsabsolventen erklärten sich 427 bzw. 323 bereit, an einer zweiten Befragung ca. 1 bis 2 Jahre nach Studienabschluß teilzunehmen (60 Prozent bzw. 56 Prozent). Von den dann Befragten sandten 384 bzw. 272 ihren Fragebogen nach einer dreimaligen Erinnerungsaktion ausgefüllt zurück (90 Prozent bzw. 84 Prozent). Damit stand von 54 Prozent der Fachhochschulabsolventen und 47 Prozent der Universitätsabsolventen Daten über den weiteren beruflichen Verbleib zur Verfügung.

Insgesamt kann demnach nicht davon ausgegangen werden, daß die befragten Absolventen und Berufseinsteiger aus fachspezifischer Sicht einen repräsentativen Querschnitt der Absolventen westniedersächsischer Hochschulen darstellen. Da es in dieser Untersuchung aber insbesondere um die regionalen Mobilitätsprozesse gehen soll, ist dieser Nachteil nicht so schwerwiegend, auch wenn man annehmen muß, daß regionale Mobilität in nicht unerheblichem Maße vom studierten Fach und den entsprechenden Arbeitsmarktaussichten abhängig ist. Es ist aber nicht zu erwarten, daß eine spezifische Selektion von Probanden dergestalt stattgefunden hat, daß beispielsweise mobile oder immobile Absolventen in der Stichprobe über- oder unterrepräsentiert sind. Es ist unwahrscheinlich, daß durch die geringe Befragungsbeteiligung in größerem Ausmaß spezifische Ausfälle bei regionalen Beobachtungsvariablen zu erwarten sind. Die Daten aus diesen empirischen Erhebungen werden Grundlage der Analysen von Kapitel V sein.

---

[82] Es kann in jedem Fall davon ausgegangen werden, daß es zu fachspezifischen Verzerrungen gekommen ist, da einige Fachbereiche die Mitarbeit von vornherein verweigerten, einige am Anfang zu einer Mitarbeit bereit waren, aber später keine Fragebögen mehr ausgehändigt haben. Auch hat das Engagement insgesamt in den letzten 18 Monaten der Befragungsphase stark nachgelassen. Jedenfalls wird ein großer Prozentsatz der Absolventen gar keinen Fragebogen erhalten haben, womit eine Berechnung von Rücklaufquoten ein stark verfälschendes Ergebnis liefern würde.

[83] Geht man davon aus, daß in den drei Jahren der Befragung von Sommer 1986 bis Herbst 1989 zwischen 3180 und 3306 Absolventen ihren Abschluß an diesen beiden Universitäten gemacht haben, dann liegt die Beteiligungsquote nur zwischen 17 und 18 Prozent. Die geschätzten Absolventenzahlen errechnen sich aus den Abgängerzahlen für die Jahre 1986, 1987 und 1988 bzw. für die Jahre 1987, 1988 und 1989. Es liegen hierbei die Prüfungen für Diplom- und Lehramtskandidaten ohne Promotionen zugrunde (aus BMBW, 1989, 1990, 1991 und STAT. BUNDESAMT, 1986).

2 Hochschulabsolventen-Verlaufsstudie des wissenschaftlichen Zentrums für Berufs- und Hochschulforschung in Kassel

Die Kasseler Hochschulabsolventen-Verlaufsstudie wurde in erster Linie konzipiert, um der Frage nachzugehen, inwieweit Unterschiede und Differenzen in Studienangeboten und Studienbedingungen an den untersuchten Hochschulen die Form des Berufsstarts, des Berufsverlaufs und der beruflichen Konsolidierung von Hochschulabsolventen widerspiegeln, möglicherweise sogar das Ausmaß des beruflichen Erfolges beeinflußen (vgl. dazu ausführlich TEICHLER u.a., 1987). Um die Studienbedingungen und -angebote einem kontrollierten Vergleich unterziehen zu können, wurden nur drei Studienfachrichtungen ausgewählt: Maschinenbau, Sozialarbeit/-pädagogik und Wirtschaftswissenschaften. Für jede dieser Fachrichtungen wurden sieben Hochschulstandorte ausgewählt, und zwar Hochschulen unterschiedlichen Typs (Fachhochschulen, Gesamthochschulen und Universitäten). Damit wurden insgesamt 21 Hochschulen aus dem gesamten (alten) Bundesgebiet in die Befragung einbezogen. Für die Untersuchungen und Befragungen wurden vor allem solche Hochschulen ausgewählt, die sich bezüglich ihrer Studienangebote und -bedingungen sehr stark voneinander unterschieden (z.B. traditionelle gegenüber reformorientierten Hochschulen, eher theoriegeleitete Ausbildung gegenüber einem eher praxisorientierten Studium). Die subjektiven Wahrnehmungen und Einschätzungen dieser Angebote und Bedingungen durch die Absolventen bildeten dementsprechend einen Schwerpunkt in der ersten Befragungsphase; in der zweiten und dritten Befragungsphase standen außerdem Einschätzungen zum Zusammenhang von Studium und beruflicher Tätigkeit im Mittelpunkt. Als Ergebnis zeigte sich dann aber, daß die unterschiedlichen Studienbedingungen und -angebote nur unwesentlich das Ausmaß des Berufsstarterfolges bzw. des langfristigen beruflichen Erfolges beeinflußten, wenn man von den unterschiedlichen Bedingungen des Hochschultyps einmal absieht (Fachhochschule, Gesamthochschule, Universität) (vgl. SCHOMBURG, 1990b, S. 209 ff.; SCHOMBURG, 1992c, S. 243 ff.).[84] Die regionalen Arbeitsmarktbedingungen, die zweifellos bei den (wenn auch geringen) hochschulspezifischen Unterschieden im Berufsstarterfolg und dem beruflichen Verbleib von Bedeutung sind, wurden zwar für den Untersuchungszeitraum erhoben, jedoch ihr Einfluß auf die individuellen und hochschulspezifischen Beschäftigungschancen noch nicht quantitativ untersucht.

Gleichzeitig wurden aber auch sehr intensiv und ausführlich wichtige Aspekte des Prozesses des beruflichen Übergangs, des Berufsstarts sowie der beruflichen Etablierung untersucht. Auch Fragen der Qualifikationsverwendung und -einschätzung sowie Beurteilungen beruflicher Perspektiven und Präferenzen wurden erhoben. Die zahlreichen Einzelergebnisse können hier nicht diskutiert werden, dazu sei auf die umfangreichen Ergebnisberichte verwiesen (für die 1. Phase: TEICHLER u.a., 1987; für die 2. Phase: TEICHLER/WINKLER, 1990 und für die 3. Phase: TEICHLER/BUTTGEREIT, 1992).

Zwar sind regionale Aspekte des Berufseintritts in dieser Studie nur am Rande untersucht worden, dennoch wurden auch einige aus geographischer Sicht hervorzuhebende Ergebnisse erzielt. So wurde beispielsweise zumindest für den Zeitpunkt 2 Jahre nach Studienabschluß deutlich, daß sich das Ausmaß der regionalen Mobilitätsbereitschaft bzw.

[84] Um Irritationen zwischen den 21 untersuchten Hochschulen zu vermeiden, wurden die Hochschulen für die Untersuchungen anonymisiert. Die Anonymität wird auch im Rahmen dieser Studie gewahrt.

der realisierten regionalen Mobilität fachspezifisch stark unterscheidet. Die Absolventen des Maschinenbaus zeichneten sich danach durch eine überdurchschnittliche Immobilität aus. Mehr als die Hälfte von ihnen hatte sowohl in der Heimatregion studiert als auch dort eine Beschäftigung gefunden. Bei den Absolventen der Wirtschaftswissenschaften bzw. der sozialpflegerischen Studiengänge lag dieser Anteil bei 37 Prozent bzw. 32 Prozent. Dafür hatten von den Absolventen der Wirtschaftswissenschaften 29 Prozent und von denen des Sozialwesens 27 Prozent sowohl Heimat- als auch Studienregion verlassen, im Maschinenbau lag der entsprechende Anteil bei nur 15 Prozent (vgl. SCHOMBURG, 1990a, S. 44 ff.).

Abb. 4.3: Übersicht der durchgeführten Befragungen im Rahmen der Kasseler Hochschulabsolventen-Verlaufsstudie (vgl. TEICHLER/BUTTGEREIT, 1992, S. 16 ff.)

	Absolventen der drei Fachrichtungen Maschinenbau, Sozialarbeit/Sozialwesen und Wirtschaftswissenschaften pro Fach jeweils sieben Hochschulen (Fachhochschulen, Gesamthochschulen und Universitäten)
1. Phase: Studium, Hochschule und Beruf (1982 bis 1985)	2515 Absolventen der Jahrgänge 1983/84 und 1984/85 während ihres Examens Schwerpunkte: – individuelle Studienvoraussetzungen und Lebenssituation – Studiensituation und -verlauf – Beurteilung von Studiengang und Hochschule – berufliche Perspektiven und Präferenzen
2. Phase: beruflicher Übergang (1986 bis 1988)	1617 Absolventen 2 Jahre nach Beendigung ihres Studiums Schwerpunkte: – gegenwärtige Lebenssituation – Übergang von der Hochschule in den Beruf, Berufssuche, Einarbeitung – berufliche Situation, Tätigkeit und Qualifikation – Zusammenhang von Studium und Beruf – berufliche Vorstellungen und Ansprüche – berufliche Weiterbildung
3. Phase: berufliche Konsolidierung (1988 bis 1990)	1420 Absolventen 4 bzw. 5 Jahre nach Beendigung ihres Studiums Schwerpunkte: – gegenwärtige Lebenssituation – bisheriger Berufsverlauf – berufliche Situation, Arbeitsaufgaben und Tätigkeit – Einschätzung der beruflichen Situation – berufliche Vorstellungen und Ansprüche – berufliche Weiterbildung

4. Phase: längerfristiger beruflicher Verbleib (seit 1996)	Absolventen 10 Jahre nach Beendigung ihres Studiums (z.Zt. in Vorbereitung) Schwerpunkte: – gegenwärtige Lebenssituation – bisheriger Berufsverlauf – berufliche Situation, Arbeitsaufgaben und Tätigkeit – Einschätzung der beruflichen Situation – berufliche Vorstellungen und Ansprüche – berufliche Weiterbildung

Analysen zum regionalen Mobilitätsverhalten und dem Berufsstarterfolg 2 Jahre nach Studienabschluß und dem beruflichen Erfolg 4 bzw. 5 Jahre nach dem Studienende belegen nur in Einzelfällen und für bei bestimmten Fächern die Hypothese, daß regionale Mobilität sich positiv auf den beruflichen Verbleib auswirkt. So wurden beispielsweise (kleine) Unterschiede im beruflichen Erfolg zwischen Absolventen verschiedener Hochschulen beobachtet. Um auszuschließen, daß solche Differenzen auf regionale Arbeitsmarktstrukturen der Studienregion zurückzuführen sind, wurde der berufliche Erfolg von mobilen Absolventen dem der immobilen gegenübergestellt. Zumindest bei den mobilen Hochschulabsolventen konnte damit ausgeschlossen werden, daß der regionale Arbeitsmarkt am Hochschulort das Ausmaß des beruflichen Erfolges beeinflußte. Die diesbezüglichen Untersuchungen zeigten, daß die ohnehin geringen Unterschiede im beruflichen Erfolg, die sich je nach besuchter Hochschule abgezeichnet hatten, bei den mobilen Absolventen sehr viel geringer ausfielen als bei den immobilen. Die regionale Mobilität der Absolventen hatte somit einen stärkeren Effekt auf den Berufserfolg als die besuchte Hochschule. Wer beispielsweise (geringe) Nachteile im beruflichen Erfolg durch den Besuch eines bestimmten Hochschulstandortes zu erwarten hatte, konnte diese durch eine erhöhte regionale Mobilität aus dem Weg räumen. Insofern spiegeln hochschulspezifische Differenzen im Ausmaß des beruflichen Erfolges weniger die Qualität der Hochschulausbildung bzw. der Studienbedingungen und -angebote wider, sondern sind vielmehr auf regionale Arbeitsmarktungleichgewichte zurückzuführen, deren negative Effekte freiwillig oder gezwungenermaßen immobile Absolventen sehr viel stärker zu spüren bekommen als mobile (vgl. SCHOMBURG, 1992c, S. 257 ff.; SCHOMBURG, 1990b, S. 230 ff.).

Angaben zu den Rahmenbedingungen und zur Konzeption sowie zur Durchführung und Auswertung der Studie finden sich ausführlich in den 3 Projektberichten (vgl. TEICHLER/BUTTGEREIT, 1992, S. 1 ff.; TEICHLER/WINKLER, 1990, S. 1 ff.; TEICHLER u.a., 1987, S. 1 ff., S. 5 ff., S. 26 ff.). Eine eingehende Beschreibung kann daher an dieser Stelle unterbleiben.

V Geplante und realisierte regionale Mobilitätsprozesse beim Übergang vom Hochschul- in das Beschäftigungssystem im ländlich-peripheren Westniedersachsen

1 Handlungsstrategien und Anpassungsleistungen im Vorfeld des Berufseintritts: Regionale Mobilitätsbereitschaft, berufliche Flexibilitätsbereitschaft und Bewerbungs- und Informationsaktivitäten

Bevor die im Anschluß an das Studium von den westniedersächsischen Hochschulabsolventen *tatsächlich realisierten* beruflichen Übergänge detaillierter beschrieben und analysiert werden, sollen zunächst die *potentiellen* Handlungs*bereitschaften* und Anpassungs*bereitschaften* im Vorfeld des eigentlichen Eintritts in das Beschäftigungssystem im Mittelpunkt stehen. Die Überlegungen auf der Grundlage des skizzierten Handlungsmodells des Berufseintritts von Hochschulabsolventen haben deutlich gemacht, daß der Übergang vom Bildungs- in das Beschäftigungssystem kein gerader Weg sein muß. Er wird nicht genau auf einen speziellen Arbeitsplatz hin orientiert sein, der sich unter Zuhilfenahme bestimmter Strategien, Anpassungs- und Bewerbungsleistungen dann auch wirklich einnehmen läßt. Der Berufs- und auch Ausbildungsweg, der sich im Anschluß an das Studium tatsächlich ergibt bzw. ergeben wird, ist immer nur *eine* mögliche Lösung aus einer Reihe alternativer Verbleibsformen. Das realisierte Handlungsprodukt kann z.B. durch Zufall zustande gekommen sein; möglicherweise hat sich das Individuum auch erst nach einem langen und »quälenden« Entscheidungsprozeß aus einer größeren Zahl von Alternativen zu der jetzt realisierten Lösung entschlossen; vielleicht ist die aktuelle berufliche Verbleibsform auch nur eine Teilphase des beruflichen Eingliederungsprozesses, die unvermittelt wieder abgebrochen werden kann. Im Handlungsmodell wurde bereits grundgelegt, daß der Handlungsprozeß beim beruflichen Übergang nicht eindimensional auf ein bestimmtes Handlungsziel orientiert sein muß. Vielmehr können unterschiedliche Zielorientierungen und Handlungsentwürfe angenommen werden, die auf unterschiedlichen, mehrdimensionalen und komplexen Wegen realisierbar sind. Diese Handlungsentwürfe und Zielorientierungen werden vom handelnden Subjekt gegeneinander abgewogen, und nach bestem Wissen und unter Berücksichtigung der subjektiv und objektiv wichtigen Faktoren wird dann eine Alternative realisiert. Vor diesem theoretischen Hintergrund ist es wichtig, nicht nur die eine, realisierte Handlungsverwirklichung mit ihren Handlungsfolgen zu analysieren, sondern sich auch mit den alternativen Handlungsentwürfen und Mittel-Zweck-Relationen, also auch den latenten Handlungen der Absolventen zu beschäftigen.

In Anlehnung an das skizzierte Handlungsmodell werden von den Absolventen beim Übergang vom Bildungs- in das Beschäftigungssystem unterschiedliche Handlungsstrategien eingesetzt, um einen erfolgreichen Eintritt in den Beruf zu erreichen.[85] Dabei spielen

---

[85] Vgl. dazu in Abb. 3.2 den Komplex »Zielorientierung: Berufseintritt«

zum einen die regionale Mobilität eine Rolle und zum zweiten die berufliche Flexibilität (einschließlich der finanziellen Anpassungsbereitschaft). Es soll hier auch der Frage nachgegangen werden, in welchem Zusammenhang diese beiden Strategien zueinander stehen. Die beiden Handlungsstrategien bzw. Anpassungsleistungen basieren beide auf der Annahme, daß ein *ausbildungsadäquater* beruflicher Einstieg nicht ohne weiteres am gegenwärtigen Wohnort bzw. Wunschwohnort zu realisieren ist, sondern daß regionale und/oder soziale Mobilitätsprozesse (berufliche Flexibilität und Anpassung) notwendig werden.

In der Berufseintrittsphase sind neben der regionalen Mobilitätsbereitschaft und der beruflichen Flexibilitätsbereitschaft auch die Art und das Ausmaß der Informations- und Bewerbungsaktivitäten von Bedeutung (hierunter fällt auch das Nutzen informeller Kontakte). Sich bewerben und informieren stellen aber keine spezifischen Reaktionen auf bzw. erforderlichen Anpassungsleistungen an das Fehlen adäquater Arbeitsplätze dar. Es sind in der Regel bei allen Absolventen die ersten Aktivitäten bei der Suche nach einem Arbeitsplatz. Erst wenn hier nach intensiven Bewerbungs- und Informationsbemühungen wiederholt Mißerfolge und Probleme auftreten, werden ernsthaft Überlegungen über die eigenen regionalen Mobilitäts- und beruflichen Flexibilitätsspielräume angestellt. Im allgemeinen wird das Ausmaß der Informations- und Bewerbungsaktivitäten als Indikator dafür gewertet, wie intensiv sich ein Absolvent bei der Suche nach einem Arbeitsplatz engagiert. Für den Zeitpunkt kurz nach Abschluß des Studiums ist der Indikator jedoch nicht valide. Das Vorhandensein informeller Kontakte sowie der Umfang der Informations- bzw. Bewerbungsaktivitäten in der Abschlußphase des Studiums ist stark von der Studienfachrichtung abhängig. Außerdem ist der Zeitpunkt, wann z.B. Bewerbungsaktivitäten aufgenommen und Arbeitsmarktinformationen intensiv eingeholt werden, von Studienfach zu Studienfach sehr unterschiedlich. So müssen Absolventen von Lehramtsstudiengängen, sozialpflegerischen Fachrichtungen sowie Rechtswissenschaftler noch eine zweite Ausbildungsphase bzw. ein Anerkennungsjahr anschließen. Dies tun nach Abschluß ihres Studiums 73 Prozent der Rechtswissenschaftler, 74 Prozent der Lehramtsabsolventen in der Sekundarstufe I, 59 Prozent der Lehramtsabsolventen der Sekundarstufe II und 42 Prozent der Absolventen sozialpflegerischer Studiengänge zu (vgl. MINKS/NIGMANN, 1991, S. 25). Intensive Bewerbungs- und Informationsaktivitäten werden in diesen Fachgruppen erst im Anschluß an diese Phasen aufgenommen. Diese fachspezifischen Besonderheiten müssen berücksichtigt werden, wenn im weiteren Verlauf der Untersuchung Informations- und Bewerbungsaktivitäten im Gesamtzusammenhang der Handlungsstrategien und Anpassungsleistungen betrachtet werden.

Die Zusammenhänge und Wechselwirkungen zwischen den Handlungsbereitschaften und Strategien sollen dabei in Abhängigkeit von den im Handlungsmodell genannten individuellen (Studien-)Voraussetzungen und den wahrgenommenen Arbeitsmarktbedingungen untersucht werden. Besonders vom studierten Fach und den damit korrespondierenden Beschäftigungsaussichten kann ein entscheidender Einfluß auf den Komplex der Handlungsstrategien erwartet werden.

In diesem Kapitel V werden die Ergebnisse aus der Osnabrücker-Hochschulabsolventenbefragung vorgestellt und daran anschließend weitergehend analysiert und interpretiert. Die Ergebnisse wurden zum Teil bereits publiziert (vgl. WENZEL u.a., 1990; EHRHARDT u.a., 1990; ROLFES/WENZEL, 1990; WENZEL, 1989). In diesem Kapitel werden dann neue Auswertungen vorgestellt, die in die bereits publizierten Zusammenhänge eingearbeitet werden bzw. diese erweitern.

1.1 Regionale Mobilitätsbereitschaft und berufliche Flexibilitätsbereitschaft bei Hochschulabsolventen

Zur Operationalisierung dieser beiden Handlungsbereitschaften (regionale Mobilitätsbereitschaft und berufliche Flexibilitätsbereitschaft) beim Übergang vom Bildungs- in das Beschäftigungssystem wurden zwei Indikatoren konstruiert, die die potentiellen Handlungsstrategien einmal in regionaler Hinsicht und einmal in inhaltlich-fachlicher Sicht repräsentieren sollen.[86] Diese beiden Index-Variablen wurden auf der Grundlage inhaltlich vergleichbarer Fragen im Erhebungsbogen auf ihre Konsistenz überprüft. Die Ergebnisse dieser Prüfungen zeigten hohe Übereinstimmungen zwischen den Indikatoren und den Prüfvariablen, so daß davon ausgegangen werden kann, daß die Merkmalsausprägungen der Indikatoren zur regionalen Mobilitäts- und beruflichen Flexibilitätsbereitschaft zumindest innerhalb des Fragebogens konsistent sind.

Allerdings muß beim Indikator zur beruflichen Flexibilitätsbereitschaft berücksichtigt werden, daß die drei Merkmalsausprägungen (hohe, mittlere und geringe Flexibilitätsbereitschaft) nur bedingt interdisziplinär vergleichbar sind. Fachspezifisch und besonders in Abhängigkeit von den jeweiligen Beschäftigungsaussichten wird die beabsichtigte bzw. realisierbare Flexibilitätsbereitschaft stark schwanken. Beispielsweise kann eine hohe berufliche Flexibilitätsbereitschaft eines Lehramtsabsolventen mit der eines Maschinenbauingenieurs nur begrenzt verglichen werden. Lehramtsabsolventen mit einer hohen beruflichen Flexibilitätsbereitschaft werden aufgrund der defizitären Arbeitsmarktlage sehr viel häufiger auch fachfremde und inadäquate Beschäftigungsalternativen ins Auge fassen, wohingegen möglicherweise für Ingenieure eine hohe Flexibilitätsbereitschaft schon darin besteht, daß sie eine Tätigkeit annehmen, obwohl zusätzliche Qualifikationen zu erwerben sind. Wenn im folgenden dennoch Ergebnisse zu diesem Indikator vorgestellt werden, so müssen diese Einschränkungen stets mitbedacht werden. Inwieweit dieser Indikator dennoch für nicht-fachspezifische Analysen geeignet ist, müssen die nachfolgenden Untersuchungen zeigen.

Die Abbildungen 5.1 und 5.2 zeigen die Merkmalsausprägungen der beiden Indikatoren für die Fachhochschul- und die Universitätsabsolventen (vgl. auch die entsprechenden Ergebnisse in ROLFES/WENZEL, 1990, S. 370 ff., die hier etwas modifiziert worden sind).

[86] Die beiden Indikatoren wurden im Rahmen des Forschungsprojekts ›Hochschulabsolventen und Arbeitsmarkt in Niedersachsen‹ das erste Mal verwendet (vgl. WENZEL u.a., 1990, S. 133 ff.). Für diese Studie wurden die beiden Indikatoren leicht modifiziert. Der Indikator zur *regionalen Mobilitätsbereitschaft* geht auf die beiden folgenden Einzelvariablen zurück: (A) »In welchem Land käme eine berufliche Tätigkeit für Sie nur in Frage?« 6 Merkmalsausprägungen von ›:weltweit‹ bis ›nur Heimatortnähe‹. (B) »Ich würde immer versuchen, eine Stelle in der Nähe meines jetzigen Wohnortes zu finden.« 3 Merkmalsausprägungen: ›trifft zu‹, ›trifft teilweise zu‹, ›trifft nicht zu‹. Auch der Indikator zur *beruflichen Flexibilitätsbereitschaft* geht auf zwei Ausgangsvariablen zurück. Dies sind hier: (A) »Ich würde eine Stelle nur annehmen, wenn sie in jeder Hinsicht meinen Vorstellungen entspricht.« 3 Merkmalsausprägungen: ›trifft zu‹, ›trifft teilweise zu‹, ›trifft nicht zu‹. (B) »Wenn ich in dem von mir gewünschten Berufsfeld keine Stelle bekäme, würde ich auch völlig andere Tätigkeiten ausüben.« 3 Merkmalsausprägungen: ›trifft zu‹, ›trifft teilweise zu‹, ›trifft nicht zu‹. Die 4 Merkmalsausprägungen zur regionalen Mobilitätsbereitschaft und zur beruflichen Flexibilitätsbereitschaft (›hoch‹, ›mittel‹, ›niedrig‹ und ›inkonsistent‹) ergeben sich aus Kombinationen der Ausprägungen der beiden Einzelvariablen. Als ›inkonsistent‹ wurde solche Fälle eingestuft, die bezogen auf die beiden Einzelvariablen widersprüchliche Angaben gemacht hatten.

Wie die Abbildung 5.1 verdeutlicht, zeigen 45 Prozent der *Fachhochschulabsolventen* eine hohe Mobilitätsbereitschaft, 23 Prozent eine geringe (linke Darstellung). Das Niveau der beruflichen Flexibilitätsbereitschaft liegt vergleichsweise noch niedriger (rechte Darstellung). Lediglich 27 Prozent erreichen die höchste Flexibilitätsstufe, 31 Prozent werden der niedrigsten Stufe zugerechnet. Nicht dargestellt sind an dieser Stelle die entsprechenden Werte für die Fachhochschul*studenten* in höheren Semestern. Im Rahmen der Osnabrücker Hochschulabsolventen-Befragung ist aber das Ergebnis erzielt worden, daß mehr Fachhochschulstudenten in die höchste Niveaustufe der beruflichen Flexibilitäts- und regionalen Mobilitätsbereitschaften eingestuft wurden als Absolventen (vgl. ROLFES/WENZEL, 1990, S. 371). Bei den Befragten wurde während des Studiums eine deutlich höhere Mobilitäts- wie auch Flexibilitätsbereitschaft ermittelt. Diese relativ optimistischen Einschätzungen der eigenen Handlungsbereitschaften nehmen mit dem Wechsel vom Studenten- zum Absolventenstatus wieder ab. Die eigenen Absichtserklärungen werden angesichts der realen Situation z.T. zurückgenommen.[87]

Abb. 5.1: Regionale Mobilitätsbereitschaft und berufliche Flexibilitätsbereitschaft bei Fachhochschulabsolventen (in Prozent)

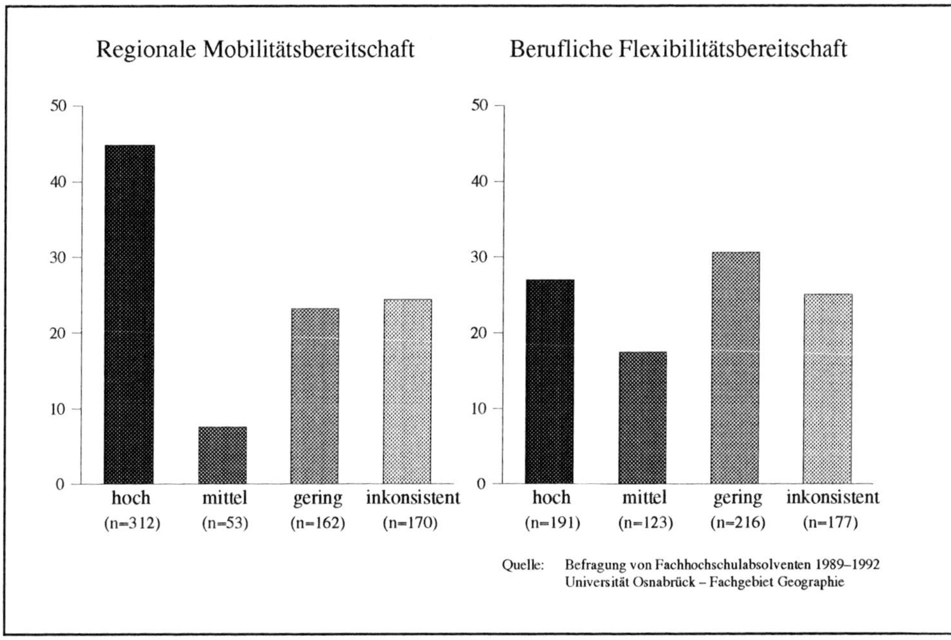

Im Gegensatz zu den Verteilungen bei den Fachhochschulabsolventen (und -studenten) liegen bei den *Universitätsabsolventen* die regionale Mobilitätsbereitschaft und die berufliche Flexibilitätsbereitschaft auf einem etwa gleich hohen Niveau (eine hohe Mobilitätsbereitschaft zeigte sich hier in 50 Prozent der Fälle, eine hohe Flexibilitätsbereitschaft in 49 Prozent der Fälle). Beim Übergang vom Studenten- zum Absolventenstatus zeigt sich

[87] Hierbei sei aber darauf hingewiesen, daß die Befragung der Studierenden im höheren Semester und die Befragung der Absolventen keine Panel-Befragung gewesen ist.

übrigens auch bei den Universitätsabsolventen in gleichem Maße ein Rückgang der Mobilitäts- und Flexibilitätsbereitschaft wie an den Fachhochschulen (vgl. ROLFES/WENZEL, 1990, S. 371).

Abb. 5.2: Regionale Mobilitätsbereitschaft und berufliche Flexibilitätsbereitschaft bei Universitätsabsolventen (in Prozent)

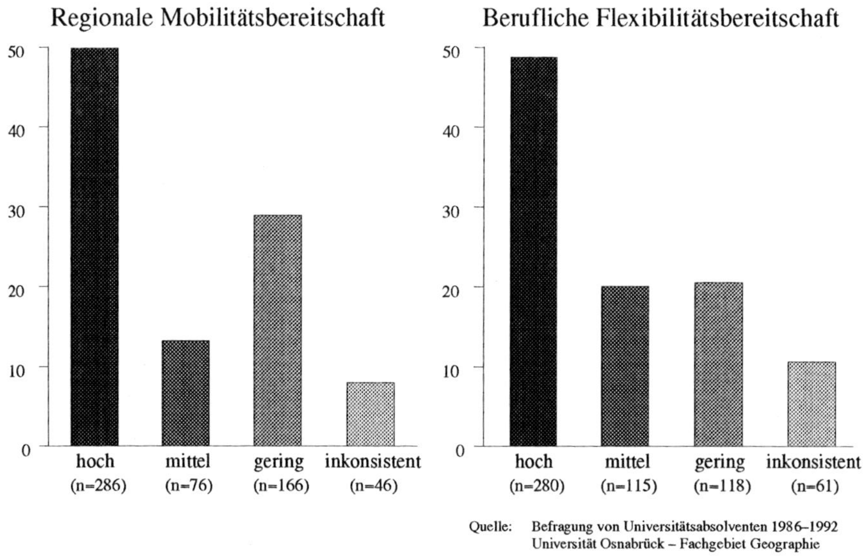

Zusammenfassend läßt sich also festhalten, daß bei den Fachhochschulstudenten und -absolventen die Bereitschaft, bei der Suche nach einem Arbeitsplatz regional mobil zu sein, bedeutend größer ist als die Bereitschaft, Abstriche von inhaltlichen und fachlichen Berufsvorstellungen zu machen. Bei den Universitätsabsolventen ist eine vergleichbare Akzentsetzung nicht feststellbar. Die Frage ist nun, ob die beobachteten Unterschiede auf tatsächlich bestehende Unterschiede der beruflichen Flexibilitätsbereitschaft bei Fachhochschul- und Universitätsabsolventen zurückgehen (was inhaltlich durchaus begründbar wäre), oder ob möglicherweise der Indikator zur beruflichen Flexibilitätsbereitschaft für einen hochschultypübergreifenden Vergleich nicht geeignet ist.

Dieser bemerkenswerte Unterschied legt auch die Vermutung nahe, daß berufliche Flexibilitätsbereitschaft für Fachhochschulabsolventen offensichtlich im Kern etwas anderes bedeutet als für die Absolventen der Universitäten; dies ist insbesondere auf die unterschiedlichen Fachrichtungen der beiden Hochschulabsolventengruppen zurückzuführen (speziell im westlichen Niedersachsen). Während unter den Universitätsabsolventen Studiengänge mit eher unsicheren Beschäftigungsaussichten wie die Lehramtsstudiengänge, Sozial- und Geisteswissenschaften sehr stark vertreten sind (42 Prozent aller Befragten), dominieren bei den Fachhochschulabsolventen die Fächer Wirtschaftswissenschaften und technische- bzw. Ingenieurwissenschaften, für die in der Regel vergleichsweise günstige Beschäftigungsperspektiven kennzeichnend sind. Aufgrund dieser fachspezifischen Unterschiede können die beruflichen Flexibilitätsbereitschaften der befragten westniedersächsischen Fachhochschul- und Universitätsabsolventen nur sehr eingeschränkt miteinander verglichen werden. Zunächst einmal könnte davon ausgegangen werden, daß aufgrund unterschiedlicher Beschäftigungsaussichten für die beiden Gruppen erhebliche Differenzen in der Wahrnehmung und Bewertung beruflicher Flexibilitätsbereitschaft vorliegen. Das verfügbare Datenmaterial liefert für diese Annahme einige Indizien: Bei den Fachhochschulabsolventen sind mit steigender beruflicher Flexibilitätsbereitschaft immer mehr Befragte der Auffassung, »Hochschulabsolventen sollten auch bereit sein, in nichtakademischen Berufen zu arbeiten«.[88] Von den Absolventen mit einer hohen beruflichen Flexibilitätsbereitschaft halten 57 Prozent diese Aussage für »eher richtig«, von denen mit einer geringen Flexibilitätsbereitschaft lediglich 19 Prozent. Flexibilitätsbereite Fachhochschulabsolventen würden also überdurchschnittlich häufig auch eine Tätigkeit auf einer hierarchisch untergeordneten Ebene in einem Betrieb akzeptieren; wahrscheinlich insbesondere zu Beginn eines neuen Beschäftigungsverhältnisses, mit der Aussicht auf eine spätere Verbesserung der beruflichen Position. In der Realität ist ein »statusunangemessener« Berufseinstieg bei den Fachhochschulabsolventen durchaus üblich. Ein Großteil der Fachhochschulabsolventen ist unmittelbar nach Studienabschluß als Sachbearbeiter oder qualifizierter Angestellter tätig, insbesondere im Sozialwesen und den Wirtschaftswissenschaften (vgl. MINKS/NIGMANN, 1991, S. 155 f.). Für Fachhochschulabsolventen könnte also berufliche Flexibilität die Bereitschaft bedeuten, bei der *beruflichen Position* zu Beginn ihrer Berufstätigkeit zunächst Abstriche von den ursprünglichen Berufsvorstellungen zu machen. Demgegenüber beeinflußt bei Fachhochschulabsolventen das Ausmaß der beruflichen Flexibilitätsbereitschaft aber nicht die Auffassung, Hochschulabsolventen sollten ihre Einkommens- und Statusvorteile aufgeben oder ihre Erwartungen an eine zukünftige Stelle deutlich herabsetzen.[89] Gerade diese beiden Punkte sind es aber, die für Universitätsabsolventen mit einer hohen beruflichen Flexibilitätsbereitschaft kennzeichnend sind: 39 Prozent der Universitätsabsolventen mit einem hohen Flexibilitätspotential halten die Aussage »Hochschulabsolventen sollten ihre Erwartungen und Ansprüche an einen Beruf deutlich herabsetzen« für »eher richtig« – in der Gruppe mit nur geringer Flexibilitätsbereitschaft stimmen nur 15 Prozent dieser Aussage zu. Weiterhin sprechen sich 45 Prozent der potentiell flexiblen Universitätsabsolventen dafür aus, daß »es angesichts der Arbeitslosigkeit auch unter Akademikern nicht mehr gerechtfertigt scheint, die hohen Einkommens- und Statusvorteile beizubehalten«. Unter den Absolventen mit einer niedrigen beruflichen Flexibilitätsbereitschaft sind nur 29 Prozent der gleichen Auffassung. Bei den Fachhochschulabsolventen zeigen sich in diesen beiden Punkten keine Einstellungsunterschiede in Abhängigkeit von der beruflichen Flexibilitätsbereitschaft.

---

[88] Vor der Interpretation dieses Statements muß beachtet werden, daß relativ unklar ist, was Fachhochschulabsolventen unter akademischen Berufen verstehen. So ist durchaus vorstellbar, daß sie die Universitätsabsolventen eher zu den Akademikern zählen als Fachhochschulabsolventen (also sich selbst). Hinzukommt, daß die Befragten dieses Statement nicht auf ihre eigene Berufssituation beziehen sollten, sondern das mit dieser Frage ganz allgemeine Einschätzungen zum Arbeitsmarkt abgefragt wurden.

[89] Auch diese beiden Statements gehen auf eine Frage zur allgemeinen Einschätzung der Lage auf dem Arbeitsmarkt zurück. Die beiden Items lauteten: »Angesichts der hohen Arbeitslosigkeit auch unter Akademikern erscheint es nicht mehr gerechtfertigt, die hohen Einkommens- und Statusvorteile für Akademiker beizubehalten.« und »Hochschulabsolventen sollten ihre Erwartungen und Ansprüche an einen zukünftigen Beruf deutlich herabsetzen.« Als Merkmalsausprägungen waren »eher richtig«, »eher falsch« und »kann ich nicht sagen« möglich.

Berufliche Flexibilitätsbereitschaft schließt demnach für Universitätsabsolventen einen sehr viel größeren Kreis von Handlungsbereitschaften ein, als dies bei den Fachhochschulabsolventen der Fall ist. Für die Absolventen von Universitäten heißt berufliche Flexibilitätsbereitschaft offenbar, daß *gravierende* Abstriche von den ursprünglichen Status- und Gehaltsvorstellungen sowie den inhaltlichen und fachlichen Ansprüchen in Kauf genommen werden, um einen Eintritt in das Beschäftigung realisieren zu können. Demgegenüber scheinen Fachhochschulabsolventen unter beruflicher Flexibilität eher ein zeitweises Akzeptieren nicht-akademischer (Einstiegs-) Positionen zu verstehen.

1.2 Erklärungshintergründe zur regionalen Mobilitätsbereitschaft und beruflichen Flexibilitätsbereitschaft

1.2.1 Regionale Mobilitätsbereitschaft und berufliche Flexibilitätsbereitschaft in den unterschiedlichen Fächergruppen

Es wurde bereits mehrfach auf die besondere Bedeutung des studierten Faches für den Prozeß des Berufseintritts hingewiesen. Dabei sind es in erster Linie die mit dem entsprechenden Fach zusammenhängenden Beschäftigungsaussichten, denen ein Einfluß auf die anvisierten und realisierten Handlungsstrategien der Absolventen zukommt. Diese vermuteten, stark fachspezifischen Unterschiede machen es notwendig, in den Untersuchungsgruppen die unterschiedlichen Fächer und Studiengänge stark zu disaggregieren, auch wenn dadurch für einige Fachgruppen aufgrund der geringen Fallzahlen teilweise keine Aussagen mehr möglich sind.

Die Abbildungen 5.3 und 5.4 stellen jeweils die Mittelwerte der beiden Indexvariablen regionale Mobilitätsbereitschaft und berufliche Flexibilitätsbereitschaft in den entsprechenden Fächergruppen für die Fachhochschul- und Universitätsabsolventen dar.[90] Es zeigt sich, daß sowohl bei den Fachhochschul- als auch bei den Universitätsabsolventen die Indikatorenmittelwerte in hohem Maße in Abhängigkeit von den studierten Fachrichtungen schwanken. Dabei hängen die beiden Handlungsbereitschaften regionale Mobilität und berufliche Flexibilität nicht in dem Sinne zusammen, daß beispielsweise bei einer hohen Flexibilitätsbereitschaft gleichzeitig auch die Mobilitätsbereitschaft auf einem hohen Niveau liegt. Vielmehr scheint bei den Absolventen der unterschiedlichen Studiengänge jeweils nur eine Handlungsbereitschaft im Vordergrund zu stehen (vgl. ROLFES/WENZEL, 1990, S. 374).

- Entweder ist also die regionale Mobilitätsbereitschaft überdurchschnittlich hoch und die berufliche Flexibilitätsbereitschaft fällt eher niedrig aus. Dies gilt z.B. an Fachhochschulen für die ingenieurwissenschaftlichen und technischen Studiengänge (Europäische Studiengänge,[91] Naturwissenschaften/Informatik, Elektro-, Maschinenbau- und sonstige Ingenieure; vgl. Abb. 5.3); an den Universitäten zeigt sich eine hohe regionale Mobilitätsbereitschaft und gleichzeitig eine niedrige berufliche Flexibilitätsbereitschaft am

[90] Ich bin mir der Tatsache bewußt, daß ich hier regelwidrig aus ordinalskalierten Daten einen arithmetischen Mittelwert gebildet habe. Auf eine andere Weise wäre aber eine Darstellung der Zusammenhänge sehr unüberschaubar gewesen.

[91] In diesen Studiengängen werden Studierende in den Bereichen Wirtschaft und Ingenieurwesen ausgebildet. Dabei werden spezielle Rahmenbedingungen europäischer Länder berücksichtigt (Vermittlung landesspezifischer Kenntnisse u.a. Fachsprache und Landeskunde). Die außerordentlich hohe regionale Mobilität war (trotz der geringen Fallzahl) durchaus zu erwarten.

ehesten bei den Absolventen der Naturwissenschaften und den Wirtschaftswissenschaften (vgl. Abb. 5.4);

- oder aber die regionale Mobilitätsbereitschaft liegt auf einem unterdurchschnittlichen Niveau und gleichzeitig ist die berufliche Flexibilitätsbereitschaft überdurchschnittlich hoch. An den Fachhochschulen gehören hierbei lediglich die Absolventen sozialpflegerischer Studiengänge dieser Gruppe an (vgl. Abb. 5.3), an den Universitäten (Abb. 5.4) die Absolventen der Pädagogik und der Psychologie sowie Lehramtsabsolventen der unteren Schulstufen.

Abb. 5.3: Berufliche Flexibilitätsbereitschaft und regionale Mobilitätsbereitschaft von Fachhochschulabsolventen nach studiertem Fach (Mittelwerte von 3-stufigen Variablen)

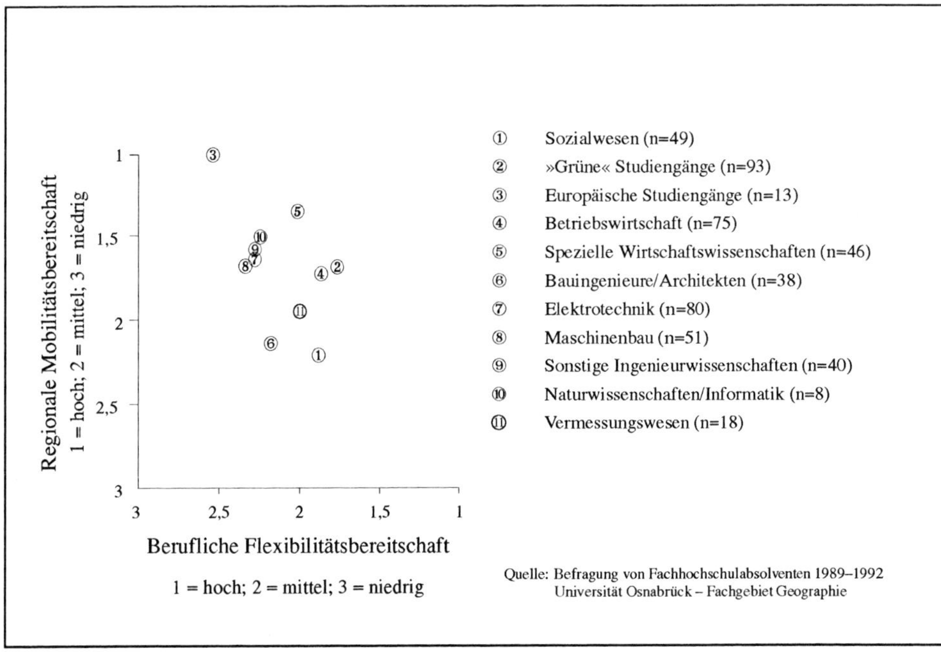

Diese beabsichtigten Handlungsweisen sind inhaltlich durchaus verständlich: Wer in regionaler Hinsicht bereit ist, Zugeständnisse an den Arbeitsmarkt zu machen (dessen regionale Mobilitätsbereitschaft also besonders hoch ist), der ist nur sehr selten bereit, eine der Ausbildung oder dem Studium nicht angemessene Beschäftigung auszuüben. Das durch die regionale Mobilitätsbereitschaft sich vergrößernde Potential an Beschäftigungsmöglichkeiten scheint einen adäquaten Arbeitsplatz ohne berufliche Flexibilität zu garantieren. Auf der anderen Seite sind Hochschulabsolventen, die sich bereit zeigen, Abstriche von ihrem ursprünglichen Berufsziel und den Tätigkeitsinhalten zu machen, nicht bereit, dieser nicht adäquaten Beschäftigung auch noch in einem fremden Ort oder einer fremden Region nachzugehen.

Neben diesen beiden Gruppen tritt aber auch der Fall ein, daß sich Absolventen bestimmter Fächer sowohl unterdurchschnittlich beruflich flexibel als auch unterdurchschnittlich regional mobil zeigen (bei den Fachhochschulabsolventen besonders deutlich die Bauingenieure und Architekten). Hier scheinen die Arbeitsmarktaussichten derart günstig bewertet zu werden, daß nach Meinung dieser Absolventen weder in inhaltlich-fachlicher noch regionaler Hinsicht Kompromisse einzugehen sind. Andererseits zeigen die Absolventen anderer Fachrichtungen bei beiden Indikatoren mittlere bis hohe Werte (z.B. die Fachhochschulabsolventen des Garten- bzw. Landschaftsbaus und der Landespflege sowie der speziellen Wirtschaftswissenschaften,[92] bei den Universitätsabsolventen besonders die Biologen und Rechtswissenschaftler). Eine hohe regionale Mobilitätsbereitschaft und eine gleichzeitig hohe berufliche Flexibilitätsbereitschaft wird man insbesondere bei solchen Absolventen erwarten, die sich eher schlechten Arbeitsmarktchancen gegenübersehen. Solche Absolventen würden dann ihre inhaltlichen und fachlichen Anforderungen an eine berufliche Tätigkeit herunterschrauben und dabei auch unangemessene Tätigkeiten in entfernteren Regionen ins Auge fassen. Daß bei einer ungünstigen Arbeitsmarktlage die Absolventen stets eine hohe regionale Mobilitätsbereitschaft und gleichzeitig ein hohe berufliche Flexibilitätsbereitschaft an den Tag legen, wird aber von den vorliegenden Daten nicht belegt.[93] Beispielsweise treffen auch Pädagogen, Lehramtsabsolventen oder Sozialarbeiter/-pädagogen auf einen ungünstigen Arbeitsmarkt. Dennoch zeigen Absolventen dieser Fachgruppen die Handlungsbereitschaften nicht in der vermuteten Weise (also eine hohe regionale Mobilitäts- und hohe berufliche Flexibilitätsbereitschaft). Die Berufsaussichten für Bauingenieure und Architekten können außerdem nicht als so positiv angesehen werden, daß die festgestellte fehlende berufliche Flexibilitätsbereitschaft und die unterdurchschnittliche regionale Mobilitätsbereitschaft gerechtfertigt oder nachvollziehbar erscheinen. Als eine Erklärungsmöglichkeit sei darauf verwiesen, daß es nicht die realen und objektiven Beschäftigungsaussichten sind, die handlungs- und verhaltensleitend sind, sondern vordringlich die wahrgenommenen Realitäten und Erlebnisräume. Weiterhin muß auch in Rechnung gestellt werden, daß regionale Mobilitätsbereitschaft und berufliche Flexibilitätsbereitschaft nicht nur von den regionalen Arbeitsmarktaussichten abhängen; von wesentlicher Bedeutung ist auch die regionale Verteilung der Akademikerarbeitsplätze. In der Regel sind auch die Sektoren und Branchen, die Akademiker einstellen, nicht regional gleichmäßig verteilt. Es existiert für viele Bereiche eine Konzentration in den verdichteten Regionen. Schon aus diesem Grund müssen Absolventen in einigen Fachrichtungen eine höhere regionale Mobilitätsbereitschaft zeigen.

Angemerkt sei an dieser Stelle auch, daß in den beiden Befragungsgruppen (Fachhochschul- und Universitätsabsolventen) auch ein geschlechtsspezifischer Unterschied darin besteht, welcher Strategie am Arbeitsmarkt der Vorzug gegeben wird. So kann bei Frauen eine überdurchschnittliche berufliche Flexibilitätsbereitschaft festgestellt werden, bei einer gleichzeitig unterdurchschnittlichen regionalen Mobilitätsbereitschaft. Bei den männlichen Befragen ist dieses Verhältnis gerade umgekehrt: ihre Mobilitätsbereitschaft fällt überdurchschnittlich groß aus, ihre Flexibilitätsbereitschaft dagegen gering. Eine Hauptursache für dieses Ergebnisse ist die geschlechtsspezifische Studienfachwahl. Wird die Variable Fach kontrolliert, gibt es keine geschlechtsspezifischen Differenzen mehr. Auf den Famili-

[92] Zu den »speziellen Wirtschaftswissenschaften« gehören Absolventen der Studiengänge Wirtschaftsingenieurwesen und Betriebswirtschaft im Gesundheitswesen.

[93] Eine Ausnahme bilden hier allerdings die Sozialwissenschaftler mit Universitätsdiplom (vgl. aber die geringe Fallzahl).

enstand können keine Unterschiede in den gezeigten Handlungsbereitschaften zurückgeführt werden.

Abb. 5.4: Berufliche Flexibilitätsbereitschaft und regionale Mobilitätsbereitschaft von Universitätsabsolventen nach studiertem Fach (Mittelwerte von 3-stufigen Variablen)

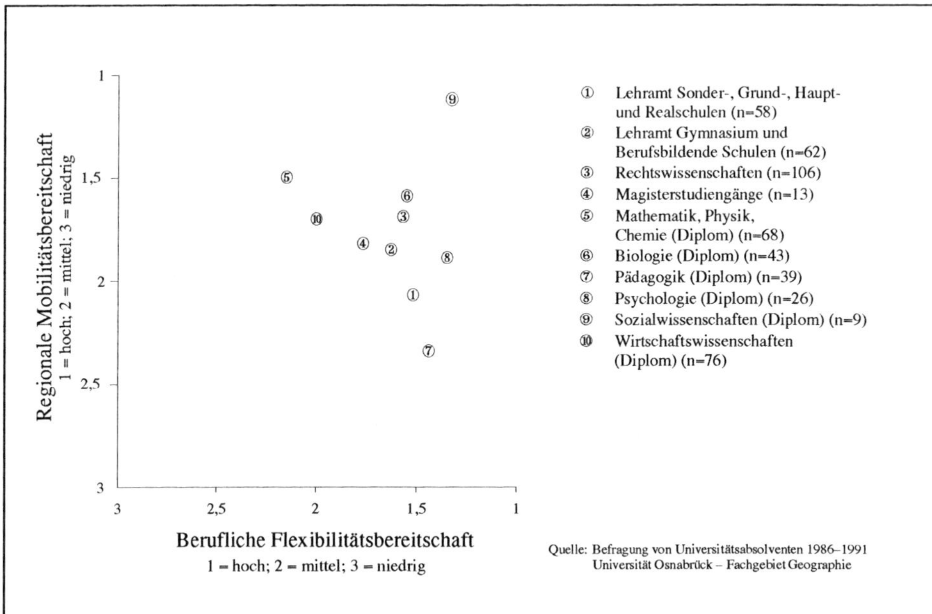

1.2.2 Regionale Mobilitätsbereitschaft und berufliche Flexibilitätsbereitschaft sowie die Einschätzung der Beschäftigungsaussichten

Die vorausgegangenen Auswertungen haben gezeigt, daß die *objektiven Arbeitsmarktbedingungen*, also die tatsächlich fachspezifisch bedingten Arbeitsmarktvorteile bzw. -nachteile,[94] das Ausmaß der Handlungsbereitschaften (gemessen durch die beiden Indikatoren berufliche Flexibilitäts- und regionale Mobilitätsbereitschaft) nur teilweise in den zu erwartenden Größenordnungen beeinflussen: nämlich in Fächern mit objektiv eher problematischen Beschäftigungschancen eine höhere Flexibilitätsbereitschaft bei gleichzeitig niedriger Mobilitätsbereitschaft und im Zusammenhang mit Fächern mit positiven Arbeitsmarktaussichten einc niedrige Flexibilitätsbereitschaft sowie eine höhere Mobilitätsbereitschaft. Ob Absolventen auf eher günstige oder eher defizitäre Facharbeitsmärkte treffen, hat nicht immer in der gleichen Weise einen Einfluß auf das Zusammenwirken bei den beiden Handlungsbereitschaften.

Eine mögliche Ursache dieser fehlenden Übereinstimmung zwischen tatsächlichen Beschäftigungsaussichten und potentiellen Handlungsstrategien sowie Anpassungsleistungen

[94] Vgl. dazu auch die fachspezifische Arbeitslosigkeit, wie sie von ROLFES und WENZEL für das westliche Niedersachsen festgestellt wurde (vgl. ROLFES/WENZEL, 1989, S. 68 ff.).

liegt möglicherweise in der fachspezifisch unterschiedlichen Aussagekraft der Indikatoren (wie im vorangegangenen Abschnitt für die berufliche Flexibilitätsbereitschaft deutlich wurde). Weiterhin muß auch bedacht werden, daß die objektiven und offiziellen Beschäftigungs- und Arbeitsmarktdaten durch die Wahrnehmung der Absolventen verändert, überzeichnet oder untertrieben werden. Individuelle Rahmenbedingungen beeinflussen die Einschätzung der realen Arbeitsmarktsituation:

- Bestehende informelle Kontakte können z.B. die Einschätzungen der Berufsaussichten für die Absolventen von Problemfächern entscheidend verändern. Möglicherweise erhalten sie durch ihre Kontakte einen besseren Überblick über die Stellensituation oder interne Informationen über Stellenangebote.
- Eine selektive Wahrnehmung nur positiver bzw. negativer Arbeitsmarktinformationen lassen die Beschäftigungsaussichten in einem besseren oder schlechteren Licht erscheinen als sie sich real darstellen (Erfolgs- vs. Mißerfolgsorientierung).
- Werden über einen längeren Zeitraum keine Arbeitsmarktinformationen eingeholt, orientiert sich die Einschätzung der Berufsaussichten möglicherweise an veralteten Rahmenbedingungen.

Die Motive für berufs- und berufseintrittsbezogene Handlungsstrategien bzw. -bereitschaften sind also nicht vordringlich in den objektiven Arbeitsmarktbedingungen zu suchen, sondern liegen in den subjektiven Wahrnehmungen sowie den individuell-persönlichen und situativen Einschätzungen dieser Ausgangsbedingungen durch die Absolventen. Aus diesem Grund muß die *subjektive Einschätzung* der eigenen Berufsaussichten mit dem Ausmaß der beruflichen Flexibilitätsbereitschaft und der regionalen Mobilitätsbereitschaft in Beziehung gesetzt werden.

Die Hochschulabsolventen sollten in der Befragung eine Einschätzung der eigenen Arbeitsmarktchancen abgeben. Eine solche Einschätzung wurde dabei nur von denjenigen Absolventen gefordert, die zum Zeitpunkt der Befragung (also unmittelbar nach Studienende) noch keine feste Stelle in Aussicht hatten. Die nachfolgenden Ausführungen beziehen sich demzufolge nur auf solche Absolventen, die zum Examenszeitpunkt *keine Stelle in Aussicht* hatten.[95] In den Abbildungen 5.5 und 5.6 sind die Mittelwerte der beiden Indikatoren für drei unterschiedliche Einschätzungsniveaus der beruflichen Zukunftsaussichten dargestellt. Die Absolventen wurden gefragt, wie sie die Chance einschätzen, in der von ihnen gewünschten Berufstätigkeit eine Stelle zu finden. Die Abbildungen zeigen, daß die Lage der drei Einschätzungsniveaus innerhalb des Koordinatensystems sowohl für die Fachhochschul- als auch für die Universitätsabsolventen nicht zufällig streut. Eine negative Einschätzung der eigenen Beschäftigungsaussichten führt allerdings nicht (wie vorhin vermutet) zu einer gleichzeitigen Zunahme von beruflicher Flexibilitätsbereitschaft und regionaler Mobilitätsbereitschaft. Beim Eintritt in den Beruf wird von den Hochschulabsolventen *eine* dieser beiden Handlungsstrategien tendenziell in den Vordergrund gestellt. Dabei spielen die subjektiven Einschätzungen der eigenen Berufsaussichten eine wichtige Rolle. Als *günstig* werden die *Beschäftigungsaussichten* vor allem von solchen Absolventen eingeschätzt, die ein überdurchschnittlich hohes regionales Mobilitätspotential bei einer gleichzeitig niedrigen beruflichen Flexibilitätsbereitschaft zeigen. Fachhochschul- wie Universitätsabsolventen, die den Arbeitsmarkt als günstig einschätzen, orientieren ihre

[95] Dies trifft in den vorliegenden Befragungen für 39 Prozent der Fachhochschul- und 62 Prozent der Universitätsabsolventen zu (vgl. dazu auch ROLFES/WENZEL, 1990, S. 366 ff.).

Arbeitsmarktsuche offensichtlich eher *überregional*. Durch diesen erweiterten Suchradius kommen mehr adäquate und befriedigende Berufstätigkeiten ins Blickfeld. Diese Absolventen schätzen also den Arbeitsmarkt offenbar deswegen als gut ein, weil sie auch Arbeitsplatzangebote aus entfernteren Regionen mit in ihre Beurteilung einbeziehen. In einem größeren Ausmaß berufliche Flexibilitätsbereitschaft an den Tag zu legen, ist aus der Sicht der Absolventen mit einer positiven Beurteilung der eigenen Beschäftigungschancen nicht erforderlich, da ja in ausreichendem Maße adäquate Berufstätigkeiten zur Verfügung zu stehen scheinen. Die günstige Beurteilung der Arbeitsmarktaussichten ist somit auf die höhere regionale Mobilitätsbereitschaft der Absolventen und dem damit größeren potentiellen Arbeitsplatzangebot zurückzuführen. Von grundlegender Bedeutung für eine subjektive Positiv-Einschätzung der Arbeitsmarktaussichten sind natürlich auch real günstige Rahmenbedingungen. Erst wenn in einem Berufsbereich aufgrund relativ günstiger Arbeitsmarktstrukturen in einer entsprechenden Größenordnung adäquate Arbeitsplätze verfügbar sind, ist eine überregionale Ausdehnung des Suchradius' überhaupt sinnvoll. Erst vor diesem Hintergrund kann eine höhere regionale Mobilitätsbereitschaft einen Zuwachs adäquater Beschäftigungsmöglichkeiten verursachen.[96]

Bei eher *ungünstigen Arbeitsmarktchancen* sehen sich die Absolventen offenbar häufiger mit der Notwendigkeit konfrontiert, die fachlich-inhaltlichen Ansprüche an eine Tätigkeit herunterzuschrauben. Fehlen adäquate Arbeitsplätze, so ist ein Abrücken von den ursprünglichen Wunschvorstellungen häufig unvermeidlich. Diese steigende berufliche Flexibilitätsbereitschaft bei erwarteten Arbeitsmarktproblemen geht dann aber einher mit einem Rückgang der regionalen Mobilitätsbereitschaft, der allerdings bei den Fachhochschulabsolventen sehr viel deutlicher ausfällt als bei den Universitätsabsolventen (siehe Abb. 5.5 und 5.6). Diese fehlende regionale Mobilitätsbereitschaft angesichts der erwarteten Arbeitsmarktprobleme kann auf mehrere Ursachen zurückgeführt werden: Zum einen beurteilen die Absolventen ihre individuellen Chancen auf eine Beschäftigung offensichtlich nicht nur bezogen auf die präferierte Wunscharbeitsregion oder den gegenwärtigen Wohnort negativ, sondern halten die Beschäftigungsmöglichkeiten generell, auch in entfernteren Regionen, für unzureichend (dies würde beispielsweise für Lehramtsabsolventen oder Geisteswissenschaftler gelten, die zumindest zum Zeitpunkt der Befragungen Mitte bzw. Ende der 80er Jahre im gesamten Bundesgebiet schlechte Beschäftigungsmöglichkeiten vorfanden; vgl. BLASCHKE/NAGEL, 1987, S. 209). Zum anderen erscheint ihnen ein Wohnortwechsel, der den Verlust des sozialen Netzwerkes zur Folge haben würde, ein zu hoher Preis zu sein, wenn dann am neuen Wohn- und Arbeitsort eventuell nur eine unbefriedigende und/oder inadäquate Berufstätigkeit aufgenommen werden kann. Schließlich kann die Einschätzung der eigenen Arbeitsmarktchancen als eher ungünstig auch darauf zurückgeführt werden, daß sich aufgrund der bestehenden sozialen und familiären Situation keine Möglichkeit abzeichnet, wie die familiären und beruflichen Belange miteinander

[96] Die subjektiven Einschätzungen der eigenen Berufschancen spiegeln dabei natürlich deutlich die tatsächliche Arbeitsmarktsituation wider: Unter den Fachhochschulabsolventen beurteilen mit Ausnahme der Absolventen sozialpflegerischer Studiengänge und der »Grünen Fachbereiche« alle Absolventen ihre eigenen Beschäftigungschancen überwiegend als eher gut. Unter den Universitätsabsolventen schätzen insbesondere Lehramtsabsolventen, Magisterabsolventen sowie Absolventen von Biologie, Pädagogik, Psychologie und Sozialwissenschaften ihre Arbeitsmarktchancen als eher schlecht ein. Bessere Chancen rechnen sich besonders die Naturwissenschaftler und Wirtschaftswissenschaftler aus. Bei den Absolventen der Rechtswissenschaften fällt die Einschätzung uneinheitlich aus.

in Einklang gebracht werden können. Die regionale Mobilitätsbereitschaft ist in einem solchen Fall gering, weil das Engagement für Familie und/oder Partnerschaft einer regionsungebundenen Beschäftigungssuche entgegensteht; die berufliche Flexibilitätsbereitschaft wäre demgegenüber hoch, da aus dieser (immobilen) Situation heraus kaum adäquate Berufstätigkeiten gefunden werden können.[97]

Abb. 5.5: Berufliche Flexibilitätsbereitschaft und regionale Mobilitätsbereitschaft von Fachhochschulabsolventen ohne Aussicht auf eine feste Stelle und die Einschätzung der eigenen Beschäftigungschancen (Mittelwerte von 3-stufigen Variablen)[98]

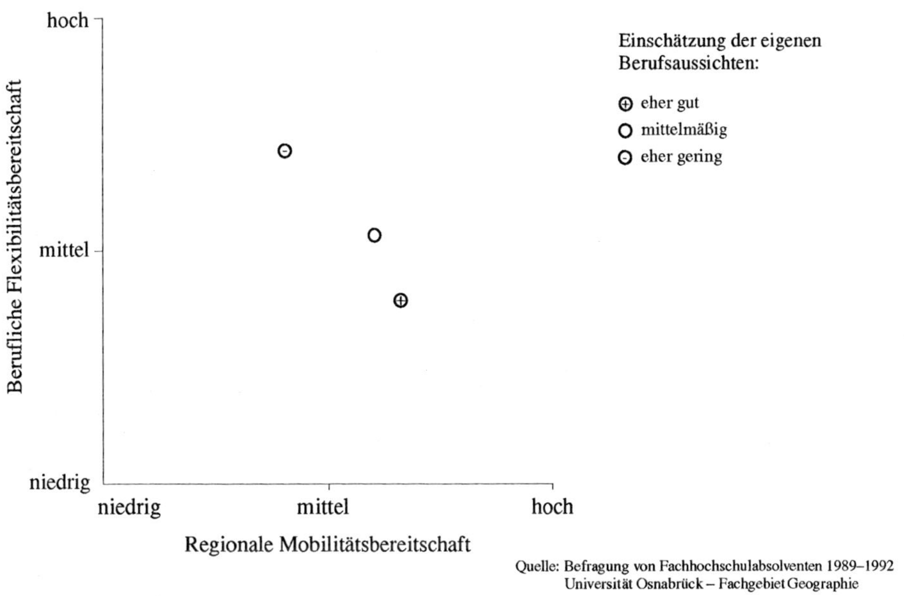

[97] Übrigens fanden RAMM/BARGEL keinen Zusammenhang zwischen der Einschätzung der Berufsaussichten und der regionalen Mobilität. *Selbst Studierende, die mit größeren Schwierigkeiten bei ihrer Stellensuche rechnen, möglicherweise Dequalifikation oder Arbeitslosigkeit erwarten, neigen nicht zu höherer regionaler Mobilität als Studierende, die keine Schwierigkeiten beim Berufseinstieg sehen* (RAMM/BARGEL, 1995, S. 175 f.). Die Messungen der regionalen Mobilität fußten allerdings bei den beiden Autoren auf einer völlig anderen Operationalisierung, nämlich der Bereitschaft, innerhalb des Bundesgebiet von den alten in die neuen Bundesländer umzuziehen oder umgekehrt.

[98] Grundlage für die Abbildung ist die folgende Frage: »Wie schätzen Sie ihre Chancen ein, in der von Ihnen gewünschten Berufstätigkeit eine Stelle zu bekommen?« Merkmalsausprägungen: (1) sehr gut, (2) relativ gut, (3) mittel, (4) ziemlich schlecht und (5) fast aussichtslos. Für die Abbildung wurden die beiden Werte 1 und 2 sowie 4 und 5 zusammengefaßt.

Abb. 5.6: Berufliche Flexibilitätsbereitschaft und regionale Mobilitätsbereitschaft von Universitätsabsolventen ohne Aussicht auf eine feste Stelle und die Einschätzung der eigenen Beschäftigungschancen (Mittelwerte von 3-stufigen Variablen)[99]

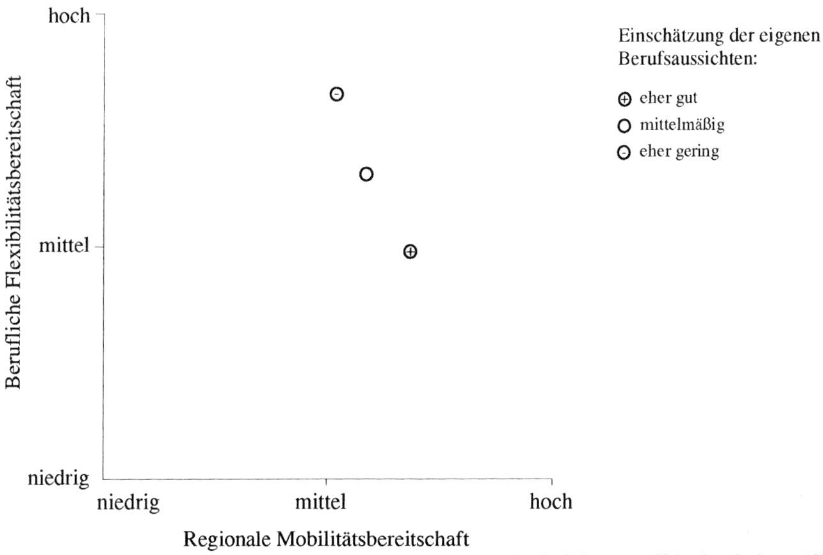

Quelle: Befragung von Universitätsabsolventen 1986–1991
Universität Osnabrück – Fachgebiet Geographie

Eine Einschätzung darüber, wie die eigene Beschäftigungssituation beurteilt wird, sollten nur Absolventen abgeben, die bei Abschluß des Studiums noch *keine* feste Stelle in Aussicht hatten. Insofern können nur in dieser Gruppe die subjektiven Einschätzungen der *eigenen Beschäftigungschancen* mit den Handlungsbereitschaften in Beziehung gesetzt werden. Für diejenigen Fachhochschul- und Universitätsabsolventen, die zum Befragungszeitpunkt eine *feste Stelle in Aussicht* haben, können aber auch Zusammenhänge zwischen subjektiven Arbeitsmarkteinschätzungen und der Mobilitäts- bzw. Flexibilitätsbereitschaft festgestellt werden. Grundlage ist hierbei allerdings nicht die Einschätzung der eigenen Berufsaussichten, sondern eine *allgemeine* Beurteilung der zukünftigen Entwicklung der *Arbeitslosigkeit* im eigenen Berufsfeld (zur Formulierung der Frage vgl. die Anmerkung zu Tab. 5.1). Wie Tabelle 5.1 zeigt, ist bei den Fachhochschul- und auch den Universitätsabsolventen der Anteil der Absolventen mit einer hohen beruflichen Flexibilitätsbereitschaft überdurchschnittlich groß, wenn die Befragten in ihrem Berufsfeld eine steigende Arbeitslosigkeit erwarten: unter den Fachhochschulabsolventen beträgt dieser Anteil 56 Prozent, bei den Universitätsabsolventen sogar 65 Prozent. In Erwartung einer weiteren Verschlechterung der Beschäftigungssituation im eigenen Berufsfeld zeigen also auch solche Hochschulabsolventen, die am Ende des Studiums bereits eine feste Stelle in Aussicht haben,

[99] Vgl. die Anmerkung zu Abbildung 5.5.

ein überdurchschnittliches Maß an beruflicher Flexibilitätsbereitschaft. Offensichtlich bietet die in Aussicht stehende feste Stelle nicht für alle Absolventen eine derart sichere und langfristige Berufsperspektive, daß Anpassungsleistungen an die Arbeitsmarkterfordernisse für die Zukunft generell ausgeschlossen werden können. Auch diese Absolventen sind sich offenbar der Tatsache bewußt, daß die idealtypischen inhaltlichen und fachlichen Ansprüche an die zukünftige Berufstätigkeit bei der bestehende Arbeitsmarktlage nicht immer problemlos realisiert werden können. Möglicherweise stellt die in Aussicht stehende feste Stelle bereits einen Kompromiß zwischen beruflichen Idealvorstellungen und Zugeständnissen an den restriktiven Arbeitsmarkt dar.

Tab. 5.1: Berufliche Flexibilitätsbereitschaft bei Hochschulabsolventen mit Aussicht auf eine feste Stelle und die Einschätzung der Arbeitsmarktentwicklung im eigenen Berufsfeld (in Prozent)[100]

	Fachhochschulabsolventen				Universitätsabsolventen		
	Beurteilung der Entwicklung der Arbeitslosigkeit im eigenen Berufsfeld						
	wird steigen	wird gleich-bleiben	wird sinken	kein Problem	wird steigen	wird gleich-bleiben	wird sinken
Berufliche Flexibilitätsbereitschaft							
hoch	56	35	39	31	65	36	46
mittel	20	29	19	21	17	32	31
niedrig	24	36	43	48	18	32	23
Insgesamt	100	100	100	100	100	100	100
(n)	(41)	(66)	(80)	(118)	(72)	(69)	(39)

Betrachtet man für die Hochschulabsolventen mit Aussicht auf eine feste Stelle nun noch die regionale Mobilitätsbereitschaft in Zusammenhang mit der Beurteilung der Entwicklung der Arbeitslosigkeit, so zeigen sich hier nur bei den Fachhochschulabsolventen interpretierbare Ergebnisse.[101] Wie bei den Hochschulabsolventen ohne Stellenaussicht geht auch bei den stellenbesitzenden Hochschulabsolventen eine hohe regionale Mobilitätsbereitschaft mit der Erwartung einer problemlosen Entwicklung des Arbeitsmarktes im eigenen Berufsfeld einher. D.h. unter der Voraussetzung einer höheren regionalen Mobilitätsbereitschaft fällt auch die Einschätzung der zukünftigen Entwicklung der Arbeitslosigkeit

[100] Grundlage für die Tabelle ist folgende Frage: »Welche Entwicklung wird Ihrer Meinung nach die Arbeitslosigkeit in dem von Ihnen angestrebten Berufsfeld nehmen?« Merkmalsausprägungen: (1) Sie wird eher steigen, (2) Sie wird voraussichtlich gleichbleiben, (3) Sie wird eher zurückgehen (4) Arbeitslosigkeit ist in dem von mir angestrebten Berufsfeld kaum ein Problem (5) kann ich nicht sagen. Kategorie 4 war als Antwortmöglichkeit nur bei den Fachhochschulabsolventen vorgesehen. Kategorie 5 machte nur 2 Prozent aller Fälle aus und wurde daher in der Tabelle nicht berücksichtigt.

[101] Der Zusammenhang zwischen regionaler Mobilität und der Beurteilung der zukünftigen Entwicklung der Arbeitslosigkeit im eigenen Berufsfeld wurde nicht in Tabellenform dargestellt. Die Ergebnisse werden hier nur referiert.

optimistischer aus. Auch hier ist also der Wirkungszusammenhang, wie bei den Absolventen ohne eine konkrete Stellenaussicht, wieder die zweifacher Richtung zu sehen. Einerseits ist die Positiveinschätzung des Arbeitsmarktes die Folge einer höheren regionalen Mobilitätsbereitschaft: Bei einer hohen, überregional orientierten Mobilitätsbereitschaft stehen den Absolventen aufgrund des größeren Suchfeldes mehr Stellen zur Verfügung; daher eine generell positivere Einschätzung des Arbeitsmarktes (in diesem Fall der Entwicklung der zukünftigen Arbeitslosigkeit). Andererseits setzt aber regionale Mobilitätsbereitschaft ein bestehendes befriedigendes Arbeitsplatzangebot[102] voraus: Das Zeigen einer hohen regionalen Mobilitätsbereitschaft ist nämlich erst dann lohnend, wenn die Absolventen annehmen können, daß überhaupt in ausreichendem Maße adäquate Arbeitsplätze angeboten werden. Stehen in einem Fach insgesamt keine oder nur wenige Stelle zur Verfügung (wie im Lehramt oder den Sozial- und Geisteswissenschaften), so würden regionale Mobilitätsbereitschaften ins Leere laufen.

Zusammengefaßt verdeutlichen diese Ergebnisse, daß auch unter den Absolventen mit einer festen Stelle die Einschätzung der zukünftigen Beschäftigungsaussichten im eigenen Berufsfeldes einen nachhaltigen Einfluß auf die bevorzugten Handlungsstrategien (regionale Mobilitätsbereitschaft und berufliche Flexibilitätsbereitschaft) beim Berufseintritt hat. Generell zeigt sich bei den Absolventen, die aufgrund ihrer Studienfachwahl einen problemlosen bzw. sich bessernden Arbeitsmarkt erwarten können, eine hohe Fixiertheit auf die erlernte Berufstätigkeit (besonders bei Fachhochschulabsolventen). Verspricht das studierte Fach dagegen für die Zukunft unsichere oder sich verschlechternde Beschäftigungsaussichten, so zeigt sich sogar bei den Absolventen, die derzeit eine feste Stelle in Aussicht haben, eine erhöhte Bereitschaft, von den ursprünglichen inhaltlichen und fachlichen Berufsvorstellungen abzurücken. Die potentiellen Anpassungsleistungen und Handlungsstrategien (berufliche Flexibilität und regionale Mobilitätsbereitschaft) orientieren sich also auch hier noch sehr deutlich an den subjektiv wahrgenommenen Arbeitsmarktbedingungen. Dies ist ein Indiz dafür, daß trotz einer in Aussicht stehenden Berufstätigkeit der berufliche Einstieg noch nicht vollständig abgeschlossen sein muß. Die Absolventen können sich nach wie vor in einer unsicheren Übergangsphase zwischen Studium und Beruf befinden. So sind z.B sehr viele Absolventen unmittelbar nach dem Studium zunächst noch in einem befirsteten Arbeitsverhältnis beschäftigt, besonders die Universitätsabsolventen.

1.3 Bewerbungs- und Informationsaktivitäten von Hochschulabsolventen: Fachspezifische Unterschiede und Einflüsse des Arbeitsmarktes

Die Bewerbungs- und Informationsaktivitäten der Hochschulabsolventen sind weitere grundlegende Handlungsstrategien an der Schwelle vom Hochschul- in das Beschäftigungssystem. Sie sind zunächst unabhängig von den fachspezifischen, individuellen und regionalen Arbeitsmarktaussichten von allen Hochschulabsolventen zu leisten, die eine Berufstätigkeit aufnehmen wollen. Die Bewerbungs- und Informationsaktivitäten sind ein geeigneter Indikator dafür, wie intensiv Absolventen nach einer adäquaten Beschäftigung suchen. Daraus können auch Rückschlüsse auf die individuellen und fachspezifischen Un-

[102] Hierbei wird die Beurteilung der Entwicklung der Arbeitslosigkeit im eigenen Berufsfeld als ein Indikator für die wahrgenommenen eigenen Berufschancen und das Arbeitsplatzangebot verstanden.

terschiede bezüglich der Art des beruflichen Übergangs (stotternder oder glatter Übertritts ins Beschäftigungssystem) gezogen werden.[103] Das Bewerbungsverhalten ist auf zwei Arten gemessen worden. Zunächst wurde festgestellt, ob die Absolventen sich überhaupt schon beworben hatten (Bewerberrate). Als wesentliches Maß der Bewerbungs- und Informationsaktivitäten ist aber die *Zahl der geschriebenen Bewerbungen* gewählt worden. Es sei hier auf die eingeschränkte Validität dieses Maßes zu diesem Zeitpunkt der Befragung (unmittelbar nach Abschluß des Studiums) hingewiesen: Hochschulabgängern, die noch eine zweite Ausbildungsphase außerhalb der Hochschule absolvieren müssen, wird dieser Ausbildungsplatz zugewiesen wie z.B. beim Lehramt oder den Rechtswissenschaften; oder aber sie bewerben sich nicht um langfristige Berufstätigkeiten, sondern auf Praktikumsplätze, z.B. die Sozialarbeiter/-pädagogen. Dementsprechend kann in diesen Fächern von einer unterdurchschnittlichen Anzahl geschriebener Bewerbungen ausgegangen werden. Aus Tabelle 5.2 geht das fachspezifische Bewerbungsverhalten hervor.

Tab. 5.2: Bewerberrate[104] und Bewerbungshäufigkeit von Hochschulabsolventen nach studierter Fachrichtung

	bisher schon mal beworben (in Prozent)	Zahl der geschriebenen Bewerbungen	Alle Fälle (n)
Fachhochschulabsolventen			
Europäische Studiengänge	93	9,6	(14)
Naturwissenschaften/Informatik	90	8,1	(10)
Betriebswirtschaft	86	14,3	(88)
spezielle Wirtschaftwissenschaften	73	6,7	(55)
sonstige Ingenieurwissenschaften	73	6,5	(52)
Maschinenbau	72	5,2	(68)
Bauingenieurwesen/Architektur	72	5,0	(50)
Elektrotechnik	67	6,9	(109)
»Grüne« Studiengänge	66	6,5	(125)
Vermessungswesen	65	4,9	(23)
Insgesamt	68	7,7	(665)

[103]Die Absolventen sollten in den Erhebungsbögen auch Angaben dazu machen, welche Informationsquellen bei der Arbeitsplatzsuche besonders hilfreich waren. Ich bin daher auch der Frage nachgegangen, in welchem Zusammenhang die Qualität der verfügbaren Informationsquellen mit der beruflichen Flexibilitätsbereitschaft und der regionalen Mobilitätsbereitschaft steht. Auf der Grundlage der Kontaktnetztheorie (vgl. Abschnitt 2.1.2 in Kapitel II) hätte z. B. angenommen werden können, daß das Bestehen guter informeller Kontakte das Ausmaß der beruflichen Flexibilitätsbereitschaft eher dämpft. Dieser Komplex konnte aber in den beiden befragten Gruppen (Fachhochschul- und Universitätsabsolventen) nicht zur Zufriedenheit geklärt werden. Die Art und die Anzahl der kontaktierten Informationsträger bzw. -quellen steht in keinem nachweisbaren Zusammenhang zur beruflichen Flexibilitätsbereitschaft, der regionalen Mobilitätsbereitschaft oder der Bewerbungshäufigkeit. Auch fach- und geschlechtsspezifische Unterschiede treten nicht auf.

[104]Darunter ist in den weiteren Ausführungen der Anteil von Absolventen zu verstehen, die zum Zeitpunkt der 1. Befragung bereits Bewerbungen geschrieben haben.

	bisher schon mal beworben (in Prozent)	Zahl der geschriebenen Bewerbungen	Alle Fälle (n)
Universitätsabsolventen			
Wirtschaftswissenschaften (Dipl.)	77	16,7	(79)
Psychologie (Dipl.)	57	4,6	(28)
Pädagogik (Dipl.)	55	4,3	(44)
Biologie (Dipl.)	50	9,2	(44)
Mathematik, Physik, Chemie (Dipl.)	47	3,3	(76)
Magisterstudiengänge	38	2,0	(16)
Sozialwissenschaften (Dipl.)	29	2,0	(7)
Lehramt II[105]	28	3,3	(54)
Lehramt I[106]	21	3,7	(57)
Insgesamt	42	8,2	(499)

Wie die Tabelle 5.2 ausweist, schwankt es fachspezifisch sehr stark, ob Absolventen sich überhaupt schon beworben haben und wie hoch die Zahl der von ihnen geschriebenen Bewerbungen ausfällt. Wie vermutet, liegt die Bewerbungsrate in denjenigen Studiengängen besonders niedrig, in denen noch eine weitere Ausbildungsphase außerhalb der Hochschule erforderlich ist (Lehramtsstudiengänge, Rechtswissenschaften, Sozialwesen).[107] Da solche Studiengänge besonders an den Universitäten dominieren, ist der hier geringe Anteil von Absolventen, die sich bisher überhaupt beworben haben, zumindest teilweise zu erklären. Von den Fachhochschulabsolventen haben sich durchschnittlich 68 Prozent schon mindestens einmal auf eine Stelle beworben, bei den Universitätsabsolventen etwa 42 Prozent. Bereinigt man diese Zahlen, indem die drei Sonderfälle unberücksichtigt bleiben, liegen die Bewerbungsaktivitäten der Fachhochschulabsolventen immer noch beträchtlich über denen der Universitätsabgänger.[108] Eine tiefergehendere Analyse der Daten belegt, daß Universitätsabsolventen überdurchschnittlich oft statt eines direkten Überganges in das Beschäftigungssystem in einem Promotionsstudiengang oder als wissenschaftliche Angestellte an den Hochschulen bleiben. Dies trifft besonders für die Naturwissenschaften zu (Mathematik, Physik, Chemie, Biologie; entsprechende Ergebnisse finden sich auch bei RAMM/BARGEL, 1995, S. 182). Ein Großteil der Fachhochschulabsolventen sucht dagegen schon vor bzw. am Studienende sehr intensiv nach adäquaten Beschäftigungsmöglichkeiten (vgl. WINKLER, 1990, S. 64 und RAMM/BARGEL, 1995, S. 169). Dies wäre eine mögliche Erklärung für den eher glatten beruflichen Übergang bei Fachhochschulabsolventen und

[105] Lehramt II: Studiengänge für Gymnasien und berufsbildende Schulen.

[106] Lehramt I: Studiengänge für Sonder-, Grund-, Haupt- und Realschulen.

[107] Untersucht man die fachspezifische Bewerberrate bzw. die Bewerbungsintensität zu einem späteren Zeitpunkt nach Studienende (z.B. nach 3 Jahren), ist zumindest für die Absolventen sozialpflegerischer Studiengänge keine unterdurchschnittlich geringe Bewerberrate mehr nachzuweisen (vgl. WINKLER, 1990, S. 65 f.).

[108] Läßt man bei den Fachhochschulabsolventen das Fach Sozialwesen unberücksichtigt, so haben sich bereits 72 Prozent mindestens einmal auf eine Stelle beworben. Bei den Universitätsabsolventen liegt der entsprechende Anteil ohne Lehramtsabsolventen und Rechtswissenschaftler bei 57 Prozent.

den eher verzögerten Berufseintritt bei Universitätsabsolventen. Ob dabei die geringen Bewerbungsaktivitäten der Universitätsabsolventen auch die erwarteten schlechten Arbeitsmarktbedingungen in Rechnung stellen, soll im folgenden Schritt geklärt werden.

Tab. 5.3: Bewerbungsverhalten und Bewerbungshäufigkeit von Hochschulabsolventen und die Einschätzung der Berufsaussichten

	Fachhochschulabsolventen			Universitätsabsolventen		
	Einschätzung der eigenen Chancen, eine Stelle zu finden					
	eher gut	mittel	eher schlecht	eher gut	mittel	eher schlecht
bisher schon mal beworben (in Prozent)	61	64	55	46	35	35
Zahl der geschriebenen Bewerbungen (Mittelwert)	5,9	7,1	14,6	5,0	3,7	8,5
Alle Fälle (n)	(194)	(105)	(31)	(91)	(101)	(105)

Die Zahlen in der Tabelle 5.3 machen deutlich, daß die Einschätzung der eigenen Beschäftigungsaussichten mit Art und Umfang des Bewerbungsverhaltens in Zusammenhang steht. Die Zahlen in der ersten Zeile zeigen, daß bei solchen Fachhochschul- wie Universitätsabsolventen, die ihre eigene Stellensituation eher pessimistisch einschätzen, die Bewerberraten niedriger liegen, als bei den Absolventen, die für sich gute oder mittlere Erfolgsaussichten annehmen. Die unterschiedlichen Bewerberraten sind dabei nur zum Teil eine direkte Folge der Arbeitsmarkteinschätzungen. Dahinter steht vor allem fachspezifische Besonderheiten in der Ausbildungsstruktur (vgl. Tab. 5.2): Für Lehramtsabsolventen, Rechtswissenschaftler und Absolventen sozialpflegerischer Studiengänge gibt es aufgrund des Vorbereitungsdienstes bzw. des Anerkennungsjahres zunächst keine Notwendigkeit, sich zu bewerben. Gleichzeitig sind dies aber auch die Fachrichtungen, die auf dem Arbeitsmarkt mit großen Beschäftigungsproblemen zu rechnen haben. In anderen Fächern mit ungünstigen Beschäftigungsaussichten, wie den Geistes- und Sozialwissenschaften, schränkt in erster Linie das fehlende Angebot freier Stellen die Möglichkeiten von Bewerbungen erheblich ein. Vielleicht verhindert bei einigen Absolventen aber auch die Erwartung von Beschäftigungsproblemen oder gar die vermutete Aussichtslosigkeit, eine Stelle zu finden, ein intensives Bewerbungsbemühen; demgegenüber kann dies bei anderen Absolventen auch eine Steigerung der Informations- und Bewerbungsaktivitäten zur Folge haben, so daß sich beide Effekte gegenseitig aufheben würden.

Wenn Absolventen sich allerdings dazu entschlossen haben, Bewerbungen zu schreiben, so sind die Absolventen mit eher problematischen Beschäftigungsaussichten z.T. deutlich aktiver. Ob diese überdurchschnittlichen Bewerbungsaktivitäten ein Anzeichen für ein grundsätzlich höheres Aktivitätspotential bzw. Engagement der Absolventen im Bewußtsein der schlechten Berufsaussichten sind, kann aus diesen Daten nicht abgeleitet werden. Ebenfalls wahrscheinlich erscheint, daß aufgrund negativer Rückmeldungen bzw. Absagen gezwungenermaßen öfter Bewerbungen geschrieben werden müssen. Bei den Fachhochschulabsolventen fallen die Unterschiede in der Anzahl der Bewerbungen besonders krass aus: Absolventen, die ihre eigenen Stellenchancen schlecht einschätzen, bewerben sich im Durchschnitt doppelt so häufig wie ihre Kommilitonen, die ihre Chancen eher optimistisch einschätzen. Bei den Universitätsabsolventen fällt diese Differenz etwas geringer aus. Dies kann darauf zurückgeführt werden, daß unter den Absolventen mit eher pessimistischen Einschätzungen der eigenen Berufschancen, Studienfächer wie Lehramt oder Rechtswissenschaften dominieren (die nur wenige Bewerbungen schreiben, vgl. Tab. 5.2). Zudem ist diese Ausbildung im Vergleich zu anderen Studiengängen hoch spezialisiert. Eine zweite Ausbildungsphase ist obligatorisch und die Tätigkeit zielt zudem in den meisten Fällen auf eine Anstellung im öffentlichen Dienst (für Lehrer mehr noch als für Juristen) ab. Außerhalb des öffentlichen Dienstes und ohne Abschluß des zweiten Ausbildungsabschnitt bieten sich nur geringe Beschäftigungsalternativen und dementsprechend wenig Bewerbungsmöglichkeiten.

Die geschlechtsspezifischen Unterschiede in der Häufigkeit der Bewerbungen sind nicht nennenswert. Auftretende kleine Differenzen sind in der Regel auf das geschlechtsspezifische Studienfachwahlverhalten zurückzuführen.

1.4 Wechselwirkungen und Zusammenhänge zwischen regionaler Mobilitätsbereitschaft, beruflicher Flexibilitätsbereitschaft sowie den Bewerbungs- und Informationsaktivitäten

Zur Analyse der Zusammenhänge zwischen diesen drei grundlegenden Handlungsstrategien und Anpassungsleistungen wären komplexe multivariate Verfahren prinzipiell geeignet gewesen. Allerdings zeigen erste varianz- und clusteranalytische Untersuchungsansätze, daß zum einen aufgrund des geringen Skalenniveaus der beiden Indikatoren zur regionalen Mobilitätsbereitschaft und der beruflichen Flexibilitätsbereitschaft und zum anderen aufgrund der geringen Fallzahlen bei weiteren Untergliederungen, diese Verfahren keine weiteren Aufschlüsse und Ergebnisse über die vermuteten Zusammenhänge und Hypothesen ergeben haben. Zudem sind die Beziehungen zwischen den drei Hauptuntersuchungsgrößen relativ schwach, so daß auch komplexere Verfahren hier keine signifikanten Ergebnisse liefern können. Die Analysen müssen sich daher auf deskriptive und kreuztabellarische Auswertungsverfahren beschränken.

Wie die Tabelle 5.4 ausweist, sind Zusammenhänge zwischen beruflicher Flexibilitätsbereitschaft und dem Bewerbungsverhalten und besonders der Bewerbungshäufigkeit nur sehr schwach ausgeprägt. Auffällig ist, daß die sich flexibilitätsbereite Fachhochschul- wie Universitätsabsolventen bis zum Zeitpunkt der Befragung (unmittelbar nach Ende des Studiums) seltener um eine Stelle beworben haben, als ihre nicht-flexibilitätsbereiten Kommilitonen (Fachhochschulabsolventen: 63 gegenüber 72 Prozent; Universitätsabsolventen 40 gegenüber 50 Prozent). Die etwas geringere Bewerberrate unter den Absolventen mit hoher Flexibilitätsbereitschaft könnte damit zusammenhängen, daß diese ihre hohe Flexibilitätsbereitschaft auch tatsächlich in berufliche Flexibilität umsetzen: So wäre es beispielsweise durchaus denkbar, daß diese Absolventen alternative *Ausbildungswege* wählen, für die in der Regel keine Bewerbungsaktivitäten erforderlich sind (z.B. Fortbildungen, Umschulungen, Zusatz- oder Zweitstudium). Der etwas höhere Anteil flexibler Absolventen, die sich bisher noch gar nicht beworben haben, wäre so nachvollziehbar.[109]

Tab. 5.4: Bewerberrate und Bewerbungshäufigkeit von Hochschulabsolventen und berufliche Flexibilitätsbereitschaft

	Fachhochschulabsolventen			Universitätsabsolventen		
	berufliche Flexibilitätsbereitschaft					
	hoch	mittel	niedrig	hoch	mittel	niedrig
bisher schon mal beworben (in Prozent)	63	68	72	40	36	50
Zahl der geschriebenen Bewerbungen (Mittelwert)	8,7	8,1	6,9	7,8	9,7	7,5
Alle Fälle (n)	(186)	(118)	(203)	(249)	(100)	(111)

Vergleichbare Zusammenhänge werden zwischen der regionalen Mobilitätsbereitschaft und den Bewerbungsaktivitäten sichtbar (vgl. Tab. 5.5). Bei den Fachhochschulabsolventen wie den Universitätsabsolventen geht eine erhöhte regionale Mobilitätsbereitschaft mit intensiveren Bewerbungsaktivitäten einher. In der Gruppe der *Fachhochschulabsolventen*, die eine hohe regionale Mobilitätsbereitschaft zeigen, ist auch der Anteil der Absolventen hoch, die sich schon einmal beworben haben (75 Prozent bei einer hohen gegenüber 60 Prozent bei einer niedrigen regionalen Mobilitätsbereitschaft). Bei den *Universitätsabsolventen* gibt es zwischen der regionalen Mobilitätsbereitschaft und der Frage, ob sich die Absolventen bis zum Zeitpunkt der Befragung überhaupt schon einmal beworben haben, keine signifikanten Zusammenhänge. Anders sieht es aus, wenn man die Bewerbungshäufigkeit (Anzahl der geschriebenen Bewerbungen) der unterschiedlichen Flexibilitätsgruppen vergleicht. Hier zeigt sich, daß Universitätsabsolventen mit einer hohen Mobilitätsbereitschaft doppelt so viele Bewerbungen geschrieben haben wie ihre Kommilitonen mit einem niedrigen Mobilitätswert. Die Bereitschaft, bei der Suche nach einem Arbeitsplatz den in Frage kommenden Suchraum auszudehnen, wirkt sich offenbar zumindest auf die Zahl der Bewerbungsmöglichkeiten positiv aus. Durch das regional erweiterte Suchspektrum kommen mehr potentielle Beschäftigungsmöglichkeiten in das Blickfeld der Absolventen, was sich dann in intensiveren Bewerbungsaktivitäten niederschlägt. Zusammenfassend läßt sich sagen, daß unter den mobilitätsbereiten Fachhochschulabsolventen generell die Bewerberrate höher liegt (vgl. die erste Zeile von Tab. 5.5), weil sie sich im Durchschnitt früher bewerben können als die Universitätsabsolventen. Von den mobilitätsbereiten Universitätsabsolventen werden dafür überdurchschnittlich viele Bewerbungen geschrieben (vgl. die zweite Zeile von Tab. 5.5). Der positive Zusammenhang zwischen Bewerbungsverhalten bzw. -häufigheit und regionaler Mobilitätsbereitschaft ist besonders bei günstigen Arbeitsmarktbedingungen nachvollziehbar. Sind die Arbeitsmarktvoraussetzungen gut, so stehen mobilitätsbereiten Absolventen mehr potentielle Arbeitsplätze zur

[109] Ein Blick in die Tabellen 5.16 und 5.17 bestätigt diese Vermutungen aber nicht.

Verfügung, auf die es sich zu bewerben lohnt. Hieraus kann aber nicht der Umkehrschluß gezogen werden, eine stärker überregional orientierte Arbeitsplatzsuche führe unter allen Umständen und in jeder Fachrichtung automatisch zu sicheren und adäquater Berufstätigkeiten. Bei einem erweiterten Suchradius ergeben sich lediglich mehr Bewerbungsmöglichkeiten.

Tab. 5.5: Bewerberrate und Bewerbungshäufigkeit von Hochschulabsolventen und regionale Mobilitätsbereitschaft

	Fachhochschulabsolventen			Universitätsabsolventen		
	regionale Mobilitätsbereitschaft					
	hoch	mittel	niedrig	hoch	mittel	niedrig
bisher schon mal beworben (in Prozent)	75	67	60	46	34	41
Zahl der geschriebenen Bewerbungen (Mittelwert)	8,6	7,2	6,7	10,1	6,7	5,4
Alle Fälle (n)	(300)	(52)	(160)	(256)	(65)	(154)

1.5 Zusammenfassung der Ergebnisse

Insgesamt läßt sich festhalten, daß das studierte Fach und die ihm zuzuordnenden Arbeitsmarktbedingungen bzw. die Wahrnehmung dieser Bedingungen erwartungsgemäß den stärksten Effekt auf Art und Umfang der Handlungsstrategien an der Schwelle zum Beschäftigungssystem haben (vgl. LANGE, 1985, S. 185). Allerdings sind in keinem Fach sowohl eine hohe berufliche Flexibilitätsbereitschaft, eine ausgeprägte regionale Mobilitätsbereitschaft als auch überdurchschnittlich hohe Bewerbungs- und Informationsaktivitäten beobachtet worden. Vielmehr stehen je nach Fach unterschiedliche Handlungsbereitschaften im Vordergrund. So zeigt sich in einigen Studienfächern eine hohe berufliche Flexibilitätsbereitschaft bei einer gleichzeitig niedrigen regionalen Mobilitätsbereitschaft. Auch der umgekehrte Fall kann für bestimmte Fachrichtungen festgestellt werden. Das Bewerbungs- und Informationsverhalten läßt sich in diese Zusammenhänge nicht systematisch einordnen, da fachspezifische Differenzen der Bewerberrate und der Bewerbungshäufigkeit in erster Linie eine Folge unterschiedlicher Ausbildungsstrukturen sind. Zudem müssen die Bewerbungs- und Informationsaktivitäten als Handlungsstrategien aufgefaßt werden, die von den jeweiligen Beschäftigungsbedingungen zunächst unabhängig sind. Sie stellen nicht in dem Maße eine aktive Anpassungsstrategie an die Arbeitsmarktstrukturen dar wie die regionale Mobilitäts- und die berufliche Flexibilitätsbereitschaft.

Die Wahrnehmung der eigenen Berufsaussichten spielt eine wichtige Rolle bei der Untersuchung des Zusammenhanges zwischen regionaler Mobilitätsbereitschaft und beruflicher Flexibilitätsbereitschaft. Welche dieser beiden Handlungsbereitschaft in der Phase des Berufsübertritts dominiert, hängt den Untersuchungen zur Folge entscheidend davon ab, ob die Absolventen bezüglich ihrer Beschäftigungschancen eher optimistisch oder eher pessimistisch in die Zukunft blicken. Fällt die Beurteilung der Arbeitsmarktentwicklung im eigenen Berufsfeld eher negativ aus, so zeigen die Absolventen tendenziell eine höhere Flexibilitätsbereitschaft, jedoch eine unterdurchschnittlich Bereitschaft zur regionalen Mobilität. Sie sind deutlich mobilitätsbereiter, wenn die eigenen Arbeitsmarktchancen positiv eingeschätzt werden, dafür liegt dann die berufliche Flexibilitätsbereitschaft auf niedrigem Niveau. Eine positive Einschätzung der Beschäftigungsaussichten geht offensichtlich einher mit einem deutlich besseren Arbeitsplatzangebot; der Anteil der Absolventen, die bereits Bewerbungen geschrieben haben, liegt in dieser Gruppe überdurchschnittlich hoch. Es ist auch ein leichter positiver Zusammenhang zwischen Bewerbungsverhalten und -häufigkeit sowie regionaler Mobilitätsbereitschaft festzustellen.

Es wird auch deutlich, daß eine niedrige regionale Mobilitätsbereitschaft kein Zeichen bedingungsloser Immobilität und Heimatverbundenheit ist. Vielmehr können konkrete und nachvollziehbare Gründe vorliegen, die eine Wanderungsentscheidung wenig sinnvoll erscheinen lassen: Dies können zum einen mangelnde berufliche Perspektiven auch bei einem überregionalen Suchradius sein; zum anderen besteht stattdessen eine erhöhte Bereitschaft, von ursprünglichen fachlich-inhaltlichen Tätigkeitsinhalten und Status- bzw. Gehaltsansprüchen abzurücken (hohe berufliche Flexibilitätsbereitschaft).

1.6 Abschließende methodische Überlegungen zu den untersuchten Handlungsstrategien und Anpassungsleistungen

Bisher sind in diesem Kapitel schwerpunktmäßig die Handlungsstrategien und Anpassungsleistungen diskutiert worden, die in der Abbildung 3.2 in Kapitel III unter dem Stichwort ›Zielorientierungen: Berufseintritt‹ genannt wurden. Sie wurden insbesondere in Abhängigkeit vom Typ der besuchten Hochschule, dem studierten Fach, den damit zusammenhängenden fachspezifischen Arbeitsmarktbedingungen (vgl. Situationsdefinition in Abb 3.2) und z.T. dem Geschlecht der Absolventen untersucht. Diese Analyseschwerpunkte entsprechen einigen wichtigen Schlüsselvariablen der ›Hochschulabsolventen zu Beginn der Stellensuche‹ in der Situation I. Die Einflüsse der familiären Situation, der Studiendauer bzw. des Alters sowie der Examensnote sind in diesem ohnehin komplexen Untersuchungszusammenhang nicht weiter verfolgt worden. Mit dem Einbringen noch weiterer Analysevariablen wäre der Untersuchungsrahmen noch komplexer geworden, zudem hätten sich bei der Bildung und Analyse weiterer Subgruppen noch kleinere Fallzahlen ergeben, so daß kaum noch sinnvolle und signifikante Aussagen möglich gewesen wären. Auf speziell diese Variablen werde ich in Kapitel VI zurückkommen. Die Einbeziehung von Einstellungen und Werthaltungen war auf der Grundlage der durchgeführten Befragungen nicht befriedigend möglich, zumal diese beiden Begriffe mit einer Fülle möglicher Inhalte und Assoziationen belegt sind, die in einer schriftlichen Befragung nur schwer operationalisiert werden können. Fachliche und nicht-fachliche Qualifikationen wurden nicht im Detail abgefragt. Berufspraktische Erfahrungen (Lehre oder Praktika) hatten keinen signifikanten Einfluß auf die zentralen Handlungsstrategien. Es ging in diesem Abschnitt in erster Linie darum, wesentliche Zusammenhänge zwischen den *potentiellen* Handlungsstrategien und Anpassungsleistungen aufzudecken; dies geschah zunächst unabhängig von den realisierten beruflichen Übergängen.

Diese Ergebnisse können nur als Tendenzaussagen aufgefaßt werden. Zwar sind alle hier dargestellten Zusammenhänge auf ihre Signifikanz untersucht worden,[110] doch sind die beobachteten Differenzen teilweise nur gering und die Ergebnisse betreffen immer nur einen kleinen Teil der untersuchten Population. Die Zusammenhänge sind nur teilweise regelhaft, beim größten Teil der Absolventen ist offenbar das Zusammenwirken von regionaler Mobilitätsbereitschaft, beruflicher Flexibilitätsbereitschaft und den Bewerbungs- und Informationsaktivitäten komplex und mehrschichtig und entzieht sich einer eingehenden Untersuchung. Dies mag zum einen an der schwierigen Operationalisierbarkeit der Handlungsbereitschaften liegen. Vielfach können aber auch nicht berücksichtigte Faktoren hinzutreten, wie beispielsweise *Einstellungen* und *Wertvorstellungen*.[111] Sollen diese in eine Analyse einbezogen werden, so treten in quantitativen Erhebungen schwerwiegende Probleme beim Versuch ihrer Operationalisierung auf. Es ist fraglich, ob die Angaben der Befragten zu ihren persönlichen Einstellungen und Werthaltungen ihre tatsächlichen (eventuell sogar halb- oder unbewußten) wert- und einstellungsbezogenen Orientierungen widerspiegeln. Um dies näherungsweise zu prüfen, müßten zumindest entsprechende Verhaltensweisen und Handlungsvollzüge abgefragt werden können, die mit diesen »weichen« Daten korrespondieren (vgl. dazu FRIEDRICHS, 1985, S. 200). Unklar ist dabei auch, ob und auf welche Weise Werte, Einstellungen und Orientierungen real handlungs- und verhaltensrelevant sind. Schließlich ist auch nicht geklärt, inwieweit Einstellungen, Orientierungen und Werthaltungen über einen längeren Zeitraum konstant bleiben (wie es z.B. SCHOMBURG, 1992, S. 223 ff. für berufliche Wertorientierungen andeutet). Möglicherweise unterliegen sie vielmehr zeitlichen, situativen und externen Schwankungen, die nur schwer faßbar sind.[112] Aus der fehlenden Operationalisierbarkeit ergibt sich ein schwerwiegendes Problem: Wie stichhaltig und aussagekräftig sind die Ergebnisse zu diesem Untersuchungskomplex eigentlich, wenn die Einstellungen, Wertvorstellungen und Präferenzen der Absolventen (notwendigerweise) ausgeblendet werden (müssen)? Die Analysen können dann nur einen kleinen Teil der tatsächlichen Motivstruktur von Hochschulabsolventen beim Berufseintritt betreffen. Ein beträchtlicher Teil der Handlungs- und Verhaltensursachen muß daher in quantitativen Studien im Dunkeln bleiben. Es kann versucht werden, diese Defizite auf der Grundlage bestehender Forschungsergebnisse aufzufüllen.

Die regionale Mobilität von Hochschulabsolventen an der Schwelle zum Beschäftigungssystem steht bei dieser Arbeit im Mittelpunkt. Der erste Abschnitt dieses Kapitels beschäftigte sich schwerpunktmäßig mit *potentiellen Handlungsbereitschaften* von Hochschulabsolventen im Vorfeld des eigentlichen Berufseintritts. Damit sollte ein Überblick darüber geliefert werden, welche Handlungsalternativen und mögliche Anpassungsleistun-

[110] Alle in den Tabellen dargestellten Ergebnisse, die interpretiert werden, sind nach dem Wilcoxon-Test für rangskalierte Variablen auf dem 5%-Niveau signifikant. Dies gilt auch für die Tabellen mit nominalen Variablen. Diese wurden mit dem chi^2-Test ebenfalls auf dem 5%-Niveau auf Signifikanz geprüft.

[111] Dazu zählen z. B. speziell berufliche Wertorientierungen (Karriereorientierung, Autonomiestreben, Einkommens-, Statusorientierung,...) sowie persönliche und soziale Präferenzen, Einstellungen und Eigenschaften (Familien-, Partnerorientierung, Freizeitbedürfnis, Belastbarkeiten, soziales Engagement,...). Es handelt sich also hier nicht um Werte im Sinne von M. WEBER (1985/1921, S. 42 f.).

[112] Vergleichbare Operationalisierungsprobleme sind in dieser Untersuchung z.B. mit dem Indikator zur beruflichen Flexibilitätsbereitschaft thematisiert worden. Folge dieser uneindeutigen Beziehung zwischen dem operationalisierten Indikator und der ihm zugeschriebenen inhaltlichen Bedeutung ist dann, daß die wissenschaftlichen Analysen über Mutmaßungen zu tatsächlichen Zusammenhängen zwischen z.B. beruflichen Orientierungen und dem Berufseintritt bzw. dem Berufserfolg nicht hinauskommen (vgl. dazu auch SCHOMBURG, 1992, S. 240).

gen vor dem Hintergrund verschiedener Rahmenbedingungen zu Tage treten. Deutlich geworden ist, daß regionale Mobilitätsbereitschaft, im Kontext anderer Handlungsstrategien und Anpassungsleistungen an Arbeitsmarkterfordernisse, in der Phase des Berufseintritts generell von Bedeutung ist. Es treten dabei fachspezifische, leichte geschlechtsspezifische und insbesondere arbeitsmarktbedingte Differenzen auf. Die Bedeutung sozialer Netzwerke und familiärer Rahmenbedingungen für das Mobilitätspotential ist für diesen Untersuchungsabschnitt (noch) nicht nachweisbar; auf das Bestehen solche Einflüsse kann bisher nur aufgrund der theoretischen Vorüberlegungen geschlossen werden.

2 Die Übergangsphase in den Beruf und der Eintritt in das Beschäftigungssystem: Realisierte Handlungsstrategien und berufliche Verbleibsformen unter besonderer Berücksichtigung regionaler Mobilität

Im Mittelpunkt dieses Abschnitts wird der berufliche Übergang von Hochschulabsolventen im ländlich-peripheren westlichen Niedersachsen stehen. Sind im vorangegangenen Abschnitt die Daten aus der Befragung unmittelbar nach Studienende ausgewertet worden, werden jetzt zusätzlich die Angaben der Absolventen für die zweite Befragung (1 bis 2 Jahre nach Abschluß des Studiums) hinzugezogen. Zielgruppe bleiben Absolventen der westniedersächsischen Fachhochschul- und Universitätsstandorte. Die untersuchte westniedersächsische Region weist insbesondere im Hinblick auf den Akademikerarbeitsmarkt strukturelle Schwächen auf, die in verschiedenen Studien nachgewiesen wurden (vgl. ROLFES/WENZEL, 1990, S. 345; JUNG, 1989, S. 12 ff.; ROLFES/WENZEL, 1989, S. 66 ff.; HOLST u.a., 1989). Im westlichen Niedersachsen wird außerhalb der Stadtregionen Oldenburg und Osnabrück kaum akademische Qualifikation nachgefragt. Es mangelt in diesem Raum an forschungsintensiven Institutionen bzw. an Betrieben mit ausgeprägter Forschungs- und Führungsebene, daher fehlen auch adäquate Arbeitsplätze für hochqualifizierte Fach- und Führungskräfte. Ein überdurchschnittliches Arbeitskräftewachstum bzw. eine erhöhte Arbeitskräftenachfrage gibt es lediglich im mittleren Qualifikationsbereich (vgl. dazu die Shift-Share-Analyse bei ROLFES/WENZEL, 1990, S. 350 ff.). Es besteht daher die Tendenz, daß die an den Regionalhochschulen ausgebildeten Hochschulabsolventen aus der Region »herausqualifiziert« werden. Aus diesem Mißverhältnis zwischen einem hohen akademischen Arbeitsplatznachfragerpotential und dem geringen Angebot an Arbeitsplätzen für Hochqualifizierte muß zwangsläufig ein erhöhtes Maß an regionaler Mobilität folgen. In welchem Ausmaß dann *tatsächlich* regionale Mobilitätsprozesse in Gang kommen und welche alternativen Handlungsstrategien und Anpassungsleistungen entworfen werden, ist Gegenstand dieses Abschnitts.

2.1 Wohnstandorte und Wohnortpräferenzen von Absolventen westniedersächsischer Hochschulen

Zunächst sollen auf einer rein deskriptiven Ebene die Migrationsentscheidungen der westniedersächsischen Hochschulabsolventen untersucht werden. Angesichts der geringen Nachfrage nach Hochqualifizierten kann eigentlich nur eine hohe (Zwangs-) Abwanderung erwartet werden. Dies aber nur unter der Annahme, daß für den Großteil der befragten Hochschulabsolventen aus dem westlichen Niedersachsen in dieser Lebenszyklusphase das Erreichen einer adäquaten und befriedigenden beruflichen Position im Vordergrund steht und nicht die familiäre bzw. partnerschaftliche Bindung oder Etablierung. Die Kenntnis dieser defizitären Arbeitsmarktsituation wird zu einem großen Teil die regionalen Orientierungen und tatsächlichen Wohnstandortverlagerungen der Hochqualifizierten beeinflussen. Daneben werden individuelle Einschätzungen und Wahrnehmungen der Absolventen sowie fachspezifische Aspekte, auf die in Abschnitt 2.2 dieses Kapitels detaillierter eingegangen wird, einen weiteren wesentlichen Effekt auf die Wahl der Wohnstandorte und Wohnortpräferenzen ausüben.

Die Daten aus der Befragung westniedersächsischer Hochschulabsolventen ermöglichen es, die tatsächlichen Wohnstandorte, Wohnstandortverlagerungen und Wohnortpräferenzen der Absolventen über einen längeren Zeitabschnitt (von der Zeit vor dem Studium bis zu 2 Jahre nach Studienabschluß) zu beobachten. In einer ersten Annäherung können auf diese Weise Informationen über abgelaufene Wanderungsbewegungen und regionale Präferenzen bzw. Präferenzänderungen der Absolventen ermittelt werden. So wird das reale Ausmaß und die Bereitschaft zur regionalen Mobilität deutlich. Es läßt sich auch überprüfen, inwieweit vormals geäußerte regionale Orientierungen realisierbar waren bzw. sind, indem sie mit den tatsächlichen Wohnstandortverlagerungen korreliert werden. Aus dem Umfang der tatsächlichen regionalen Abwanderungsströme der Akademiker können schließlich auch die qualifikationsspezifischen Wanderungsverluste des westniedersächsischen Raumes zumindest geschätzt werden. Dies ist nur näherungsweise möglich, weil in dieser Teilstudie keine Aussagen darüber gemacht werden können, in welchen Größenordnungen ein Wanderungsverlust von Absolventen der regionalen westniedersächsischen Hochschulen ausgeglichen werden kann durch eine Zuwanderung von im westlichen Niedersachsen beheimateten Studienberechtigten, die außerhalb des westlichen Niedersachsens ein Studium absolviert haben und nach dessen Abschluß ins westliche Niedersachsen zurückkehren. In der Kasseler Studie kehrten 17 Prozent der befragten Absolventen nach Abschluß des Studiums in ihre Herkunftsorte zurück (vgl. SCHOMBURG, 1990, S. 45). Für ländlich-periphere Regionen dürfte die Heimkehrerquote jedoch noch erheblich geringer ausfallen.

2.1.1 Wohnstandorte westniedersächsischer Hochschulabsolventen vor dem Studium und 1 bis 2 Jahre nach Studienabschluß

2.1.1.1 Wohnstandorte und Wanderungsbewegungen westniedersächsischer Hochschulabsolventen in bundesweitem Maßstab

In einem ersten Schritt wird für das gesamte Bundesgebiet analysiert, welche Veränderungen und Verschiebungen aufgetreten sind, wenn die Wohnstandorte der Absolventen westniedersächsischer Hochschulen *vor* dem Studium mit ihren Wohnorten 1 bis 2 Jahre *nach* dem Studienende verglichen werden. Zu diesem Zweck werden 4 Regionsabgrenzungen vorgenommen, zwischen denen dann die Wohnsitzverschiebungen beobachtet werden. Wohnortverlagerungen innerhalb dieser Regionsabgrenzungen bleiben im ersten Analyseschritt unberücksichtigt.

- Region I: *westliches Niedersachsen.*[113] Das sind alle Landkreise und kreisfreien Städte des Regierungsbezirkes Weser-Ems. In dieser Region liegen alle Hochschulstandorte, die in die Befragung einbezogen wurden. Wanderungsströme innerhalb dieser Region,

[113]Die Regionsbezeichnungen westliches Niedersachsen, Westniedersachsen und (Regierungsbezirk) Weser-Ems werden im weiteren Verlauf des Textes synonym verwendet.

z. B. zugunsten der beiden Universitätsstädte Osnabrück und Oldenburg, sollen in diesem Untersuchungsschritt zunächst noch ausgeblendet werden. Darauf wird später eingegangen. Hier interessieren in erster Linie die überregionalen Migrationsvorgänge.

- Region II: *angrenzende Landkreise.*[114] Hierzu wurden alle Landkreise und kreisfreien Städte gezählt, die unmittelbar an den Regierungsbezirk Weser-Ems angrenzen: Cuxhaven, Bremerhaven, Osterholz, Bremen, Diepholz, Minden-Lübbecke, Herford, Gütersloh, Warendorf, Steinfurt. Auch die beiden kreisfreien Städte Münster und Bielefeld wurden in diese Kategorie eingeordnet, weil neben Bremen auch Münster und Bielefeld als Universitätsstädte für die Absolventen denkbare Arbeitsort- und Wohnortalternativen zu den westniedersächsischen Großstädten Osnabrück und Oldenburg sind.
- Region III: *nördliches Bundesgebiet.* Hierunter wurden die verbleibenden Landkreise und kreisfreien Städte im übrigen Niedersachsen und dem übrigen Nordrhein-Westfalen eingeordnet, daneben die Bundesländer Hamburg und Schleswig-Holstein.
- Region IV: *übriges Bundesgebiet.* In diese Kategorie fielen alle alten Bundesländer (außer den bereits erfaßten Bundesländern) einschließlich Berlin (West).[115]
- Region V: *Ausland.*

In der Tabelle 5.6 ist die Verteilung der Wohnorte auf die fünf Abgrenzungsregionen bei den Fachhochschul- und Universitätsabsolventen für den Zeitpunkt vor Studienbeginn und 1 bis 2 Jahre nach Studienabschluß dargestellt.

Tab. 5.6: Wohnorte von Absolventen westniedersächsischer Hochschulen vor dem Studium und 1 bis 2 Jahre nach dem Studienabschluß (in Prozent)

	Fachhochschulabsolventen		Universitätsabsolventen	
	vor dem Studium	nach dem Studium	vor dem Studium	nach dem Studium
westliches Niedersachsen	63	46	77	65
angrenzende Landkreise	13	12	10	10
nördliches Bundesgebiet	19	25	11	16
übriges Bundesgebiet	5	16	2	7
Ausland	0	0	0	2
Insgesamt	100	100	100	100
(n)	(378)	(380)	(235)	(193)

Die Tabelle zeigt zunächst, daß bezüglich der Herkunftsregionen (Wohnorte vor dem Studium) die Einzugsbereiche der Fachhochschulen deutlich stärker überregional orientiert sind. Während die befragten Absolventen der Universitäten zu 87 Prozent aus dem erweiterten westlichen Niedersachsen[116] stammen, liegt dieser Anteil für die Fachhochschulen bei 76 Prozent. Überraschenderweise haben also die Fachhochschulen, trotz ihrer stärkeren

[114] Die Region II werde ich an anderer Stelle auch als erweitertes westliches Niedersachsen bezeichnen.

[115] Die Daten zu diesem Teil der Befragungen wurden zum überwiegenden Teil noch vor der deutschen Wiedervereinigung erhoben, so daß die neuen Bundesländer als Herkunfts- oder Zielregionen nicht in Betracht kommen.

[116] Zur Erinnerung: Erweitertes westliches Niedersachsen: Regierungsbezirk Weser-Ems (Entfernungszone I) und die unmittelbar angrenzenden Landkreise (Entfernungszone II).

Regionalisierung und der größeren Orientierung des Studiums und seiner Inhalte an den Bedürfnissen einer Region (vgl. WISSENSCHAFTSRAT, 1991, S. 72 ff.) einen überdurchschnittlich hohen Anteil an Studierenden und Absolventen aus entfernteren Regionen. Dieser Unterschied zwischen den westniedersächsischen Fachhochschulen und Universitäten wird wohl in erster Linie auf die unterschiedliche Attraktivität des Studienfachangebots zurückzuführen sein. Während beispielsweise an den Universitäten Oldenburg und Osnabrück technisch-ingenieurwissenschaftliche, innovative und zukunftsorientierte Studienangebote zumindest im hier untersuchten Zeitraum nicht angeboten wurden,[117] bestehen an der Fachhochschule Osnabrück Studienangebote mit großer Nachfrage im Bereich Europäischer Wirtschafts- und Ingenieurwissenschaften und an der Fachhochschule Ostfriesland auf neue Technologien abzielende Studiengänge wie Physik- und Chemietechnik. Von überregionaler Attraktivität sind auch die Studiengänge im Bereich Landschafts- und Gartenbau sowie Landespflege an der Osnabrücker Fachhochschule.

Vergleicht man nun in der Tabelle 5.6 die Wohnstandorte zu den beiden Untersuchungszeitpunkten, so ist in beiden Absolventengruppen festzustellen, daß das westliche Niedersachsen in den ersten beiden Jahren deutliche Wanderungsverluste zu verzeichnen hat. Diese fallen für die Universitätsabsolventen jedoch geringer aus als für die Absolventen der Fachhochschulen (vgl. Tab. 5.6: -12 Prozentpunkte bei den Universitätsabsolventen und -17 Prozentpunkte bei den Fachhochschulabsolventen). Die unterdurchschnittliche Abwanderung der Universitätsabsolventen im Vergleich zu den Fachhochschulabsolventen ist vor allem deshalb interessant, wenn man sich vor Augen hält, daß gerade die Absolventen der westniedersächsischen Universitäten ausbildungsbedingt die Hochschulstandorte bzw. die Hochschulregion verlassen müssen. Zur Erreichung eines berufsqualifizierenden Abschlusses müssen Rechtswissenschaftler und Lehramtsabsolventen einen Vorbereitungsdienst absolvieren. Dieser kann zwar in der Regel in Niedersachsen angetreten werden, aber nur zu einem geringen Teil im westlichen Niedersachsen. Nun sind es aber gerade die Fachhochschulabsolventen, denen stets eine stärkere regionale Bindung nachgesagt wird (vgl. MINKS/NIGMANN, 1991, S. 146 ff. und NIGMANN, 1989, S. 34 ff.).[118] Dies wird durch den stärkeren Regionsbezug der Fachhochschulen auch nahegelegt. Es hat sich jedoch seit etwa Ende der 80er Jahre der Stellenwert der Fachhochschulen im Rahmen des tertiären Bildungssektors verschoben. Die EG-weite Anerkennung der Fachhochschulabschlüsse, die Hervorhebung der Praxisorientierung und der kürzeren Studienzeiten und insbesondere vermeintlich besseren Beschäftigungsaussichten lassen ein Fachhochschulstudium für die Studienberechtigten zunehmend attraktiver erscheinen. Dies hat dazu geführt, daß Studienplätze an Fachhochschulen in immer stärkerem Maße auch von Abiturienten nachgefragt werden (vgl. SCHOBER/TESSARING, 1993, S. 8; NIGMANN, 1989, S. 13 ff. und BARGEL u.a., 1989, S. 60 f.). Dies ist für das Mobilitäts- und Arbeitsplatzsuchverhalten von Fachhochschulabsolventen nicht ohne Folgen geblieben; regionale Gesichtspunkte spielten zumindest bei der (Fachhochschul-) Standortwahl von Abiturienten nur eine un-

[117] Bei den Universitäten Oldenburg und Osnabrück handelt es sich um aus ehemaligen Pädagogischen Hochschulen hervorgegangene Neugründungen, die sich zum Teil immer noch im Aufbaustadium befinden. Angesichts der begrenzten öffentlichen Mittel kommt der Ausbau dieser Hochschulstandorte allerdings nur langsam voran. Dementsprechend ist das Studienangebot immer noch stark erziehungs-, sozial- und kulturwissenschaftlich geprägt.

[118] Zur Bedeutung der Fachhochschulen im Bildungssystem und in der Bildungsplanung vgl. Abschnitt 2.2.2 in Kapitel VI.

tergeordnete Rolle (vgl. NIGMANN, 1989, S. 31). Das Mobilitätspotential der Fachhochschulstudenten und -absolventen ist aufgrund des geänderten Klientels der Fachhochschulen gestiegen. Die erhöhte Abwanderung von Fachhochschulabsolventen aus dem westlichen Niedersachsen kann allerdings zum Teil auch auf das Fehlen von adäquaten Arbeitsplätzen besonders für wirtschaftswissenschaftliche, technische und ingenieurwissenschaftliche Berufsbereiche zurückgeführt werden.

Die beiden Abbildungen 5.7 und 5.8 zeigen die Wohnorte der Absolventen 1 bis 2 Jahre nach dem Abschluß des Studiums. Dabei entspricht die Größe (Fläche) der Kreise der absoluten Zahl der Absolventen, die zum Zeitpunkt der zweiten Befragung in der jeweiligen Region gewohnt haben. Die bis zu 4 unterschiedlich schraffierten Segmente innerhalb dieser Kreise geben Aufschluß über die Wohnorte der Absolventen vor dem Studium.

Abb. 5.7: Wohnorte von Absolventen westniedersächsischer Fachhochschulen[119] vor dem Studium und 1 bis 2 Jahre nach Studienabschluß

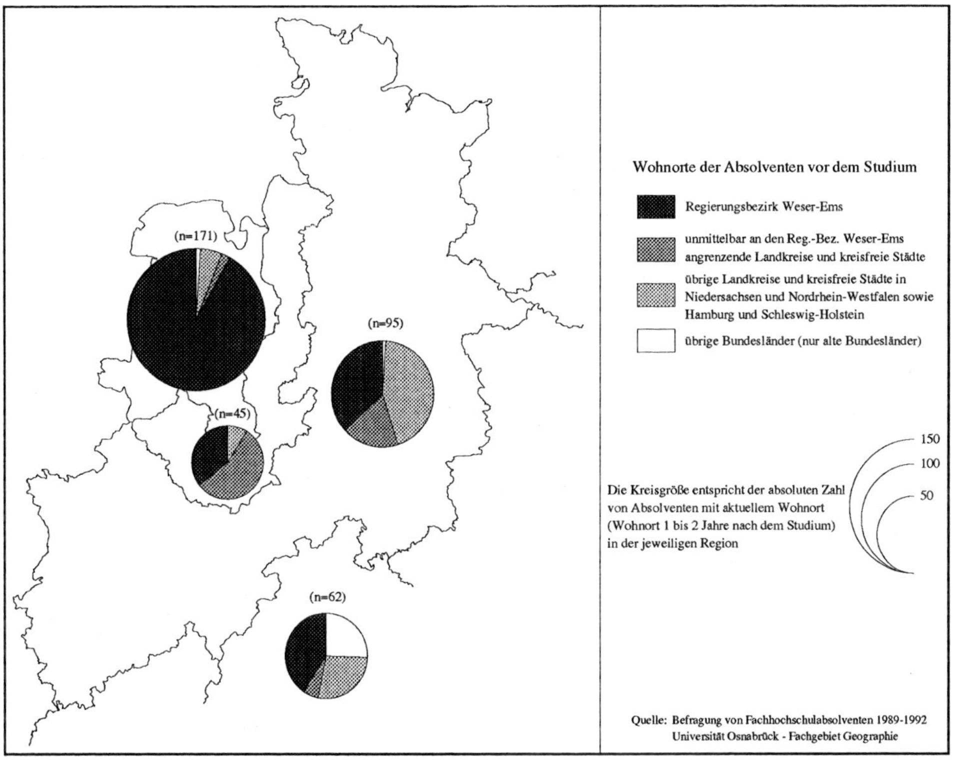

[119] Fachhochschulen in Osnabrück, Oldenburg (mit Elsfleth), Emden, Vechta, Leer und Wilhelmshaven.

Aus den beiden Abbildungen 5.7 und 5.8 geht hervor, daß von denjenigen Absolventen, die 1 bis 2 Jahre nach dem Studienabschluß im westlichen Niedersachsen ihren Wohnsitz haben (das sind 46 Prozent bei den Fachhochschulabsolventen und 65 Prozent bei den Universitätsabsolventen; vgl. Tab. 5.6), ca. 90 Prozent auch schon vor dem Studium in dieser Region wohnhaft waren. Angesichts der Annahme, daß das westliche Niedersachsen für Hochqualifizierte nur in geringem Ausmaß adäquate Arbeitsplätze anbietet, ist dieser hohe Anteil zunächst bemerkenswert. Es sei jedoch nochmals darauf hingewiesen, daß dies nicht bedeutet, diese Absolventen hätten zu beiden Befragungszeitpunkten an ein und demselben Ort gewohnt. Wohnortverlagerungen innerhalb des westlichen Niedersachsen und auch innerhalb der drei anderen Regionen sind bisher unberücksichtigt geblieben.

Beim Vergleich der drei nicht-westniedersächsischen Wohnortregionen in beiden Absolventengruppen vor und nach dem Studium fällt erneut auf, daß zahlenmäßig die Fachhochschulabsolventen deutlich häufiger das westliche Niedersachsen verlassen als die Universitätsabsolventen. (Die Kreisgrößen fallen für alle drei nicht-westniedersächsischen Regionsabgrenzungen bei den Fachhochschulabsolventen z.T. erheblich größer aus als bei den Universitätsabsolventen. Vgl. dazu auch Tab. 5.6.) Dabei kehren die Absolventen der Fachhochschulen 1 bis 2 Jahre nach dem Studium etwas häufiger als die Universitätsabsolventen in die Bundesländer bzw. Großregionen zurück, in denen sie schon vor Beginn des Studiums gewohnt haben (vgl. die Größe der jeweiligen Segmente innerhalb der nicht-westniedersächsischen Kreissignaturen). Wenn also Fachhochschulabsolventen 1 bis 2 Jahre nach Studienabschluß in den mittleren und südlichen Bundesländern wohnhaft sind, so haben sie auch schon vor Beginn ihres Studiums überdurchschnittlich oft in den mittleren und südlichen Bundesländern gewohnt. Von den Fachhochschulabsolventen, die 1 bis 2 Jahre *nach* ihrem Studium ihren Wohnsitz in der Region IV (mittlere und südliche Bundesländer) haben, wohnten *vor* dem Studium bereits 26 Prozent an einem Ort in den mittleren und südlichen Bundesländern. Bei den Universitätsabsolventen liegt der Anteil nur bei 13 Prozent. Vergleichbares gilt auch für die an das westliche Niedersachsen unmittelbar angrenzenden Landkreise (Region II). Nur ca. 30 Prozent der Universitätsabsolventen, die *nach* dem Studium hier wohnen, hatten bereits *vor* dem Studium hier ihren Wohnsitz. Höher liegt der Anteil bei den Fachhochschulabsolventen: Bereits über 55 Prozent der Bewohner der angrenzenden Landkreise haben schon vorher hier gewohnt. Dies ist allerdings nicht notwendigerweise ein Indiz für eine höhere Immobilität. Die Fachhochschulabsolventen kehrten nämlich nur in wenigen Fällen genau an ihren Heimatort bzw. in ihre Heimatregion zurück. Ihre regionalen Fixierungen bestehen eher generell in Richtung nicht-westniedersächsicher Regionen bzw. ihren Herkunftsbundesländern. Wer aus einem kleinen Ort in Hessen stammt und im westlichen Niedersachsen studiert hat, kehrt nicht genau an diesen Ort zurück, wohl aber wieder nach Hessen oder in ein benachbartes Bundesland.

Abb. 5.8: Wohnorte von Absolventen westniedersächsischer Universitäten vor dem Studium und 1 bis 2 Jahre nach Studienabschluß

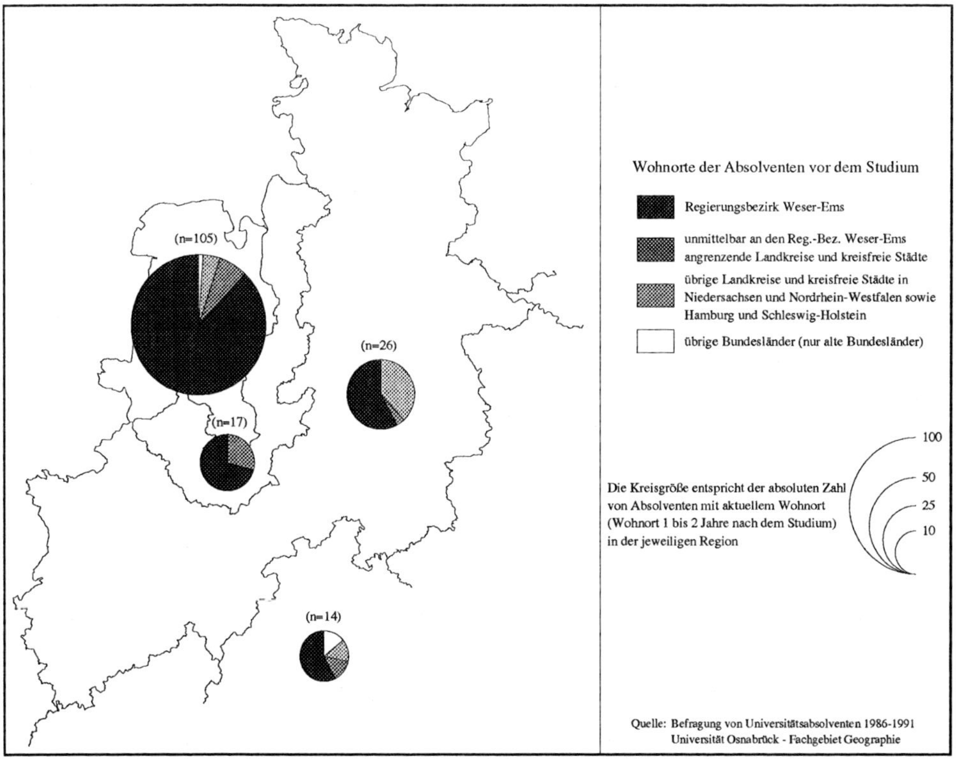

Untersucht man nun aufgeschlüsselt für die 4 Quellgebiete (Wohnorte vor Beginn des Studiums), die Standort- bzw. Regionstreue bis zum Befragungszeitpunkt 1 bis 2 Jahre nach dem Studienende, so werden die Mobilitätsvorgänge noch transparenter und die geäußerten Hypothesen teilweise untermauert. Unter den Absolventen, die aus der westniedersächsischen Region stammen (das sind 63 Prozent bei den Fachhochschulabsolventen und 77 Prozent bei den Universitätsabsolventen; vgl. Tab. 5.6), wohnen 1 bis 2 Jahre nach Studienende 67 Prozent der Fachhochschulabsolventen und 72 Prozent der Universitätsabsolventen innerhalb Westniedersachsens. 15 bzw. 12 Prozent der ehemaligen Westniedersachsen haben eine Wohnsitzverlagerung in die Region III (übriges Norddeutschland) vorgenommen. Die befragten Absolventen mit Herkunft (Wohnort vor Studienbeginn) aus den entfernteren Regionen II, III und IV sind demgegenüber etwas mobiler. Hier liegt der Anteil der in die Quellgebiete zurückkehrenden in der Gruppe der Fachhochschulabsolventen im Durchschnitt bei nur etwa 62 Prozent, bei den Universitätsabsolventen lediglich bei 52 Prozent. Eine Ausnahme bilden hier die Fachhochschulabsolventen die vor dem Studium in der Region IV gewohnt haben. Sie ziehen nach Abschluß des Studiums in fast 90 Prozent der Fälle wieder zurück in diese Großregion bzw. »ihr« Bundesland. (Dann aber, wie oben bereits angedeutet und wie Analysen und in Abschnitt 2.2 dieses Kapitels belegen werden, nur selten auch in denselben Ort wie vor Studienbeginn.) Für den Gesamtzusammenhang von größerer Bedeutung ist aber das Ergebnis, daß Absolventen westniedersächsischer Herkunft zu mehr als zwei Dritteln sogar 1 bis 2 Jahre nach dem Studienabschluß noch nicht über das westliche Niedersachsen hinaus gekommen sind.[120] Anhand der Abbildungen 5.7 und 5.8 wird deutlich, daß die Zahl der Hochschulabsolventen, die aus dem westlichen Niedersachsen stammen, hier ihr Studium abgeschlossen haben und dann zur Arbeitsaufnahme das westliche Niedersachsen verlassen, nicht annähernd ausgeglichen wird durch die Zahl der Hochschulabsolventen, die aus entfernteren Regionen zur Studienaufnahme in das westliche Niedersachsen gewandert sind und nach Studienabschluß dann hier einer Berufstätigkeit nachgehen können. Dennoch scheinen in nicht unbeträchtlichem Maße akademikeradäquate Arbeitsplätze im westlichen Niedersachsen zur Verfügung zu stehen. Sonst könnten nicht so viele Hochschulabsolventen 1 bis 2 Jahre nach Studienende noch hier wohnen bleiben.

2.1.1.2 Wohnortstandorte und Wanderungsbewegungen von Hochschulabsolventen innerhalb des erweiterten westlichen Niedersachsens

Da also der größte Teil der befragten Absolventen auch 1 bis 2 Jahre nach dem Abschluß des Studiums noch in der *erweiterten* westniedersächsischen Region wohnt (58 Prozent der Fachhochschul- und 75 Prozent der Universitätsabsolventen), sollen die Wanderungsvorgänge und Wohnortverlagerungen *innerhalb* dieses Raumes nun eingehender untersucht werden. Die raumbezogenen Beobachtungseinheiten sind hier die einzelnen Landkreise und kreisfreien Städte. Es werden auch die an den Regierungsbezirk Weser-Ems angrenzenden Landkreise und kreisfreien Städte mit einbezogen, da sie für einzelne Hochschulstandorte als Einzugsbereiche und potentielle Arbeitsmarktregionen von Bedeutung sind. In den Abbildungen 5.9 und 5.10 ist dargestellt, wie sich die Wohnorte der Absolventen auf die erweiterte westniedersächsische Region (auf der Ebene der Landkreise und kreisfreien Städte), aber auch auf die übrigen Regionseinheiten verteilen. Getrennt für Fachhochschul- und Universitätsabsolventen ist angegeben, wie hoch die Prozentanteile in den einzelnen Raumeinheiten an der Gesamtzahl der Befragten liegen. Diese Anteile wurden auf der jeweils linken Karte für die Wohnorte *vor* dem Studium dargestellt sowie auf der jeweils rechten Seite für die Wohnorte 1 bis 2 Jahre *nach* dem Studium.

Dabei zeigen sich bei den Fachhochschulabsolventen andere Verteilungsmuster als bei den Universitätsabsolventen. Die Absolventen der beiden *Universitäten* haben zu mehr als 40 Prozent vor dem Studium in Oldenburg oder Osnabrück gewohnt (in Osnabrück 28 Prozent; in Oldenburg 12 Prozent). Diese Verteilungen decken sich in etwa mit den Zahlen, die WENZEL für die Universität Osnabrück ermittelt hat (WENZEL, 1993, S. 31). Die Absolventen der westniedersächsischen *Fachhochschulen* stammen demgegenüber eher aus ländlichen Kreisen: an erster Stellen stehen dabei die Landkreise Emsland und Leer. Während sich also die Universitätsabsolventen schon vor dem Studium in den Universitätsstädten konzentrierten, verteilen sich die Herkunftsregionen der westniedersächsischen Fachhochschulabsolventen relativ gleichmäßig über den gesamten Untersuchungsraum. Aus den peripheren, westlichen Landkreisen, die von Fachhochschulstandorten

[120] Dabei muß allerdings berücksichtigt werden, daß die untersuchte Stichprobe nicht die Gesamtpopulation westniedersächsischer Studenten repräsentiert. Es wurden nur die *Absolventen der Regionalhochschulen* untersucht, denen aufgrund ihrer Studienortwahl eine bestimmtes Maß an Immobilität unterstellt werden kann.

regelrecht eingerahmt sind, stammen überdurchschnittlich viele Fachhochschulabsolventen. Die westniedersächsischen Fachhochschulen rekrutieren ihre Studenten also insbesondere aus solchen Landkreisen und kreisfreien Städten, in denen es zu den westniedersächsischen Fachhochschulstandorten (in bezug auf die räumliche Nähe) keine Alternativen gibt. Dies trifft für den nördlichen, westlichen und mittleren Regierungsbezirk Weser-Ems zu. Aus den östlichen Landkreisen des Regierungsbezirks und den an das westliche Niedersachsen angrenzenden Landkreisen werden demgegenüber kaum Studierende rekrutiert. Hier wird der Einzugsbereich der westniedersächsischen Fachhochschulen bereits sehr stark von anderen Fachhochschulen überlagert. Im Osten z.B. von Bremen, im Südwesten von Münster/Steinfurt (vgl. dazu WENZEL, 1993, S. 32 f.). Bei den Fachhochschulabsolventen konnte keine überdurchschnittliche Konzentration der Wohnorte auf die Hochschulstandorte festgestellt werden (wie etwa bei den Universitätsabsolventen). Deutlich wird hier aber auch noch einmal die überproportional häufige überregionale Herkunft der Fachhochschulabsolventen.

Abb. 5.9: Wohnorte von Absolventen westniedersächsischer Fachhochschulen vor dem Studium und 1 bis 2 Jahre nach Studienabschluß im westlichen Niedersachsen

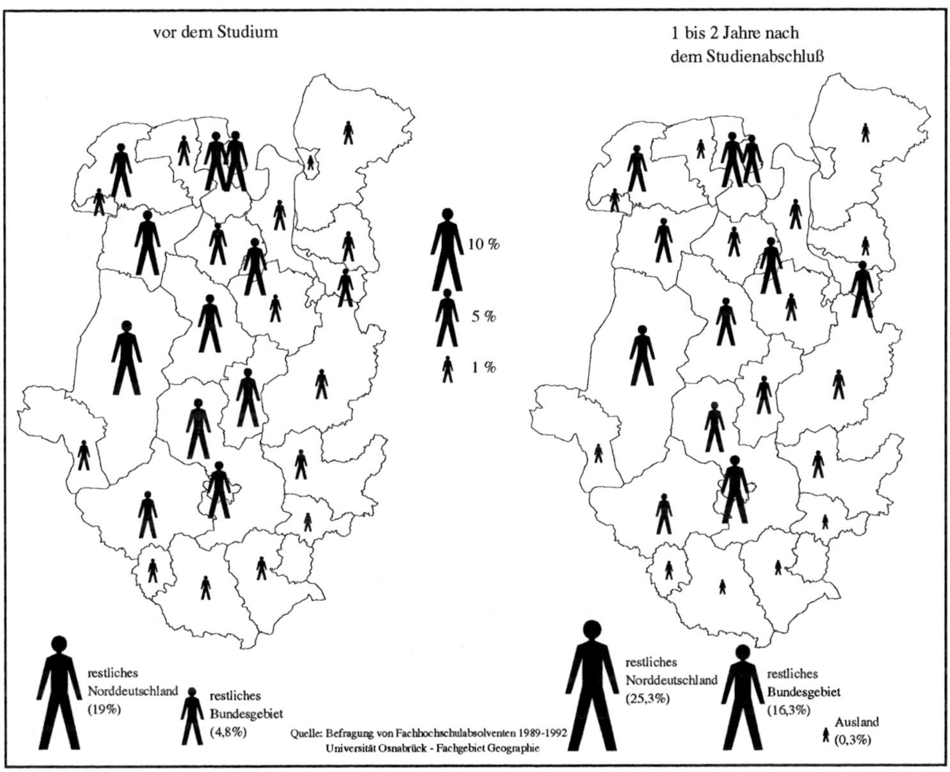

Betrachtet man nun die Verteilung der Wohnstandorte zum Beobachtungszeitpunkt 1 bis 2 Jahre nach Studienende, so sind auch bei den *Fachhochschulabsolventen* Ansätze von Konzentrationserscheinungen zumindest für die Regionen Osnabrück und Bremen zu beobachten (wenn auch bei weitem nicht in dem Ausmaß wie bei den Universitätsabsolventen; vgl. die rechte Karte in Abb. 5.9 und Abb. 5.10). In der Regel liegen aber die Wohnorte der Fachhochschulabsolventen nach wie vor überdurchschnittlich häufig in den ländlich geprägten Landkreisen Westniedersachsens. Es verbleibt also ein nicht unerheblicher Teil der Fachhochschulabsolventen im westlichen Niedersachsen, überraschenderweise auch in den eher ländlich-peripheren Kreisen. Dies legt die Hypothese nahe, daß offenbar auch in dieser ländlich-peripheren Region in größerem Umfang akzeptable Arbeitsplätze zur Verfügung stehen müssen. Andererseits existieren deutliche *interregionale Wohnortverlagerungen* in Richtung der restlichen norddeutschen Landkreise, aber auch der mittleren und südlichen Bundesländer. Damit verläßt ein erheblicher Anteil der Fachhochschulabsolventen die ehemalige Studienregion wieder, entweder um in der ursprünglichen Herkunftsregion zu arbeiten oder weil in quantitativer und qualitativer Sicht das Angebot an qualifizierten Arbeitsplätzen in der westniedersächsischen Region insgesamt nicht für alle Regionalabsolventen ausreichend ist.

Abb. 5.10: Wohnorte von Absolventen westniedersächsischer Universitäten vor dem Studium und 1 bis 2 Jahre nach Studienabschluß im westlichen Niedersachsen

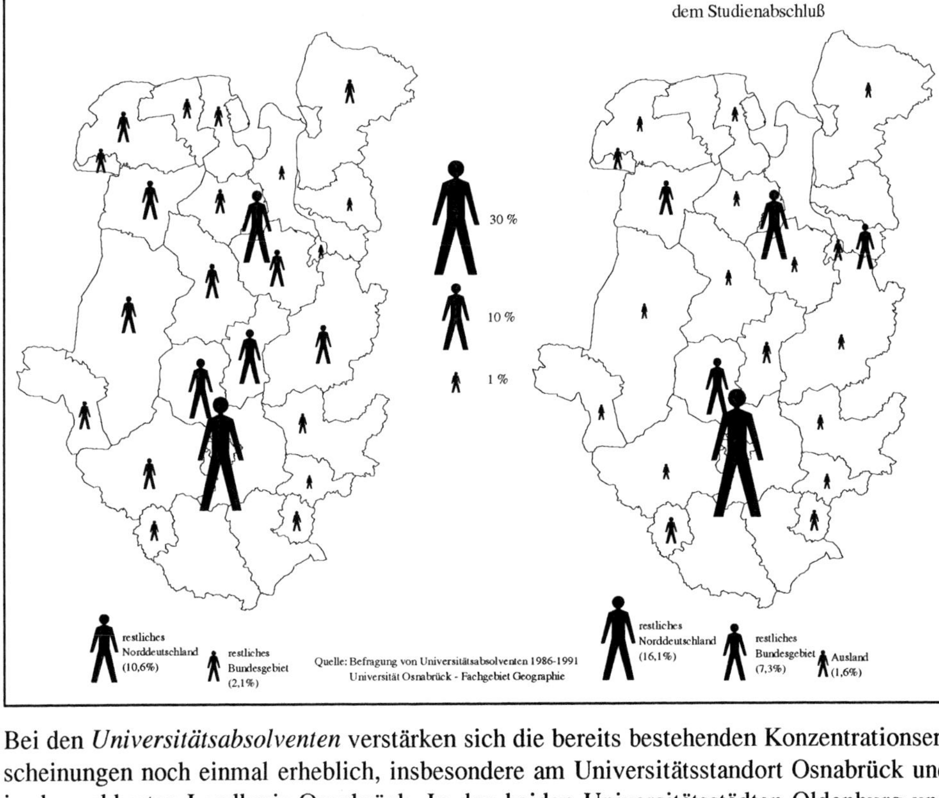

Bei den *Universitätsabsolventen* verstärken sich die bereits bestehenden Konzentrationserscheinungen noch einmal erheblich, insbesondere am Universitätsstandort Osnabrück und im benachbarten Landkreis Osnabrück. In den beiden Universitätsstädten Oldenburg und

Osnabrück sind 1 bis 2 Jahre nach dem Studium fast 50 Prozent der Absolventen beheimatet (37 Prozent in Osnabrück und nur 11 Prozent in Oldenburg), zusätzlich hat Bremen als Wohnort für die Absolventen an Bedeutung gewonnen (5 Prozent), ebenso Münster (vgl. Abb. 5.10). Die eher ländlich strukturierten Kreise kommen nach dem Studium offenbar nur noch für wenige Universitätsabsolventen als Wohnort in Betracht. Für die hier untersuchte Gruppe dominieren solche *intraregionale Wanderungen*, bei denen die nordwestdeutschen Großstädte die wichtigsten Zielregionen sind. Der Studienort wird danach für einen Teil der Universitätsabsolventen zum neuen Heimatort. Von hier aus wird der weitere berufliche Verbleib organisiert.

2.1.2 Wohnstandorte und Wohnortpräferenzen vor dem Studium und 1 bis 2 Jahre nach Studienabschluß

Die Gegenüberstellung von tatsächlichen Wohnorten und den geäußerten Wohnortwünschen und -präferenzen der Absolventen hat zwei Ziele: Zum einen soll der Frage nachgegangen werden, inwieweit es den Absolventen gelungen ist, die räumlichen Orientierungen zu realisieren. Zum zweiten soll geprüft werden, ob die Wohnsitze 1 bis 2 Jahre nach dem Studienende als endgültige Wohnorte akzeptiert oder nach wie vor andere Regionen präferiert werden. Tabelle 5.7 zeigt für die Fachhochschul- und Universitätsabsolventen, inwieweit die zum ersten Befragungszeitpunkt (unmittelbar nach Studienende) geäußerten regionalen Präferenzen mit dem Wohnort vor Studienbeginn übereinstimmen, und in welchem Ausmaß diese regionalen Orientierungen bis zum Zeitpunkt 1 bis 2 Jahre nach Studienende realisiert werden konnten.

Die Absolventen wurden zu beiden Befragungszeitpunkten (kurz nach dem Studienabschluß und 1 bis 2 Jahre später) darum gebeten, ihre regionalen Präferenzen bei der Arbeitsplatzsuche anzugeben. Zunächst zu den *regionalen Präferenzen beim Abschluß des Studiums* (es zeigen sich dabei für beide Absolventengruppen vergleichbare Ergebnisse): Die am Ende des Studiums geäußerten Präferenzen entsprechen in hohem Maße dem Wohnort vor Beginn des Studiums; diese Präferenzen werden in der Regel auch 1 bis 2 Jahre nach Studienabschluß verwirklicht. So haben zwei Drittel bis drei Viertel der Absolventen, die vor dem Studium bzw. 1 bis 2 Jahre nach dem Studium im Regierungsbezirk Weser-Ems wohnen, auch regionale Präferenzen innerhalb dieses Regierungsbezirkes angegeben. Liegt der Wohnsitz vor dem Studium außerhalb des westlichen Niedersachsens, so liegen die präferierten Wunschwohnorte ebenfalls relativ häufig außerhalb Westniedersachsens (59 bzw. 60 Prozent). Die entsprechenden Präferenzen für diese nichtwestniedersächsischen Regionen lassen sich auch nicht in dem Ausmaß realisieren (32 bzw. 49 Prozent), wie dies für die Befragten aus der westniedersächsischen Region der Fall ist.

Tab. 5.7: Wunscharbeitsregion zum Zeitpunkt des Examens und tatsächlicher Wohnort vor dem Studium und 1 bis 2 Jahre nach dem Studium (in Prozent)

	Wohnort lag im westlichen Niedersachsen ...		Wohnort lag in einer anderen Region ...	
	vor dem Studium	nach dem Studium	vor dem Studium	nach dem Studium
Fachhochschulabsolventen				
Wunschwohnort nach Abschluß des Studiums				
westliches Niedersachsen	66	73	8	20
alle anderen Präferenzen	15	11	60	49
keine Präferenzen	20	15	32	31
Insgesamt	100	100	100	100
(n)	(234)	(168)	(137)	(202)
Universitätsabsolventen				
Wunschwohnort nach Abschluß des Studiums				
westliches Niedersachsen	73	69	14	46
alle anderen Präferenzen	9	14	59	32
keine Präferenzen	17	17	28	21
Insgesamt	100	100	100	100
(n)	(109)	(71)	(29)	(28)

Als besonders mobile bzw. mobilitätsbereite Absolventen können diejenigen bezeichnet werden, denen es am Ende des Studiums gleichgültig ist, in welchen Regionen bzw. Orten sie später leben oder arbeiten werden. Die erhöhte Wanderungsbereitschaft dieser Gruppe dokumentiert ansatzweise Tabelle 5.7. Liegt der Wohnort vor dem Studium bzw. nach dem Studium außerhalb Westniedersachsens, so ist sowohl bei den Fachhochschul- wie den Universitätsabsolventen der Anteil der Befragten ohne dezidierten Orts- bzw. Regionswunsch überdurchschnittlich groß (zwischen 21 und 32 Prozent). Von den Hochschulabsolventen, die vor oder nach dem Studium in Westniedersachsen wohnen, geben nur zwischen 15 und 20 Prozent an, keine besondere Region zu präferieren. Es zeigt sich somit, daß eine tendenziell größere Immobilität vor allem dann vorliegt, wenn ein Studium in der Heimatregion abgeschlossen wird. Inhaltlich sind diese Unterschiede durchaus nachvollziehbar: Absolventen, die aus entfernteren Regionen an die westniedersächsischen Fachhochschulen und Universitäten gekommen sind, haben sich bereits mit ihrer Studienortwahl als potentiell räumlich mobil erwiesen; und sie zeigen diese Mobilitätsbereitschaft nach Abschluß des Studiums erneut, indem sie seltener in ihre Herkunftsregionen zurückkehren und häufiger keine regionalen Präferenzen haben. Wird dagegen ein heimatnaher, westniedersächsischer Hochschulstandort gewählt, so ist die Bereitschaft geringer, diese Region nach dem Studium zu verlassen. Die sozialen und lokalen Vernetzungen haben sich durch dieses heimatnahe Studium möglicherweise weiter verstärkt (zumindest konnten sie sich nicht lockern).

Bisher wurden nur die Wohnortpräferenzen untersucht, die die Absolventen unmittelbar nach Ende des Studiums angegeben haben. Interessant ist nun die Frage, ob sich angesichts der Entwicklungen der tatsächlichen Wohn- und Arbeitsorten die regionalen Wohnortpräferenzen der Absolventen zwischen den beiden Befragungszeitpunkten verändert haben. Die Angaben der Befragten zu ihren *regionalen Präferenzen 1 bis 2 Jahre nach Studienabschluß* können darüber Aufschluß geben. Aus der Tabelle 5.8 geht deutlich hervor, daß sich trotz des kurzen Zeitraumes von 1 bis 2 Jahren zwischen den beiden Erhebungswellen die regionalen Präferenzen sehr deutlich verschieben. Die Umbruch- und Übergangssituation zwischen Bildungs- und Beschäftigungssystem ist in vielen Fällen mit Veränderungen der sozialen und beruflichen Situation sowie individueller Einstellungen, Motive und Orientierungen verbunden, die sich auch in veränderten regionalen Präferenzen niederschlagen. Aus unterschiedlichen Gründen (fehlende Beschäftigungsangebote, Auflösung des sozialen Netzwerkes, Beginn des Vorbereitungsdienstes bzw. des Anerkennungsjahres, mangelnde Vereinbarkeit von Beruf und Familie) lassen sich die regionalen Wünsche der Absolventen nur teilweise aufrechterhalten – oftmals müssen sie revidiert werden.

Tab. 5.8: Wunschwohn- und Arbeitsregion von Fachhochschul- und Universitätsabsolventen zum Zeitpunkt des Examens und 1 bis 2 Jahre nach dem Studium (in Prozent)

	Wunschwohnort unmittelbar nach Abschluß des Studiums					
	westliches Niedersachsen		alle anderen Präferenzen		keine Präferenzen	
	Fachh.	Univ.	Fachh.	Univ.	Fachh.	Univ.
Wunschwohnort 1 bis 2 Jahre nach Studienabschluß						
westliches Niedersachsen	56	36	16	8	17	7
alle anderen Präferenzen	40	56	75	68	77	57
keine Präferenzen	5	8	9	24	6	35
Insgesamt	100	100	100	100	100	100
(n)	(154)	(75)	(102)	(25)	(81)	(23)

Fachhochschulabsolventen halten allerdings bedeutend öfter an ihren einmal geäußerten Präferenzen fest als die Universitätsabsolventen. Sie haben aber aufgrund der günstigeren

Arbeitsmarktbedingungen auch eher die Möglichkeit, diese zu verwirklichen. Haben Fachhochschulabsolventen unmittelbar nach dem Studium den Wunsch, im westlichen Niedersachsen zu wohnen, so präferieren sie auch 1 bis 2 Jahre später zu 56 Prozent immer noch diese Region. Unter den Universitätsabsolventen halten 1 bis 2 Jahre später nur 36 Prozent an der 1 bis 2 Jahre vorher geäußerten Präferenz fest. Diese stärkere Fixiertheit der Fachhochschulabsolventen an einmal geäußerten Wohnortwünschen zeigt sich auch bei den nicht-niedersächsischen Präferenzen. Wie im Abschnitt 2.1.1.1 bereits angedeutet, wählen die Fachhochschulabsolventen 1 bis 2 Jahre nach dem Studienende sehr viel häufiger einen Wohnort außerhalb des westlichen Niedersachsens als ihre Kommilitonen von Universitäten. Damit haben sie sich auf dieser Betrachtungsebene als vergleichsweise mobil erwiesen. Allerdings decken sie ihre regionalen Präferenzen relativ stark mit den Heimatregionen vor Studienbeginn bzw. den Herkunftsregionen. Von diesen regionalen Orientierungen lösen sich die Fachhochschulabsolventen bedeutend schwerer als die Universitätsabsolventen (vgl. dazu auch MINKS/NIGMANN, 1991, S. 149). Universitätsabsolventen nehmen demgegenüber leichter von ihren regionalen Orientierungen auf die Heimatregion Abstand, insbesondere bezüglich ihrer Präferenzen auf Orte und Regionen im westlichen Niedersachsen. Für beide Absolventengruppen ist aber festzuhalten, daß mit größerem zeitlichen Abstand vom Studium die Gleichgültigkeit bei der Wahl eines zukünftigen Arbeits- und Wohnortes abnimmt. Von denen, die bei Studienende noch angegeben haben, daß sie *keine regionalen Präferenzen* hätten, haben sich nun bei den Universitätsabsolventen etwa zwei Drittel (64 Prozent) und bei den Fachhochschulabsolventen sogar mehr als 90 Prozent auf eine Region festgelegt (dabei allerdings in der überwiegenden Zahl der Fälle auf nicht-westniedersächsische Orte und Regionen). Da den Absolventen gerade zu Beginn des Berufseintritts noch (alle) regionalen Möglichkeiten offen stehen, ist dieses Ergebnis nachvollziehbar. 1 bis 2 Jahre nach Studienende hat vor allem der Großteil der Fachhochschulabsolventen bereits berufliche und soziale Festlegungen getroffen, die die Möglichkeit, alle regionalen Alternativen offen zu lassen, sehr stark einschränkt.

Aus der Sicht der Absolventen wird das westliche Niedersachsen mit zunehmendem Abstand vom Studium immer unattraktiver, und zwar insbesondere für Universitätsabsolventen. Die Präferenzänderungen zuungunsten dieser Region treten sehr viel häufiger auf als der umgekehrte Fall. Zwischen 45 und 64 Prozent der Absolventen ändern ihre ursprüngliche Orientierung auf das westliche Niedersachsen zugunsten einer anderen Region, und lediglich 7 bis 17 Prozent der Absolventen mit ehemals anderen bzw. keinen regionalen Präferenzen orientieren sich nun hierher. Die eingangs dieses Abschnittes geäußerte Vermutung, daß ein nicht unerheblicher Teil der Akademiker dazu gezwungen sein würde, sich bei der Suche nach einem adäquaten Arbeitsplatz auf andere Regionen zu orientieren, hat sich also noch einmal bestätigt.

Die Tabelle 5.9 verdeutlicht noch einmal zusammenfassend die Unterschiede zwischen den Wohnortpräferenzen und den tatsächlichen Wohnorten bei Fachhochschul- und Universitätsabsolventen. Vergleicht man die tatsächlichen Wohnorte zu den beiden Befragungszeitpunkten (Wohnort vor dem Studium bzw. nach dem Studium), so gibt es kaum Unterschiede zwischen den beiden Qualifikationsgruppen. Vergleicht man jedoch die tatsächlichen Wohnstandorte mit den Wunschwohnorten, so wird eine etwas stärkere Fixierung der Fachhochschulabsolventen auf ihre Herkunftsregionen deutlich (je 43 Prozent). Dagegen ist für nur 29 Prozent der Universitätsabsolventen die Herkunftsregion auch potentielle Zielregion, und auch der aktuelle Wohnort zum Zeitpunkt der 2. Befragung entspricht nur zu 34 Prozent den Idealvorstellungen.

Tab. 5.9: Übereinstimmungen zwischen Wohnorten und Wohnortpräferenzen bei Fachhochschul- und Universitätsabsolventen (in Prozent und Fallzahl)[121]

	Fachhochschul-absolventen	Universitäts-absolventen
Wohnort vor dem Studium und Wohnort 1 bis 2 Jahre nach dem Studium sind identisch.	64	67
(n)	(240)	(110)
Wohnort vor dem Studium und Wunschwohnort 1 bis 2 Jahre nach dem Studium sind identisch.	43	29
(n)	(148)	(64)
Wohnort 1 bis 2 Jahre nach dem Studium und Wunschwohnort 1 bis 2 Jahre nach dem Studium sind identisch.	43	34
(n)	(148)	(66)

2.1.3 Zusammenfassung und Bewertung der Ergebnisse

Die Analyse der Herkunftswohnorte, der aktuellen Wohnorte und der Wohnortpräferenzen hat erkennen lassen, daß bei vielen Absolventen eine deutliche Tendenz zur Abwanderung aus dem westniedersächsischen Raum vorhanden ist. Dabei zeigen die Universitätsabsolventen diese überregionale Orientierung unabhängig von ihrer Herkunftsregion. (Die Herkunftsregion ist aber in der überwiegenden Zahl der Fälle das westliche Niedersachsen.) Bei den Fachhochschulabsolventen kommt diese Abwanderung in entfernte Regionen dagegen vor allem deshalb zustande, weil die Fachhochschulstandorte einen stark überregionalen Einzugsbereich haben und daher bei den Fachhochschulabsolventen das regionale Mobilitätspotential im Durchschnitt höher ist als bei den Universitätsabsolventen. Die latente Bereitschaft, aus dem westlichen Niedersachsen abzuwandern, tritt in beiden Absolventengruppen aber noch stärker in den Vordergrund, wenn man die regionalen Präferenzen bezüglich der zukünftigen Wohnungs- und Arbeitsplatzwahl untersucht. Sogar von denjenigen Absolventen, die zunächst (unmittelbar nach Studienabschluß) eine ausgesprochen starke Fixierung auf das westliche Niedersachsen hatten, planen später (1 bis 2 Jahre nach Abschluß des Studiums) nur noch gut die Hälfte der Fachhochschul- und lediglich ein Drittel aller befragten Universitätsabsolventen für die weitere Zukunft ein Verbleiben in der westniedersächsischen Region. Es ist daher anzunehmen, daß der Anteil derjenigen, die mittel- bis langfristig im westlichen Niedersachsen wohnen und arbeiten werden, im Verlaufe der ersten z.B. 5 Berufsjahre tendenziell weiter abnehmen wird und daß dieser Abwanderungsprozeß nicht durch einen entgegengesetzten Zuwanderungsprozeß (oder eine

[121] Der Grad der Übereinstimmung wurde danach festgelegt, ob die Wohnstandorte bzw. die Wohnortpräferenzen auf der Ebene der vier Großregionen identisch waren.

Rückwanderung ehemaliger westniedersächsischer Absolventen, die nach kurz- bis mittelfristiger überregionaler Tätigkeit wieder in ihre Heimatregion zurückwandern) auch nur annähernd kompensiert wird. Die bereits angesprochene bildungsselektive Abwanderung aus dem westlichen Niedersachsen, die bereits für Abiturienten und Studienberechtigte nachgewiesen wurde (vgl. WENZEL/EHRHARDT/ROLFES, 1990, S. 136), setzt sich also erwartungsgemäß in der Gruppe der Hochschulabsolventen fort. Dabei fällt unter den hier beheimateten Absolventen (Absolventen, die vor dem Studium in Westniedersachsen wohnten) die Zahl der 1 bis 2 Jahre nach dem Studienabschluß tatsächlich Abgewanderten mit 28 bis 33 Prozent noch relativ gering aus.[122] Nimmt man aber die Wohnortpräferenzen zum Zeitpunkt 1 bis 2 Jahre nach Studienende zur Grundlage, so wird sich die Zahl der Abwanderer noch erheblich steigern. 81 Prozent der Universitäts- und 49 Prozent der Fachhochschulabsolventen können als *potentielle Abwanderer* bezeichnet werden. Sie haben ursprünglich (vor Studienbeginn) in Westniedersachsen gewohnt, nennen aber für die weitere Zukunft überregionale Wohn- und Arbeitsortpräferenzen.

Während demnach im westlichen Niedersachsen für einen Teil der Fachhochschulabsolventen durchaus die Möglichkeit zu bestehen scheint, eine langfristig adäquate und zufriedenstellende Berufstätigkeit zu finden (nur 49 Prozent potentielle Abwanderer), können Universitätsabsolventen am regionalen westniedersächsischen Akademikerarbeitsmarkt kaum unterkommen (81 Prozent potentielle Abwanderer). Das ist einem Großteil der Universitätsabsolventen durchaus bewußt, wie die in die Zukunft projizierten Wohn- und Arbeitsortpräferenzen gezeigt haben. Mit dem Studium an einer Universität ist somit eine Abwanderung in entferntere Regionen mit besseren Arbeitsmarktbedingungen für Hochschulabsolventen so gut wie vorprogrammiert. Auch wenn stellenweise für einen kurzen Zeitraum nach dem Studium an Universitäten noch Promotions- und Mitarbeiterstellen, insbesondere für die Absolventen naturwissenschaftlicher Fächer, zur Verfügung stehen, kann dies nicht darüber hinwegtäuschen, daß *langfristig* das Gros der Universitätsabsolventen *abwandert* bzw. abwandern muß.

Betrachtet man einmal nur die *Universitätsabsolventen* (und hier nur diejenigen, die nicht aus den Studienorten stammen), so verläuft bei vielen offenbar der *Abwanderungsprozeß in zwei Phasen*: Zunächst erfolgt mit der Wahl des Studienortes Osnabrück oder Oldenburg eine Abwanderung z.B. aus der ländlichen Peripherie in die westniedersächsischen Agglomerationen. Damit gekoppelt ist in vielen Fällen eine Loslösung vom Heimatort und den damit verbundenen sozialen und familiären Netzwerken. Am Studienort wird dann ein eigener Hausstand gegründet und ein neues Netz von Sozialkontakten aufgebaut, das während der Studienzeit weiter ausgebaut und gefestigt wird. Die langen Studienzeiten an den Universitäten begünstigen diese Entwicklung. Nach Abschluß des Studiums erfolgt dann nicht, wie in vielen Fällen bei den Fachhochschulabsolventen, eine sofortige Arbeitsplatzsuche und damit eine Abwanderung, sondern der Studienort ist für den Großteil nun neuer Lebensmittelpunkt geworden.[123] Immerhin wohnen 1 bis 2 Jahre nach Studien-

[122] Die hier referierten Zahlen und Ergebnisse werden nicht tabellarisch dargestellt. Sie ergeben sich aus den Auszählungen und Berechnungen, die Grundlage für die Abbildungen 5.3 und 5.4 waren.

[123] Läßt man diejenigen Hochschulabsolventen unberücksichtigt, die an ihrem Heimatort ein Studium aufgenommen haben, so sind auf Kreisebene von den Fachhochschulabsolventen 42 Prozent der Befragten nach Studienende wieder an ihren Wohnort vor dem Studium (zurück-)gezogen, bei den Universitätsabsolventen waren es dagegen nur 17 Prozent. Hierbei ist zu berücksichtigen, daß 30 Prozent der Universitätsabsolventen, aber nur 9 Prozent der Fachhochschulabsolventen an ihrem Heimatort ein Studium aufgenommen haben.

beginn 56 Prozent aller befragten Universitätsabsolventen in den Universitätsstädten Oldenburg und Osnabrück bzw. den benachbarten Kreisen. Ein weiteres Verbleiben am Studienort ist daher zunächst durchaus erwünscht und läßt sich in einigen Fällen durch ein Zweit- oder Promotionsstudium, Nebentätigkeiten oder befristete Stellen an den Hochschulen auch für einen bestimmten Zeitraum realisieren; mindestens für einen Zeitraum von 1 bis 2 Jahren, wie die vorstehenden Analysen gezeigt haben. Dann erfolgt allerdings eine zweite Abwanderungswelle, die notwendig wird, weil auf Dauer am Studienort keine befriedigenden und langfristigen Beschäftigungsmöglichkeiten zur Verfügung stehen. Erst jetzt wird endgültig der Quasi-Studentenstatus aufgegeben und eine Beschäftigung aufgenommen bzw. ein Arbeitsplatz gesucht, der eine langfristige berufliche und persönliche Perspektive bietet. (Es müssen langfristig auch diejenigen Absolventen abwandern, die aus Osnabrück oder Oldenburg stammen und dort ein Studium absolviert haben.)

Dieses Zwei-Phasen-Modell gilt nicht für alle Universitätsabsolventen und in der Regel nicht für die Fachhochschulabsolventen. Für einen großen Teil der *Fachhochschulabsolventen* vollzieht sich der Fortzug aus dem Studienort im Vergleich zu den Universitätsabsolventen relativ rasch nach Abschluß des Studiums. In manchen Fällen gibt es auch eine kurze Phase der Sucharbeitslosigkeit. Bei ihnen sind dabei die Ablösungsprobleme vom Studienort möglicherweise deshalb nicht so groß, weil es aufgrund der kurzen Studienzeiten und aufgrund der weiterhin bestehenden Sozialkontakte am Heimatort nicht nötig oder nicht möglich war (Tages- und Wochenendpendler), am Studienort ein soziales Netzwerk aufzubauen. Der Übergang in den Beruf verläuft bei den Fachhochschulabsolventen sehr viel schneller und hürdenloser als bei den Universitätsabsolventen: das Fachhochschulstudium zieht in der Regel keine Referendarzeit oder vergleichbare Ausbildungsabschnitte nach sich; außerdem sind die Beschäftigungsaussichten aufgrund der anderen Studienangebotsstruktur günstiger als für die westniedersächsischen Universitätsabsolventen. Auch verfügen die Fachhochschulabsolventen schon sehr früh über eine unbefristete Stelle, während sich die Universitätsabsolventen noch sehr oft mit befristeten Arbeitsverhältnissen abfinden müssen (vgl. MINKS/NIGMANN, 1991, S. 153 und 163).

2.2 *Handlungsrealisierungen: Regionale Mobilität, berufliche Flexibilität sowie Bewerbungsaktivitäten*

2.2.1 Regionale Mobilitäts- und Flexibilitätsprozesse bei Hochschulabsolventen 1 bis 2 Jahre nach dem Studienabschluß

Ging es im ersten Abschnitt um die *potentiellen* Anpassungsleistungen und Handlungsstrategien, so stehen nun die *realisierten* Handlungen im Vordergrund. Es soll hier geprüft werden, welche der potentiellen Strategien wirklich in die Tat umgesetzt worden sind. Um die real ablaufenden bzw. abgelaufenen Mobilitäts- und Flexibilitätsprozesse beschreiben und verfolgen zu können, mußten zwei neue Variablen konstruiert werden. Diese Variablen müssen Aussagen darüber ermöglichen, welche regionalen Wanderungsvorgänge *real* stattgefunden haben (also ein Maßstab für die regionale Mobilität) und inwieweit die ausgeübte Tätigkeit tatsächlich dem vorangegangenen Studium angemessen ist (somit ein Maß für die berufliche Flexibilität).

Im Abschnitt 2.1 dieses Kapitels wurden die Wanderungsbewegungen der Absolventen bezüglich ihrer Quell- und Zielgebiete sowie die Richtung der Wanderungen in bezug auf das westliche Niedersachsen untersucht. In diesem Abschnitt 2.2 soll nun das Ausmaß der individuellen Wanderungsleistungen und -entfernungen untersucht werden. Es soll also nicht um die Frage gehen, wohin Absolventen ihren Wohnsitz verlagern oder woher sie stammen, sondern darum, welche Distanzen im Zusammenhang mit der Aufnahme einer beruflichen Tätigkeit überwunden worden sind. In den theoretischen Vorüberlegungen wurde bereits darauf hingewiesen, daß regionale Mobilität in erster Linie ein Indikator für soziale Prozesse ist. Im Sinne von Distanzüberwindung ist regionale Mobilität zur Erklärung sozialer Phänomene wenig geeignet. Wenn aber räumliche Migrationsprozesse als Auf- bzw. Ablösung von bestehenden sozialen und lokalen Bindungen aufgefaßt werden, wird die spezifisch soziale (und damit erklärungstüchtige) Komponente deutlich.

Auf der Grundlage der Wohnsitzangaben der Absolventen in der ersten Befragung (bei Studienende) und der Wiederholungsbefragung (1 bis 2 Jahre nach Abschluß des Studiums) werden getrennt für jeden einzelnen Befragten die Distanzen der in diesem Zeitraum realisierten regionalen Mobilitätsprozesse bestimmt. Die Wanderungsleistungen der Absolventen und die dabei überwundenen Entfernungen (unabhängig von ihrer Richtung sowie der Ursprungs- und Zielregion) werden damit zum Gegenstand der Analyse. Gruppen- und fachspezifische Unterschiede im Wanderungsverhalten sollen ebenfalls auf der Grundlage dieser Operationalisierungen untersucht werden.

Analog zur beruflichen Flexibilitätsbereitschaft wird ebenfalls eine neue Variable gebildet, die die Adäquatheit der aktuellen Tätigkeit in bezug auf die im Studium erlernten Qualifikationen abbildet. Um feststellen zu können, inwieweit die im Studium erworbenen inhaltlich-fachlichen Qualifikationen in der aktuellen Tätigkeit adäquat zum Einsatz kommen, wird daher wiederum für jeden Einzelfall getrennt, die fachliche Affinität zwischen dem absolvierten Studium und der aktuellen Tätigkeit bestimmt.

2.2.1.1 Bedingungsfaktoren regionaler Mobilität

Zunächst jedoch zu der Variablen, die Auskunft über die Distanzen gibt, die im Zusammenhang mit den abgelaufenen Mobilitätsprozesse zurückgelegt worden sind. Um dabei wirklich zu erfassen, ob mit dem Wechsel des Wohnsitzes auch ein Verlust lokaler und sozialer Netzwerke verbunden ist (erst dann sollte definitionsgemäß von regionaler Mobilität gesprochen werden), reicht es nicht aus, die Wanderungsvorgänge zwischen Studienende und dem Zeitpunkt 1 bis 2 Jahre nach dem Studienende zu berücksichtigen. Beispielsweise ist für eine Reihe von Absolventen ermittelt worden, daß sie nach Abschluß des Studiums zum Teil große Distanzen bei einem Wohnortwechsel vom Studienort zum neuen Wohn- oder Arbeitsort überwinden. Genauere Analysen haben aber ergeben, daß das Ziel derartiger Wanderungen häufig der Wohnort vor dem Studienbeginn ist. Folglich wird bei der Untersuchung regionaler Mobilitätsvorgänge der Wohnort *vor* Studienbeginn als Ausgangspunkt der individuellen Mobilitätsbiographie gewählt. Schließlich geht es in der Untersuchung um die grundlegende Frage, in welcher Weise regionale Mobilität (in dem hier verstandenen Sinne) als eine bewußte Handlungsstrategie am Arbeitsmarkt eingesetzt wird, um den beruflichen Verbleib zu realisieren und optimieren. Ziehen Hochschulabsolventen nach Abschluß ihres Studiums zurück in ihren Heimatwohnort, so sind sie offensichtlich nicht bereit, bei der Stellensuche in bezug auf ihre regionale (Im-)Mobilität irgendwelche Kompromisse einzugehen. Um die Wanderungsdistanz bzw. -leistung zu bestimmen, werden daher die Wohnorte der Absolventen vor Beginn des Studiums mit den Wohnorten 1 bis 2 Jahre nach Abschluß des Studiums verglichen.

Bei der Einteilung der Variablen in unterschiedliche Mobilitätsgrade wurde berücksichtigt, daß auch kleinste Raumeinheiten identitätsstiftend sind (z.B. Stadtteile, Straßenzüge, Wohnblöcke, aber auch Kreise und Gemeinden). Ihre Bewohner entwickeln ein bestimmtes Regionalbewußtsein oder eine regionale Identität. Mit dem Überschreiten von Kreis- und Bundesländergrenzen werden immer auch Identitätsgrenzen überwunden (vgl. dazu GANS, 1993, S. 786). Es geht bei Wanderungsprozessen nicht nur darum, das soziale und lokale Netzwerk verlassen zu müssen, sondern der Wandernde muß auch seine »Heimat« verlassen. Je nachdem, wie stark sein Regionalbewußtsein ist, wird ihm dies eher leicht oder schwer fallen. Insofern ist es theoretisch sinnvoll, nicht unterschiedliche Kilometerdistanzen als entscheidendes Merkmal zur Unterscheidung von Wanderungsarten zu nehmen, sondern das Überschreiten von Kreis- oder Bundesländergrenzen zu wählen:

- *keine Wanderung*: Ist der aktuelle Wohnort 1 bis 2 Jahre nach Studienende identisch mit dem Wohnort vor Beginn des Studiums bzw. liegen zu beiden Zeitpunkten die Wohnorte innerhalb desselben Landkreises, so werden die Fälle in diese Rubrik eingeordnet. Kleinräumliche Wanderungen innerhalb von Landkreisen werden hierunter gerechnet, weil davon ausgegangen werden kann, daß bei solchen Mobilitätsprozessen eher Wohnstandortverlagerungen aus nicht-arbeitsbedingten Gründen im Vordergrund stehen (z.B. Familienvergrößerung, höherer Wohnkomfortansprüche, finanzielle Vorteile) und eventuell weitere Pendelwege zur Arbeitsstätte in Kauf genommen werden. Die lokalen und sozialen Netzwerke werden dabei in der Regel bestehen bleiben.
- *Nahwanderung*: Eine Nahwanderung liegt dann vor, wenn der Wohnort von einem Landkreis in einen unmittelbar benachbarten Kreis verlegt wird. Dabei war es für die Einordnung unerheblich, ob mit der Kreisgrenze gleichzeitig auch die Grenze eines Bundeslandes überschritten wird. Zwar verläßt der Absolventen seinen Heimatkreis, dennoch werden sicherlich die sozialen Beziehungen im großen und ganzen aufrecht erhalten.
- *Regionalwanderung*: Ein Wohnortwechsel wird als Regionalwanderung qualifiziert, wenn bei der Wohnsitzverlagerung zwischen dem Wohnort vor Beginn des Studiums und dem aktuellen Wohnsitz 1 bis 2 Jahre nach Studienende mehr als eine Kreisgrenze überwunden werden muß. Allerdings sollen sich diese Wanderungsvorgänge dabei nur innerhalb eines Bundeslandes abspielen. Hier wird allmählich eine Aufgabe des alten sozialen Netzwerks notwendig sein.
- *Fernwanderung*: Wird der Wohnsitz 1 bis 2 Jahre nach Abschluß des Studiums über die Grenzen des Heimat-Bundeslandes hinaus in eine anderes verlegt, so wird von einer Fernwanderung gesprochen. Ausgenommen hiervon sind allerdings Nahwanderungen, wenn also der Wohnort in einen unmittelbar benachbarten, aber einem anderen Bundesland angehörenden Landkreis verlagert wird. Mit einer Fernwanderung werden die sozialen und lokalen Netzwerke vollständig aufgegeben.

Es ist mehrfach festgestellt worden, daß Fachhochschulabsolventen innerhalb der ersten beiden Jahre nach Studienabschluß real mobiler sind als Universitätsabsolventen. Auch die Werte in der Tabelle 5.10 bestätigen dieses Ergebnis. Danach ist zwar in beiden Gruppen der Anteil der Nicht-Wanderer etwa gleich groß, doch Fernwanderungen haben die Fachhochschulabsolventen häufiger durchgeführt als ihre Kommilitonen von den Universitäten.

Der überregional orientierte Einzugsbereich der westniedersächsischen Fachhochschulen spielt hier eine entscheidende Rolle. So wurde bereits die Vermutung geäußert, daß Absolventen, die aus entfernten Regionen in das westliche Niedersachsen wandern, um dort ein Studium aufzunehmen, sich insgesamt als mobiler erweisen werden als Absolventen, die an einer heimatnahen Hochschule ein Studium aufnehmen.

Tab. 5.10: Wohnortverlagerungen von Hochschulabsolventen in der Zeit zwischen Studienaufnahme und 1 bis 2 Jahre nach Studienende (in Prozent)

	Fachhochschulabsolventen	Universitätsabsolventen
Art der Wanderung		
keine Wanderung	41	39
Nahwanderung	12	20
Regionalwanderung	19	22
Fernwanderung	28	19
Insgesamt	100	100
(n)	(373)	(165)

Die Abbildung 5.11 bestätigt genau diese Ansicht. Hier ist in Abhängigkeit von der Herkunftsregion dargestellt, welche Art von Wohnortverlagerung die Absolventen im Beobachtungszeitraum vorgenommen haben. Während diejenigen Absolventen, die bereits bei der Wahl des Studienortes ihre hohe regionale Mobilität unter Beweis gestellt haben, nur zu etwa einem Drittel wieder an ihren Heimatort bzw. in dessen Nähe zurückkehren, zieht es die Fachhochschul- bzw. Universitätsabsolventen westniedersächsischer Herkunft zu 60 bzw. 65 Prozent wieder in die Nähe ihres Heimatortes zurück. Entsprechend häufiger haben Absolventen aus den entfernteren Regionen III (übriges Norddeutschland und Nordrhein-Westfalen) und IV (mittlere und südliche Bundesländer) Fernwanderungen durchgeführt (ca. 45 Prozent), westniedersächsische Absolventen nur zu 14 bzw. 22 Prozent. Weitergehendere Analysen, die hier nicht tabellarisch oder graphisch aufbereitet sind, zeigen, daß die Zielregionen der fernwanderenden Fachhochschul- bzw. Universitätsabsolventen in 90 bzw. 80 Prozent der Fälle außerhalb des erweiterten westlichen Niedersachsens liegen.[124] Das westliche Niedersachsen profitiert also kaum von Zuwanderungen aus anderen Regionen, die die starke Abwanderung von hier beheimateten Akademikern ausgleichen könnte.[125] Die Hochschulen, insbesondere die Fachhochschulen, sind zwar als

[124] Vgl. dazu in den Abbildungen 5.7 und 5.8 die »übrigen Bundesländer«.

[125] Theoretisch könnte auch eine Zuwanderung durch Hochschulabsolventen angenommen werden, die an nicht-westniedersächsischen Hochschulstandorten studiert haben und nach Abschluß des Studiums einen Arbeitsplatz im westlichen Niedersachsen erhalten. Über die Größenordnung kann hier keine Annahme gemacht werden, dazu wären zusätzliche Untersuchungen notwendig. Ich gehe allerdings davon aus, daß auch diese (wenigen) zusätzlichen Zuwanderer das negative Wanderungssaldo des westlichen Niedersachsens nicht nachhaltig verändern werden.

Studienorte attraktiv, als Arbeitsplatzregion kann das westliche Niedersachsen aber kaum »auswärtige« Hochschulabsolventen halten.

Abb. 5.11: Wohnorte vor Beginn des Studiums und Wanderungsdistanzen bei Hochschulabsolventen (in Prozent)[126]

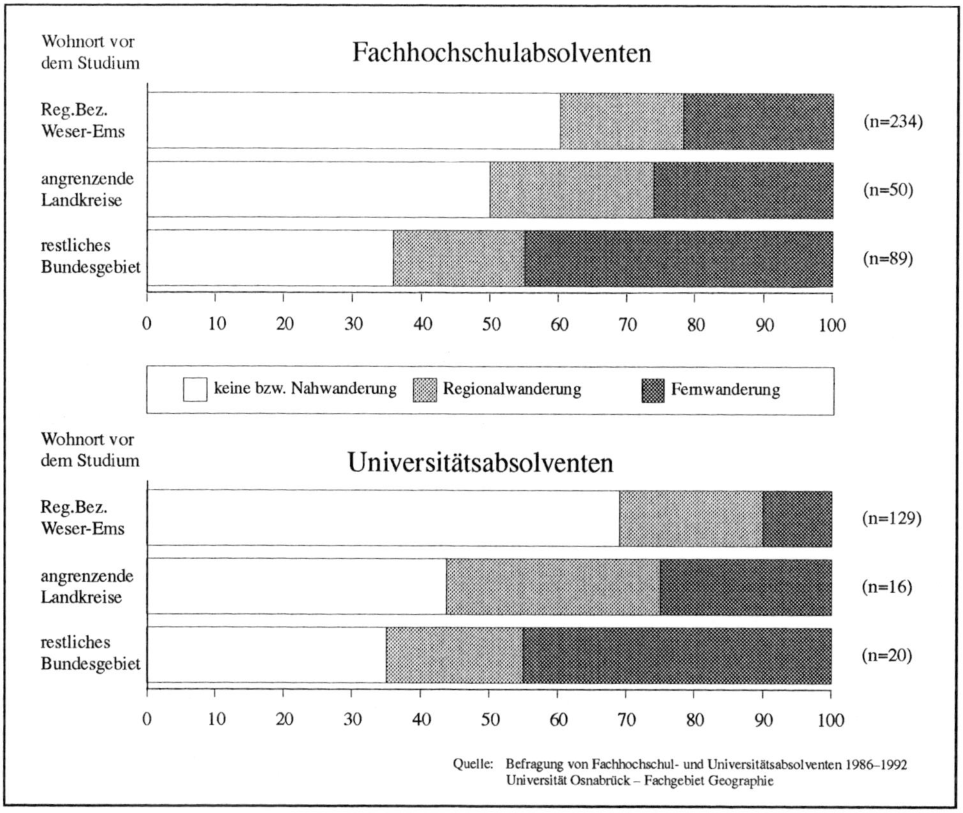

Der überregionale Einzugsbereich der Fachhochschulen ist jedoch nicht die einzige Ursache für das unterschiedliche Ausmaß der regionalen Mobilität bei Fachhochschul- und Universitätsabsolventen. Es muß auch darauf hingewiesen werden, daß der Berufseintrittsprozeß bei beiden Hochschulabsolventengruppen zum Zeitpunkt der Befragung unterschiedlich weit vorangeschritten ist. Dies verdeutlicht auch die Abbildung 5.12. 86 Prozent der Fachhochschulabsolventen haben 1 bis 2 Jahre nach Studienabschluß bereits eine feste Stelle, 10 Prozent (fast ausnahmslos Männer) befinden sich in einem Zweitstudium oder in Aus- und Weiterbildung und 4 Prozent sind arbeitslos (in der überwiegenden Mehrheit Frauen). Wie die Abbildung zeigt, sieht die Verteilung bei den Universitätsabsolventen völlig anders aus. Lediglich 40 Prozent gehen 1 bis 2 Jahre nach Abschluß des Studiums einer Berufstätigkeit nach. Die Mehrheit von 52 Prozent befindet sich in einer ergänzenden

[126] Aufgrund der geringen Fallzahlen wurden die Nahwanderer und die Nicht-Wanderer zu einer Gruppe zusammengefaßt.

Ausbildung (Referendariat) oder in einem Zweit- bzw. Promotionsstudium und etwa 9 Prozent sind auch 1 bis 2 Jahre nach Abschluß des Studiums immer noch oder wieder arbeitslos, auch hier in der überwiegenden Mehrheit Frauen (vgl. dazu auch MINKS/ NIGMANN, 1991, S. 153 und 163). Die mit dem Übertritt in das Berufsleben und der Aufnahme einer Berufstätigkeit verbundenen regionalen Mobilitätsprozesse kommen also bei den Universitätsabsolventen noch nicht in dem Umfang zum Tragen, wie dies für die Fachhochschulabsolventen der Fall ist. Das insgesamt zurückhaltendere Wanderungsverhalten von Universitäts- gegenüber Fachhochschulabsolventen darf also nicht als größere Immobilität verstanden werden. Absolventen des Lehramtes oder der Rechtswissenschaften können erst nach Abschluß des Referendariats, viele Naturwissenschaftler erst nach Beendigung ihrer Promotion eine längerfristige feste Stelle suchen. Entsprechend kommt es auch erst dann in großem Ausmaß zu arbeitsplatzbedingten Ortswechseln. Die Untersuchungen zu den zukünftigen Wohnortpräferenzen haben bereits deutlich gemacht, daß sich Universitätsabsolventen sehr wohl der Tatsache bewußt sind, daß ein noch größeres Maß an Mobilität nötig ist. Auch bei den Analysen zur regionalen Mobilitätsbereitschaft wurde deutlich, daß die Universitätsabsolventen den Fachhochschulabsolventen in bezug auf das regionale Mobilitätspotential nicht nachstehen.

Abb. 5.12: Tätigkeiten von Hochschulabsolventen 1 bis 2 Jahre nach Abschluß des Studiums

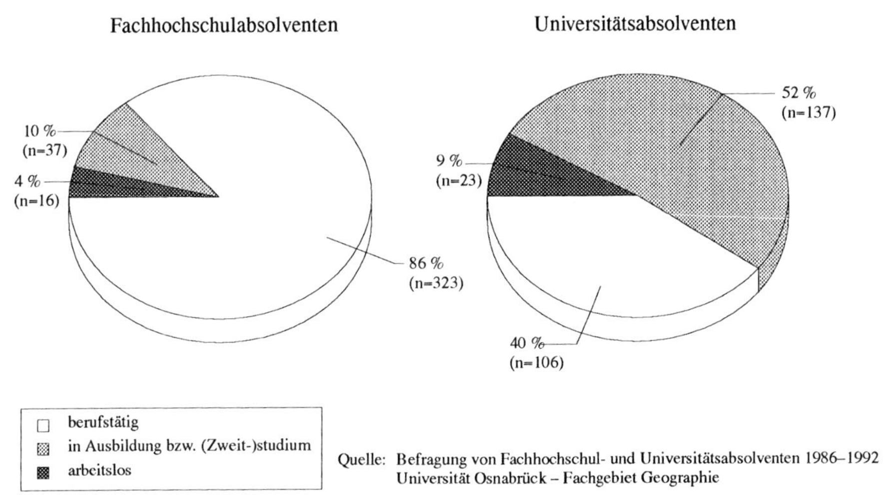

Quelle: Befragung von Fachhochschul- und Universitätsabsolventen 1986–1992
Universität Osnabrück – Fachgebiet Geographie

Die Art der Tätigkeit, die 1 bis 2 Jahre nach Abschluß des Studiums ausgeübt wird, hat natürlich auch Konsequenzen für das Wanderungsverhalten. So zeigt sich beispielsweise, daß *Arbeitslose* ihre Wohnorte kaum oder nur über sehr geringe Distanzen verlagern (vgl. auch KARR, 1987, S. 205 f.). Unter den arbeitslosen Fachhochschulabsolventen gibt es knapp 80 Prozent Nicht- bzw. Nah-Wanderer, unter den Universitätsabsolventen knapp 90 Prozent. Fachhochschulabsolventen, die eine *Ausbildung* oder einen berufsqualifizierenden Abschluß (überproportional oft ein weiteres Studium) anvisieren, müssen im Durchschnitt häufig Fernwanderungen auf sich nehmen (fast 40 Prozent Fernwanderer).

Universitätsabsolventen können ihre weiteren Ausbildungsphasen (in der Regel Referendariat oder Promotionsstudium) ohne Wohnortverlagerungen über große Distanzen absolvieren; Fernwanderungen sind dazu kaum nötig (nur 15 Prozent). Unter den *berufstätigen* Absolventen hat knapp die Hälfte der Absolventen eine Fern- bzw. Regionalwanderung hinter sich (48 Prozent der Fachhochschul- und 44 Prozent der Universitätsabsolventen). Jeweils etwa 40 Prozent der Absolventen müssen gar nicht wandern, um eine Berufstätigkeit ausüben zu können.

Daß sich Universitätsabsolventen noch in der ersten Phase des Berufsübertritts befinden, während für viele Fachhochschulabsolventen der Berufseintrittsprozeß bereits so gut wie abgeschlossen ist, schlägt sich also auch auf der regionalen Ebene nieder. Dies korrespondiert mit der Hypothese des Abwanderungsprozesses in zwei Phasen, wonach Universitätsabsolventen zunächst in einem ersten Wanderungsschritt den Wohnsitz zum Studienort hin verlagern und dort in vielen Fällen auch nach Abschluß des Studiums noch längere Zeit wohnen bleiben. Erst wenn am Studienort weitere Ausbildungs- und Weiterbildungsphasen beendet, das Zweit- oder Promotionsstudium abgeschlossen oder befristete Mitarbeiterverträge ausgelaufen sind, startet der eigentliche Eintritt in das Beschäftigungssystem. Daraus resultiert eine, zumindest bis zum Zeitpunkt von 1 bis 2 Jahren nach Abschluß des Studiums, überdurchschnittlich hohe Immobilität in dieser Absolventengruppe. Fachhochschulabsolventen suchen sich demgegenüber in der Regel sofort nach dem Studium eine Berufstätigkeit und verlassen den Studienort relativ rasch, dementsprechend hoch ist das Mobilitätsaufkommen kurz nach Studienende.

Tab. 5.11: Wanderungsverhalten von Hochschulabsolventen und Wohnorte 1 bis 2 Jahre nach Abschluß des Studiums (in Prozent)

	Wohnorte 1 bis 2 Jahre nach Studienabschluß		
	Studienort	erweitertes westliches Niedersachsen	Universitätsabsolventen
Fachhochschulabsolventen			
keine Wanderung	46	63	17
Nahwanderung	19	17	4
Regionalwanderung	23	17	20
Fernwanderung	13	2	60
Insgesamt (n)	100 (48)	100 (168)	100 (157)
Universitätsabsolventen			
keine Wanderung	66	24	14
Nahwanderung	13	45	2
Regionalwanderung	15	25	28
Fernwanderung	6	6	56
Insgesamt (n)	100 (71)	100 (51)	100 (43)

In der Tabelle 5.11 ist dargestellt, welche Wanderungsdistanzen die Absolventen bei der Entscheidung für den gegenwärtigen Wohnsitz (Wohnort 1 bis 2 Jahre nach dem Studium) in Kauf genommen haben. In der Tabelle werden die bereits beschriebenen Unterschiede zwischen Fachhochschul- und Universitätsabsolventen noch einmal aus einem anderen Blickwinkel deutlich: Fachhochschulabsolventen, die nach dem Studium in der ländlichen Peripherie der erweiterten westniedersächsischen Region leben, haben auch vor Beginn ihres Studiums überdurchschnittlich oft hier gewohnt (63 Prozent keine Wanderung); bei den Universitätsabsolventen trifft dies nur in 24 Prozent der Fälle zu. Wie die Fallzahlen in der Tabelle 5.11 zeigen, haben dagegen Fachhochschulabsolventen ihren Studienort nur selten zum Hauptwohnsitz gemacht.[127] Sie bleiben also sehr oft an ihren Heimatwohnsitzen im erweiterten westlichen Niedersachsen wohnen. Zwei Drittel der Fachhochschulabsolventen, die nach dem Studium im erweiterten westlichen Niedersachsen leben, sind seit der Zeit vor dem Studium nicht umgezogen (bzw. vom Heimatort in den Studienort und wieder zurück in den Heimatkreis bzw. einen benachbarten Kreis). Von den Universitätsabsolventen, die 1 bis 2 Jahre nach Studienende noch in den beiden Universitätsstädten Osnabrück und Oldenburg wohnen, stammen zwei Drittel auch aus diesen beiden Städten.[128] Sie sind möglicherweise in den Universitätsstädten aufgewachsen und besitzen somit eine langjährige Bindung an diese Stadt; dies ist ein entscheidender Faktor für ein extremes Maß an Immobilität. Daß diejenigen Absolventen, die 1 bis 2 Jahre nach dem Studium in nichtwestniedersächsischen Regionen wohnen, überdurchschnittlich oft Fernwanderer sind (56 bzw. 60 Prozent), ist nach den bisherigen Ergebnissen nicht mehr überraschend.[129]

Wird das Wanderungsverhalten *fachspezifisch* untersucht, so stellt man fest, daß auf Seiten der Fachhochschulen insbesondere die Absolventen sozialpflegerischer Studiengänge sowie ingenieurwissenschaftlich-technischer Fachrichtungen überdurchschnittlich selten ihre Wohnsitze verlagern (49 bzw. 45 Prozent Nicht-Wanderer). Unter den Universitätsabsolventen sind es neben den Lehramtsabsolventen und den Geistes- bzw. Sozialwissenschaftlern (jeweils 43 Prozent) noch die Naturwissenschaftler (41 Prozent), die 1 bis 2 Jahre nach Studienabschluß im gleichen Landkreis wohnen, in dem sie auch schon vor Beginn des Studiums gewohnt haben. Dabei ist die Immobilität auf fachtypisch unterschiedliche Ursachen zurückzuführen. Im Sozialwesen, den Geistes- und Sozialwissenschaften sowie im Lehramt wird die Mobilität dadurch eingeschränkt, daß überdurchschnittlich viele Absolventen 1 bis 2 Jahre nach Studienabschluß arbeitslos sind, eine

[127] Für nur 48 von insgesamt 373 Fachhochschulabsolventen (13 Prozent) ist 1 bis 2 Jahre nach Studienabschluß der Studienort auch der Wohnort. Nur 23 Fachhochschulabsolventen wohnen 1 bis 2 Jahre nach dem Studium in der Studienregion *und* stammen auch aus dieser Region. Gemessen an allen befragten Fachhochschulabsolventen sind das etwa 6 Prozent.

[128] 71 Universitätsabsolventen (von insgesamt 165 Befragten) wohnen 1 bis 2 Jahre nach Studienende noch in der Studienregion: das sind 43 Prozent (zum Vergleich: bei den Fachhochschulabsolventen 13 Prozent). 28 Prozent der befragten Universitätsabsolventen wohnen nach dem Studium in der Studienregion *und* stammen auch aus dieser Region (vgl. bei den Fachhochschulabsolventen 6 Prozent).

[129] Es wurde auch untersucht, inwieweit die Wanderungsdistanzen von den Wohnorten vor dem Studium abhängig sind. Die Analyse liefert Belege für die Annahme, daß Absolventen, deren Heimatort bzw. -region weit von den westniedersächsischen Studienorten entfernt liegt, überdurchschnittlich mobil sind. Fachhochschul- und Universitätsabsolventen, die bereits vor dem Studium außerhalb des erweiterten westlichen Niedersachsens ihren Wohnsitz hatten, waren in 45 Prozent der Fälle Fernwanderer. Die Loslösung vom Elternhaus, dem Heimatort oder der Heimatregion ist bei diesen Absolventen also in der Regel keine vorübergehende Erscheinung, sondern eine grundsätzliche Entscheidung, diese Region zu verlassen.

ergänzende Ausbildung bzw. das Referendariat absolvieren oder einem Zweit- bzw. Ergänzungsstudium am ehemaligen Studienort nachgehen. Für die Immobilität der Universitätsabsolventen naturwissenschaftlicher Fächer ist in erster Linie das Promotionsstudium bzw. die Mitarbeiterstelle am Studienort verantwortlich (vgl. RAMM/BARGEL, 1995, S. 182). Die Immobilität der Fachhochschulabsolventen ingenieurwissenschaftlich-technischer Studiengänge ist deswegen bemerkenswert, weil 92 Prozent der Ingenieure bzw. Techniker bereits berufstätig sind. Mehr als die Hälfte der Fachhochschulabsolventen dieser Fachrichtung fand damit einen Arbeitsplatz in Heimatortnähe. Diese Immobilität der Ingenieure ist ebenso wie die der Sozialarbeiter bzw. Sozialpädagogen auch eine Folge der überdurchschnittlich starken Fixierung auf den Heimatwohnort im westlichen Niedersachsen. 86 Prozent der Absolventen sozialpflegerischer Studiengänge und 72 Prozent der Absolventen der Ingenieurwissenschaften stammen aus dem Regierungsbezirk Weser-Ems, und 75 Prozent der Absolventen des Sozialwesens bzw. 48 Prozent der Absolventen der Ingenieurwissenschaften haben auch 1 bis 2 Jahre nach Studienabschluß hier noch ihren Hauptwohnsitz.[130]

Zu den mobilsten Absolventen (also den Fernwanderern) gehören dagegen in beiden Befragungsgruppen die Wirtschaftswissenschaftler, bei den Fachhochschulen außerdem noch die Absolventen der »grünen« Fachbereiche. Für Garten-, Landschaftsbauingenieure und Landschaftspfleger überrascht dieses Ergebnis wenig, da mehr als die Hälfte der Absolventen vor Studienbeginn außerhalb Westniedersachsens und der angrenzenden Landkreise gewohnt hat. Diese Absolventen haben bereits durch die Studienaufnahme in einer heimatfernen Hochschule ihre potentielle Mobilität unter Beweis gestellt.[131] Dies zeigt sich nun erneut beim Übergang in das Beschäftigungssystem. Das Wirtschaftswissenschaftler generell eine höhere regionale Mobilität an den Tag legen, ist auch in anderen Studien nachgewiesen worden (vgl. SCHOMBURG, 1992c, S. 261; MINKS/NIGMANN, 1991, S. 146; WINKLER, 1990, S. 53; MINKS/REISSERT; 1985, S. 615). Gleichzeitig finden sich in diesen Studien immer auch Hinweise auf eine ein überdurchschnittliche Status- und Einkommensorientierung (z.T. auch Karriereorientierung) in dieser Berufsgruppe (vgl. WINKLER, 1990, S. 56; MINKS/REISSERT, 1985, S. 615). Wenn die Wirtschaftswissenschaftler tatsächlich häufiger als andere Absolventengruppen auf diese Aspekte großen Wert legen, dann erfordern diese Ansprüche auch ein überdurchschnittliches Engagement bei der Beschäftigungssuche. Um eine berufliche Position zu erreichen, die diesen statusbezogenen Anforderungen genügt, müssen dann auch häufiger Wohnortwechsel vorgenommen werden.

Neben den fachspezifischen und damit z.T. auch arbeitsmarktbezogenen Besonderheiten wird im allgemeinen vor allem der *familiären Situation* und dem *Geschlecht* ein bedeutsamer Einfluß auf die Art und den Umfang regionaler Mobilitätsprozesse zugeschrieben. Mit den vorliegenden Daten können allerdings keine entsprechenden Zusammenhänge zwischen dem Geschlecht und dem Wanderungsverhalten nachgewiesen werden. Leichte Differenzen sind stets auf die geschlechtsspezifische Studienfachwahl zurückzuführen. Bei

---

[130] Vergleichbare Ergebnisse zu diesen fachspezifischen Mobilitätsvorgängen bei MINKS/NIGMANN, 1991, S. 97 f.; speziell für Absolventen sozialpflegerischer Studiengänge bei SCHOMBURG, 1992b, S. 40 ff.

[131] Bei Garten- und Landschaftsbau bzw. Landespflege handelt es sich um nur an wenigen Hochschulstandorten angebotene Studienfächer, die zudem zulassungsbeschränkt sind. Die überregionale Rekrutierung der Studenten ist daher verständlich.

den Analysen zur familiären Situation tritt das Problem auf, daß das Eingehen einer Partnerschaft oder die Gründung einer Familie in der Phase 1 bis 2 Jahre nach Abschluß des Studiums nicht notwendigerweise mobilitätshemmend wirken müssen (vgl. MACKENSEN, 1992, S. 738). Nach Abschluß des Studiums steht zwar der Berufseintritt und die damit verbundenen Wohnortwechsel für viele Absolventen an erster Stelle; dennoch wollen die Absolventen natürlich auch in der Nähe ihres Partners oder ihrer Familie wohnen. So ist zunächst einmal von Bedeutung, wo der Partner bzw. die Familie wohnt (ebenfalls am Studienort, am Wohnort vor Studienbeginn oder an einem anderen Ort). Eventuell wird nach Studienende der Wohnsitz an den Wohnort des Partners verlagert (oder umgekehrt) oder auch ein gemeinsamer neuer Wohnort gesucht (der für beide Partner gute Beschäftigungschancen zu bieten hat). Es können also nach Abschluß des Studiums regionale Mobilitätsprozesse in Gang kommen, die erst durch eine partnerschaftliche Bindung ausgelöst werden. Insofern ist unter solchen Umständen und insbesondere zu diesem Zeitpunkt des Berufseintritts die Pauschalannahme des mobilitätshemmenden Einflusses der Familie und des Partners nicht prüfbar. Dementsprechend überrascht es nicht, daß die empirischen Analysen im Rahmen der Osnabrücker Hochschulabsolventenbefragung zu dieser Fragestellung auch keinen signifikanten Zusammenhang haben erkennen lassen. In Kapitel VI dieser Untersuchung werden diese Aspekte aber erneut aufgegriffen und analysiert, da hier validere Daten für einen längeren Zeitraum zur Verfügung stehen.

2.2.1.2 Das Ausmaß der fachlichen Affinität zwischen Studium und Berufstätigkeit

Es schließt sich nun die Frage an, inwieweit die Tätigkeiten, die die Absolventen 1 bis 2 Jahre nach Abschluß ihres Studiums ausüben, mit den Fachinhalten und Qualifikationen des absolvierten Studiums korrespondieren. Durch diesen Vergleich soll nachvollziehbar gemacht werden, inwieweit eine potentielle Handlungsstrategie bzw. Anpassungsleistung wie die berufliche Flexibilitätsbereitschaft von den Absolventen in die Realität umgesetzt werden.[132] Zu diesem Zweck muß eine Variable gebildet werden, die darüber Auskunft erteilt, ob und in welchem Umfang die derzeitige Tätigkeit inhaltlich und bezogen auf das Ausbildungs- bzw. Qualifikationsniveau zum Studium affin ist. Somit werden in jedem Einzelfall die fachlich-inhaltlichen Studienqualifikationen mit der derzeit ausgeübten Berufs- oder Ausbildungstätigkeit verglichen. Problematisch ist bei dieser Festlegung des Adäquatheitsmaßes, daß ein Großteil der befragten Universitätsabsolventen zum Zeitpunkt der Wiederholungsbefragung noch in einer ergänzenden Ausbildung (Referendariat, Praktikum) tätig ist oder ein Zweit- bzw. Promotionsstudium absolviert. Diese Tätigkeiten werden bei der Festlegung der Adäquatheit berücksichtigt, auch wenn sie sicherlich zum Teil als Wartestrategien gesehen werden müssen: Sie geben nämlich Aufschluß darüber, ob nach wie vor eine fachlich-inhaltliche Orientierung auf das ehemalige Studienfach vorliegt oder diese Ansprüche aufgrund der Probleme am Arbeitsmarkt aufgegeben wurden. Entsprechend dieser Vorgaben werden vier Merkmalsausprägungen festgelegt.[133]

[132] Eine hohe berufliche Flexibilitätsbereitschaft würde dann z.B. bedeuten, daß eine Berufstätigkeit akzeptiert wird, bei der es kaum möglich ist, die fachlichen Inhalte des Studiums beruflich zu verwerten.

[133] Die Zuordnung von Studienqualifikationen zu Berufstätigkeiten ist keineswegs unproblematisch. Die von einem Außenstehenden vorgenommenen Affinitätsmaße beruhen auf dem subjektiven Verständnis und den Vorstellungen

- *Inhalt und Niveau adäquat*: In diese Kategorie werden alle Tätigkeiten eingeordnet, bei denen in inhaltlich-fachlicher Sicht die im Studium erworbenen Qualifikationen eingebracht werden können und »typische« Akademikerpositionen eingenommen werden. Auch ein fachlich affines Studium (z.B. ein drittes Fach bei Lehramtsabsolventen) bzw. das Referendariat in der Lehrer- und Juristenausbildung werden dieser Kategorie zugerechnet.
- *nur Niveau adäquat*: Hierunter werden solche Fälle gefaßt, bei denen zwar eine »typische« und positional angemessene Akademikerstelle eingenommen wird, jedoch die im Studium erlernten Qualifikationen kaum oder gar nicht zum Tragen kommen (z.B. ein Maschinenbauingenieur, der als Projektleiter in einer Vertriebsabteilung tätig ist). Befinden sich Absolventen in einem neuen, fachfremden Studium, so wird dies ebenfalls als nur niveau-angemessen eingestuft.
- *nur Inhalte adäquat*: Diese Kategorie beinhaltet vor allem solche Fälle, bei denen die Befragten zwar keine typische Akademikerposition innehaben, aber inhaltliche Aspekte ihres Studiums noch nutzen können (z.B. auf Sachbearbeiterebene). Häufig betrifft dies Absolventen, die vor dem Studium eine Lehre abgeschlossenen haben, daran anschließend ein mit der betrieblichen Ausbildung korrespondierendes Studium aufnehmen und schließlich wieder einer Tätigkeit nachgehen, die sie z.B. schon in der Zeit vor dem Studium ausgeübt haben.[134]
- *nicht adäquat*: Wenn weder positionale noch inhaltliche Aspekte des Studiums in die derzeitige Tätigkeit eingebracht werden können, so wird die Tätigkeit als nicht adäquat eingestuft. Dies ist beispielsweise dann der Fall, wenn fachfremde Berufstätigkeiten aus der Zeit vor dem Studium oder Semester- und Aushilfstätigkeiten die hauptsächliche Beschäftigung sind. Auch eine fachfremde betriebliche Ausbildung ist in diesem Sinne nicht adäquat.

Bei dieser Einteilung kann nicht berücksichtigt werden, inwieweit die ausgeübte Beschäftigung in bezug auf die Dauer (befristet – unbefristet), die Arbeitszeit (vollzeit – teilzeit) oder das Einkommen angemessen sind. Wenn adäquate Tätigkeiten zeitlich befristet sind oder die Absolventen unter Niveau entlohnt werden, so können diese Merkmale nicht in die Einstufungen eingehen.

Die nachfolgende Tabelle 5.12 zeigt die Verteilungen auf die unterschiedlichen Kategorien für die Fachhochschul- und Universitätsabsolventen. Dabei ist auch berücksichtigt worden, ob es sich bei der derzeitigen Tätigkeit um eine Berufstätigkeit oder eine weitere Ausbildung handelt.

---

dieses Außenstehenden von Qualifikationen und Tätigkeiten (vgl. dazu die Diskussion in ROLFES, 1993). Es gibt aber in dieser Phase der Auswertungen keine andere mögliche Form, Adäquatheitsmaße festzulegen.

[134] Dieser Einschätzung widersprechen PLICHT u.a., 1995, S. 183 ff.

Tab. 5.12: Angemessenheit der Tätigkeit 1 bis 2 Jahre nach Studienende bei Hochschulabsolventen (in Prozent)

	Fachhochschulabsolventen	Universitätsabsolventen
Angemessenheit		
Inhalt und Niveau adäquat	79	72
davon: im Beruf	74	27
in Ausbildung	5	45
nur Niveau adäquat	9	6
davon: im Beruf	5	1
in Ausbildung	4	5
nur Inhalt adäquat	5	5
davon: im Beruf	5	4
in Ausbildung	0	1
nicht adäquat	3	8
davon: im Beruf	2	7
in Ausbildung	1	1
arbeitslos	4	9
Insgesamt	100	100
(n)	(374)	(264)

Nach einem Blick auf die erste Zeile der Tabelle scheint es so, als ob Fachhochschul- und Universitätsabsolventen in etwa gleich hohen Anteilen bezogen auf Inhalt und Niveau adäquaten Tätigkeiten nachgehen. Die zweite Zeile macht aber deutlich, daß nahezu drei Viertel der Fachhochschulabsolventen eine in beiderlei Hinsicht angemessene *Berufstätigkeit* ausüben, aber nur gut ein Viertel der Universitätsabsolventen eine adäquate Beschäftigung gefunden haben. Fast 45 Prozent der Universitätsabsolventen befinden sich 1 bis 2 Jahre nach Studienabschluß in einer adäquaten *Berufsausbildung* (Referendariat, Promotion,...), diese mündet aber nicht notwendigerweise auch in eine entsprechend adäquate Berufstätigkeit. Diesen Absolventen steht der eigentliche Eintritt in das Beschäftigungssystem noch bevor. Daneben sind insbesondere bei den Universitätsabsolventen viele Befragte in nicht-adäquaten Bereichen tätig oder arbeitslos. Für die nachfolgenden Auswertungen ist es daher notwendig, bei den Universitätsabsolventen die niveau- und inhaltsangemessenen Tätigkeiten nach Beruf oder Ausbildung zu trennen. Für die Fachhochschulabsolventen ist dies dagegen nicht nötig.

Die fachspezifisch unterschiedlichen Arbeitsmarktchancen bedingen in hohem Maße die Differenzen im Ausmaß der Adäquatheit. Dies wird deutlich, wenn man die in Tabelle 5.13 dargestellten Zahlen betrachtet. Danach bestehen für *Fachhochschulabsolventen* ingenieurwissenschaftlich-technischer Studiengänge kaum Probleme, einen adäquaten Arbeitsplatz zu finden. In den drei anderen Fachgruppen nehmen die Absolventen dagegen nicht so häufig eine dem Studium entsprechende Beschäftigung auf. Insbesondere Absolventen der »grünen« Studiengänge müssen häufig Tätigkeiten akzeptieren, die zwar Akademikerniveau haben, aber wenig Chancen eröffnen, die inhaltlichen Anteile des Studiums verwenden zu können. Die Absolventen der Wirtschaftswissenschaften sind demgegenüber zwar häufig in inhaltlich affinen Beschäftigungsbereichen tätig, diese Stellen haben aber häufig kein Akademikerniveau. Möglicherweise steigen viele Fachhochschulabsolventen zunächst einmal auf einer unteren Hierarchiestufe innerhalb eines Betriebes (z.B. als Sachbearbeiter) ein und haben dann die Möglichkeit im Laufe der Zeit die Karriereleiter aufzusteigen. Die bei MINKS (1992, S. 41) aufgeführten Einsatzbereiche von Wirtschaftswissenschaftlern im Zusammenhang mit der ersten Berufstätigkeit belegen diese Hypothese. Befragte mit einem sozialpflegerischen Abschluß gehen zwar zu 70 Prozent ebenfalls einer adäquaten Berufstätigkeit nach, doch es ist auch ein überdurchschnittlich hoher Prozentsatz 1 bis 2 Jahre nach Studienende noch arbeitslos. Die ungünstige Arbeitsmarktlage schlägt sich aber nicht mehrheitlich in Form von zahlreichen inadäquaten Beschäftigungsverhältnissen in dieser Fachrichtung nieder. Wahrscheinlich gehen aber noch zahlreiche Absolventen sozialpflegerischer Studiengänge einer affinen Beschäftigung im Rahmen ihres Anerkennungsjahres nach. Natürlich muß hier berücksichtigt werden, daß viele an sich adäquate Arbeitsplätze aufgrund zeitlicher Befristungen und/oder unangemessener Bezahlung trotzdem unattraktiv sind, besonders im Bereich des Sozialwesens. Fachhochschulabsolventen im Sozialwesen haben überdurchschnittlich oft Zeitverträge bzw. befinden sich in einer weiteren Ausbildung. Mehr als die Hälfte verdienen bei ihrer ersten Anstellung weniger als 2.000 DM monatlich (vgl. MINKS/NIGMANN, 1992, S. 153 und 159).

Bei den *Universitätsabsolventen* beeinflussen neben den Arbeitsmarktaussichten vor allem der fachspezifisch unterschiedliche Ausbildungsstand das Ausmaß der fachlichen Affinität. Besonders im Lehramt, deutlicher noch in den Rechtswissenschaften, kommen die hohen Anteile adäquater Beschäftigungsverhältnisse primär durch die Referendariatsausbildung zustande, in den Naturwissenschaften in erster Linie durch Promotions- und Ergänzungsstudiengänge. Lediglich die Wirtschaftswissenschaftler sowie (sehr viel seltener) die Geistes- und Sozialwissenschaftler gehen 1 bis 2 Jahre nach Studienabschluß in größerem Maße angemessenen Berufstätigkeiten nach. Unter den Universitätsabsolventen sind ohnehin die Wirtschaftswissenschaften die einzige Fachgruppe, die zum Zeitpunkt der Befragung in der überwiegenden Mehrheit am Arbeitsmarkt adäquat Fuß gefaßt hat. Während Lehramtsabsolventen und Rechtswissenschaftler der Konfrontation mit dem Arbeitsmarkt durch ihre ergänzende Ausbildung noch entgehen können, zeichnen sich bei den Geistes- und Sozialwissenschaftlern bereits 1 bis 2 Jahre nach Studienende massive Probleme ab. Kaum die Hälfte hat zum Zeitpunkt der Wiederholungsbefragung eine angemessene Beschäftigung gefunden und fast 40 Prozent sind entweder nicht adäquat beschäftigt (»jobben«) oder arbeitslos (siehe auch die vergleichbaren Ergebnisse bei MINKS/NIGMANN, 1992, S. 133 ff.).

Tab. 6.13: Angemessenheit der Tätigkeit 1 bis 2 Jahre nach Studienende nach studiertem Fach (in Prozent)

Fachhochschulabsolventen	Sozialwesen	»Grüne« Studiengänge	Wirtschaftswissenschaften	Ingenieurwissenschaften
Angemessenheit				
Inhalt und Niveau adäquat	70	63	70	88
nur Niveau adäquat	3	17	7	8
nur Inhalt adäquat	5	7	12	0
nicht adäquat	0	7	2	3
arbeitslos	22	6	2	1
Insgesamt	100	100	100	100
(n)	(37)	(70)	(90)	(177)

Universitätsabsolventen	Lehramt	Rechtswissenschaften	Geistes- und Sozialwissenschaften	Naturwissenschaften	Wirtschaftswissenschaften
Angemessenheit					
Inhalt und Niveau adäquat					
davon: im Beruf	4	13	46	19	79
in Ausbildung	52	88	4	58	11
nur Niveau adäquat	15	0	7	2	0
nur Inhalt adäquat	7	0	4	6	8
nicht adäquat	8	0	17	12	3
arbeitslos	9	0	22	4	0
Insgesamt	100	100	100	100	100
(n)	(71)	(48)	(54)	(52)	(38)

Interessant ist noch der Vergleich zwischen Universitätsabsolventen des Lehramtes und der Rechtswissenschaften. Während letztere in hohem Maße dem obligatorischen Ausbildungsweg folgen und aufbauend auf das Studium das Referendariat anschließen, also offenbar davon ausgehen, nach dessen Abschluß eine angemessene Stelle zu finden, ist den Lehramtsabsolventen offenbar bewußt, daß das Absolvieren des Referendariats nicht, oder auf jeden Fall sehr viel seltener mit einer Stellengarantie verbunden ist. Sie zeigen dementsprechend andere Orientierungen: Fast 30 Prozent gehen Tätigkeiten nach, die nur teilweise oder gar nicht der Hochschulausbildung entsprechen und 9 Prozent sind arbeitslos. Die Absicht, das Referendariat zu absolvieren, wird entweder auf einen späteren Zeitpunkt verschoben oder ganz aufgegeben.

Bei den Fachhochschulabsolventen zeigen sich keine Zusammenhänge zwischen dem *Geschlecht* oder der *familiären Situation* und der Adäquatheit der Tätigkeit 1 bis 2 Jahre nach Studienende. Die Tatsache, daß Frauen an Fachhochschulen häufiger sozialwissenschaftliche Fächer studieren und dementsprechend häufiger Probleme am Arbeitsmarkt haben (sei es Arbeitslosigkeit oder eine inadäquate Beschäftigung), kann mit den Daten der Osnabrücker Absolventenstudie nicht belegt werden. In anderen Studien sind aber die Beschäftigungsrisiken für Fachhochschulabsolventinnen deutlich herausgearbeitet worden (vgl. PLICHT u.a., 1995, S. 185 f. und SCHOMBURG, 1992b, S. 42).

Tab. 5.14: Angemessenheit der Tätigkeit 1 bis 2 Jahre nach Studienende nach Geschlecht und familiärer Situation bei Universitätsabsolventen (in Prozent)

	Geschlecht		Familiäre Situation		
	Männer	Frauen	ohne Partner(in)	mit Partner(in)	mit Partner(in) und Kind
Angemessenheit					
Inhalt und Niveau adäquat					
davon: im Beruf	32	23	26	35	25
in Ausbildung	48	40	51	39	30
nur Niveau adäquat	6	6	8	5	4
nur Inhalt adäquat	5	5	2	6	9
nicht adäquat	4	13	5	10	17
arbeitslos	5	13	8	5	15
Insgesamt	100	100	100	100	100
(n)	(141)	(124)	(149)	(62)	(53)

Für die westniedersächsischen Universitätsabsolventen können demgegenüber geschlechtsspezifische und auf den Familienstatus zurückgehende Unterschiede festgestellt werden. In der Tabelle 5.14 sind diese Ergebnisse für die Universitätsabsolventen verzeichnet. Danach sind Universitäts*absolventinnen* deutlich seltener in adäquaten Berufs- oder Ausbildungstätigkeiten beschäftigt (ca. 62 Prozent) als die Männer (80 Prozent). Demgegenüber sind die Frauen bei den nicht-adäquaten Tätigkeiten sowie den Arbeitslosen mit einem Anteil von zusammen 26 Prozent stark überrepräsentiert. Dabei ist zu berücksichtigen, daß gerade in denjenigen Studiengängen hohe Frauenanteile zu verzeichnen sind, die auf dem Arbeitsmarkt weniger stark gefragt sind, z.B. Lehramtsstudiengänge (71 Prozent Frauen) und

Geistes- und Sozialwissenschaften (60 Prozent Frauen). In den Rechts-, Natur- und Wirtschaftswissenschaften dominieren dagegen die männlichen Absolventen mit Anteilen zwischen 68 und 74 Prozent. Die geschlechtsspezifische Benachteiligung der Frauen in bezug auf die Adäquatheit der berufs- und ausbildungsbezogenen Tätigkeiten geht damit in erster Linie auf die Verteilung in den einzelnen Studiengängen zurück. Daß Universitätsabsolventinnen aber unabhängig von der geschlechtsspezifischen Fachrichtungsstruktur bezüglich der Adäquatheit ihrer Berufstätigkeit deutlich benachteiligt sind, ist unbestritten und wurde z.B. von PLICHT u.a. (1995, S. 195 ff.) eindrucksvoll belegt.

Daß der weitere Ausbildungsweg bzw. der weitere berufliche Verbleib nachhaltig von der familiären Situation abhängig ist, geht ebenfalls aus der Tabelle 5.14 hervor. Insbesondere der Ausbildungsprozeß scheint ins Stocken zu geraten oder zeitlich verschoben zu werden, wenn ein(e) Partner(in) oder eine Familie vorhanden sind, die es zu versorgen gilt. Offenbar sind hier häufiger Kompromisse und Abstimmungsprozesse nötig, um die Ausbildung vollständig abzuschließen. Während nämlich unter den Absolvent(inn)en ohne Partner(in) 51 Prozent in einer adäquaten Ausbildung beschäftigt sind (in der Regel das Referendariat), befinden sich unter den Absolvent(inn)en mit Partner(in) nur noch 39 Prozent in einer Ausbildungsphase, bei den Befragten mit Familie (also Partner(in) mit Kind) nur noch 30 Prozent. Hier ist dann auch der Anteil der nicht-adäquat Beschäftigten und Arbeitslosen mit zusammen 32 Prozent sehr groß. Bei denjenigen, die adäquaten *Berufs*tätigkeiten nachgehen, sind die Einflüsse der familiären Situation nicht in dieser Weise wirksam. Inwieweit insbesondere Frauen »die Lasten« eine Partnerschaft oder Familie zu tragen haben, kann aufgrund der kleinen Fallzahlen mit diesen Daten nicht geklärt werden. Ich werde in Kapitel VI auf diese Frage zurückkommen.

2.2.2 Handlungsbereitschaft und Handlungsverwirklichung

Die Bildung von Variablen zur tatsächlichen regionalen Mobilität sowie zur Adäquatheit der Tätigkeit 1 bis 2 Jahre nach Studienabschluß ermöglicht es zu überprüfen, inwieweit die *Bereitschaften* zur regionalen Mobilität und zur beruflichen Flexibilität von den Absolventen auch tatsächlich *realisiert* werden. So ist im nachhinein eine Validitätsprüfung dieser beiden Indikatoren zur regionalen Mobilitätsbereitschaft und beruflichen Flexibilitätsbereitschaft möglich.

Die Tabelle 5.15 zeigt die entsprechenden Zusammenhänge zunächst für den Bereich der *regionalen Mobilität*. Dabei werden signifikante Abhängigkeiten zwischen der regionalen Mobilität und der regionalen Mobilitätsbereitschaft sichtbar. Die im Vorfeld des eigentlichen Berufseintritts ermittelten Handlungsbereitschaften der Absolventen decken sich in hohem Maße mit den dann tatsächlich realisierten Migrationen. Unter den fernwandernden Fachhochschulabsolventen sind es immerhin 83 Prozent, die zum Zeitpunkt des Studienabschlusses eine hohe regionale Mobilitätsbereitschaft zeigen, bei den Universitätsabsolventen mit 69 Prozent etwas weniger. Entsprechend legen die Nah-Wanderer beider Absolventengruppen dann auch zu etwa 41 bzw. 58 Prozent eine geringe regionale Mobilitätsbereitschaft an den Tag. Insgesamt ist allerdings festzustellen, daß sich die Zusammenhänge bei den Universitätsabsolventen nicht in der Stärke zeigen wie bei den Fachhochschulabsolventen. Betrachtet man nur die Spalte der nicht-gewanderten Universitätsabsolventen, so fällt diese Subgruppe etwas aus dem Rahmen. Man muß dabei zum einen bedenken, daß sich ein großer Teil der Universitätsabsolventen noch im Vorstadium des eigentlichen Berufseintritts befindet; dementsprechend sind die mit den beruflichen Übergängen zusammenhängenden regionalen Mobilitätsprozesse in dieser Qualifikationsgruppe noch nicht vollständig abgeschlossen. Zum zweiten deutet die Analyse der zukünftigen Wohnortpräferenzen der Universitätsabsolventen an, daß bei ihnen eine starke Orientierung auf Regionen und Orte außerhalb des westlichen Niedersachsens feststellbar ist (d.h. sie wollen unbedingt diese Region verlassen). Aufgrund dieser Rahmenbedingungen könnte für einem späteren Befragungszeitpunkt durchaus eine höhere Korrelation zwischen Handlungsbereitschaft und Verwirklichung erwartet werden.

Tab. 5.15: Regionale Mobilitätsbereitschaft bei Studienende und tatsächliches Wanderungsverhalten von Hochschulabsolventen (in Prozent)

	Fern-wanderung	Regional-wanderung	Nah-wanderung	keine Wanderung
Fachhochschulabsolventen				
Regionale Mobilitätsbereitschaft				
hoch	83	55	47	44
mittel	11	12	12	15
gering	6	33	41	41
Insgesamt	100	100	100	100
(n)	(84)	(58)	(34)	(111)
Universitätsabsolventen				
Regionale Mobilitätsbereitschaft				
hoch	69	61	29	43
mittel	7	11	13	21
gering	24	28	58	36
Insgesamt	100	100	100	100
(n)	(29)	(36)	(31)	(61)

Schließlich unterstützen die Daten in der Tabelle 5.15 auch die Hypothese, daß die zum Studienende festgestellten Mobilitätsbereitschaften der Absolventen in der Regel höher liegen als die später realisierten Wohnsitzverlagerungen. Während sich nämlich in beiden Absolventengruppen unter den Befragten mit einer hohen Mobilitätsbereitschaften viele befinden, die dann schließlich doch nur eine Nahwanderung durchführen oder den Wohnsitz gar nicht verlagern, tritt der umgekehrte Fall, daß Absolventen entgegen ihrer fehlenden regionalen Mobilitätsbereitschaft Fernwanderungen durchführen, nur sehr selten auf.

Erinnert man sich nun noch an die Ergebnisse zu den regionalen Mobilitätsbereitschaften von Studierenden höherer Semester, so scheinen sich die anfänglich optimistischen Vorstellungen über die eigene regionale Mobilitätsbereitschaft im Laufe des Studiums und bis zum Studienende angesichts des bevorstehenden Berufseintritts der Realität immer weiter anzunähern. Die ursprünglichen, idealistischen Handlungsbereitschaften werden in Anbetracht der sich konkretisierenden Vorstellungen der Absolventen über den Berufseintrittsprozeß und die sich daraus ergebenden Konsequenzen teilweise revidiert.

Seit immer mehr Akademiker auf dem Arbeitsmarkt mit Schwierigkeiten zu rechnen haben, ist *berufliche Flexibilität* zur einer Zauberformel geworden, um möglichen Problemen aus dem Wege zu gehen. In den letzten Jahren hat unter den Studierenden die Bereitschaft zugenommen, auf Arbeitsmarktschwierigkeiten mit Flexibilität zu reagieren (vgl. BARGEL u.a., 1989, S. 208 f.). Bisher ist meines Wissens in noch keiner Studie geprüft worden, inwieweit diese beabsichtigte Flexibilität in der Berufseintrittsphase in die Tat umgesetzt worden ist. Es wäre eigentlich zu erwarten, daß sich Hochschulabsolventen mit einer hohen Flexibilitätsbereitschaft auch später im Beruf eher mit teilweise bzw. nichtadäquaten Berufstätigkeiten abfinden würden. Dieser Zusammenhang wird aber durch die Ergebnisse auf der Grundlage des vorhandenen empirischen Datenmaterial nicht gestützt. Die Tabellen 5.16 und 5.17 machen deutlich, daß nur sehr vage, nicht signifikante Zusammenhänge festgestellt werden können.

Tab. 5.16: Berufliche Flexibilitätsbereitschaft bei Studienende und Angemessenheit der Tätigkeit 1 bis 2 Jahre nach Abschluß des Studiums bei Fachhochschulabsolventen (in Prozent)

	Inhalt und Niveau adäquat	teilweise bzw. nicht adäquat[135]
berufliche Flexibilitätsbereitschaft		
hoch	35	45
mittel	25	21
gering	39	36
Insgesamt	100	100
(n)	(228)	(58)

[135] Aufgrund der geringen Fallzahlen wurden die Kategorien »nur Niveau adäquat«, »nur Inhalt adäquat« und »nicht adäquat« zusammengefaßt.

Tab. 5.17: Berufliche Flexibilitätsbereitschaft bei Studienende und Angemessenheit der Tätigkeit 1 bis 2 Jahre nach Abschluß des Studiums bei Universitätsabsolventen (in Prozent)

	Inhalt und Niveau adäquat ...		teilweise bzw. nicht adäquat[136]
	im Beruf	in Ausbildung	
berufliche Flexibilitätsbereitschaft			
hoch	55	55	61
mittel	19	27	27
gering	26	18	12
Insgesamt	100	100	100
(n)	(62)	(109)	(66)

Über die Hintergründe dieser fehlenden Zusammenhänge können nur Mutmaßungen angestellt werden. Dabei muß auch die mangelnde Validität des Indikators zur beruflichen Flexibilitätsbereitschaft als möglicher Erklärungsfaktor in Erwägung gezogen werden. Die in Abschnitt 1.6 dieses Kapitels bereits angemeldeten Zweifel werden angesichts des schwachen Zusammenhanges zwischen der Flexibilitätsbereitschaft und der Adäquatheit der Tätigkeit damit teilweise bestärkt. Nun lassen sich allerdings auf der Grundlage der Handlungsbereitschaften und Verhaltensdispositionen der Absolventen nur indirekt Prognosen darüber aufstellen, in welchem Umfang später adäquate Berufstätigkeiten gefunden werden. Alle Hochschulabsolventen werden natürlich auch bei Vorliegen einer hohen beruflichen Flexibilitätsbereitschaft *zunächst* versuchen, eine adäquate und zufriedenstellende Beschäftigung zu finden. Falls ihnen dies gelingt, kommt ihre hohe berufliche Flexibilitätsbereitschaft erst gar nicht zum Tragen. Erst wenn Hochschulabsolventen nach längerer erfolgloser Suche eine nur teilweise bzw. nicht adäquate Tätigkeit akzeptieren würden, wäre dies ein Beleg für ihre potentielle berufliche Flexibilitätsbereitschaft. Natürlich muß hier auch bedacht werden, daß es gerade bei den Universitätsabsolventen in adäquaten Ausbildungsabschnitten (Referendariat, Zweit- oder Promotionsstudium) zum Teil noch völlig offen ist, inwieweit nach dem Ende dieser Phase eine angemessene Akademikerstelle besetzt werden kann. Gerade in den Fächern mit sehr problematischen Arbeitsmarktaussichten stellt sich erst nach dem Ende dieser Ausbildungsphasen heraus, ob sich die beruflichen Flexibilitätsbereitschaften bei der Stellensuche und der Auswahl potentieller Berufstätigkeiten auch tatsächlich niederschlägt.

2.2.3 Zum Zusammenhang von regionaler Mobilität, Adäquatheit der Tätigkeiten

[136] Aufgrund der geringen Fallzahlen wurden die Kategorien »nur Niveau adäquat«, »nur Inhalt adäquat« und »nicht adäquat« zusammengefaßt.

und Informationsverhalten

Nachdem nun die beiden Variablen Wanderungsverhalten und Adäquatheit der Tätigkeit ausführlich analysiert worden sind, kann der zentralen Frage nachgegangen werden, inwieweit Wohnortverlagerungen dazu beitragen können, eine nach Inhalt und Niveau angemessene Akademikerstelle zu besetzen. Die in Abschnitt 1.2.1 dieses Kapitels hergeleitete Hypothese geht von der Annahme aus, daß sich in bestimmten Fächergruppen durch eine größere regionale Mobilitätsbereitschaft die Zahl der potentiellen Beschäftigungsmöglichkeiten für den einzelnen Arbeitsplatznachfrager vergrößert. Falls dies zutreffen sollte, müßten dann folgerichtig auch mehr adäquate Tätigkeiten zur Auswahl stehen. Allerdings ist auch schon auf zahlreiche Einschränkungen und Unwägbarkeiten hingewiesen worden, die einen deutlichen Zusammenhang zwischen regionaler Mobilität und der Qualität der Stelle unwahrscheinlich erscheinen ließen (so ist dieser Zusammenhang nur für bestimmte Fächer zu erwarten oder unter bestimmten arbeitsmarktbezogenen Rahmenbedingungen). Es zeigen sich bei den Fachhochschulabsolventen wie auch den Universitätsabsolventen nur schwache Zusammenhänge zwischen diesen beiden Variablen (vgl. Tabellen 5.18 und 5.19).

Erstaunlich ist bei den *Fachhochschulabsolventen*, daß trotz Immobilität (hier sind Nah- bzw. Keine Wanderung gemeint) immerhin 52 Prozent eine in Inhalt und Niveau angemessene Tätigkeit finden. Von *allen* befragten Fachhochschulabsolventen haben damit 42 Prozent eine (bezüglich Inhalt und Niveau) adäquate Stelle entweder am Heimatort (dem Wohnort vor dem Studium) oder in dessen unmittelbarer Nähe gefunden. Es kann also bei den Fachhochschulabsolventen keine Rede davon sein, daß für alle Absolventen in großem Umfang Wohnsitzverlagerungen notwendig sind, um adäquate Beschäftigungsverhältnisse zu finden. Für diese Absolventengruppe stehen auch im Nahbereich ihrer Heimatwohnsitze in relativ großer Zahl Akademikerarbeitsplätze zur Verfügung. Regionale Mobilität ist daher nicht für alle Absolventen nötig, um ein besseres und qualitativ höherwertiges Arbeitsplatzangebot zu erhalten.[137]

[137] Der hohe Anteil von Fern- und Regionalwanderungen bei den Absolventen in niveauadäquaten, aber inhaltlich nicht angemessenen Berufstätigkeiten kann mit den vorhandenen Daten nicht geklärt werden. Allerdings haben andere Untersuchungen gezeigt, daß bei Fachhochschulabsolventen die fachliche Affinität zwischen Studium und Beruf in den ersten Berufsjahren abnimmt, besonders bei Maschinenbauingenieuren und Wirtschaftswissenschaften (vgl. TEICHLER u.a., 1992, S. 52). Als Ursache hierfür können berufliche Aufstiegsprozesse der Absolventen angenommen werden, wodurch sich die inhaltlichen Anforderungen der ausgeübten Tätigkeit verändern und von den im Studium erlernten Inhalten immer weiter abkoppeln. Nimmt man diesen Zusammenhang auch für die vorliegende Untersuchung an, so wäre möglicherweise ein Teil der niveauadäquat tätigen Fachhochschulabsolventen also in besonders attraktiven und Aufstiegsaussichten versprechenden Berufstätigkeiten beschäftigt, für die sich dann auch hohe Mobilitätsaufwendungen lohnen.

Tab. 5.18: Regionale Mobilität und Angemessenheit der Tätigkeit 1 bis 2 Jahre nach Studienende bei Fachhochschulabsolventen (in Prozent)

	Inhalt und Niveau adäquat	nur Niveau adäquat	nur Inhalt adäquat bzw. nicht adäquat
Art der Wanderung			
keine Wanderung	42	26	46
Nahwanderung	10	7	27
Regionalwanderung	19	26	17
Fernwanderung	29	42	7
Insgesamt	100	100	100
(n)	(291)	(31)	(41)

Allerdings haben 73 Prozent derjenigen Fachhochschulabsolventen, die 1 bis 2 Jahre nach Studienende keiner adäquaten bzw. einer nur inhaltlich angemessenen Tätigkeit nachgehen, lediglich eine Nahwanderung oder überhaupt keine Wohnsitzverlagerungen vorgenommen. Insofern kann die aufgestellte Hypothese zum Zusammenhang von regionaler Mobilität und der Qualität der Berufstätigkeit teilweise aufrechterhalten werden: Für qualitativ niederrangige und inadäquate Berufstätigkeiten werden zumindest von den Fachhochschulabsolventen nur in seltenen Fällen Regional- oder gar Fernwanderungen vorgenommen. Daß dies dennoch geschieht, hängt sicher auch damit zusammen, daß in Partnerschaften Anpassungsleistungen an die Karriere- und Berufsorientierungen des einen Partners notwendig sind, die für den anderen, sich anpassenden Partner mit Einbußen bezüglich Niveau und Inhalt einer potentiellen Arbeitsstelle verbunden sind. Dieser Zusammenhang kann aber an diesem Untersuchungssample aufgrund der geringen Fallzahl und fehlender Informationen über die Berufstätigkeiten des Partner nicht nachgewiesen werden.

Bei den *Universitätsabsolventen* wird die Auswertung der Frage nach den Wechselwirkungen zwischen regionaler Mobilität und Qualität der Berufs- bzw. Ausbildungstätigkeit erneut dadurch beeinträchtigt, daß viele Befragte sich zum Zeitpunkt 1 bis 2 Jahre nach Studienende noch in einer ergänzenden Ausbildung oder einem Zweitstudium befinden. Aus diesem Grund haben einerseits viele Universitätsabsolventen mögliche Wohnortverlagerungen noch vor sich, andererseits sind die gewählten Ausbildungsphasen in der Regel inhaltlich adäquat und niveauangemessen, wodurch das Gesamtbild erheblich verzerrt wird.

Tab. 5.19: Regionale Mobilität und Angemessenheit der Tätigkeit 1 bis 2 Jahre nach Studienende bei Universitätsabsolventen (in Prozent)

	Inhalt und Niveau adäquat ...		teilweise bzw. nicht adäquat[138]
	im Beruf	in Ausbildung	
Art der Wanderung			
keine Wanderung	30	41	50
Nahwanderung	18	22	19
Regionalwanderung	18	22	19
Fernwanderung	35	15	11
Insgesamt	100	100	100
(n)	(40)	(81)	(36)

So ist denn auch bei den Universitätsabsolventen das Erreichen einer inhaltlich und positional angemessenen Berufstätigkeit kaum häufiger von der Art der Wanderung abhängig als bei den Fachhochschulabsolventen. Es muß hier aber die vergleichsweise niedrige Fallzahl beachtet werden, die keine endgültigen Schlußfolgerungen zuläßt. So konnten auch hier 48 Prozent der adäquat Berufstätigen einer Beschäftigung am Heimatort oder in dessen Nahbereich nachgehen. Wenn man berücksichtigt, daß ein Teil der fachlich affin berufstätigen Absolventen als wissenschaftliche Mitarbeiter an den Universitätsstandorten arbeiten, wird sicherlich in naher Zukunft der Anteil derer, die am Heimatort oder in dessen Nähe eine dauerhaft adäquate Beschäftigung finden werden, noch weiter sinken. Langfristig gesicherte Akademikerarbeitsplätze für Universitätsabsolventen stehen im westlichen Niedersachsen nur begrenzt zur Verfügung, aus diesem Grund ist bzw. wird für die Regionalabsolventen auf Dauer ein Abwandern nötig. Ein Verbleiben in der westniedersächsischen Region bzw. am Heimatort (der in vielen Fällen auch der Studienort ist) scheint dagegen nur möglich, wenn Arbeitsplätze unterhalb des Qualifikationsniveaus akzeptiert werden. Knapp 70 Prozent der Absolventen in teilweise bzw. nicht angemessenen Tätigkeiten wohnen am Heimatort bzw. im benachbarten Landkreis. Vergleichbar zur Verteilung bei den Fachhochschulabsolventen zeigt sich auch bei den Absolventen der westniedersächsischen Universitäten, daß ganz oder teilweise inadäquate Tätigkeiten kaum mit Wohnsitzverlagerungen über große Entfernungen verbunden sind. Das Absolvieren einer ergänzenden Ausbildung (Referendariat) erfordert demgegenüber ein höheres Maß an Mobilität. (Referendariatsstellen werden innerhalb Niedersachsens vergeben, die geäußerten Prioritäten werden nur selten berücksichtigt.) Ein Zweitstudium dagegen wahrscheinlich seltener, da dies in der Regel am ehemaligen Studienort aufgenommen wird. Insofern kann angenommen werden, daß Absolventen in ergänzenden Ausbildungen im Durch-

[138] Aufgrund der geringen Fallzahlen wurden die Kategorien »nur Niveau adäquat«, »nur Inhalt adäquat« und »nicht adäquat« zusammengefaßt.

schnitt noch häufiger ihren Wohnsitz verlagern müssen, als es die Werte in der Tabelle 5.19 nahelegen.[139]

Auf der regionalen Ebene kann jetzt aber der Frage nachgegangen werden, in welchen Regionen die Absolventen adäquate bzw. inadäquate Arbeitsplätze erhalten haben. Die beiden Abbildungen 5.13 und 5.14 stellen dar, welche Qualität die 1 bis 2 Jahre nach Studienende ausgeübten Tätigkeiten in den 4 Untersuchungsregionen haben. Dabei gibt die Kreisgröße die absolute Anzahl der Berufstätigen, sich in Ausbildung befindlichen oder arbeitslosen Absolventen in der jeweiligen Region an und die 3 bzw. 4 Segmente innerhalb der Kreise zeigen an, welche Qualität die entsprechenden Tätigkeiten in bezug auf die Ausbildungsadäquanz haben.

Abb. 5.13: Wohnorte von Fachhochschulabsolventen und Angemessenheit der Tätigkeit 1 bis 2 Jahre nach Studienabschluß

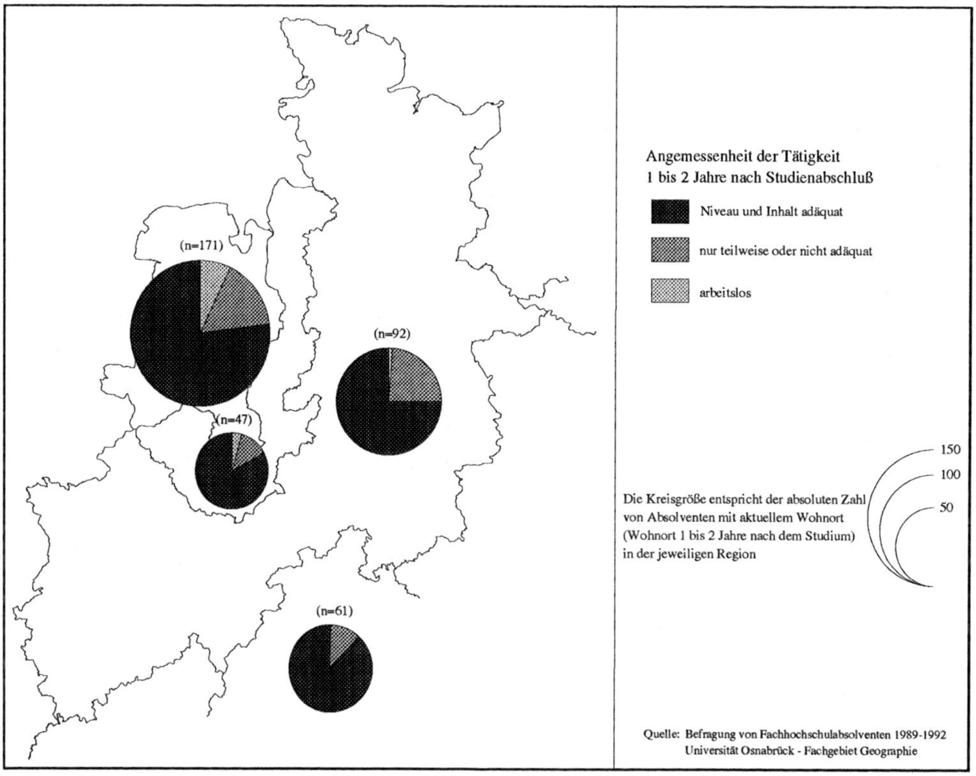

Bei den *Fachhochschulabsolventen* zeigen sich bei den inhaltlich und im Niveau angemessenen Tätigkeiten nur geringe Unterschiede zwischen den 4 Regionen. In der Regel gehen die Absolventen in mehr als drei Viertel der Fälle einer angemessenen Tätigkeit nach. Es wird damit also sichtbar, daß Fachhochschulabsolventen in nicht unerheblichem Maße

[139] Aufgrund der geringen Fallzahlen war es leider nicht möglich, auch nur annäherungsweise Aussagen über fachspezifische Besonderheiten zum Zusammenhang von regionaler Mobilität und Adäquatheit der ausgeübten Berufstätigkeit zu treffen. Für keine Fachgruppe konnten signifikante Unterschiede und Ausprägungen festgestellt werden.

auch im westlichen Niedersachsen angemessene Stellen finden können. Die Suche nach einem adäquaten Arbeitsplatz kann also auch erfolgreich sein, ohne daß eine Abwanderung notwendig wird. Allerdings zeigt sich erwartungsgemäß in zwei Punkten eine Bestätigung bereits bestehender Hypothesen: Größere Anteile arbeitsloser Absolventen finden sich nur in der engeren Studienregion Westniedersachsen und den angrenzenden Landkreisen. In der entferntesten Region, den mittleren und südlichen Bundesländern, liegt der Anteil der nur teilweise oder nicht-adäquaten Tätigkeiten am niedrigsten. Ein Wohnsitz wird nicht in eine Region verlagert, in der keine adäquaten Stellen zur Verfügung stehen oder ein hohes Risiko besteht, arbeitslos zu werden.

Abb. 5.14: Wohnorte von Universitätsabsolventen und Angemessenheit der Tätigkeit 1 bis 2 Jahre nach Studienabschluß

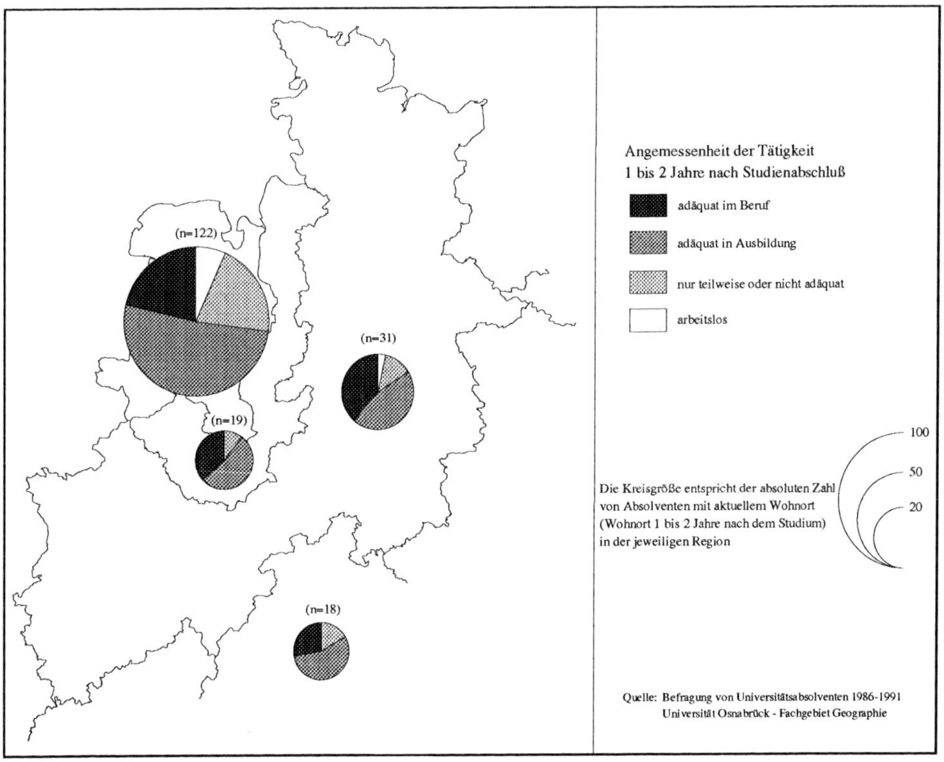

Für die *Universitätsabsolventen* sieht die Verteilung anders aus. Zunächst ist bemerkenswert, daß die Absolventen ebenfalls in entfernteren Regionen in hohem Maße in adäquaten Ausbildungstätigkeiten beschäftigt sind. Während es sich dabei in der erweiterten westniedersächsischen Region und dem übrigen Norddeutschland um die Absolvierung des Referendariats handelt (z.T. auch ein Zweitstudium), dominiert in den mittleren und südlichen Bundesländern bei den ausbildungsadäquaten Tätigkeiten das Studium eindeutig. Die Universitätsabsolventen, die nach dem Studium nicht mehr im westlichen Niedersachsen wohnen, gehen in den Regionen außerhalb des Regierungsbezirkes Weser-Ems zu mehr als einem Viertel (zum Teil sogar noch mehr) adäquaten Berufstätigkeiten nach. Affine Beschäftigungsverhältnisse kommen hier deutlich häufiger vor als nur teilweise bzw. nicht angemessenen Tätigkeiten. Wie schon bei den Fachhochschulabsolventen gesehen, existieren auch bei den Universitätsabsolventen in entfernteren Regionen kaum inadäquate Arbeitsverhältnisse. Betrachtet man die Verteilung im westlichen Niedersachsen, so fällt hier der vergleichsweise geringe Prozentsatz adäquater Berufstätigkeiten und der demgegenüber hohe Anteil nicht adäquat eingesetzter und arbeitsloser Universitätsabsolventen ins Auge. Bedenkt man jetzt noch die Vielzahl befristeter Akademikerstellen an den beiden Universitätsstandorten, so wird hier noch einmal deutlich, daß das westliche Niedersachsen für Universitätsabsolventen vergleichsweise schlechte Beschäftigungsmöglichkeiten bietet. Diese sind mit denen der Fachhochschulabsolventen auch nicht annähernd vergleichbar.

Als eine weitere zentrale Variable bei der Untersuchung des Berufseintritts von Hochschulabsolventen wurde das *Informations- und Bewerbungsverhalten* herausgearbeitet. In Rückblick auf die theoretischen Vorüberlegungen und das skizzierte Handlungsmodell wurde dabei auch dem sozialen Kapital, d.h. der vermittelnden Individuen bzw. Distanzen bei der Stellenbesetzung eine wichtige Rolle zugewiesen (vgl. Kontaktnetztheorie). Danach ist für das Ausmaß der Adäquatheit der beruflichen Tätigkeit auch von Bedeutung, inwieweit bei der Stellenbesetzung inoffizielle Kontakte genutzt werden können. In den theoretischen Annahmen wurde aber auch klargestellt, daß bei Berufsanfängern die Stellenfindung aufgrund aktiver Suchstrategien dominieren und die Vermittlung auf adäquate Stellen durch bestehende inoffizielle Kontakte eher die Ausnahme sein wird.

Tab. 5.20: Adäquatheit der Tätigkeit 1 bis 2 Jahre nach Studienabschluß und stellenvermittelnde Kontakte bei Fachhochschulabsolventen (in Prozent, Mehrfachnennungen)

	Inhalt und und Niveau adäquat	nur teilweise bzw. nicht adäquat
stellenvermittelnde Kontakte		
Freunde, Eltern, Bekannte	10	12
Hochschullehrer	6	1
Arbeitsamt	7	1
Stellenanzeigen	41	29
persönliche Kontakte zum Arbeitgeber	17	9
Spontanbewerbung	40	21
sonstige Kontakte bzw. keine Angaben	11	46
Insgesamt	100	100
(n)	(297)	(77)

So überrascht es denn auch wenig, daß die *Fachhochschulabsolventen* in den meisten Fällen adäquate Stellen durch *schriftliche Bewerbungen* (also eine offiziell-formelle Kontaktaufnahme) erhalten, sei es eine Bewerbung auf eine ausgeschriebene Stelle oder eine Spontanbewerbung (siehe Tab. 5.20). Die offizielle Kontaktaufnahme zum zukünftigen Arbeitgeber überwiegt damit erwartungsgemäß bei weitem alle anderen Möglichkeiten. Allerdings sind es immerhin in 17 Prozent der Fälle die persönlichen Kontakte zum Arbeitgeber, die bei der Besetzung einer adäquaten Stelle wichtig sind. Es kann davon ausgegangen werden, daß diese Kontakte in den meisten Fällen durch Praktika und Diplomarbeiten zustande gekommen sind. Freunde, Bekannte, Eltern, Hochschullehrer oder das Arbeitsamt sind zusammen nur in ca. 20 Prozent[140] der Fälle von Bedeutung, wenn es um die Besetzung einer adäquaten Stelle geht (siehe auch die vergleichbaren Ergebnisse bei WINKLER, 1990, S. 60). Haben die Absolventen eine nicht bzw. nur teilweise angemessene Stellung, so sind zwar auch schriftliche Bewerbungen die häufigste Form der Kontaktaufnahme, allerdings deutlich seltener als bei den Absolventen in adäquaten Positionen. Hochschullehrer und das Arbeitsamt spielen so gut wie keine Rolle bei deren Vermittlung. Fast die Hälfte der Fachhochschulabsolventen in eher unangemessenen Tätigkeiten haben keine Angaben zu den stellenvermittelnden Kontakten gemacht. Möglicherweise handelt es sich in solchen Fällen um schon seit dem Studium bestehende Beschäftigungsverhältnisse und Aushilfstätigkeiten, die mangels attraktiver Alternativen auch noch weit nach Studienende weiter ausgeübt werden.

Es ist zusätzlich, unabhängig von der Qualität der Berufstätigkeit, eine Analyse zum Zusammenhang von Wanderungsverhalten und stellenvermittelnden Kontakten durchgeführt worden. Danach sind besonders solche Beschäftigungsverhältnisse mit geringen Wanderungsbewegungen verbunden, die von Freunden, Eltern und Bekannten oder dem Arbeitsamt vermittelt werden bzw. die aufgrund persönlicher Kontakte zum Arbeitgeber zustande kommen. Bei 70 Prozent der aufgrund solcher Kontakte vermittelten Stellen ist keine oder allenfalls eine Nahwanderung erforderlich. Wenn also in der Heimatregion oder am Heimatort verfügbare persönliche Kontakte bei der Stellenvermittlung von Bedeutung sind, so hat dies in der Regel auch ein Verbleiben in der Heimatregion zur Folge. Es könnte auch sein, daß regionale Kontakte von denjenigen Fachhochschulabsolventen intensiver genutzt werden, die keine oder nur eine Wohnsitzverlagerung über geringe Distanzen vornehmen möchten. In diesem Fall ist nicht zu klären, ob die vermittelnden Kontakte oder die Immobilität erklärende bzw. zu erklärende Variable ist. Haben dagegen die Fachhochschulabsolventen den gegenwärtigen Arbeitsplatz durch eine schriftliche Bewerbung auf eine Stellenausschreibung oder eine Spontanbewerbung erhalten, so sind mit dem Antritt dieser Stelle in der Mehrzahl der Fälle Regional- oder Fernwanderungen verbunden (50 bis 61 Prozent). In einer solchen schriftlichen Bewerbung bei einem potentiellen Arbeitgeber sind gleichzeitig regionale (Vor-) Entscheidungen implizit enthalten. Bei den Bewerbungen werden die Absolventen von vornherein in erster Linie solche Arbeitgeber bzw. Arbeitsstellen berücksichtigen, die aufgrund der regionalen Lage (Entfernung vom gegenwärtigen Wohnort oder vom Wunschwohnort) für sie akzeptabel sind. Die eventuell notwendige Wohnortverlagerung wird von den Bewerbern bewußt einkalkuliert und, falls sie die Stelle erhalten, auch akzeptiert. Natürlich werden auch solche Fachhochschulabsol-

[140] Die Summe der Einzelprozente ergibt zwar 23 Prozent, doch da es sich um Mehrfachnennungen handelt, werden nur 20 Prozent erreicht.

venten schriftliche Bewerbungen (Bewerbungen auf Stellenanzeigen oder Spontanbewerbungen) geschrieben haben, die nun in Heimatortnähe einer Tätigkeit nachgehen. Möglicherweise haben sie bei einer überregional orientierten Suche nach einem attraktiven Arbeitsplatz keinen Erfolg und sind daher auf eine Beschäftigung in der Nähe des Heimatortes angewiesen. Auf der anderen Seite kann aber ebenfalls nicht ausgeschlossen werden, daß diejenigen Fachhochschulabsolventen, die ihre heimatfernen Arbeitsplätze durch schriftliche Bewerbungen erhalten haben, lieber in ihrer Heimatregion einer Tätigkeit nachgegangen wären. Dies kann aber wegen fehlender persönlicher Kontakte bzw. unangemessener Beschäftigungsmöglichkeiten nicht realisiert werden. An dieser Stelle wird besonders deutlich, daß der berufliche Übergang vom Bildungs- in das Beschäftigungssystem mit dem vorliegenden Datenmaterial nicht als Handlungssequenz rekonstruiert werden kann. Zwar sind die potentiellen Mittel-Zweck-Relationen bekannt (Handlungsstrategien und Anpassungsleistungen), ebenso die Handlungsrealisierungen sowie z.T. die Handlungsfolgen. Der Handlungsprozeß selbst, das Abwägen der Handlungsalternativen und Handlungsentwürfe, die Einbindung der Rahmenbedingungen in die (Berufs-) Entscheidung kann nicht nachvollzogen werden. Es kann auf der Grundlage dieser Ergebnisse nur geschlossen werden, welche Strategien bzw. Anpassungsleistungen im Zusammenhang mit dem Berufseintritt (wahrscheinlich) eine Rolle spielen. Es ist daraus aber nicht ableitbar, ob die Strategien von den Absolventen schwerpunktmäßig verfolgt werden oder inwieweit sie bewußt verfolgt werden.

Tab. 5.21: Adäquatheit der Tätigkeit 1 bis 2 Jahre nach Studienabschluß und stellenvermittelnde Kontakte bei Universitätsabsolventen (in Prozent, Mehrfachnennungen)

	Inhalt und und Niveau adäquat (im Beruf)	nur teilweise bzw. nicht adäquat (im Beruf)
stellenvermittelnde Kontakte		
Freunde, Eltern, Bekannte	7	15
Hochschullehrer	24	15
Arbeitsamt	9	3
Stellenanzeigen	28	32
eigene Initiative[141]	48	55
Insgesamt	100	100
(n)	(86)	(33)

[141] Die Kategorie ›eigene Initiative‹ wurde bei der Befragung der Fachhochschulabsolventen in zwei Unterpunkte eingeteilt: ›Spontanbewerbung‹ und ›persönliche Kontakte zum Arbeitgeber‹. Für die Universitätsabsolventen wird davon ausgegangen, daß unter die Rubrik ›eigene Initiative‹ in erster Linie Spontanbewerbungen zu verstehen sind, möglicherweise aber auch unaufgeforderte Informations- und Bewerbungsgespräche. Persönliche Kontakte zu potentiellen Arbeitgebern dürften bei Universitätsabsolventen aufgrund fehlender (Pflicht-) Praktika eher selten sein.

Ein unmittelbarer Vergleich der stellenvermittelnden Kontakte bei Fachhochschul- und Universitätsabsolventen ist etwas problematisch. Zum einen können nur die Absolventen berücksichtigt werden, die auch tatsächlich einen Beruf ausüben. Daraus resultiert, daß ein großer Teil der Universitätsabsolventen ausgeblendet werden muß (diejenigen, die sich in Ausbildung befanden). Zum zweiten sind die abgefragten stellenvermittelnden Kontakte nur teilweise identisch (vgl. Tab. 5.20 und 5.21). Wie die Tabelle 5.21 zeigt, sind für die *Universitätsabsolventen* eigene Initiative und die Bewerbung auf Stellenanzeigen die zentralen Anknüpfungspunkte bei der Besetzung von sowohl adäquaten als auch weniger bzw. nicht adäquaten Stellen. Haben die Absolventen eine weniger oder nicht adäquate Stelle, so gehen diese überdurchschnittlich oft auf diese beiden Formen der Kontaktanbahnung bzw. -aufnahme zurück. Ebenso führt auch eine Stellenvermittlung durch Eltern, Freunde und Bekannte häufiger zu inadäquaten oder nur teilweise adäquaten Beschäftigungsverhältnissen (15 Prozent); beruflich adäquate Positionen werden durch diesen Personenkreis kaum vermittelt (nur in 7 Prozent der Fälle). Es sind öfter Hochschullehrer, die den Absolventen besonders durch das Angebot von Mitarbeiterstellen, die Möglichkeiten eines adäquaten Berufseinsatzes bieten (24 Prozent gegenüber 15 Prozent). Ebenso wie bei den Fachhochschulabsolventen spielt das Arbeitsamt bei der Vermittlung von Stellen nur eine untergeordnete Rolle. Bei den Universitätsabsolventen verhindern leider die geringen Fallzahlen, daß das Wanderungsverhalten mit den stellenvermittelnden Kontakten in Zusammenhang gebracht werden kann.

Zusammenfassend läßt sich festhalten, daß die Ergebnisse Teilaussagen der Kontaktnetztheorie bestätigen. Für Berufsanfänger wird erwartungsgemäß der Großteil (der adäquaten und inadäquaten) Arbeitsplätze über offiziell-formelle Kontaktaufnahmen zum Arbeitgeber besetzt. Informelle Kontakte (z.B. Hochschullehrerkontakte oder Kontakte zu Arbeitgebern) führen aber insbesondere bei den Universitätsabsolventen, in etwas geringem Ausmaß auch bei den Fachhochschulabsolventen überdurchschnittlich oft zu einer adäquaten Tätigkeit.

2.3 Abschließende und zusammenfassende Bemerkungen zur Bedeutung der regionalen Mobilität in der Berufseintrittsphase bei Absolventen aus ländlich-peripheren Räumen

Aufgrund der Anlage der Untersuchung sind stets die Fachhochschul- und Universitätsabsolventen getrennt voneinander ausgewertet worden. Dies hat sich nicht als Nachteil erwiesen, da ohnehin davon ausgegangen werden mußte, daß die Absolventen beider Gruppen unterschiedliche Handlungs- und Verhaltensweisen zeigen würden. Die beiden Subgruppen selbst sind sehr heterogen zusammengesetzt. Dies hat seine Ursache in erster Linie darin, daß *alle* Absolventen der Regionalhochschulen unabhängig von der studierten Fachrichtung in die Untersuchung einbezogen werden sollen. Gerade das Studienfach und die mit ihm korrespondierenden Arbeitsmarktaussichten üben aber einen starken Einfluß auf das Ausmaß der regionalen Mobilität und der Adäquatheit der Berufstätigkeit aus. Die Zusammenhänge zwischen Handlungsstrategien, Zielorientierungen, Handlungsentwürfen und Handlungsverwirklichung sind daher fachspezifisch sehr unterschiedlich. Eine fachbezogene Auswertung, die eigentlich notwendig gewesen wäre, mußte aber für die meisten Fächer unterbleiben, da dazu die Fallzahlen zu gering sind.[142]

Die *Fachhochschulabsolventen* zeigen in ihrer Gesamtheit ein höheres Mobilitätsniveau, was insbesondere darin begründet liegt, daß die westniedersächsischen Fachhochschulen einen stärker überregionalen Einzugsbereich haben als die Universitäten. Dabei legen gerade diejenigen Studenten und Absolventen, die aus entfernteren Regionen an die westniedersächsischen Fachhochschulen gekommen sind, auch nach Abschluß ihres Studiums eine erhöhte Mobilität an den Tag. Die Bereitschaft zur regionalen Mobilität, die sich schon bei der Wahl des Studienortes gezeigt hat, bleibt auch über das Studium hinaus bestehen. Das westliche Niedersachsen ist für diese Absolventen nur eine Übergangsstation. Nach Studienende richten sich die regionalen Orientierungen dieser Absolventen zwar grob wieder in Richtung ihrer Herkunftsregionen und Heimatbundesländer, dabei aber kaum auf die engere Heimatregion bzw. den Heimatort. Schriftliche offiziell-formelle Bewerbungen sind bei diesen Absolventen die häufigste Form der Kontaktaufnahme beim zukünftigen Arbeitgeber.

Andere Ergebnisse werden bei den Fachhochschulabsolventen aus dem westlichen Niedersachsen erzielt. Sie zeigen eine starke Fixierung auch auf die engere Heimatregion und finden in vielen Fällen sogar die Möglichkeit, dort eine adäquate berufliche Tätigkeit auszuüben. Die Immobilität dieser Absolventen wird also nicht unbedingt durch inadäquate Beschäftigungsverhältnisse oder Arbeitslosigkeit »bestraft«. Es dominieren dabei Beschäftigungsverhältnisse, die durch regionale, persönliche Kontakte zustande gekommen sind. In der westniedersächsischen Region verbleiben in der Regel auch solche Fachhochschulabsolventen, die nur einer inadäquaten Tätigkeit nachgehen. Solche, bezüglich des Inhalts und des Niveaus unangemessene Beschäftigungsverhältnisse, sind im allgemeinen nicht mit Wanderungen über große Distanzen verbunden.

Bei den *Universitätsabsolventen* ist der Berufseintrittsprozeß im Gegensatz zu den Fachhochschulabsolventen in vielen Fällen auch 1 bis 2 Jahren nach Studienende noch nicht abgeschlossen. Dies verzerrt auch die Aussagen darüber, inwieweit sich Mobilität für einen erfolgreichen Berufsstart als förderlich erweist. Dennoch ist auch hierbei interessant, daß diese ausbildungsbedingte Immobilität offenbar durchaus im Sinne der Absolventen ist. Dadurch haben sie die Möglichkeit, noch eine gewisse Zeit in der Sicherheit und Geborgenheit des bestehenden sozialen und lokalen Netzwerks am Studienort oder in der Studienregion zu bleiben. Dennoch ist den meisten Absolventen bewußt, daß im westlichen Niedersachsen auf Dauer keine adäquaten Berufstätigkeiten zur Verfügung stehen werden. Sie orientieren sich dementsprechend für die Zukunft in nicht-westniedersächsische Regionen bzw. sie zeigen eine hohe Mobilitätsbereitschaft (Abwanderungsprozeß in zwei Phasen), und zwar noch stärker als die Absolventen der Fachhochschulen. Auf Dauer können Absolventen im westlichen Niedersachsen lediglich inadäquate Tätigkeiten erwarten, wenn Wohnsitzverlagerungen nicht beabsichtigt oder nicht möglich sind. Auf besondere Probleme stoßen daher solche Universitätsabsolventen, die schon vor dem Studium am Studienort gewohnt haben oder dort aufgewachsen sind. Ihnen fällt der Abwanderungsprozeß besonders schwer. Sie versuchen entsprechend lange am ehemaligen Heimat- und Studienort zu bleiben und nehmen dafür auch inadäquate Nebentätigkeiten oder sogar

[142] Wie die vorangegangenen Auswertungen in Ansätzen zeigten, waren auch die geschlechtsspezifischen Differenzen in der Regel durch die Fachstruktur vermittelt.

Arbeitslosigkeit in Kauf. Auch ein Zusatzstudium kann auf diese Weise ein zeitweiliges Verbleiben am Heimat- bzw. Studienort sichern. Aufgrund der ungünstigen Arbeitsmarktsituation im westlichen Niedersachsen ist festzuhalten, daß Universitätsabsolventen kaum regionale Mobilitätsspielräume (besser Immobilitätsspielräume) haben, die sie bei der Suche nach einer Stelle berücksichtigen können. Sie *müssen* in aller Regel abwandern und können lediglich grobe Regionen abstecken. Für sie sind, und das zeigen tiefergehende Analysen der Wanderungsströme, vor allem die nördlichen Bundesländer denkbare Wanderungsziele.

In diesem Kapitel ist besonders deutlich geworden, daß Hochschulabsolventen aus ländlich-peripheren Regionen erwartungsgemäß unter einem hohen Abwanderungsdruck stehen. Allerdings sind die Größenordnungen nach wie vor nur schwer abschätzbar. Für die Universitätsabsolventen scheint es jedenfalls sicher zu sein, daß bis auf wenige Ausnahmen alle beruflich ambitionierten Absolventen das westliche Niedersachsen werden verlassen müssen. Auch die beiden Universitätsstädte können kaum adäquate Arbeitsplätze bieten. Da sich die Regionaluniversitäten in erster Linie aus den engeren regionalen Einzugsbereichen rekrutieren, bedeutet dies, daß diese damit selbst die hier beheimateten Absolventen aus der Region »herausqualifizieren«. Regionale Mobilität ist für westniedersächsische Universitätsabsolventen dabei ein notwendiger Schritt auf dem Weg zu einem angemessenen Beruf. Etwas anders sieht dies bei den Fachhochschulabsolventen aus. Einerseits haben die westniedersächsischen Fachhochschulen einen überregionalen Einzugsbereich, der die Fachhochschulabsolventen in ihrer Gesamtheit als überaus mobil erscheinen läßt. Bei näherer Betrachtung zeigt sich aber, daß etwa ein Drittel der Fachhochschulabsolventen westniedersächsischer Herkunft in Heimatortnähe eine angemessene Beschäftigung gefunden hat. Fachhochschulabsolventen haben also durchaus eine Wahl, ob sie im Zusammenhang mit der Suche nach einer befriedigenden Berufstätigkeit regional mobil sein wollen oder nicht. Das von den regionalen Fachhochschulen ausgebildete Qualifikationspotential kommt damit der regionalen Wirtschaft häufiger zugute, als dies für die Universitäten der Fall ist. Inwieweit die Regionalabsolventen der Fachhochschulen damit für die regionale Wirtschaft ein Innovationspotential darstellen und die Fachhochschulen somit ihrer Funktion als regionaler Schrittmacher gerecht werden, muß in einer anderen Studie geklärt werden.

VI Regionale Mobilität, Berufseintritt, Berufsverlauf und beruflicher Erfolg von Hochschulabsolventen der Fachrichtungen Maschinenbau, Sozialwesen und Wirtschaftswissenschaften an ausgewählten westdeutschen Hochschulen[143]

1 Organisatorische Vorbemerkungen

1.1 Anlage und Ziel der Untersuchung

Das primäre Interesse der Kasseler Hochschulabsolventen-Verlaufsstudie galt der Frage, inwieweit die Unterschiede zwischen den Studienangeboten und -bedingungen an den 21 ausgewählten Hochschulen Folgen für den Berufsweg und die Berufstätigkeit der Absolventen haben (vgl. dazu ausführlich Kap. IV, Abschnitt 2 und die dortigen Literaturverweise). Genauer ging es dabei um die Fragestellung, inwieweit unterschiedliche Verläufe in der Phase des Berufseintritts, Unterschiede bei der beruflichen Etablierung bzw. dem weiteren Berufsverlauf und die beruflichen Erfolge der Absolventen auf die besuchte Hochschule zurückgeführt werden können. Es wurden daher sehr ausführlich verschiedenste Merkmale von Studium, Studienabschluß, Berufsvorstellungen, Berufsstart und beruflicher Etablierung erhoben und ausgewertet.

In der Themenstellung des Projektes und infolgedessen auch bei den Auswertungen der drei Befragungen haben regionale Aspekte nur eine untergeordnete Rolle gespielt. Entsprechend waren die vorhandenen regionalen Daten aus geographischer Sicht recht unbefriedigend. Angaben zu Hauptwohnsitzen und Heimatorten wurden in der Regel nicht absolut erfaßt (z.B. durch Ortsangaben und Postleitzahlen), sondern nur in ihrer Entfernung zum untersuchten Studienort. Zwar war eine Analyse regionaler Arbeitsmärkte im Forschungsdesign eingeplant und ist auch durchgeführt worden, jedoch sind nur die regionalen Arbeitsmarktstrukturen der betreffenden 21 Hochschulstandorte analysiert worden. Aufgrund der fehlenden Angaben zu den Wohnorten und den Heimatorten der Absolventen konnte für einen großen Teil der Absolventen keine Aussage zu den regionalen Arbeitsmarktbedingungen gemacht werden. Somit war nicht feststellbar, mit welchen regionalen Beschäftigungsaussichten die Absolventen an ihren jeweiligen Wohnsitzen in der Phase des Berufseintritts konfrontiert waren. Eine solche Zusammenhangsanalyse war nur für diejenigen Absolventen möglich, die am Studienort wohnen geblieben waren bzw. dort schon immer gelebt hatten. Auf der Grundlage der bloßen Entfernungen zwischen Studienort und Heimatort der Absolventen zu den unterschiedlichen Befragungszeitpunkten kann nicht auf die Bedingungen auf dem jeweiligen Akademikerarbeitsmarkt geschlossen werden. Eine ausführliche Untersuchung des Zusammenhanges von regionalem Arbeitsmarkt und beruflichem Verbleib ist aus diesem Grund für die Kasseler Studie unterblieben.

---

[143] Den Analysen liegen die Daten der Kasseler Hochschul-Absolventen-Verlaufsstudie zugrunde. An der in den 80er Jahren durchgeführten Untersuchung wurden nur Absolventen an Hochschulen der alten Bundesländer (einschl. Berlin (West)) befragt.

Auch die Untersuchung der Frage, wie Hochschulabsolventen auf disparitäre und defizitäre Arbeitsmarktstrukturen reagieren, ist deshalb auf der Grundlage dieser Daten nur begrenzt möglich. In der Osnabrücker Untersuchung wurden Absolventen aller westniedersächsischen Hochschulstandorte unabhängig vom studierten Fach befragt, im Rahmen der Kasseler Hochschulabsolventen-Verlaufsstudie nur Absolventen von drei ausgewählten Fachrichtungen (Maschinenbau, Sozialwesen und Wirtschaftswissenschaften). Die Übertragung der für das westliche Niedersachsen eindeutig ermittelten Ergebnisse bezüglich der Arbeitsmarktstrukturen und der Abwanderung von Hochschulabsolventen ist also insbesondere aufgrund der fachspezifischen Unterschiede der untersuchten Stichproben nur begrenzt möglich.

Diese Beschränkung der Kasseler Untersuchung auf nur drei Fächer hat den Vorteil, daß z.B. die vielfältig beobachteten Differenzen zwischen Fachhochschul- und Universitätsabsolventen nicht durch die verschiedenen Studienfachstrukturen determiniert werden. Die noch im Kapitel V beobachteten Unterschiede zwischen Fachhochschul- und Universitätsabsolventen sind daher in diesem Untersuchungssample bedeutend geringer. Auf eine permanente Trennung beider Gruppen während der Auswertungen kann daher verzichtet werden.

Es kann aber anhand der vorliegenden Daten der Frage nachgegangen werden, ob es lohnenswert ist, bei der Suche bzw. Wahl eines Arbeitsplatzes und eines Arbeitsortes Wohnortverlagerungen in Kauf zu nehmen, also regional mobil zu sein. In der Kasseler Studie wurden wesentliche Merkmale des beruflichen Übergangs und des beruflichen Verbleibs für drei Befragungszeitpunkte ausführlich und konsistent erhoben. Deshalb kann der Stellenwert der regionalen Mobilität im Kontext anderer, z.T. bedeutsamerer Einflußgrößen für die Berufseintrittsphase und die Phase der beruflichen Etablierung hier besser analysiert werden, als dies mit den Daten der Osnabrücker Hochschulabsolventenstudie möglich war. Zudem schließt die Kasseler Befragung in erster Linie Hochschulstandorte in größeren Verdichtungsräumen ein, so daß ein Vergleich zwischen dem regionalen Mobilitätszwang von Absolventen ländlich-peripherer Hochschulen und Hochschulstandorten in Agglomerationen möglich ist.

Als Auswertungsschema soll zu diesem Zweck wieder auf das in Kapitel III aufgestellte idealtypische Modell des ›Berufseintritts als Handlungsablauf‹ (vgl. Abb. 3.2) zurückgegriffen werden. Die Einflüsse der dort herausgearbeiteten Schlüsselvariablen auf den Prozeß des Berufseintritts (z.B. das Geschlecht, das Fach, die fachlichen Qualifikationen, die familiäre Situation) und das Ausmaß des beruflichen Erfolges sowie die Bedeutung regionaler Mobilität können in der Kasseler Studie aufgrund der Vielfalt des erhobenen Datenmaterials besser analysiert werden. Es können aber auch hier nicht alle Kontrollvariablen in den Gesamtuntersuchungszusammenhang eingebracht werde. Es treten hier vergleichbare Operationalisierungsprobleme auf (z.B. bei den berufsbezogenen Wertorientierungen und Einstellungen).

1.2 Konstruktion eines Indikators zur regionalen Mobilität

Für diese Teiluntersuchung wird ebenfalls ein Indikator konstruiert, der Aussagen über das Ausmaß der regionalen Mobilität der befragten Hochschulabsolventen machen soll. Im Unterschied zur vorherigen Absolventenbefragung geht es hier allerdings nur um *tatsächliche* Wohnortverlagerungen. Außerdem müssen hier die Mobilitätsvorgänge für zwei Phasen dargestellt werden: für den 2-Jahres-Zeitraum von Studienende bis 2 Jahre nach Studienabschluß und ab diesem Zeitpunkt bis 4 bzw. 5 Jahre nach Abschluß des Studiums. Auf der Grundlage der Entfernungsangaben bezüglich der Herkunftsregionen und den Wohnorten zum Zeitpunkt der Befragung werden die folgenden Mobilitätseinteilungen vorgenommen (vgl. auch die Einteilung von SCHOMBURG, 1990a, S. 44 ff.):

- Der aktuelle Hauptwohnsitz liegt in unmittelbarer *Nähe des Herkunftswohnortes* (Wohnort vor Studienbeginn) *und des Studienortes.* Alle drei Orte liegen in einem Umkreis von ca. 50 km. Hierbei handelt es sich also um Absolventen, die im Verlaufe ihres Studiums und in den ersten 5 Berufsjahren keine nennenswerten Wohnortverlagerungen vorgenommen haben. Dies bedeutet also, daß in der Regel das soziale Netzwerk über Jahre hinaus erhalten geblieben ist bzw. weiter ausgebaut werden konnte. In diesem Fall ist also die regionale Immobilität in erster Linie ein Indikator für ein soziales Phänomen.
- Der jetzige Hauptwohnsitz liegt in unmittelbarer *Nähe des Herkunftswohnortes.* Hauptwohnsitz und Herkunftswohnort liegen nicht mehr als 50 km voneinander entfernt. Der Studienort liegt in einer Entfernung von mehr als 50 km. In dieser Gruppe sind solche Absolventen zusammengefaßt, die zwar für den Zeitraum des Studiums ihren Heimatort bzw. ihre Heimatregion verlassen haben, diesen aber nach Abschluß des Studiums wieder aufsuchen. Auch hier bedeutet die Rückkehr an den Heimatort bzw. in die Heimatregion zunächst ein Bewahren oder Zurückgewinnen des sozialen Umfeldes oder Netzes.
- Der jetzige Hauptwohnsitz liegt in *unmittelbarer Nähe des Studienortes.* Hier liegen Hauptwohnsitz und Studienort nicht mehr als 50 km voneinander entfernt. Der Herkunftswohnort ist dagegen mehr als 50 km entfernt. Diese sog. Studienortverbleiber haben ihr ursprüngliche Heimatregion verlassen und sind auch nach Abschluß ihres Studiums am Studienort wohnen geblieben. Damit verbleiben diese Absolventen in den sozialen Netzwerken, welche sie im Verlaufe des Studiums aufgebaut haben.
- Der gegenwärtige Hauptwohnsitz liegt weder in unmittelbarer Nähe des Herkunftswohnortes noch des Studienortes. *Studienort und Herkunftswohnort sind vom gegenwärtigen Wohnsitz 50 bis 250 km entfernt.* Ein mobilitätshemmender Einfluß geht also weder von eventuell bestehenden Kontakten am Heimatort oder am Studienort aus. Die Absolventen haben sich aus ihrem alten (Herkunftswohnort) und gewissermaßen auch neuem regionalen Umfeld (Studienort) gelöst und damit auch aus dem bestehenden sozialen Umfeld. Es sei denn, sie sind, was nicht nachzuprüfen ist, an einen früheren Wohn-, Arbeits- oder Praktikumsort zurückgezogen.
- Der gegenwärtige *Hauptwohnsitz liegt sowohl vom Herkunftswohnort als auch vom Studienort sehr weit entfernt.* Die Entfernung zwischen gegenwärtigem Hauptwohnsitz und Studienort sowie Herkunftswohnort beträgt mehr als 250 km. Die Absolventen dieser Gruppe gehören zu den mobilsten. Die Entfernung zwischen aktuellem Wohnort und Studienort bzw. Heimatort ist extrem groß. Die Ablösung aus dem regionalen Umfeld und dem sozialen Verflechtungen ist in dieser Gruppe noch extremer als in der vorangegangen Gruppe.

Ausgehend von dieser Feineinteilung in 5 Stufen wird noch eine weitere *Einteilung in nur zwei Klassen* vorgenommen. Grundlage dieser Kategorisierung ist analog zum Vorgehen bei der Osnabrücker Absolventenbefragung die Überlegung, daß von regionaler Mobilität nur dann gesprochen werden soll, wenn mit einer Wohnsitzverlagerung auch der Verlust eines sozialen Netzwerkes verbunden ist. Das Verbleiben am Studienort (in vielen Fällen gleichzeitig Heimatort) oder das Zurückkehren in die Herkunftsregion wird daher in die Kategorie *immobil* eingestuft (die ersten drei Gruppen des Indikators), Wohnsitzverlagerungen in mittlere bzw. größere Entfernungen von beiden Ausgangswohnorten werden unterschiedslos als *mobil* bezeichnet (die letzten beiden Gruppen der Einteilung).[144] Die regionale Mobilität wird damit zu einem Indikator für den sozialen Prozeß des Herauslösens aus den bestehenden sozialen und regionalen Zusammenhängen (wie es bereits im vorangegangenen Kapitel und den theoretischen Vorüberlegungen herausgearbeitet wurde).

2 Determinanten regionaler Mobilität

Zunächst sollen die regionalen Mobilitätsprozesse auf einer deskriptiven Ebene untersucht werden. Die Ergebnisse sind in der nachfolgenden Tabelle ausgewiesen.

Tab. 6.1: Wohnorte von Hochschulabsolventen 2 Jahre und 4 bzw. 5 Jahre nach Abschluß des Studiums (in Prozent)

	2 Jahre nach Studienabschluß	4 bzw. 5 Jahre nach Studienabschluß
Wohnort in der Nähe von Heimat- und Studienort	40	39
Wohnort nur in der Nähe des Heimatortes	16	16
Wohnort nur in der Nähe des Studienortes	14	12
Wohnort nicht in der Nähe von Heimat- und Studienort	12	13
Wohnort in großer Entfernung von Heimat- und Studienort	18	20
Insgesamt (n)	100 (1227)	100 (1228)

[144] Auf diese Zweiteilung werden sich fast alle weiteren Ausführungen beziehen, es sei denn, es werden explizit andere Kategorisierungen genannt.

In der Tabelle fällt ins Auge, daß ein Anteil von ca. 40 Prozent der Absolventen zu beiden Befragungszeitpunkten an einem Ort bzw. in einer Region wohnen, der sowohl zur Studienregion als auch zur Herkunftsregion gehört. Es gibt also einen nicht unbeträchtlichen Teil von Absolventen, die an einer Hochschule ihres Heimatortes oder in ihrer engeren Heimatregion ein Studium aufnehmen und nach Abschluß dieses Studiums hier dann auch eine Beschäftigung finden. Dies ist ein überraschend hoher Anteil von Absolventen, die praktisch seit ihrer Schulzeit nicht mobil waren.[145] Weiterhin zeigen sich zwischen den beiden Befragungszeitpunkten keine gravierenden Verschiebungen. Es ist lediglich eine sehr leichte Zunahme von Absolventen in den beiden mobilsten Gruppen zu beobachten, die aber mit nur + 3 Prozent relativ gering ausfällt. Im Vergleich zu den Ergebnissen der Osnabrücker Studie ist der Anteil von Absolventen, die in der Herkunfts- und/oder Studienregion auch 5 Jahre nach Studienabschluß noch ihren Wohnsitz haben, erstaunlich hoch. In der Kasseler Hochschulabsolventen-Verlaufsstudie sind die Absolventen zu drei unterschiedlichen Zeitpunkten befragt worden: unmittelbar nach Studienende, 2 Jahre nach Studienende und 4 bzw. 5 Jahre nach Studienende. Die regionale Mobilität der Absolventen (gemessen durch sowohl die 5-stufige als auch die 2-stufige Variable) habe ich einmal für die Phase von Studienende bis 2 Jahre nach Studienabschluß und für den Zeitraum 2 Jahre bis 4 bzw. 5 Jahre nach Studienende untersucht. Die Abbildung 6.1 zeigt, zu welchem Zeitpunkt die meisten Mobilitätsvorgänge stattfinden. Es ist dabei auch angegeben, ob die Hochschulabsolventen in den ersten 4 bzw. 5 Berufsjahren mehr als einmal umgezogen sind.

Abb. 6.1: Regionale Mobilität von Hochschulabsolventen in der Zeit zwischen Studienende und 2 Jahren nach Studienabschluß und im Zeitraum zwischen 2 Jahren und 4 bzw. 5 Jahren nach Studienende

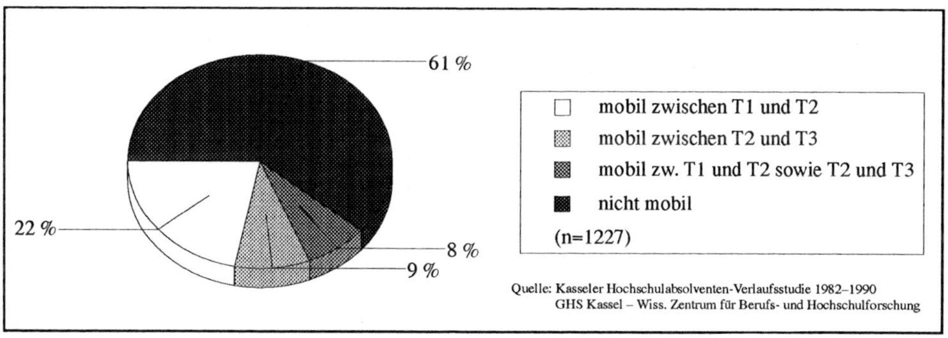

Aus der Abbildung geht hervor, daß von Studienende bis 4 bzw. 5 Jahre nach Studienabschluß immerhin noch 61 Prozent der befragten Absolventen entweder in der Studienregion oder ihrer Heimatregion wohnen. D.h. fast zwei Drittel nehmen in den ersten 5 Berufsjahren *keine* oder *keine nennenswerten Wohnortverlagerungen* im oben definierten Sinn vor. Demgegenüber haben in den ersten beiden Jahren nach Studienende nur 22 Prozent

[145] Es wurden hier in den Einzelfällen nicht geprüft, ob zwischenzeitliche Praktika oder Ausbildungsphasen in anderen Regionen durchgeführt worden sind oder Studienaufenthalte an anderen bundesdeutschen oder europäischen Studienorten absolviert wurden.

sowohl Studienregion als auch Heimatregion verlassen, noch mal 9 Prozent tun dies im Zeitraum von 2 bis 4 bzw. 5 Jahren nach dem Studium. Weitere 8 Prozent verlagern in der 4 bzw. 5 Jahren nach Studienabschluß mindestens zweimal den Wohnsitz an einen Ort außerhalb von Studien- und Heimatregion. Ferner wird in der Abbildung deutlich, daß sich der größte Teil der Mobilitätsvorgänge in der Zeit unmittelbar nach dem Studium abspielt. Dies ist angesichts der Berufsstartphase mit der Suche nach Beschäftigungen und adäquaten Positionen nicht überraschend. Überraschend ist vielmehr, daß nur für gut ein Drittel der Befragten eine Wohnsitzverlagerung notwendig ist. Mehr als 60 Prozent halten sich auch 4 bzw. 5 Jahre nach den Studienende noch in der Region des Studienortes bzw. des Heimatortes auf, und die weitaus überwiegende Zahl geht dort einer beruflichen Tätigkeit nach. Vergleicht man diese geringen Abwanderungsraten mit den Größenordnungen der Abwanderungen unter den Hochschulabsolventen aus dem westlichen Niedersachsen, so wird die schwierige Lage auf ländlich-peripheren Arbeitsmärkten noch einmal unterstrichen. Die bundesweite Stichprobe der Kasseler Hochschulabsolventen-Verlaufsstudie macht deutlich, daß bundesdeutsche Hochschulabsolventen im Durchschnitt eine sehr viel geringere Mobilität zeigen müssen als die westniedersächsischen Absolventen bzw. Absolventen mit Studien- oder Wohnort in ländlich-peripheren Regionen. Insbesondere bei Hochschulen in Ballungsräumen scheint damit die Notwendigkeit zur regionalen Mobilität geringer zu sein (RAMM/BARGEL, 1995, S. 175 attestieren deutschen Studierenden ebenfalls eine sehr geringe Mobilitätsbereitschaft; vgl. auch die Untersuchung über Absolventen der Wuppertaler Hochschule; STEPHAN, 1992, S. 17), da offensichtlich in einem überschaubaren regionalem Umfeld in ausreichendem Maße adäquate Arbeitsplätze verfügbar sind. Für die weiteren Untersuchungen bleibt also festzuhalten, daß in der Kasseler Studie regionale Mobilität in der Phase des Berufseintrittsphase nur bei gut einem Drittel der befragten Absolventen aufgetreten ist. Inwieweit es sich dabei um ein bewußtes und zielorientiertes Handeln beim Berufseintritt handelt, muß an dieser Stelle offenbleiben.

2.1 Regionale Mobilität von Hochschulabsolventen in Abhängigkeit von der Einwohnerzahl des Heimatwohnortes und der Siedlungsstruktur des Studienortes

Bevor der Zusammenhang zwischen beruflichen Orientierungen und Präferenzen sowie regionaler Mobilität im größeren Kontext eingehender untersucht werden kann, ist es notwendig zu analysieren, inwieweit insbesondere die Größe und Siedlungsstruktur von Heimat- und Studienwohnort regionale Mobilitätsprozesse fördert bzw. hemmt. Damit sollen die regional bedingten Unterschiede der regionalen Mobilität noch deutlicher herausgearbeitet werden (Mobilität in ländlich-peripheren Räumen gegenüber Immobilität in Agglomerationen). Im Gegensatz zur Osnabrücker Hochschulabsolventenstudie, die sich bewußt auf Hochschulen im westlichen Niedersachsen beschränkte, bezieht die Kasseler Untersuchung Absolventen von Hochschulstandorten unterschiedlichen Typs im gesamten westlichen Bundesgebiet ein (vgl. ausführlich in TEICHLER u.a., 1987, S. 39 ff.). Diese Schichtung der Stichprobe bietet die Möglichkeit, die Mobilitätsprozesse in Abhängigkeit vom jeweiligen Hochschulstandort zu untersuchen. Die nachfolgenden Schritte werden zeigen, daß insbesondere die Einwohnerzahl des Heimatwohnortes sowie der Studienort und seine siedlungsstrukturelle Situation (Verdichtungsräume bzw. ländlich-peripheren Regionen) für die regionale Mobilität von Hochschulabsolventen von entscheidender Bedeutung sind.

Aufgrund der speziellen Fragestellung der Kasseler Studie liegen nur sehr wenige Daten über die Heimatwohnorte der Absolventen vor, da regionsbezogene Angaben für das Erkenntnisinteresse nur von untergeordneter Bedeutung waren. Es wurden dennoch Angaben bezüglich der *Einwohnerzahl des Heimatwohnortes* vor Studienbeginn und zu seiner relativen Lage zum Studienort erhoben.

Tab. 6.2: Wohnorte von Hochschulabsolventen 4 bis 5 Jahre nach Studienabschluß und die Einwohnerzahl des Heimatwohnortes (in Prozent)[146]

	Einwohnerzahl des Herkunftswohnortes		
	weniger als 20.000 Einwohner	20.000 bis 100.000 Einwohner	mehr als 100.000 Einwohner
Wohnort in der Nähe des Herkunftswohnortes	50	50	63
Wohnort nicht in der Nähe des Herkunftswohnortes	50	50	38
Insgesamt (n)	100 (489)	100 (281)	100 (432)

Es sei an dieser Stelle kurz angemerkt, daß 55 Prozent der befragten Hochschulabsolventen 4 bis 5 Jahre nach Abschluß ihres Studiums ihren Wohnsitz noch in unmittelbarer Nähe ihres Herkunftswohnortes haben. Wie die Tabelle 6.2 zeigt, haben dabei die kleineren Gemeinden und Kleinstädte (bis 20.000 Einwohner) aber auch Mittelstädte (20.000 bis 100.000 Einwohner) einen überdurchschnittlichen Wanderungsverlust an Hochschulabsolventen zu verzeichnen; etwa die Hälfte der Absolventen wohnt 4 bis 5 Jahre nach Studienabschluß nicht mehr in unmittelbarer Nähe des Herkunftswohnortes.[147] Ist dagegen der Herkunftswohnort eine Großstadt (über 100.000 Einwohner), so bleiben fast zwei Drittel der Absolventen an oder in der Nähe dieses Herkunftsortes wohnen. Dies ist angesichts der höheren und weiter steigenden Nachfrage nach Höherqualifizierten insbesondere in den Ballungszentren und Verdichtungsräumen wenig überraschend. Nur in diesen Zentren stehen in der Regel in ausreichendem Maße Akademikerarbeitsplätze zur Verfügung; hier konzentrieren sich Branchen und öffentliche Dienstleistungen mit einer hohen Akademikerquote. In Klein- und Mittelstädten sowie ländlichen Gemeinden ist demgegenüber die Nachfrage nach akademisch Qualifizierten bedeutend geringer. Nur wenige akademische Berufsgruppen verteilen sich dispers (z.B. Lehrer, seelsorgerische Berufe). In zahlreichen

[146] Aus der 5-stufigen Variablen zur regionalen Mobilität wurde eine zweistufige Variable gebildet. Da hier der Einfluß der Einwohnerzahl des Heimatortes auf die regionale Mobilität im Vordergrund steht, ist es notwendig, die regionale Mobilität nur in bezug auf den Herkunftswohnort zu kategorisieren. In eine Kategorie wurden die Fälle eingeordnet, bei denen der Wohnort in unmittelbarer Nähe des *Herkunftswohnortes* lag (aktueller Wohnort in einem 50 km-Radius um den Herkunftswohnort), die verbleibenden Fälle wurden in eine zweite Kategorie eingeordnet (Wohnort *außerhalb* eines 50 km-Radius um den Herkunftswohnort).

[147] Gegenüber dem ersten Untersuchungszeitpunkt 2 Jahre nach Studienabschluß gab es keine nennenswerten Verschiebungen.

empirischen Studien wird diese disparitäre Verteilung akademischer Arbeitsplätze nachgezeichnet. (vgl. MACKENSEN, 1992, S. 740; MEUSBURGER, 1980, S. 50 ff.). Gleichzeitig sind die großen Zentren häufig auch Hochschulstandorte. Die befragten Hochschulabsolventen, die aus Städten mit über 100.000 Einwohnern stammen, haben in der Regel dann auch in ihren Herkunftsstädten an der dortigen Universität ein Studium aufgenommen. In sehr großen Städten ist zudem das Studienfachangebot sehr diversifiziert, so daß auch bezüglich der Studienmöglichkeiten die Wahl der Heimatuniversität naheliegt. Die *Notwendigkeit zu regionaler Mobilität* im Zusammenhang mit der späteren Arbeitsplatzwahl ist demnach bei Hochschulabsolventen aus Großstädten mit Hochschulstandort geringer als bei denjenigen aus kleineren Gemeinden, Klein- bzw. Mittelstädten. Fach- und geschlechtsspezifisch existieren bezüglich der Größe der Herkunftsorte für beide Zeitpunkte (2 Jahre nach Studienabschluß sowie 4 bzw. 5 Jahre nach Studienabschluß) keine signifikanten Unterschiede.

Die Einwohnerzahl eines Ortes bzw. einer Stadt lassen zum Teil nur begrenzt Aussagen darüber zu, ob ein Ort beispielsweise in einem ländlich-peripheren Raum oder in einer hochverdichteten Agglomeration liegt. Da für die Kasseler Hochschulabsolventen-Verlaufsstudie die Studienorte in den Publikationen anonym bleiben sollten, kann es weiterhelfen, hier eine Einteilung nach siedlungsstrukturellen Regionstypen vorzunehmen. Auf der regionalen Grundlage der Bundesraumordnungsregionen ordne ich die Studienorte siedlungsstrukturellen Regionstypen zu. Diese Regionstypen orientieren sich an den Regionskategorisierungen des Raumordnungsberichts 1991 (Bundesministerium für Raumordnung, Bauwesen und Städtebau, 1991, S. 30). Die Raumordnungsregionen werden auf der Grundlage des Raumordungsberichts bezüglich ihrer siedlungsstrukturellen Bedingungen in drei Gruppen eingeteilt: (I) ländlich geprägte Regionen, (II) Regionen mit Verdichtungsansätzen und (III) Regionen mit großen Verdichtungsräumen.[148] Zusätzlich zur Einteilung im Raumordnungsbericht 1991 wird eine Kategorie »Städte mit mehr als 500.000 Einwohnern« gebildet. Studienorte, die dieser Kategorie zugeordnet werden, liegen alle in Regionen mit großen Verdichtungsräumen. Die untersuchten Studienorte werden den unterschiedlichen Raumordnungsregionen und damit den entsprechenden siedlungsstrukturellen Regionstypen zugeordnet.

Im Durchschnitt wohnen knapp 51 Prozent der befragten Hochschulabsolventen 4 bis 5 Jahre nach Studienende in der unmittelbaren Nähe ihres Studienortes. Die Tabelle 6.3 stellt nun dar, inwieweit der aktuelle Wohnstandort 4 bzw. 5 Jahre nach dem Abschluß des Studiums mit dem siedlungsstrukturellen Regionstyp der Studienregion in Zusammenhang steht. Beim Blick auf die Tabelle 6.3 zeigt sich, daß insbesondere Hochschulstandorte in ländlich-geprägten Regionen kaum Hochschulabsolventen an sich binden können. Lediglich 16 Prozent der Absolventen, die an diesen peripheren Hochschulen[149] studiert haben, haben 4 bis 5 Jahre nach Abschluß des Studiums hier noch ihren Wohnsitz. Der weitaus größte Teil ist fortgezogen. Diese Zahlen unterstreichen noch einmal eindrucksvoll das Ergebnis aus Kapitel V: Studienorte in ländlich-peripheren Räumen sind für die Masse der Studierenden und Absolventen nur regionale Übergangsstationen auf dem Weg in den Beruf. Den anderen Extrempunkt bilden die Hochschulstandorte in Städten mit mehr als

148 In der Kategorie I wird noch eine Untergruppe der »gering besiedelten, peripher gelegenen Regionen« (BMBau, 1991, S. 30) ausgegliedert. Diese Unterteilung wird hier nicht berücksichtigt.

149 Es handelt sich bei diesen Hochschulen um eine Fachhochschule und eine Universität, beide sind Hochschulneugründungen.

500.000 Einwohnern in Regionen mit großen Verdichtungsräumen. Mit 70 Prozent behält ein großer Teil der Absolventen seinen Wohnsitz an Hochschulstandorten in diesen Großstädten. Dabei handelt es sich zum überwiegenden Teil um Absolventen, deren Herkunftswohnort gleichzeitig auch der Studienort ist bzw. der in dessen unmittelbarer Nähe liegt. Von den 408 Absolventen, die an Hochschulen in Großstädten mit mehr als 500.000 Einwohnern studiert haben (Regionstyp IV), haben 234 Absolventen (57 Prozent) bereits vor der Studienaufnahme in diesen Städten gewohnt. Liegt der Studienort in einer ländlich geprägten Raumordnungsregion, so haben lediglich 9 Prozent der Absolventen schon vor dem Studium am Hochschulstandort gewohnt.

Tab. 6.3: Wohnorte von Hochschulabsolventen 4 bis 5 Jahre nach dem Studienabschluß und der siedlungsstrukturelle Regionstyp des Studienortes (in Prozent)[150]

	Zuordnung der Studienorte zu siedlungsstrukturellen Regionstypen[151]			
	Regionstyp I	Regionstyp II	Regionstyp III	Regionstyp IV
Wohnort in Studienortnähe	16	40	53	70
Wohnort nicht in Studienortnähe	84	60	47	30
Insgesamt	100	100	100	100
(n)	(149)	(321)	(350)	(408)

Betrachtet man die Umzugshäufigkeiten der Absolventen in Abhängigkeit von der Einwohnerzahl des Herkunftsortes bzw. der siedlungsbezogenen Strukturierung der Studienregion *geschlechtsspezifisch*, so gibt es kaum Unterschiede zwischen männlichen und weiblichen Hochschulabsolventen. Sowohl bei Frauen als auch bei Männern liegt der Anteil der Absolventen, die den Studienort bzw. den Herkunftsort verlassen haben, vergleichbar hoch: 30 Prozent verlassen die Studienregion innerhalb der ersten zwei Jahre nach Studienende und 20 Prozent in der Zeit von zwei Jahren bis vier bzw. fünf Jahren nach Studienende. Allerdings verlegen männliche Hochschulabsolventen, die in Städten mit mehr als 500.000 Einwohnern bzw. Regionen mit großen Verdichtungsansätzen studiert haben, ihren Wohnsitz in den ersten zwei Jahren nach Studienabschluß etwas häufiger außerhalb von sowohl Studienregion als auch Herkunftsregion.

[150] Aus der 5-stufigen Variablen zur regionalen Mobilität wurde eine zweistufige Variable gebildet. Da hier der Einfluß des siedlungsstrukturellen Typs der Hochschulregion im Mittelpunkt stand, war es notwendig, die regionale Mobilität nur in bezug auf den Studienort zu kategorisieren. In eine Kategorie wurde die Fälle eingeordnet, in denen der Wohnort in unmittelbarer Nähe des *Studienortes* lag (aktueller Wohnort in einem 50 km-Radius um den Studienort), die verbleibenden Fälle wurde in eine zweite Kategorie eingeordnet (Wohnort *außerhalb* eines 50 km-Radius um den Studienort).

[151] Die Studienorte sind jeweils den Raumordnungsregionen zuzuordnen. Folgende Regionstypen wurden berücksichtigt. Regionstyp I: ländlich geprägte Regionen; Regionstyp II: Regionen mit Verdichtungsansätzen; Regionstyp III: Regionen mit großen Verdichtungsräumen; Regionstyp IV: Städte mit mehr als 500.000 Einwohnern in Regionen mit großen Verdichtungsräumen (in Anlehnung an Bundesministerium für Raumordnung, Bauwesen und Städtebau, 1991, S. 30).

Tab. 6.4: Wohnorte von Hochschulabsolventen unterschiedlicher Studiengänge 4 bzw. 5 Jahre nach dem Studienabschluß und die Einwohnerzahl des Heimatwohnortes (in Prozent)[152]

	Einwohnerzahl des Herkunftswohnortes		
	weniger als 20.000 Einwohner	20.000 bis 100.000 Einwohner	mehr als 100.000 Einwohner
Maschinenbau			
Wohnort in der Nähe des Herkunftswohnortes	63	68	71
Wohnort nicht in der Nähe des Herkunftswohnortes	37	32	29
Insgesamt	100	100	100
(n)	(86)	(31)	(125)
Sozialarbeit-/-pädagogik			
Wohnort in der Nähe des Herkunftswohnortes	47	36	62
Wohnort nicht in der Nähe des Herkunftswohnortes	53	64	38
Insgesamt	100	100	100
(n)	(109)	(81)	(85)
Wirtschaftswissenschaften			
Wohnort in der Nähe des Herkunftswohnortes	47	54	58
Wohnort nicht in der Nähe des Herkunftswohnortes	53	46	42
Insgesamt	100	100	100
(n)	(294)	(169)	(222)

Ein *fachspezifischer* Vergleich zeigt, daß es zum Teil recht deutliche Mobilitätsunterschiede zwischen Maschinenbauingenieuren, Sozialarbeitern/-pädagogen und Wirtschaftswissenschaftlern gibt. So zeigen sowohl die Tabelle 6.4 als auch die Tabelle 6.5, daß Hochschulabsolventen der Wirtschaftswissenschaften in hohem Maße mobil sind. Ein

[152] vgl. die Anmerkung zur Tabelle 6.2.

vergleichbares Ergebnis haben auch die Analysen der Osnabrücker Befragung ergeben. Sogar dann, wenn die Herkunftsorte großstädtisch geprägt sind oder die Studienorte in Großstädten oder in Regionen mit großen Verdichtungsansätzen liegen, verlassen Wirtschaftswissenschaftler diese Orte bzw. Regionen überdurchschnittlich oft. Demgegenüber erweisen sich die Absolventen des Maschinenbaus als äußerst immobil, wobei relativ unbedeutend ist, wie groß der Herkunftsort ist oder welche Siedlungsstruktur die Studienregion aufweist. Die Hälfte bis zwei Drittel der Maschinenbauabsolventen wählen einen Hauptwohnsitz in der Regel in der Studien- oder Herkunftsregion (auch wenn die Herkunftsgemeinde relativ klein ist; vgl. Tab. 6.4).

Bei der Untersuchung fachspezifischer Ursachen des unterschiedlichen Mobilitätsverhaltens der Absolventen ist allerdings zu berücksichtigen, daß die Effekte einzelner Hochschulen aus der Stichprobe die Verteilung sehr stark dominieren. So lag ein Teil der Hochschulen, an denen die Befragung durchgeführt wurde, in hochverdichteten Agglomerationen. Diese großen Hochschulen stellen somit ein entsprechend großes Kontingent der Absolventen der jeweiligen Studienfachrichtung. Im Maschinenbau absolvieren knapp 40 Prozent der befragten Absolventen ihr Studium an nur zwei großstädtischen Hochschulen in hochverdichteten Regionen. Im Bereich Sozialarbeit/-sozialpädagogik liegt eine breitere Streuung vor: nur etwa 6 Prozent konzentrieren sich auf eine großstädtische Hochschule. Unter den Absolventen der Wirtschaftswissenschaften haben mit 46 Prozent fast die Hälfte der Befragten Hochschulen in Großstädten innerhalb einer hochverdichteten Agglomeration besucht.[153] Einzelne Hochschulen können damit die fachspezifischen Ergebnisse entscheidend beeinflussen. Dieses fachspezifische Ungleichgewicht zwischen den Absolventen von Hochschulen unterschiedlicher Größe schlägt sich auch in der Einwohnerzahl der Heimatwohnorte nieder. Dies entspricht der Tatsache, daß Studienberechtigte aus hochverdichteten Regionen ihre Heimatstadt bzw. ihre Heimatregion zur Aufnahme eines Studiums nur selten verlassen: Für die Wirtschaftswissenschaftler und die Maschinenbauingenieure, die überdurchschnittlich oft an den Hochschulen in Großstädten mit über 500.000 Einwohnern studiert haben, sind die Studienorte sehr oft gleichzeitig auch die Heimatorte. Die Absolventen der sozialpflegerischen Studiengänge stammen dagegen relativ häufig aus kleineren bis mittleren Städten und Gemeinden und studieren häufiger in weniger verdichteten Regionen.

Die Vergleiche zwischen regionaler Mobilität von Hochschulabsolventen und den siedlungsstrukturellen Bedingungen der Studienregion sowie der Einwohnerzahl des Herkunftswohnortes haben gezeigt, daß letztere in nicht unerheblichem Maße das Ausmaß der Wanderungen von Hochschulabsolventen in der Phase des Berufseintritts bzw. der beruflichen Etablierung beeinflussen. Je größer Herkunftswohnort oder Studienort sind und je verdichteter und verstädterter Herkunfts- und Studienregion sind, desto seltener besteht die Notwendigkeit zur Abwanderung. Interpretiert man diese Ergebnisse im Kontext des idealtypischen Handlungsmodells, so werden bei Absolventen aus hochverdichteten Regionen das Eingebundensein in ein langjährig bestehendes soziales Netzwerk und das Vor-

[153] Für die ursprüngliche Fragestellung der Kasseler Hochschulabsolventen-Verlaufsstudie stellte diese ungleiche Verteilungen der siedlungsstrukturellen Rahmenbedingungen keinen Nachteil dar. Aus geographischer Sicht zeigt sich aber nun, daß die regionale Mobilität in nicht unerheblichem Maße von der Größe und der Siedlungsstruktur des Heimat- oder Studienortes abhängt und damit fachspezifische Mobilitätsaussagen immer relativiert werden müssen.

handensein einer (zumindest in der Wahrnehmung der Absolventen) ausreichenden Zahl akademikeradäquater Arbeitsplätze als dominierende externe Rahmenbedingungen gleichzeitig die Hauptmotive für diese *regionale Seßhaftigkeit* sein. Zielorientierungen, die die Absolventen zu einer arbeitsplatzbezogenen Wohnortverlagerung veranlassen würden, sind kaum nötig und werden dementsprechend nicht umgesetzt. Die wesentlichen Voraussetzungen, die eine Abwanderung als denkbare Handlungsstrategie erscheinen lassen (z.B. ungünstige Beschäftigungschancen, inadäquate Arbeitsplätze, geringes Lohnniveau, unbefriedigendes Wohnumfeld), scheinen hier nicht erfüllt zu sein. Dies sieht für Hochschulabsolventen anders aus, die in ländlich-geprägten Regionen studiert haben bzw. aus eher kleineren Gemeinden und Städten stammen. Hier *müssen* die regionalen Präferenzen tendenziell außerhalb der Herkunfts- bzw. Studienregion liegen. Eine auf das Handlungsziel »adäquater Berufseintritt« bezogene Handlungsrealisierung ist hier in der Regel mit einer regionalen Mobilitätskomponente verbunden.

Tab. 6.5: Wohnorte von Hochschulabsolventen unterschiedlicher Studiengänge 4 bzw. 5 Jahre nach dem Studienabschluß und der siedlungsstrukturelle Regionstyp des Studienortes (in Prozent)

	Zuordnung der Studienorte zu siedlungsstrukturellen Regionstypen[154]		
	Regionstyp I	Regionstyp II	Regionstyp III und IV
Maschinenbau			
Wohnort in der Nähe des Studienortes	-	54	70
Wohnort nicht in der Nähe des Studienortes	-	46	30
Insgesamt	-	100	100
(n)	(-)	(35)	(210)
Sozialarbeit-/-pädagogik			
Wohnort in der Nähe des Studienortes	17	61	71
Wohnort nicht in der Nähe des Studienortes	83	39	29
Insgesamt	100	100	100
(n)	(100)	(88)	(100)
Wirtschaftswissenschaften			
Wohnort in der Nähe des Studienortes	14	28	56
Wohnort nicht in der Nähe des Studienortes	86	72	44
Insgesamt	100	100	100
(n)	(49)	(198)	(448)

[154]vgl. die Anmerkung zur Tabelle 6.3.

2.2 *Regionales Mobilitätspotential und regionale Mobilität*

Bei der Osnabrücker Absolventenbefragung standen Untersuchungen zur regionalen Mobilitätsbereitschaft und zur realisierten Mobilität im Vordergrund. Diese Analysen sollten verdeutlichen, in welchem Ausmaß die befragten Absolventen ein bestehendes Mobilitätspotential auch tatsächlich umsetzen. Dies war insbesondere im Hinblick auf das Handlungsmodell (vgl. Kap. III) von Bedeutung, da es dort nicht nur um die tatsächlichen Handlungsrealisierungen geht, sondern auch um die von den Hochschulabsolventen ins Auge gefaßten Handlungsalternativen. Um die Handlungs- und Entscheidungsprozesse der Hochschulabsolventen und die von ihnen in Erwägung gezogenen Handlungsentwürfe umfassend nachzuzeichnen, ist eine Orientierung an den real festzustellenden Handlungsverwirklichungen nicht ausreichend. Der Frage des Zusammenhangs zwischen realisierter regionaler Mobilität und der regionalen Mobilitätsbereitschaft bzw. dem regionalen Mobilitätspotential nachzugehen, ist auch deswegen interessant, weil in der Berufsverbleibsforschung die Absolventen in der Regel nur nach ihren regionalen Präferenzen und Absichtserklärungen gefragt werden (vgl. STEPHAN, 1992, S. 17; IAB-Kurzbericht, 1989, S. 115; MINKS/NIGMANN, 1991, Anhang).

In der Osnabrücker Befragung wurde anhand der Konstruktion zweier Indikatoren zur regionalen Mobilitätsbereitschaft und zur beruflichen Flexibilitätsbereitschaft versucht, *potentielle Handlungsstrategien* im Vorfeld des Berufseintritts aufzuzeigen. Daran anschließend wurde dann geprüft, in welchem Ausmaß diese Bereitschaften real umgesetzt worden sind. Für die Kasseler Studie soll nun ebenfalls beides untersucht werden (zunächst das regionale Mobilitätspotential und später die Mobilitätsrealisierungen). Es soll der Frage nachgegangen werden, inwieweit die Hochschulabsolventen bezüglich der regionalen Mobilität bestimmte *Handlungsdispositionen* an den Tag legen, und anschließend die tatsächliche Umsetzung untersucht werden. Die tendenziell andere Fragestellung der Kasseler Studie ermöglicht eine solche Herangehensweise allerdings nur ansatzweise.

Zu Bestimmung des *regionalen Mobilitätspotentials* wird ein Indikator konstruiert, der angibt, in welchem Ausmaß die Absolventen einerseits explizit regionale Präferenzen bei der Arbeitsplatzwahl angeben (z.B., ob sie am Studienort, am Heimatort oder an einem anderen Ort wohnen wollen bzw. ob gar keine regionalen Präferenzen vorliegen) und inwieweit diese Fixierungen auf bestimmte Regionen durch familiäre oder soziale Bindungen verstärkt werden (Partner, Freunde, Familie, Heimatortnähe).[155] In einem nächsten

[155] Um einen solchen Indikator konstruieren zu können, werden zwei Variablen miteinander verknüpft. Die erste Variable stammt aus der 1. Befragung unmittelbar nach Studienabschluß (T1, Frage 2.12). Hier sollten die Absolventen angeben, ob sie bezüglich ihrer späteren Arbeitsortwahl bestimmte regionale Präferenzen haben (z.B. Präferenzen bezogen auf den Heimatort, auf den Studienort, auf andere Orte bzw. Regionen oder ob sie keine regionalen Präferenzen nennen). Diese Präferenzen werden nun daraufhin überprüft, inwieweit nachvollziehbare Gründe vorliegen, die die Entscheidung für einen bestimmten Arbeitsort bzw. eine bestimmte regionale Präferenz plausibel erscheinen lassen. Dazu muß auf eine Variable aus der zweiten Befragung (2 Jahre nach Studienabschluß) zurückgegriffen werden. Darin sollen die befragten Absolventen Gründe für bestehende regionale Präferenzen angeben (T2, Frage 2.5). Einen Arbeitsplatz in der Nähe des/der Partner/in zu bekommen bzw. gerne am früheren Wohnort arbeiten zu wollen, sind dabei die entscheidenden Gründe für regionale Präferenzen. Aus der Kombination der Merkmalsausprägungen dieser beiden Variablen wird nun die Variable *regionales Mobilitätspotential* gebildet. Dabei ist zu bedenken, daß die Verknüpfung zweier zeitlich nicht homogener Variablen problematisch ist. Das Risiko zeitlich bedingter Inkonsistenzen soll hier aber bewußt in Kauf genommen werden, da sonst kein Vergleich zwischen potentieller und tatsächlicher Mobilität möglich ist. Es kann auch davon ausgegangen werden, daß regionale Präferenzen, die am Ende eines im Durchschnitt 5-jährigen Studiums genannt worden sind, auch zwei Jahre später für den Großteil der Absolventen noch bestehen werden. (Daß dies für Absolventen aus ländlich-peripheren

Schritt wird dann das regionale Mobilitätspotential mit der realisierten regionalen Mobilität in Beziehung gesetzt (vgl. Abb. 6.2)

Abb. 6.2: Regionales Mobilitätspotential und realisierte regionale Mobilität von Hochschulabsolventen im Zeitraum von Studienabschluß (T1) bis 4 bzw. 5 Jahren später (T3) (in Prozent)

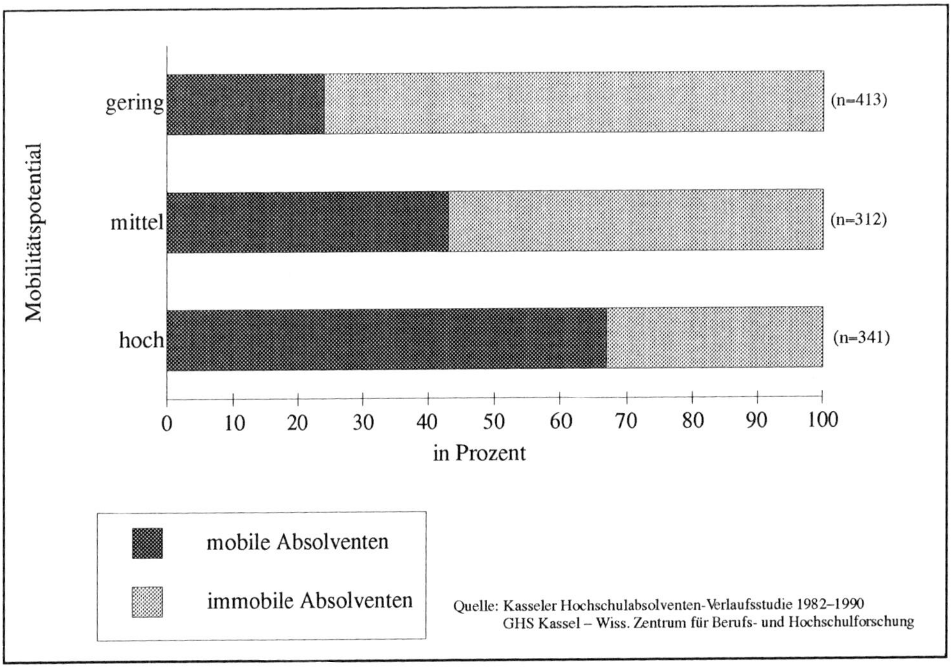

Auf der vertikalen Achse der Abb. 6.2 ist dargestellt, wie groß bei dem entsprechenden regionalen Mobilitätspotential der Anteil der tatsächlich Mobilen[156] ist. Man stellt fest, daß in erster Linie solche Absolventen ihren Wohnsitz verlagern, die ein hohes Mobilitätspotential haben: 67 Prozent der Absolventen dieser Gruppe verlassen ihre Studien- bzw. Heimatregion innerhalb 4 bzw. 5 Jahre nach Studienabschluß. In Durchschnitt tun dies nur etwa 39 Prozent aller befragten Absolventen (vgl. Abb. 6.1). Ist das Mobilitätspotential gering, so wird auch deutlich seltener eine Wohnortverlagerung vorgenommen: Nur 24 Prozent der Absolventen mit einem geringen regionalen Mobilitätspotential sind in den

Gebieten nicht so einfach vorausgesetzt werden kann, haben die Ergebnisse in Kapitel V gezeigt.) Ein *geringes regionales Mobilitätspotential* wird danach denjenigen Absolventen zugeschrieben, die eine begründete regionale Präferenz (Nähe zum Partner oder Nähe zu früherem Heimatort) für eine explizit genannte Region genannt hatten (Heimatort, Studienort, anderer Ort). Ein *mittleres regionales Mobilitätspotential* liegt dann vor, wenn zwar bestimmte regionale Präferenzen genannt werden, aber keine Gründe angegeben werden, die diese Präferenzen plausibel erscheinen lassen; oder zwar Gründe für regionale Präferenzen vorhanden sind, aber keine regionalen Präferenzen angegeben werden. Ein *hohes regionales Mobilitätspotential* wird schließlich denjenigen Absolventen zugeschrieben, die keine regionalen Präferenzen haben und die auch keine maßgeblichen Gründe genannt haben, die eine Fixierung auf eine bestimmte Region notwendig rechtfertigen.

156 Hier liegt die Einteilung in 2 Gruppen zugrunde (mobile und immobile Hochschulabsolventen), wie sie in Abschn. 1.2 dieses Kapitels bereits beschrieben wurde.

ersten 4 bzw. 5 Jahren nach Studienabschluß umgezogen. Erwartungsgemäß stehen damit also hinter einer realisierten regionalen Mobilität bestimmte Handlungsdispositionen (Mobilitätspotentiale), die diese regionale Mobilität fördern bzw. erst ermöglichen. Allerdings wird auch deutlich, daß nicht in allen Fällen, in denen ein hohes Mobilitätspotential vorliegt, dieses auch umgesetzt wird. Die Tabelle 6.6 verdeutlicht noch einmal für den gesamten Untersuchungszeitraum, in welchem Maße das regionale Mobilitätspotential mit den regionalen Mobilitätsvorgängen zusammenhängt.

Tab. 6.6: Regionales Mobilitätspotential und regionale Mobilität von Hochschulabsolventen in den ersten 4 bzw. 5 Jahren nach Studienabschluß (in Prozent)

	Regionales Mobilitätspotential		
	hoch	mittel	gering
mobil nur zwischen T1 und T2	43	22	8
mobil nur zwischen T2 und T3	13	11	12
mobil zwischen T1 und T2 sowie T2 und T3	12	10	4
immobil zwischen T1 und T3	33	57	76
Insgesamt	100	100	100
(n)	(341)	(321)	(413)

Die Tabelle 6.6 zeigt dabei, daß in der Regel die regionale Mobilität in den ersten 2 Jahren nach Studienende ihr Höchstmaß erreicht. Direkt im Anschluß an das Studium wird mit der Suche nach einer adäquaten Beschäftigung begonnen. Die mit der Beschäftigungsaufnahme in Zusammenhang stehenden, notwendigen regionalen Mobilitätsprozesse werden in der Gruppe der Absolventen mit einem hohen bzw. mittleren regionalen Mobilitätspotential deutlich: Während in diesen beiden Gruppen unmittelbar nach Studienende, d.h. im Zeitraum von 2 Jahren nach Studienabschluß, 43 Prozent bzw. 22 Prozent regional mobil sind, geht der Anteil der Mobilen für die Zeiträume danach erheblich zurück, nämlich auf 13 Prozent bzw. 11 Prozent. Die berufsbedingte Wanderung findet also bei Absolventen mit hohem bzw. mittlerem regionalen Mobilitätspotential in zeitlicher Nähe zum Studienabschluß statt. Danach läßt das Interesse an oder die Notwendigkeit für eine Wohnortverlagerung offenbar deutlich nach. Das hohe regionale Mobilitätspotential ist also für einen Großteil dieser Absolventen keine dauerhaft wirksame Handlungsdisposition. Aus der Tabelle 6.6 geht aber auch hervor, daß eine mehrfache Wohnortverlagerung doch bedeutend häufiger auftritt, wenn das regionale Mobilitätspotential auf einem überdurchschnittlichen Niveau liegt. Tendenziell anders sieht dies bei den Absolventen mit einem geringen regionalen Mobilitätspotential aus. Die starke und begründete Fixierung auf eine bestimmte Region schlägt sich zunächst in dem überdurchschnittlich geringen Anteil regional mobiler Absolventen nieder (vgl. Abb. 6.2: 24 Prozent Mobile). Deutlich wird aber auch, daß die Loslösung vom Heimatort bzw. Studienort nur sehr verzögert stattfindet (vgl. Tab. 6.6). Bei einem geringen regionalen Mobilitätspotential ist die regionale Mobilität in den ersten 2 Jahren nach Studienabschluß bedeutend geringer (8 Prozent) als in den beiden anderen Vergleichsgruppen; demgegenüber hat sie in der Zeit von 2 Jahre bis 4 bzw. 5 Jahre nach Studienende eine durchaus vergleichbare Größenordnung von 12 Prozent. Absolventen mit geringem Mobilitätspotential halten also nach dem Studienende noch recht lange an ihren regionalen Präferenzen fest. Wenn sie mobil werden (müssen), lösen sie sich erst im Laufe der Zeit von ihren Wohnorten und Heimatregionen. Zur Gruppe der Absolventen mit geringem Mobilitätspotential gehören überdurchschnittlich viele Absolventen sozialpflegerischer Studiengänge. Auch Frauen sind hier überrepräsentiert, ebenso Fachhochschulabsolventen. Wenig überraschend ist die Haushaltsstruktur der Absolventen mit einem geringen regionalen Mobilitätspotential: 43 Prozent der Befragten leben mit ihrem Partner zusammen und haben mindestens 1 Kind, unter den Absolventen mit hohem regionalen Mobilitätspotential liegt der entsprechende Anteil mit 33 Prozent 10 Prozent niedriger.

2.2.1 Fach- und geschlechtsspezifische Aspekte des regionalen Mobilitätspotentials und der regionalen Mobilität

Trotz der Beschränkung auf nur drei *Fachrichtungen* handelt es sich bei der untersuchten Stichprobe nicht um eine sehr homogene Gruppe. Es wurden Maschinenbauabsolventen, Sozialarbeiter/-pädagogen und Wirtschaftswissenschaftler befragt. Die drei Fachgruppen sind zahlenmäßig ungleichgewichtig verteilt, Wirtschaftswissenschaftler machen etwa die Hälfte, die beiden anderen Gruppen jeweils ca. ein Viertel der Gesamtstichprobe aus. Zudem sind durch diese Fachstrukturen Frauen deutlich unterrepräsentiert: Im Maschinenbau gibt es fast keine Frauen, in den sozialpflegerischen Studiengängen machen sie etwa 55 Prozent aus und in den Wirtschaftswissenschaften beträgt ihr Anteil gut ein Fünftel. Es ist daher nötig, bei der Analyse des regionalen Mobilitätspotentials und der regionalen Mobilität auf geschlechts- und fachspezifische Unterschiede genauer einzugehen.

Zunächst zeigt die Tabelle 6.7, daß die regionale Mobilität der Maschinenbauingenieure relativ gering ausgeprägt ist, wie dies bereits bei den Analysen zur Größe und Struktur von Wohn- bzw. Studienort ermittelt wurde. Sozialarbeiter/-pädagogen und Wirtschaftswissenschaftler zeigen eine hohe regionale Mobilität, wobei die Wirtschaftswissenschaftler allerdings die mobilste Gruppe sind. 48 Prozent der Absolventen ist innerhalb der ersten 5 Jahre nach Studienabschluß mobil gewesen. Sie wohnen also zum Zeitpunkt 4 bis 5 Jahre nach dem Studienende weder in unmittelbarer Nähe vom Herkunftswohnort noch in Studienortnähe gewohnt. Bei ihnen hat eine regionale Ablösung aus dem familiären und sozialen Netzwerk nicht nur des Heimatwohnortes, sondern auch des Studienwohnortes stattgefunden. In Abschnitt 2.1 dieses Kapitels wurde festgestellt, daß die Größe des Heimatortes bzw. der Verdichtungsgrad der Studienregion einen entscheidenden Einfluß auf die regionale Mobilität ausüben. Problematisch war in diesem Zusammenhang, daß die Heimat- und Studienregionen je nach studiertem Fach unterschiedlich stark repräsentiert waren. Insofern konnte nicht ausgeschlossen werden, daß fachspezifische Unterschiede regionaler Mobilität erst durch die unterschiedlich starken Repräsentationen der Studien- und Heimatregionen vermittelt wurden. Diese Überlegung muß an dieser Stelle modifiziert werden. Maschinenbauingenieure wie Wirtschaftswissenschaftler haben in verleichbaren Anteilen an Hochschulen in großstädtisch geprägten, hochverdichteten Regionen studiert bzw. stammen zu gleichen Teilen aus großstädtischen Gemeinden. Eine daraus resultierende geringere regionale Mobilität ist allerdings nur bei den Maschinenbauabsolventen zu erkennen (vgl. Tab. 6.7). Demgegenüber kann bei den Sozialarbeitern bzw. Sozialpädagogen, die überdurchschnittlich oft in kleineren bis mittelgroßen Hochschulstädten studiert haben und häufiger aus kleineren bis mittelgroßen Herkunftsorten stammen, eine deutlich höhere regionale Mobilität als bei den Maschinenbauabsolventen ermittelt werden. Die Größe des Studien- und Heimatortes ist demzufolge nicht das einzige Merkmal, welche das Ausmaß regionaler Mobilität beeinflußt.

Tab. 6.7: Regionale Mobilität von Hochschulabsolventen unterschiedlicher Fachrichtungen in den ersten 4 bzw. 5 Jahren nach Studienabschluß (in Prozent)

	Maschinenbau	Sozialwesen	Wirtschaftswissenschaften
mobil nur zwischen T1 und T2	14	24	24
mobil nur zwischen T2 und T3	10	13	14
mobil zwischen T1 und T2 sowie T2 und T3	5	7	10
immobil zwischen T1 und T3	71	57	52
Insgesamt	100	100	100
(n)	(244)	(283)	(681)

Die größere Immobilität der Maschinenbauingenieure spiegelt sich allerdings nur teilweise in deren regionalem Mobilitätspotential wider. Von allen befragten Absolventen des Maschinenbaus weisen 25 Prozent ein hohes Mobilitätspotential auf, bei den Absolventen sozialpflegerischer Studiengänge liegt dieser Anteil bei lediglich 16 Prozent und bei den Wirtschaftswissenschaftlern bei 41 Prozent. Die Abbildung 6.3 verdeutlicht aber nun, daß die tatsächliche regionale Mobilität bei den Maschinenbauabsolventen auf allen Niveaus des regionalen Mobilitätspotentials deutlich unter den Anteilen der beiden anderen Fachgruppen liegt. Selbst wenn Maschinenbauingenieure ein hohes Mobilitätspotential haben, also unmittelbar nach Studienende keine regionalen Präferenzen nennen sowie keine maßgeblichen Gründe für eine regionale Fixierung vorliegen, verlagern nicht einmal die Hälfte (48 Prozent) der Befragten ihren Wohnsitz in eine für sie bisher nicht bekannte Region.[157] Unter den Sozialarbeitern/-pädagogen bzw. den Wirtschaftswissenschaftlern liegt der Anteil deutlich höher. 68 Prozent der Sozialarbeiter/-pädagogen sowie 72 Prozent der Wirtschaftswissenschaftler mit einem hohen regionalen Mobilitätspotential sind in den ersten 4 bzw. 5 Jahren nach Ende ihres Studiums auch tatsächlich räumlich mobil. Die Absolventen sozialpflegerischer Studiengänge, von denen lediglich 16 Prozent ein hohes regionales Mobilitätspotential haben, sind damit sehr viel mobiler als die Maschinenbauingenieure, trotz deren durchschnittlich höheren Mobilitätspotentials. Es ist bereits erwähnt worden, daß sich die geschlechtsspezifischen Anteile innerhalb der drei Fachrichtungen sehr stark

[157] Eine Region, in der weder Studienort noch Heimatort liegt.

voneinander unterscheiden (vgl. den hohen Anteil weiblicher Absolventen bei den Sozialarbeitern/-pädagogen). Hierin sind zum einen die Ursachen der Differenzen zwischen regionalem Mobilitätspotential und der regionalen Mobilität zu suchen, wie sich nachfolgend zeigen wird.

Abb. 6.3: Regionales Mobilitätspotential und realisierte regionale Mobilität von Hochschulabsolventen im Zeitraum vom Studienabschluß (T1) bis 4 bzw. 5 Jahre später (T3) nach studierter Fachrichtung (in Prozent)

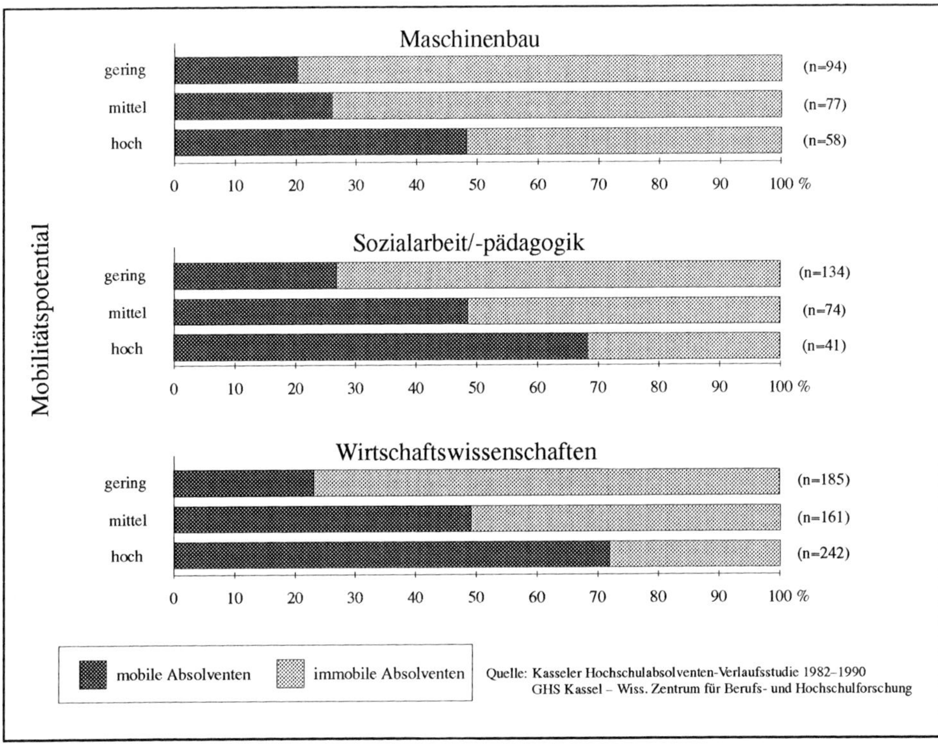

Auf den ersten Blick unterscheidet sich das Ausmaß der regionalen Mobilität von *männlichen und weiblichen Hochschulabsolventen* kaum voneinander. 58 Prozent der männlichen und 57 Prozent der weiblichen Befragten werden als immobil eingestuft. Betrachtet man die Verteilungen allerdings fachspezifisch, so werden bei den Sozialarbeitern bzw. Sozialpädagogen doch Unterschiede deutlich (vgl. Tab. 6.8). Während unter den männlichen Absolventen sozialpflegerischer Studiengänge die Mobilität (52 Prozent sind mobil) noch größere Ausmaße annimmt als bei den männlichen Absolventen der Wirtschaftswissenschaften (48 Prozent sind mobil), erweist sich bei den Sozialarbeiterinnen bzw. -pädagoginnen nur ein Anteil von 36 Prozent als mobil. Damit ist allerdings unter den weiblichen Absolventen des Sozialwesens der Anteil der Mobilen noch größer als unter den überwiegend männlichen Maschinenbauingenieuren. Unter den Wirtschaftswissenschaftler gibt es keine geschlechtsspezifischen Differenzen im Ausmaß der regionalen Mobilität. Die Ursachen dieser geschlechts- und fachspezifischen Unterschiede der regionalen Mobilität werden deutlicher, wenn das regionale Mobilitätspotential in der verschiedenen Gruppen näher untersucht wird.

Tab. 6.8: Regionale Mobilität von Hochschulabsolventen unterschiedlicher Fachrichtungen nach Geschlecht in den ersten 4 bzw. 5 Jahren nach Studienabschluß (in Prozent)

	Maschinenbau	Sozialarbeit Sozialpädagogik		Wirtschaftswissenschaften	
	Männer	Männer	Frauen	Männer	Frauen
mobil nur zwischen T1 und T2	14	31	18	23	25
mobil nur zwischen T2 und T3	10	13	12	14	15
mobil zwischen T1 und T2 sowie T2 und T3	5	7	6	10	9
immobil zwischen T1 und T3	71	48	64	52	51
Insgesamt	100	100	100	100	100
(n)	(238)	(126)	(157)	(531)	(150)

Eine geschlechtsspezifische Auswertung des regionalen Mobilitätspotentials zeigt, daß *Absolventinnen* sehr viel seltener mobil sind als Männer. Bei 52 Prozent aller befragten Frauen wurde ein geringes regionales Mobilitätspotential festgestellt, bei den männlichen Absolventen liegt der Anteil lediglich bei 34 Prozent. Während sich also männliche und weibliche Absolventen in ihrer potentiellen Mobilität sehr stark voneinander unterscheiden, wird bei einem geschlechtsspezifischen Vergleich der tatsächlich realisierten Mobilität deutlich, daß dieses geringe Mobilitätspotential insbesondere bei den Wirtschaftswissenschaftlerinnen kaum bis auf die Ebene der realisierten Wanderungsbewegungen durchschlägt. Auch wenn sich Frauen offensichtlich häufiger, beispielsweise durch die Bindung an einen Partner oder die Familie regional gebunden fühlen und dies eher Hindernisse bezüglich ihres regionalen Mobilitätspotentials bedeutet, sind sie teilweise ebenso mobil wie die männlichen Absolventen. Kontrolliert man bei den geschlechtsspezifischen Analysen das regionale Mobilitätspotential, so lassen sich auch keine geschlechtsspezifischen Unterschiede mehr zwischen der tatsächlichen regionalen Mobilität ausmachen. Weibliche wie männliche Absolventen mit einem hohen Mobilitätspotential sind in den ersten 4 bzw. 5 Jahren zu 70 Prozent bzw. 67 Prozent mobil; bei einem geringen regionalen Mobilitätspotential liegt der Anteil der Mobilen bei Männern wie bei Frauen in einer Größenordnung von nur 24 Prozent.

In der Abbildung 6.4 sind in den beiden Graphiken nun die fachspezifischen regionalen Mobilitätspotentiale nach Geschlecht differenziert (vgl. die linke Darstellung), ebenso die realisierte regionale Mobilität (vgl. die rechte Darstellung). Im Maschinenbau werden dabei keine Differenzierung vorgenommen, da die Zahl der Maschinenbauabsolventinnen außerordentlich gering ist.

Abb. 6.4: Regionales Mobilitätspotential und realisierte regionale Mobilität von Hochschulabsolventen im Zeitraum von Studienabschluß (T1) bis 4 bzw. 5 Jahre später (T3) nach studierter Fachrichtung und Geschlecht (in Prozent)

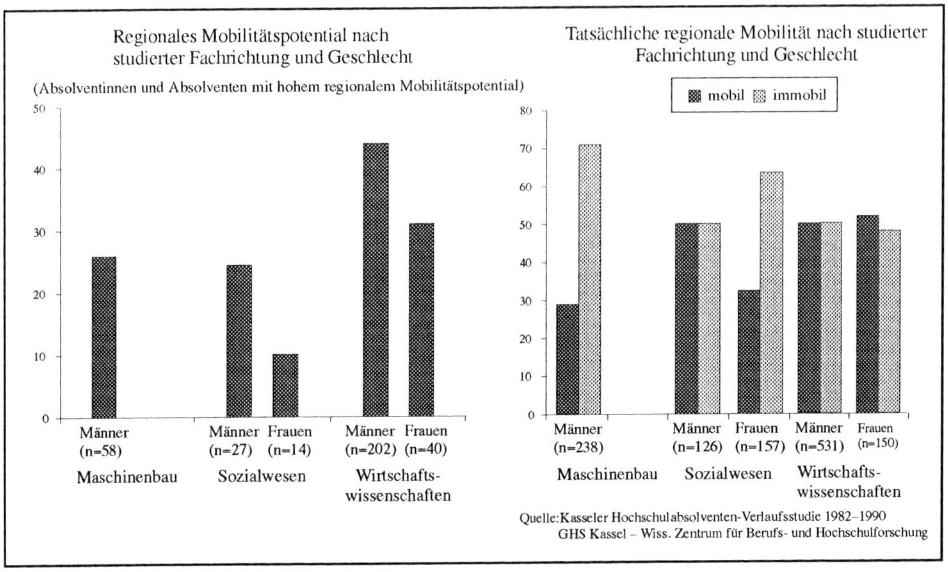

Für die Wirtschaftswissenschaftlerinnen zeigt sich das bereits erwähnte Phänomen, daß ihr regionales Mobilitätspotential deutlich geringer ist als das der männlichen Wirtschaftswissenschaftler, sich das reale Mobilitätsverhalten aber nicht geschlechtsspezifisch unterscheidet. Bei den Sozialarbeiterinnen bzw. -pädagoginnen ist dies nicht zu beobachten. Unter den männlichen Sozialarbeitern/-pädagogen liegt der Anteil der Absolventen mit hohem Mobilitätspotential (24 Prozent) und der Anteil mobiler Absolventen (50 Prozent) z.T. beträchtlich über den Werten der Absolventinnen sozialpflegerischer Studiengänge. Dennoch: Obwohl die Sozialpädagoginnen den geringsten Anteil von Befragten mit hohem Mobilitätspotential haben (10 Prozent), sind sie doch real deutlich mobiler als die männlichen Maschinenbauabsolventen, obwohl letztere zu 20 Prozent als potentiell hoch mobil eingestuft werden.

Die Analysen zum regionalen Mobilitätspotential und zur realisierten regionalen Mobilität haben gezeigt, daß zwar ein gewisser Zusammenhang zwischen Mobilitätspotential und Mobilitätsrealisierung vorliegt, aber nicht pauschal von den Mobilitätsdispositionen auf zu erwartende Mobilitätsrealisierungen geschlossen werden kann. Die in Abschnitt 2.2.2 von Kapitel V aufgestellte Hypothese, daß die regionale Mobilitätsbereitschaft höher ist, als die später realisierten Mobilitätsbewegungen (vgl. dazu auch ROLFES/WENZEL, 1990, S. 366 und S. 369 f.), wird durch diese Ergebnisse nicht bestätigt. Wird auf der einen Seite davon ausgegangen, daß die Handlungsdispositionen sehr viel optimistischer eingeschätzt werden als die Realisierungen regionaler Mobilität, so kann hier auch der umgekehrte Fall nachgewiesen werden. Absolventen sind in der Berufseintritts- und -konsolidierungsphase regional mobiler, als es ihre eigenen Einschätzungen und Präferenzen erwarten lassen. Z. B. können unbefriedigende Arbeitsmarktaussichten oder möglicherweise eine partnerschaftliche Bindung Wanderungsvorgänge erfordern, die eigentlich nicht beabsichtigt werden.

2.2.2 Regionale Mobilität und regionales Mobilitätspotential von Fachhochschul- und Universitätsabsolventen

Abschließend soll noch kurz auf Mobilitätsunterschiede zwischen *Fachhochschul- und Universitätsabsolventen* eingegangen werden. In der Osnabrücker Hochschulabsolventenuntersuchung wurde als ein grundlegendes Ergebnis festgehalten, daß die Absolventen der westniedersächsischen Fachhochschulen sehr viel häufiger einen Arbeitsplatz in ihrer Herkunftsregion finden konnten, als die Absolventen der westniedersächsischen Universitätsstandorte. Bei diesem Ergebnis ist aber zu berücksichtigen, daß sich die Studienfachangebote westniedersächsischer Fachhochschulen und Universitäten und damit auch die beiden untersuchten Stichproben bezüglich des studierten Faches recht deutlich voneinander unterschieden und somit nur bedingt vergleichbar waren. Bei der Kasseler Studie wurden demgegenüber Fachhochschul-, Gesamthochschul- und Universitätsabsolventen aus jeweils drei Fachrichtungen befragt, wodurch fachspezifische Besonderheiten der regionalen Mobilität ausgeblendet werden konnten. Ein Vorteil der Osnabrücker Befragungen stellte demgegenüber der Umstand dar, daß der untersuchte Raum, das ländlich-periphere Westniedersachsen, bezüglich seiner wirtschafts- und siedlungsstrukturellen sowie arbeitsmarktspezifischen Ausstattung relativ homogen war. In der Kasseler Studie wurden Hochschulstandorte im gesamten Bundesgebiet untersucht, so daß die spezifisch regionalen Aspekte, insbesondere die Arbeitsmarktstrukturen und damit die individuellen Beschäftigungsaussichten von Fachhochschul- und Universitätsabsolventen nur selten vergleichbar waren.

Die Fachhochschulen spielen im tertiären Bildungssektor eine zunehmende Rolle. Sowohl auf Seiten der Studienberechtigten als auch der Bildungspolitik und -planung wird ein Fachhochschulstudium immer öfter nachgefragt (vgl. WISSENSCHAFTSRAT, 1991; NIGMANN, 1987) bzw. der Ausbau der Fachhochschulen empfohlen und dementsprechend forciert (vgl. SCHMIDT, 1993, S. 117; HEILAND, 1993, S. 123). Hauptursache für diese Entwicklung ist neben der kürzeren Studienzeit in erster Linie die Praxisbezogenheit der Ausbildung, die einen leichteren Übergang in das Beschäftigungssystem verspricht. Die regionale Bildungsplanung und die Raumordnungspolitik erhoffen sich vom Ausbau des Fachhochschulnetzes insbesondere einen kräftigen Infrastruktureffekt für die Region und dementsprechend eine regionalökonomische Schrittmacherfunktion (vgl. SCHULTE, 1993; S. 171 ff.). Neben der grundlegenden Praxisorientierung der Studiengänge soll die Fachhochschulausbildung einen Regionalbezug besitzen, d.h. spezifische regionale Aspekte und Belange sollen in der Ausbildung Berücksichtigung finden. Die Fachhochschulen haben dabei z.B. in ländlich-peripheren Räumen die Aufgabe, Arbeiten von Forschungs- und Entwicklungsabteilungen zu ergänzen bzw. zu übernehmen, indem sie die entsprechenden Forschungs- und Entwicklungspotentiale bereitstellen. In Ballungszentren sollen die Fachhochschulen die Wirtschaftsstandorte sichern helfen (vgl. SCHULTE, 1993, S. 177).

Diese beabsichtigte, stark regionale Einbeziehung der Fachhochschulen in die regionale Wirtschaftsstruktur soll den Fachhochschulabsolventen theoretisch mehr Möglichkeiten eröffnen, in der Hochschulregion zu verbleiben als den Universitätsabsolventen. Die Intention bei der Gründung der Fachhochschulen legen diesen Zusammenhang nahe. Dementsprechend wäre eine geringere regionale Mobilität bzw. ein geringeres regionales Mobilitätspotential von Fachhochschulabsolventen auf diese Regionalorientierung der Fachhochschulen zurückführbar. Auch wird aus der praxisbezogenen Ausbildung und den erwarteten besseren Möglichkeiten auf dem regionalen Arbeitsmarkt in der Regel der Schluß gezogen, daß die Beschäftigungsaussichten der Fachhochschulabsolventen ungleich besser seien als die der Absolventen wissenschaftlicher Hochschulen.

Diese Hypothese konnte allerdings im Rahmen der Kasseler Hochschulabsolventen-Verlaufsstudie nicht bestätigt werden. Aussagen, nach denen Fachhochschulabsolventen im Vergleich zu Universitätsabsolventen häufiger als diejenige Gruppe mit geringeren Beschäftigungsproblemen angesehen werden kann, berücksichtigen die unterschiedlichen Fachrichtungsprofile der beiden Hochschultypen nur unzureichend.[158] In der Kasseler Studie, in der der Berufseintritt für vergleichbare Studienfächer analysiert wurde, konnte nicht nachgewiesen werden, daß sich der Berufsstart von Fachhochschulabsolventen als derart günstig erwies (vgl. TEICHLER, 1990, S. 247).

Tab. 6.9: Regionales Mobilitätspotential von Hochschulabsolventen in den ersten 4 bzw. 5 Jahren nach Studienabschluß nach dem Typ der besuchten Hochschule (in Prozent)

	Fachhochschulabsolventen	Universitätsabsolventen
regionales Mobilitätspotential		
hoch	23	38
mittel	30	29
gering	47	33
Insgesamt	100	100
(n)	(434)	(665)

Bezüglich der *regionalen Mobilität* bestätigen die Kasseler Ergebnisse die Annahme einer geringeren Mobilität der Fachhochschulabsolventen zunächst nicht. Während 41 Prozent der Universitätsabsolventen in den ersten 4 bzw. 5 Jahren nach Studienende ihren Wohnort verlagern, tun dies bei den Fachhochschulabsolventen 46 Prozent. Der Unterschied ist zwar nicht signifikant, er spricht aber eindeutig gegen die These, daß Fachhochschulabsolventen immobiler seien als Universitätsabsolventen. Anders sieht es aus, wenn man das *regionale Mobilitätspotential* betrachtet (vgl. Tabelle 6.9). Hier wird ein signifikant höheres regionales Mobilitätspotential bei den Universitätsabsolventen (38 Prozent) deutlich. Die Fachhochschulabsolventen zeichnen sich durch ein überdurchschnittlich hohen Anteil mit einem geringen Mobilitätspotential aus (47 Prozent). Universitätsabsolventen haben zwar

[158] Auch die in Kapitel V erzielten Ergebnisse, daß Fachhochschulstudenten die besseren Möglichkeiten haben, in der westniedersächsischen Region eine Beschäftigung zu finden, stellen nicht die völlig unterschiedliche Fachstruktur der Befragten in Rechnung. Die Ergebnisse erlauben nicht die Behauptung, Ingenieure wissenschaftlicher Hochschulen hätten im westlichen Niedersachsen größere Probleme bei der Stellensuche als Ingenieure von Fachhochschulen.

deutlich seltener eine begründete, dezidierte regionale Präferenz für ihren Studienort oder ihren Heimatort als die Fachhochschulabsolventen, dennoch zieht dieses Fehlen von Mobilitätshemmnissen nicht in gleichem Maße Wanderungen nach sich. Dies ist erneut ein Beleg für einen regellosen Zusammenhang zwischen regionalem Mobilitätspotential und realisierter regionaler Mobilität.

Untersucht man allerdings die hochschultypspezifische regionale Mobilität der Absolventen auf der Grundlage der siedlungsstrukturellen Regionaltypen, so werden schnell andere Zusammenhänge deutlich (vgl. Tabelle 6.10). Die Tabelle zeigt, daß Universitätsabsolventen z.T. doch bedeutend mobiler sind als ihre Kommilitonen von den Fachhochschulen. Im Abschnitt 2.1 dieses Kapitels wurde ja bereits herausgearbeitet, daß das Wanderungsaufkommen der Absolventen umso größer ist, je kleiner der Herkunftswohnort bzw. je stärker die Hochschulregion ländlich geprägt ist. Diesen Trend bestätigt auch die Tabelle 6.10. Sie zeigt darüber hinaus aber auch, daß mit Ausnahme des Regionstyps II (Regionen mit Verdichtungsansätzen) in den beiden anderen Regionstypen der Anteil der regional mobilen Universitätsabsolventen größer ausfällt als der entsprechende Anteil bei den Fachhochschulabsolventen. Liegt der Studienort in großen Agglomerationen (Regionstyp III und IV), so sind 37 Prozent der Universitätsabsolventen trotzdem mobil, unter den Fachhochschulabsolventen sind es nur 23 Prozent. Auch wenn der Studienort in ländlichen und peripheren Regionen liegt, ist der Anteil der mobilen Befragten unter den Universitätsabsolventen größer als bei den Fachhochschulabsolventen. Die auf der obersten Aggregationsebene beobachteten Unterschiede im Umfang der regionalen Mobilität von Fachhochschul- und Universitätsabsolventen sind also in erster Linie auf die siedlungsstrukturelle Lage der Hochschulstandorte zurückzuführen. Während sich die Fachhochschulabsolventen auf eher dezentrale Standorte verteilen und dadurch viele Absolventen in Regionen mit *Verdichtungsansätzen* studiert haben, konzentrieren sich die Universitätsabsolventen in Regionen mit großen *Verdichtungsräumen* oder *Großstädten* mit mehr als 500.000 Einwohnern. Da die Mobilitätsneigung nachgewiesenermaßen in den verdichteteren Regionen deutlich geringer ist als in den weniger verdichteten Regionen und 82 Prozent der Universitätsabsolventen an Studienorten im Regionstyp III oder IV ihr Studium abschließen (bei den Fachhochschulabsolventen liegt der entsprechende Anteil von Absolventen mit Studienorten in den Regionen III und IV bei nur 31 Prozent), muß aufgrund dieses stärkeren Übergewichts die regionale Mobilität von Universitätsabsolventen zunächst geringer erscheinen. Die eingangs aufgestellte These, wonach diese Immobilität der Fachhochschulabsolventen aus den genannten Gründen durchaus zu erwarten ist, wird also durch die vorliegenden Daten partiell bestätigt. Allerdings ist fraglich, ob diese geringere Mobilität der Fachhochschulabsolventen tatsächlich auf die bessere Verfügbarkeit von adäquaten Arbeitsplätzen im regionalen Umfeld der Fachhochschulstandorte zurückgeführt werden kann.[159] Dies legen die Ergebnisse in Kapitel V allerdings teilweise nahe.

[159] Auf die fachspezifischen Unterschiede der regionalen Mobilität in bezug auf den Typ der besuchten Hochschule soll hier nicht weiter eingegangen werden, da diese hochschultyp- und fachabhängigen Wanderungsbewegungen zum Teil sehr stark von einer großen Zahl von Befragten nur *einer* Hochschule dominiert werden.

Tab. 6.10: Regionale Mobilität von Hochschulabsolventen in den ersten 4 bzw. 5 Jahren nach Studienabschluß nach dem Typ der besuchten Hochschule und dem siedlungsstrukturellen Regionstyp des Studienortes (in Prozent)

	Zuordnung der Studienorte zu siedlungsstrukturellen Regionstypen[160]		
	Regionstyp I	Regionstyp II	Regionstyp III und IV
Fachhochschulabsolventen			
mobil nur zwischen T1 und T2	44	23	10
mobil nur zwischen T2 und T3	14	19	8
mobil zwischen T1 und T2 sowie T2 und T3	9	9	5
immobil zwischen T1 und T3	32	49	77
Insgesamt	100	100	100
(n)	(97)	(231)	(147)
Universitätsabsolventen			
mobil nur zwischen T1 und T2	42	23	19
mobil nur zwischen T2 und T3	15	17	11
mobil zwischen T1 und T2 sowie T2 und T3	19	9	8
immobil zwischen T1 und T3	25	51	63
Insgesamt	100	100	100
(n)	(48)	(82)	(603)

[160] vgl. die Anmerkung zur Tabelle 6.3.

3 Regionale Mobilität von Hochschulabsolventen und der Einfluß auf den Berufsverlauf und den beruflichen Erfolg

3.1 Theoretische Vorüberlegungen zur Messung des beruflichen Erfolges

Daß regionale Mobilität ein Schlüssel zum beruflichen Erfolg ist und für einen positiven Berufsverlauf von besonderer Bedeutung ist, wird insbesondere von Seiten der Arbeitgeber immer wieder betont. Für einen erfolgreichen Berufseintritt und einen dann weiterhin erfolgreichen Berufsverlauf sind insbesondere berufliche Flexibilität, Fremdsprachenkenntnisse, regionale Mobilität, praktische Berufserfahrung, Berufseintrittsalter und Studiendauer als wichtige Voraussetzung genannt. *Gefragt ist der beruflich flexible und regional mobile Jungakademiker, der schnell und mit gutem Abschluß sein Examen gemacht hat* (FALK/WEISS, 1993, S. 24). In diesem Abschnitt soll nun geprüft werden, inwieweit regionale Mobilität tatsächlich einen Effekt auf den beruflichen Erfolg und das berufliche Weiterkommen ausübt. Dabei ist es zwingend, eine Reihe von Kontrollvariablen wie z.B. das Geschlecht, die familiäre und soziale Situation, das studierte Fach, den Typ der besuchten Hochschule, die Studiendauer und auch regionalstrukturelle Unterschiede zu berücksichtigen.

Es stellt sich zunächst die theoretische Frage, was eigentlich *beruflicher Erfolg* ist und wie er operationalisiert werden kann. Auf einer ersten, noch vorgelagerten Ebene kann die Frage geprüft werden, ob Hochschulabsolventen nach Abschluß des Studiums *überhaupt* eine berufliche Tätigkeit beginnen oder mittel- bis langfristig arbeitslos bleiben. Bezüglich regionaler Mobilität bzw. Immobilität wäre dann spontan zu vermuten (so wird es jedenfalls des öfteren von Arbeitgeber- und Politikerseite geäußert), daß sich durch ein höheres Maß an regionaler Mobilität die individuelle Arbeitslosigkeitsbedrohung schon vermindern lassen wird. Dabei ist das Ursache-Wirkung-Verhältnis zwischen den beiden Variablen *regionale Mobilität* und *Tätigkeit* (Erwerbstätigkeit, Ausbildungstätigkeit, Jobben, Arbeitslosigkeit, ...) durchaus nicht eindeutig, wie bereits die theoretischen Vorüberlegungen verdeutlicht haben. Einerseits kann die drohende oder existente Arbeitslosigkeit die Akademiker zur regionalen Mobilität zwingen, wobei dann die regionale Mobilität die abhängige Variable wäre. Oder es kann andererseits erst durch ein hohes Mobilitätspotential und eine hohe regionale Mobilität eine Arbeitsstelle (in einer anderen Region) besetzt werden, in diesem Fall wäre der Erwerbsstatus die abhängige Variable. Die Daten der Kasseler Absolventen-Studie stützen allerdings diesen Zusammenhang zwischen Arbeitslosigkeit und regionaler Mobilität nicht. Unabhängig davon, welche Variable die erklärende oder zu erklärende ist: Arbeitslose Absolventen verlassen Heimat- und Studienregion in gleichem Umfang wie Absolventen, die eine Beschäftigung gefunden haben. Es muß hier allerdings hinzugefügt werden, daß der weitaus größte Teil der befragten Absolventen, von einigen Sozialarbeitern/-pädagogen einmal abgesehen, einen adäquaten Arbeitsplatz gefunden hat. Nach 2 Jahren waren 83 Prozent und nach 4 bzw. 5 Jahren sogar 89 Prozent erwerbstätig. Demgegenüber waren nur 4 Prozent der Hochschulabsolventen arbeitslos (d.h. insgesamt ca. 50 Absolventen). 4 bis 5 Jahre nach Studienende waren weitere 4 Prozent in der Kindererziehung tätig und 3 Prozent studierten bzw. bildeten sich beruflich weiter. D.h also, daß der Untersuchung zufolge durch eine erhöhte regionale Mobilität nicht häufiger Arbeitsplätze besetzt werden können bzw. daß das Vorhandensein oder Nichtvorhandensein eines Arbeitsplatzes keinen signifikanten Einfluß auf das Wanderungsverhalten hat.

Nun ist aber die Tatsache, ob ein Arbeitsplatzes gefunden wird oder nicht kein eindeutiger Indikator für einen beruflichen Erfolg oder einen angemessenen oder befriedigenden Berufsverlauf. So besitzt zwar der Großteil der westniedersächsischen Absolventen einen Arbeitsplatz, dieser ist aber nicht immer ausbildungsadäquat. Die Untersuchung des Zusammenhanges zwischen Berufsverlauf bzw. beruflichem Erfolg und regionaler Mobilität muß auf einer breiteren Basis ansetzen. Variablen, die Aussagen zum Stand des Berufsverlaufs und des beruflichen Erfolgs ermöglichen, müssen identifiziert und analysiert werden. Dazu muß zunächst theoretisch aufgearbeitet werden, was unter beruflichem Erfolg zu verstehen ist. In diesem Zusammenhang kann teilweise auf die Arbeit von RIPPE (1988, S. 171 ff.) als theoretische Grundlage zurückgegriffen werden. Bei ihm stehen allerdings nicht Überlegungen zum beruflichen Erfolg im Vordergrund, sondern die Analyse der Ausbildungsadäquanz beruflicher Tätigkeiten von Hochschulabsolventen. M.E. steht aber das Ausmaß des beruflichen Erfolgs in einem engen Zusammenhang zum Ausmaß der Ausbildungsadäquanz (inwieweit sich also die mit dem Studium und seinen Inhalten verbundenen Ziel- und Zwecksetzungen in der späteren beruflichen Tätigkeit realisieren lassen bzw. realisiert worden sind). Beruflicher Erfolg sowie die Ausbildungsadäquatheit der beruflichen Tätigkeit können beide über den Zusammenhang und die Parallelen zwischen z.B. fachlichen und sozialen Aspekten des Studiums *und* der Berufstätigkeit definiert werden. Die Ausbildungsadäquatheit einer Berufstätigkeit ist gleichzeitig ein wesentlicher Garant und im allgemeinen eine notwendige Vorbedingung für den beruflichen Erfolg. RIPPE nennt drei unterschiedliche Ansätze, über die die Ausbildungsadäquanz einer Berufstätigkeit bestimmt werden kann und die sich in dem hier interessierenden Untersuchungszusammenhang auch für eine Messung des beruflichen Erfolges eignen:

- Zunächst könnte beruflicher Erfolg daran gemessen werden, inwieweit die erlernten inhaltlichen Fähigkeiten und Kenntnisse aus dem Studium mit den beruflichen Anforderungen übereinstimmen bzw. in welchem Maße die in der Ausbildung erlernten Inhalte beruflich verwertbar sind (vgl. RIPPE, 1988, S. 177 ff.). Im Rahmen der Kasseler Hochschulabsolventen-Verlaufsstudie ist in einer ausführlichen Teiluntersuchung anhand eines komplexen Vergleichsverfahrens die *fachliche Affinität* der beruflichen Tätigkeiten bezüglich der inhaltlichen und fachlichen Aspekte des absolvierten Studiums festgestellt worden (vgl. ROLFES, 1993). In dieser Teilstudie konnte gezeigt werden, daß zwischen verschiedenen Aspekten des beruflichen Erfolges und der fachlichen Affinität hohe Korrelationen festzustellen sind. Dementsprechend kann fachliche Affinität ebenfalls als ein Indikator für den beruflichen Erfolg angesehen werden. Allerdings wurde in dieser Analyse kein signifikanter Zusammenhang zwischen regionaler Mobilität und fachlicher Affinität festgestellt (vgl. ROLFES, 1993, S. 55 ff.). Dieser Aspekt soll daher im Rahmen der vorliegenden Arbeit nicht weiter vertieft werden.[161]
- Als weiteres wichtiges Kriterium zur Beurteilung der Ausbildungsadäquanz sowie des beruflichen Erfolges wird die Höhe des *finanziellen Ertrages* der Ausbildung bzw. des Studiums und damit zusammenhängend natürlich auch der beruflichen Position ins Spiel gebracht (RIPPE, 1998, S. 181 ff.). Es geht also um die Frage, inwieweit sich auf

[161] Im Abschnitt 2.2.1 von Kapitel V wurde ein vergleichbarer Zusammenhang zwischen Adäquatheit und regionaler Mobilität untersucht. Auch hier waren die Ergebnisse nur in Teilaspekten signifikant. Die Konstruktion des Indikators zur beruflichen Adäquatheit in der Osnabrücker Studie war im Vergleich zu den Affinitätsuntersuchungen im Rahmen der Kasseler Hochschulabsolventen-Verlaufsstudie sehr viel weniger aufwendig.

einer *objektiv* prüfbaren Ebene die getätigten Bildungsinvestitionen gelohnt haben. Möglichkeiten zur Messung sind dabei beispielsweise das Jahreseinkommen oder die erreichte berufliche Position in der Betriebshierarchie. So haben beispielsweise PLICHT u.a. die Stellung im Betrieb als Indikator für die Ausbildungsadäquanz verwendet (PLICHT, 1995, S. 180 f.).

- Die dritte wesentliche Konzeption zur Bestimmung des Berufserfolges geht der Frage nach, *inwieweit die Merkmale des Arbeitsplatzes den Erwartungen entsprechen, die mit einer Ausbildung verknüpft werden* (RIPPE, 1998, S. 183). Es stehen hierbei nicht objektivierbare Normen zur Arbeitssituation im Vordergrund, sondern es geht in erster Linie um das subjektive Anspruchsniveau der Berufstätigen, also um einen subjektiven Indikator zur Messung des Berufserfolges bzw. der Ausbildungsadäquanz. Wichtig ist in diesem Zusammenhang insbesondere das Niveau der allgemeinen *Arbeitszufriedenheit*, daneben aber auch Statuserwartungen. Die allgemeine Zufriedenheit umfaßt dabei ein Bündel unterschiedlicher Aspekte wie z.B. die Anerkennung durch Kollegen und Vorgesetzte, die Sicherheit des Arbeitsplatzes, die Arbeitsbedingungen usw. (vgl. RIPPE, 1988, S. 186 f.; BÜSSING, 1983, S. 700; TECKENBURG, 1986, S. 291).

Es ist also keineswegs eindeutig zu klären, was genau einen erfolgreichen Berufsverlauf ausmacht und wie er demzufolge zu »messen« ist. In vielen Studien wird in erster Linie das Gehalt, daneben auch die erreichte Position als Messinstrument für den beruflichen Erfolg gewertet (vgl. z.B. MINKS/NIGMANN, 1991, S. 158 und S. 166; M. WAGNER, 1989, S. 120 f.). Diese Daten haben den Vorteil, daß sie objektive und leicht operationalisierbare Maße des Berufserfolges sind. Doch gerade bei Hochschulabsolventen sind diese Maße allein nicht ausreichend. Subjektive Einschätzungen wie z.B. die allgemeine berufliche Zufriedenheit, der Autonomiespielraum bei der beruflichen Tätigkeit, die Möglichkeit, erworbene Fähigkeiten einzusetzen und eigene Ideen einzubringen, sind für die Hochschulabsolventen ebenfalls wichtige Aspekte zur Bestimmung des beruflichen Erfolges. Bezüglich der Arbeitszufriedenheit sind dabei allerdings einige wesentliche Aspekte zu bedenken. So kann beispielsweise die Arbeitsplatzzufriedenheit nicht nur als ein von den objektiven Merkmalen der Beschäftigungssituation abhängiges Merkmal gesehen werden (z.B. dem Einkommen, der Position, der Arbeitsaufgaben, ...). Diese objektiven Merkmale stehen vielmehr in einem Spannungsverhältnis zu den individuellen Werthaltungen und Anspruchsniveaus (z.B. inwieweit die Tätigkeit den Erwartungen entspricht; vgl. BÜSSING, 1983, S. 680 ff.). BÜSSING kommt allerdings in seiner Studie zu dem Schluß, daß die Einflüsse der individuellen Werthaltungen auf die Arbeitszufriedenheit relativ stark überschätzt werden. Nach seiner Auffassung können über 60 Prozent der Varianz der Arbeitszufriedenheit auch durch die Arbeitssituation (also die objektivierbaren Aspekte) erklärt werden (vgl. BÜSSING, 1983, S. 701).

In der Kasseler Hochschulabsolventen-Verlaufsstudie waren die hochschulspezifischen Unterschiede des Berufserfolgs bzw. des Berufsstarterfolgs ein wesentlicher Untersuchungsgegenstand. Da in zahlreichen empirischen Studien kein einzelner, isolierbarer Indikator bestimmt werden konnte, der den beruflichen Erfolg in allen Aspekten zufriedenstellend darzustellen und abzubilden vermochte, kamen in der Kasseler Studie subjektive und objektive Kriterien zur Messung und Bestimmung des beruflichen Erfolgs zum Einsatz. Als *objektive* Kriterien des beruflichen Erfolges wurden dazu das Bruttoeinkommen und die Positionshöhe gewählt. *Subjektive* Kriterien waren das Ausmaß der Qualifikationsverwendung, die Einschätzung der Angemessenheit der beruflichen Position, die allgemeine Berufszufriedenheit sowie verschiedene Indikatorvariablen zur Beschäftigungssituation: Status/Aufstieg, Fachliche Leistungsanforderungen/Sachengagement, berufliche Autonomie (vgl. SCHOMBURG, 1992c, S. 246). Eine Zusammenhangsanalyse der subjektiven Kriterien des Berufserfolgs zeigte, daß die berufliche Zufriedenheit in hohem Maße mit den übrigen subjektiven Einschätzungen bezüglich unterschiedlicher Aspekte der Berufstätigkeit korrelierte (Autonomiespielraum, Angemessenheit der Tätigkeit, Aufstiegsmöglichkeiten, etc). Im Rahmen der vorliegenden Untersuchung zum Zusammenhang von regionaler Mobilität und beruflichem Erfolg wird daher aus diesem Set von Variablen zur Messung des beruflichen Erfolges auf der einen Seite die *berufliche Zufriedenheit* (als subjektive Kriterium) ein grundlegender Indikator für den Berufserfolg sein, auf der anderen Seite das *Jahreseinkommen* (als objektives Kriterium) gemessen werden.

Eine ebenso schwierige Frage ist es aber auch, *welche Faktoren* den berufliche Erfolg (sowohl in positivem als auch in negativem Sinne) beeinflussen. Das in Kapitel III vorgestellte idealtypische Handlungsmodell für den Berufseintritt soll hierbei wiederum den theoretischen Hintergrund liefern. Es kann dabei in der Weise erweitert werden, daß die einzelnen Handlungssequenzen nicht nur den Übergang vom Studium in den Beruf unmittelbar nach Studienabschluß modellieren, sondern, wie es im Handlungsentwurf bereits angelegt ist, der Handlungsablauf für die weitere Organisation des Berufsverlaufs auch nach dem Berufseintritt nachgezeichnet werden kann (Betriebs- und Arbeitgeberwechsel, Suche nach einer besseren Beschäftigung usw.). Die zentralen Variablen, die für den Berufseintritt (Suche der ersten Beschäftigung und die entsprechenden Suchstrategien) an der Schwelle vom Bildungs- zum Beschäftigungssystem von wesentlicher Bedeutung sind, spielen auch in der Phase der beruflichen Konsolidierung nach dem Berufseintritt eine grundlegende Rolle. Diese Variablen (z.B. das Geschlecht, das studierte Fach, die Arbeitsmarktaussichten, die Aktivitäten und Strategien bei der Stellensuche) sind auch für das Ausmaß des beruflichen Erfolges erklärende Größen. Sie sollen hier, da der Einfluß der regionalen Mobilität auf der Berufsverlauf im Vordergrund des Erkenntnisinteresses steht, Kontrollvariablen sein. Aufgrund der bereits diskutierten Operationalisierungsproblematik bleiben die berufsbezogenen Wertorientierungen und Einstellungen unberücksichtigt. Gerade in der Phase der beruflichen Etablierung werden diese Wertorientierungen sicher starken Schwankungen und Veränderungen unterliegen. Besonders im Kontext der ersten beruflichen Erfahrungen (z.B. mit den inhaltlichen Aspekten der Tätigkeit, mit den Kollegen, mit formalen Anforderungen) bilden sich diese beruflichen Wertorientierungen und Einstellungen erst heraus bzw. werden überformt. Daß diese Wertorientierungen nicht einbezogen werden können, relativiert die Bedeutung der übrigen Variablen für den Berufseintrittsprozeß bzw. den Verlauf der beruflichen Etablierung und Konsolidierung (vgl. dazu auch die Diskussion der Defizite der Arbeit in Kapitel VII).

3.2 *Berufsverlauf, Berufserfolg und regionale Mobilität*[162]

Ausgehend von den beiden ausgewählten Kriterien zur Messung des beruflichen Erfolges soll zunächst der Frage nachgegangen werden, in welchem Umfang das *Geschlecht* und das studierte *Fach* das Ausmaß des beruflichen Erfolges beeinflussen. Diese beiden Variablen werden nun zunächst als Kontrollvariablen in die Untersuchungen zum Einfluß der regionalen Mobilität auf den Berufseintritt eingehen. Für die nachfolgenden Teiluntersuchungen werden dabei für die beiden Untersuchungszeitpunkte jeweils die Mittelwerte des Jahreseinkommens und der beruflichen Zufriedenheit[163] ermittelt. Es können in die nachfolgenden Analysen nur solche Hochschulabsolventen einbezogen werden, die zum Zeitpunkt 2 Jahre oder 4 bzw. 5 Jahre nach Studienabschluß berufstätig waren. Allerdings sind damit mehr als 80 Prozent der Befragten der Kasseler Studie berücksichtigt.

Die Zahlen in der Tabelle 6.11 weisen aus, inwieweit das Mobilitätsausmaß die Höhe des Einkommens sowie die *berufliche Zufriedenheit* beeinflußt. Danach zeigt sich kein Zusammenhang zwischen dem Ausmaß regionaler Mobilität und der beruflichen Zufriedenheit. Dies wäre aber angesichts der Annahme zu erwarten gewesen, daß regionale Mobilität als ein denkbarer Indikator für soziale (Aufstiegs-) Mobilität angesehen werden kann. Je nach der Höhe der beruflichen Position innerhalb der Betriebsorganisation hätte die soziale Mobilität wiederum zu einem höheren Grad beruflicher Zufriedenheit geführt. Daß sich eine größere Zufriedenheit im Verlauf der Zeit durch die Veränderungen der Arbeitssituation (z.B. nach einem positionalen Aufstieg) tatsächlich einstellt, zeigt der Vergleich des Zufriedenheitsindexes 2 Jahre sowie 4 bzw. 5 Jahre nach Studienabschluß. Das durchschnittliche Niveau der beruflichen Zufriedenheit steigt von 2,32 auf 2,15 an. Dies ist, wie später deutlich wird, zu einem beträchtlichen Teil auf eine subjektive wie objektive Verbesserung der beruflichen Situation, der Arbeitsaufgaben und der Positionierung der Absolventen zurückzuführen. Greift man den Komplex der beruflichen Position als eine konstituierende Variable der Beschäftigungssituation und Arbeitsplatzzufriedenheit heraus, so zeigt sich, daß es nicht die objektiv messbare berufliche Positionshöhe ist, die die berufliche Zufriedenheit erklärt, sondern in erster Linie die subjektiven Einschätzungen der Positionsangemessenheit. Zwischen 25 und 28 Prozent der Varianz der beruflichen Zufriedenheit sind auf die subjektive Einschätzung der Absolventen bezüglich der Angemessenheit ihrer beruflichen Position zu erklären (s.u.).[164] Die tatsächlich erreichte berufliche Position (Geschäftsführer, Abteilungsleiter, Gruppenleiter, Sachbearbeiter, inadäquat Beschäftigte) erklärte demgegenüber die berufliche Zufriedenheit kaum (1,3 Prozent

[162] In den folgenden Ausführungen wird aus Gründen der Übersichtlichkeit der Zeitpunkt der ersten Befragung, also unmittelbar im Anschluß an das Studium, als T1 bezeichnet, der Zeitpunkt der Befragung 2 Jahre nach Studienabschluß mit T2 und der Zeitpunkt der letzten Befragung (4 bzw. 5 Jahre nach Studienende) als T3.

[163] Die berufliche Zufriedenheit wurde in beiden Befragungen auf der Grundlage der folgenden Frage erhoben: (1) 2. Befragung, Frage 5.22: »Wenn Sie Ihre berufliche Situation insgesamt betrachten, in welchem Maße sind Sie mit Ihrer Situation zufrieden?« (1 = sehr zufrieden, ... , 5 = gar nicht zufrieden). (2) 3. Befragung, Frage 4.9: »Und inwieweit sind Sie mit Ihrer beruflichen Situation insgesamt zufrieden?« (1 = sehr zufrieden, ... , 5 = gar nicht zufrieden) (vgl. den Fragebogen im Anhang). Obwohl es sich um rangskalierte Daten handelt, war hier eine Mittelwertbildung angezeigt.

[164] Die Absolventen sollten zu beiden Befragungszeitpunkten angeben, inwieweit ihre derzeitige berufliche Position der Ausbildung angemessen ist. Es wurden vier Antwortmöglichkeiten vorgegeben: 1. Die Tätigkeit gilt als angemessen. 2. Die Tätigkeit gilt nicht ganz als angemessen. 3. Die Tätigkeit gilt zwar nicht als angemessen, sagt aber dennoch zu. 4. Die Tätigkeit gilt nicht als angemessen und sagt auch nicht zu.

bzw. 4,2 Prozent). Es wird dadurch deutlich, daß berufliche Zufriedenheit in hohem Maße von den subjektiven Komponenten der Berufstätigkeit bzw. des Berufsumfeldes abhängig ist (Erwartungen, Anspruchsniveaus). Die Einflüsse der regionalen Mobilität und eine damit verbundene Änderung der familiären, sozialen und beruflichen Situation wirken sich gar nicht oder nur schwach auf das Ausmaß beruflicher Zufriedenheit aus.

Tab. 6.11: Jahreseinkommen, berufliche Zufriedenheit[165] und regionale Mobilität von Hochschulabsolventen in den ersten 4 bzw. 5 Jahren nach Studienabschluß (Mittelwerte)

	Jahreseinkommen			berufliche Zufriedenheit	
	T2	T3	Zuwachs von T2 bis T3	T2	T3
mobil nur zw. T1 und T2	49.000	67.200	+ 37 %	2,28	2,16
mobil nur zw. T2 und T3	45.600	65.300	+ 43 %	2,42	2,05
mobil zw. T1 und T2 sowie T2 und T3	46.600	69.800	+ 50 %	2,42	2,11
immobil zw. T1 und T3	45.100	63.100	+ 40 %	2,31	2,17
Insgesamt (n = 1014)	46.100	64.800	+ 41 %	2,32	2,15

Etwas anders sehen die Ergebnisse beim *Einkommen* aus. Absolventen, die unmittelbar nach Abschluß ihres Studiums mobil waren, verfügen 2 Jahre nach Studienabschluß über ein signifikant[166] höheres Jahreseinkommen als diejenigen Absolventen, die in der Berufseinstiegsphase nicht mobil waren: 2 Jahre nach Studienabschluß liegt das Jahresgehalt bei Immobilen DM 3.400 bis DM 3.900 unter den Jahreseinkünften der Mobilen (Die mehrfach-Mobilen fallen hier etwas aus dem Rahmen). Auch 4 bzw. 5 Jahre nach Studienabschluß setzt sich diese Gehaltsentwicklung fort und das Jahreseinkommen der mobileren Absolventengruppen liegt DM 2.200 bis DM 6.700 über dem der immobilen Absolventen. Die Steigerungsraten des Jahreseinkommens und die absoluten Höhen 2 und 4 bzw. 5 Jahre nach Studienabschluß zeigen, daß das Ausmaß der Mobilität offenbar direkt auf die Höhe des Einkommens einwirkt. Inwieweit die Gehaltsdifferenzen allerdings eine Folge der regionalen Mobilität sind, kann beim derzeitigen Stand der Untersuchungen noch nicht gesagt werden. WEISSHUHN und BÜCHEL (1992, S. 177 ff.) haben demgegenüber gezeigt, daß insbesondere Beschäftigte (aller Qualifikationsstufen) mit nur *einem* mit regionaler Mobilität verbundenen Betriebswechsel eine signifikante Erhöhung des Monatsverdienstes erreichen konnten. Mehrere Wohnortwechsel und damit verbundene häufigere Betriebs-

[165] Die Merkmalsausprägungen bei der beruflichen Zufriedenheit reichten von 1 (= sehr zufrieden) bis 5 (= gar nicht zufrieden).

[166] Bei allen Testverfahren wird als Überschreitungswahrscheinlichkeit für die Ablehnung der Nullhypothese ein Wert von $p < 0,05$ gewählt.

wechsel hatten ihren Untersuchungen zufolge keinen positiven Einfluß auf die Verdienstentwicklung. Offensichtlich sind häufigere Betriebs- und Arbeitgeberwechsel eher ein Indikator für wenig sichere Beschäftigungsverhältnisse, die dementsprechend nicht zu positionalen oder finanziellen Verbesserungen führen. Dies weist zugleich auf einen wesentlichen Zusammenhang zwischen regionaler Mobilität und insbesondere sozialer Aufstiegsmobilität hin. In der Regel wird regionale Mobilität mit einem *Betriebs- oder Arbeitsplatzwechsel* einhergehen. Es ist dann also nicht die Wohnortverlagerung, die für eine positive Verdienstentwicklung verantwortlich ist, sondern in erster Linie die mit dem neuen Arbeitsplatz verbundene berufliche Veränderung bzw. Position. In der vorliegenden Untersuchung ist dagegen mit einem Betriebs- oder Arbeitsplatzwechsel nicht in jedem Fall auch ein Wohnortwechsel über größere Distanzen verbunden. Von den Absolventen, die in dem Zeitraum von 2 bis 4 bzw. 5 Jahren nach Studienende den Arbeitgeber oder Betrieb gewechselt haben, verlagern in diesem Untersuchungszeitraum nur 43 Prozent gleichzeitig auch ihren Wohnsitz in eine Region außerhalb von Studien- oder Heimatregion. Von den Nicht-Arbeitsplatzwechslern ziehen immerhin noch 26 Prozent in heimatort- oder studienortferne Regionen. Sie pendeln entweder zu ihrem Arbeitsplatz oder sind nicht berufstätig. Für die Mehrheit der Arbeitsplatz- oder Betriebswechsler ist ein Verlassen der Heimat- oder Studienregionen nicht notwendig. Ein entscheidendes Problem bei der vorliegende Untersuchung kommt durch den Umstand zustande, daß Arbeitsplatz- oder Betriebswechsel aufgrund der fehlenden zeitlichen Zuordnungsmöglichkeit nicht unmittelbar mit regionalen Wohnortverlagerungen in Zusammenhang gebracht werden können. Es kann nur festgestellt werden, ob innerhalb des Beobachtungszeitraumes ein Arbeitsplatzwechsel und/oder ein Wohnortwechsel stattgefunden hat. Ob diese Wechsel in einem ursächlichen Zusammenhang gestanden haben, indem sie z.B. zeitlich synchron aufgetreten sind, kann anhand des vorliegenden Datenmaterials nicht nachvollzogen werden. Es können hier allenfalls Vermutungen über einen kausalen Zusammenhang zwischen Wohnortverlagerung und Arbeitsplatzwechsel angestellt werden.

Verschiedene Studien haben gezeigt, daß besonders Arbeitsplatzwechsel zu Beginn einer Berufskarriere deutliche Einkommensverbesserungen nach sich ziehen (vgl. BLOSSFELD u.a., 1988, S. 409). Häufigere Stellenwechsel bedingen dagegen nur geringe Lohnzuwächse, da durch die kürzere Verweildauer auf Arbeitsplätzen nicht in ausreichendem Maße arbeitsplatzspezifische Kenntnisse angeeignet werden konnten (vgl. BLOSSFELD u.a., 1988, S. 409 f.; auch WEISSHUHN/BÜCHEL, 1992, S. 177 ff.). Diese Vermutung kann durch die vorliegende Untersuchung nicht bestätigt werden. Gerade mehrmalige Wohnortwechsel (und damit in Verbindung stehende Arbeitsplatzwechsel) haben zu den prozentual stärksten Einkommenszuwächsen geführt (+ 50 Prozent; vgl. Tab. 6.11).

Neben der regionalen Mobilität sind es insbesondere auch die *individuellen Studienvoraussetzungen*, die wesentliche Einflüsse auf den beruflichen Erfolg haben. Zwei zentralen Variablen kommt dabei eine bedeutende Rolle zu, nämlich einmal dem studierten Fach und den damit verbundenen Arbeitsmarktaussichten (vgl. LANGE, 1985, S. 184 ff.); zum zweiten konnten zahlreiche Studien auch die geschlechtsspezifische Benachteiligungen von Frauen beim Eintritt in das Beschäftigungssystem und den späteren Einkommenshöhen nachweisen (vgl. KAHLE, 1992, S. 12; SCHOMBURG, 1992a, S. 32 ff. und S. 45; MINKS/NIGMANN, 1991, S. 160 f. und 170 f.). In welcher Weise dieser Zusammenhang auch mit den Daten der Kasseler Studie nachweisbar ist, zeigt die Abbildung 6.5. Dabei wird zum einen deutlich, daß 2 Jahre nach Studienabschluß das Einkommen der Männer (Kreuze) signifikant höher liegt als das der Frauen (Kreise). Zum anderen haben die Jahresgehälter der männlichen Absolventen zwischen beiden Befragungszeitpunkten stärker zugelegt als die Jahreseinkommen der Frauen. Auch bei Kontrolle weiterer Variablen wie beruflicher Position, Einsatzbereich, Arbeitszeit usw. heben sich diese Unterschiede im Jahreseinkommen zwischen den Geschlechtern insbesondere in den Wirtschaftswissenschaften nur zum Teil auf. Hier müssen allerdings fachspezifische Differenzen des Gehaltes im Auge behalten werden. So sind im Sozialwesen die Einkommensunterschiede zwischen Männern und Frauen in der Regel gerade auf geschlechtsspezifische Unterschiede der Berufstätigkeiten zurückzuführen (Frauen sind z.B. häufiger in niedrigeren Positionen oder auch teilzeitig beschäftigt). Schließlich zeigt die Abbildung drittens die bedeutenden Einkommensunterschiede zwischen den drei untersuchten Fachrichtungen. Männliche Wirtschaftswissenschaftler verdienen 4 bis 5 Jahre nach Studienabschluß jährlich doppelt so viel wie die männlichen Absolventen der sozialpflegerischen Studiengänge. Auch die männlichen Maschinenbauabsolventen liegen mit ihren Einkünften deutlich über den männlicher Sozialarbeiter bzw. -pädagogen. Sozialarbeiter bzw. -pädagogen sind überwiegend bei öffentlichen Arbeitgebern beschäftigt. Die damit verbundene vergleichsweise geringe tarifliche Bezahlung (gegenüber Beschäftigten im privaten Sektor) sowie der aufgrund der schlechteren Arbeitsmarktlage mögliche Druck auf das Gehaltsniveau bestimmen dieses Ergebnis entscheidend mit. Über die deutlichen Einkommensunterschiede von Hochschulabsolventen verschiedener Studiengänge an Fachhochschulen und Universitäten in der Berufsstartphase berichten auch MINKS/NIGMANN (1991, S. 158 ff. und S. 166 ff.). Ihre Analyse der Einstiegsgehälter unterschiedlicher Fachgruppen, darunter auch Maschinenbauingenieure, Wirtschaftswissenschaftler und Absolventen sozialpflegerischer Studiengänge, zeigt nur geringe Differenzen mit der hier durchgeführten Untersuchung der Einkommensverhältnisse.

Neben dem Jahreseinkommen als objektivem Erfolgsmaß ist auf der linken Seite der Abbildung 6.5 das Ausmaß der beruflichen Zufriedenheit für alle Befragungsgruppen dargestellt. Zunächst ist festzuhalten, daß die Absolventen im Mittel mit ihrem Beruf zufrieden sind. Die Unterschiede in der Zufriedenheit fallen in der Regel nur gering aus, wie auch der Skalenausschnitt der Vertikalachse zeigt. Die Sozialarbeiter/-pädagogen sind zu beiden Befragungszeitpunkten im Mittel etwas unzufriedener als die Absolventen der beiden anderen Fachrichtungen. Trotzdem spiegeln sich z.B. bei den Wirtschaftswissenschaftlern die unterschiedlichen Arbeitssituationen zwischen Männern und Frauen (möglicherweise auch das Unbehagen bezüglich der deutlichen Einkommensunterschiede und Einkommensentwicklungen) auch in der Zufriedenheit wider (vgl. auch SCHOMBURG, 1992b, S. 229). Die mit einem geringeren Einkommen verbundenen positionalen Niveauunterschiede und andere Aspekte der beruflichen Tätigkeit (Autonomiespielraum, Verhältnis zu Kolleginnen und Kollegen, Verantwortung,...) sowie die bei weiblichen Hochschulabsolventen häufiger vorgefundenen befristeten oder Teilzeitstellen sind dabei sicherlich mit entscheidende Gründe für diese unterdurchschnittliche Zufriedenheit von Frauen. Genau dieser Komplex wurde in einer Studie auch von KAHLE (1992, S. 13) als wesentliche Determinante der größeren beruflichen Unzufriedenheit von Hochschulabsolventinnen herausgearbeitet.

Abb. 6.5: Jahreseinkommen und berufliche Zufriedenheit von Hochschulabsolventen nach Fach und Geschlecht 2 Jahre sowie 4 bzw. 5 Jahre nach Studienabschluß

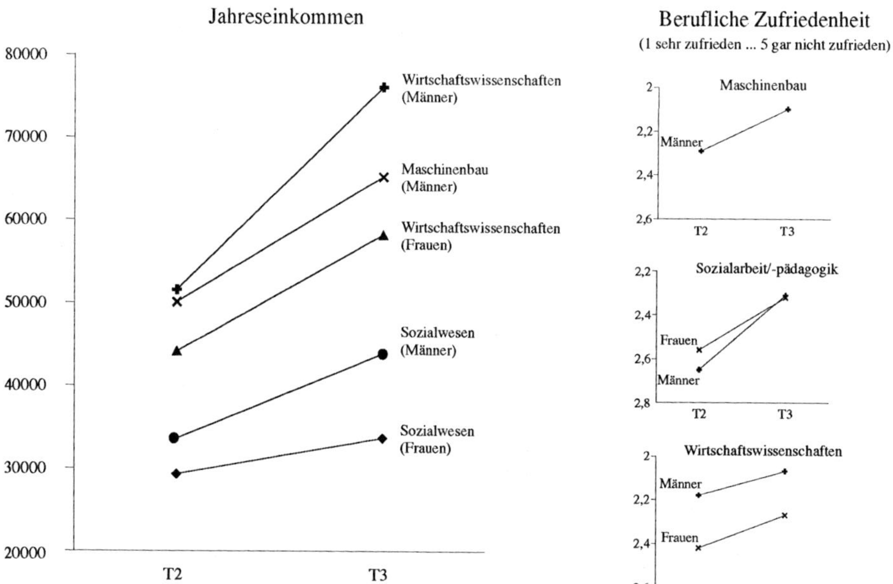

Quelle: Kasseler Hochschulabsolventen-Verlaufsstudie 1982–1990
GHS Kassel – Wiss. Zentrum für Berufs- und Hochschulforschung

Im nächsten Schritt sollen nun diese fach- und geschlechtsspezifischen Entwicklungen von Einkommen und beruflicher Zufriedenheit mit den Einflüssen *regionaler Mobilität* auf den beruflichen Erfolg in Beziehung gesetzt werden. Die Abbildung 6.6 macht deutlich, daß bei den Wirtschaftswissenschaftlern und den Maschinenbauabsolventen insbesondere Frühmobile (zwischen T1 und T2 mobil) gegenüber Immobilen nach 2 Jahren einen deutlichen Gehaltsvorsprung haben (zwischen DM 5.700 bzw. DM 4.900). Dieser Einkommensvorteil bleibt bis zum Zeitpunkt T3 bestehen, auch wenn er sich in Teilgruppen etwas abschwächt. 4 bis 5 Jahre nach Studienende haben alle mobilen Gruppen unter den Wirtschaftswissenschaftlern und Maschinenbauingenieuren jährliche Einkommensvorteile zwischen DM 2.100 und DM 5.200. Die Spätmobilen Maschinenbauabsolventen (zwischen T2 und T3 mobil) haben demgegenüber sogar 4 bis 5 Jahre nach Studienabschluß leichte Einkommensnachteile zu verzeichnen (DM -3.000). Diese Mobilitätseffekte werden überlagert von den fachspezifischen Gehaltsdifferenzen. Während die Einkünfte von Maschinenbauingenieuren und Wirtschaftswissenschaftlern 2 Jahre nach Studienabschluß noch eng beieinander liegen, können sogar mobile Maschinenbauabsolventen 4 bis 5 Jahre nach Studienende nicht das Einkommen aufweisen, daß immobile Wirtschaftswissenschaftler erhalten. Bei Absolventen des Sozialwesens können keinen mobilitätsbedingten Einkommensunterschiede festgestellt werden. Sie haben mit Abstand die geringsten Jahreseinkünfte. Selbst mobile Sozialarbeiter/-pädagogen verdienen 4 bzw. 5 Jahre nach Studienende nur etwas mehr als die Hälfte immobiler Wirtschaftswissenschaftler. Auch verbessert ein höheres Maß an regionaler Mobilität in dieser Absolventengruppe die Jahreseinkünfte in der Regel nicht. Die überwiegende Beschäftigung dieser Absolventen im öffentlichen bzw. halböffentlichen Bereich und die entsprechenden Tarife können auch bei hoher regionaler Mobilität kaum zu einer grundlegenden Verbesserung der Einkommenssituation führen.

Abb. 6.6: Jahreseinkommen und berufliche Zufriedenheit von Hochschulabsolventen nach Fach und regionaler Mobilität 2 Jahre sowie 4 bzw. 5 Jahre nach Studienabschluß

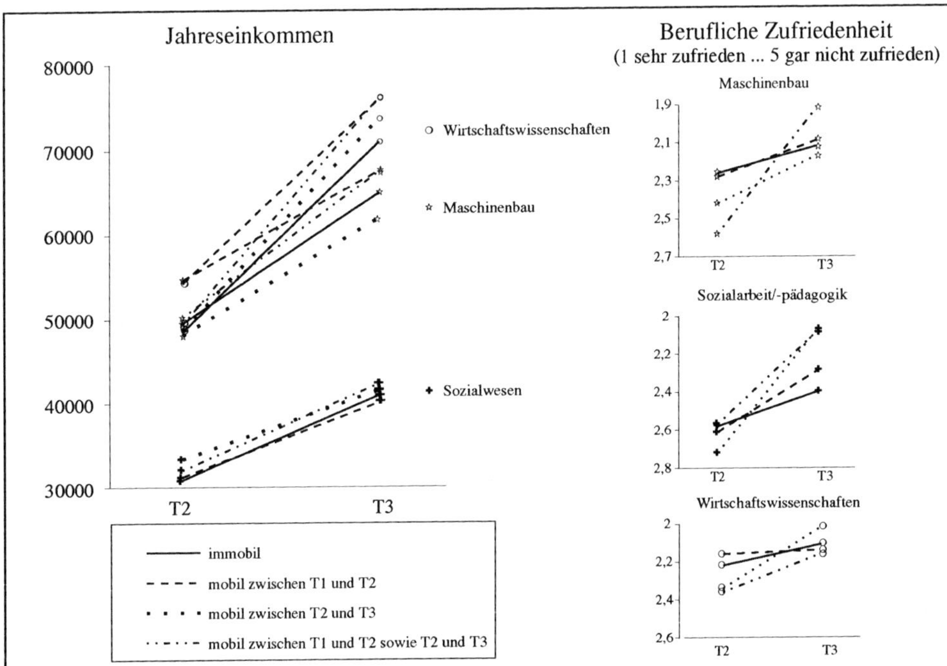

Quelle: Kasseler Hochschulabsolventen-Verlaufsstudie 1982–1990
GHS Kassel – Wiss. Zentrum für Berufs- und Hochschulforschung

Es ist vorstellbar, daß sich regionale Mobilität nicht nur in finanzieller Form auszahlt. Wahrscheinlich wird relativ häufig nach einer Neubewerbung oder Versetzung eine Berufstätigkeit angenommen, die die subjektiven Aspekte der Berufstätigkeit positiv beeinflußt. Dies würde sich dann zum Beispiel im Ausmaß der *beruflichen Zufriedenheit* niederschlagen. Hier zeigen sich vergleichsweise interessante Unterschiede im Zusammenhang mit der regionalen Mobilität bei der Entwicklung der beruflichen Zufriedenheit im beobachteten Zeitraum. In allen drei Fachgruppen sind zwischen T2 und T3 in der Gruppe der immobilen Absolventen nur sehr geringfügige Veränderungen im Ausmaß der beruflichen Zufriedenheit zu erkennen. Dazu muß allerdings gesagt werden, daß 2 Jahre nach dem Studienabschluß die Berufszufriedenheit bei den immobilen Absolventen in der Regel auf einem relativ hohen Niveau liegt. Unter den meisten mobilen Absolventen liegt die Zufriedenheit 2 Jahre nach dem Studium etwas geringer als bei den immobilen Absolventen; aber bei den mobilen Absolventen zeichnen sich zwischen den beiden Befragungszeiträumen deutliche Steigerungen der Zufriedenheitsmaße ab (besonders bei den Maschinenbauabsolventen und den Sozialarbeitern bzw. Sozialpädagogen). Diese sind so stark, daß zum Zeitpunkt T3 in den meisten Fällen das Niveau der beruflichen Zufriedenheit in den mobilen Gruppen höher liegt als bei den immobilen Absolventengruppen. Interpretiert man die Ergebnisse zu den unterschiedlichen Kriterien des beruflichen Erfolges, so scheinen Hochschulabsolventen durch regionale Mobilität eher eine Verbesserung der subjektiven Aspekte ihrer Berufstätigkeit zu erreichen. Die geringen finanziellen Verbesserungen durch eine höhere regionale Mobilität zwischen T2 und T3 können demgegenüber kaum ein ausschlaggebendes Argument für ein höheres Maß an regionaler Mobilität sein. Zu berücksichtigen ist auch, daß in den ersten beiden Jahren nach Studienabschluß die berufliche Situation für viele Absolventen sicherlich noch durch Orientierungs- und Suchphasen nach geeigneten und befriedigenden Beschäftigungsverhältnissen gekennzeichnet war. Viele Absolventen finden zunächst noch keine Beschäftigung, die ihren Idealvorstellungen entspricht; dementsprechend niedriger wird das Niveau der beruflichen Zufriedenheit liegen. Möglicherweise ergibt sich aus ein Unzufriedenheit erst ein Antrieb, den Arbeitsplatz zu wechseln, auch wenn dies mit einer höheren regionalen Mobilität verbunden ist. Erst in der Phase der beruflichen Konsolidierung (also im Beobachtungszeitraum 2 bis 4 bzw. 5 Jahre nach Studienabschluß) können sich die Absolventen eventuell im Zusammenhang mit regionalen Mobilitätsprozessen endgültig in adäquaten Berufsfeldern etablieren. Aus diesen Entwicklungen resultiert dann die Steigerung der beruflichen Zufriedenheit.

Bei geschlechtsspezifischen Untersuchungen zur regionalen Mobilität ist es in erster Linie die Mobilität bzw. Immobilität von Frauen, die eine Analyse in diesem Bereich interessant erscheinen läßt.[167] Zwar verdienen sowohl bei den männlichen wie bei den weiblichen Befragten die immobilen Hochschulabsolventen in den meisten Fällen weniger als die mobilen Gruppen, jedoch liegt das durchschnittliche Jahreseinkommen der immobilen Männer um mehr als DM 10.000,- über dem der mobilsten Hochschul*absolventinnen*. Trotz Immobilität steigt in der Zeit zwischen T2 und T3 das Jahreseinkommen der männlichen Absolventen stärker als das der weiblichen (vgl. Abb. 6.7). Die Abbildung 6.7 macht aber auch deutlich, daß mobile Frauen (insbesondere solche, die kurz nach Abschluß des Studiums mobil waren) durch ihre Mobilität ein beträchtlich höheres Einkommen erzielen können als die Absolventinnen, die nicht oder erst spät (zwischen T2 und T3) mobil sind. Für Frauen erscheint somit regionale Mobilität in finanzieller Hinsicht lohnender zu sein als für männliche Absolventen. Mobile Frauen (zwischen T1 und T2 mobil oder zusätzlich auch zwischen T2 und T3 mobil) erhalten 4 bzw. 5 Jahre nach Studienende ein um 17 Prozent höheres Gehalt als ihre immobilen Kolleginnen, bei mobilen Männern liegt dagegen das Einkommen um nur 4 Prozent höher als bei den immobilen männlichen Berufstätigen.

[167] So erreichen in den Wirtschaftswissenschaften selbst mobile Frauen 4 bis 5 Jahre nach Studienabschluß nicht annähernd das Einkommen ihrer immobilen männlichen Kollegen.

Abb. 6.7: Jahreseinkommen und berufliche Zufriedenheit von Hochschulabsolventen nach Geschlecht und regionaler Mobilität 2 Jahre sowie 4 bzw. 5 Jahre nach Studienabschluß

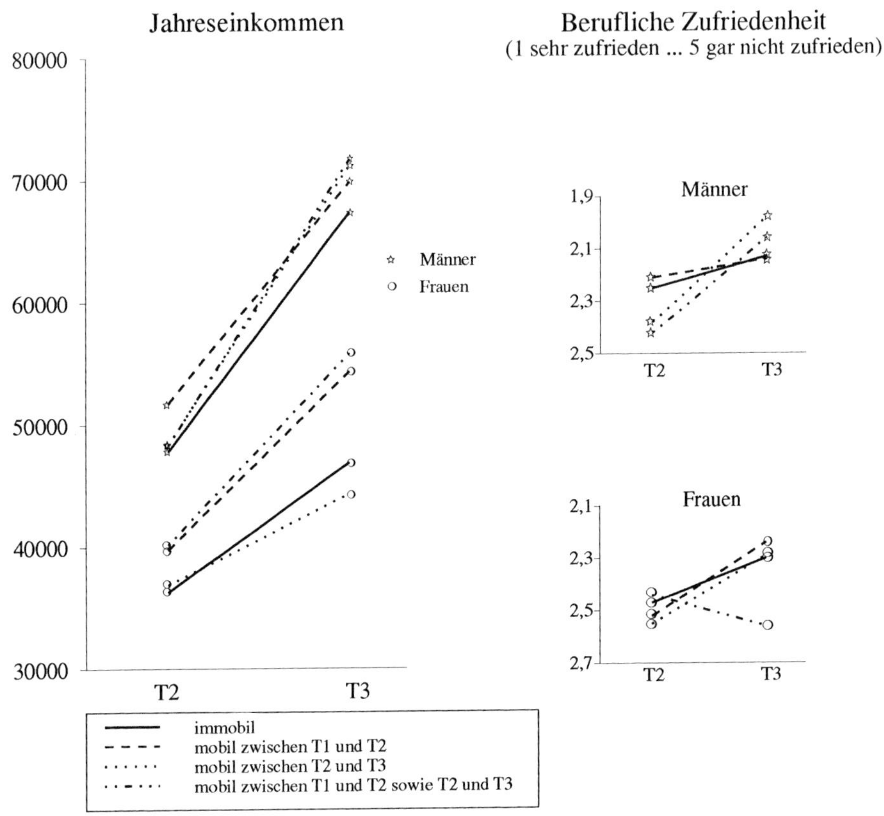

Quelle: Kasseler Hochschulabsolventen-Verlaufsstudie 1982–1990
GHS Kassel – Wiss. Zentrum für Berufs- und Hochschulforschung

Dies spiegelt sich demgegenüber in den zeitlichen Verläufen der beruflichen Zufriedenheit nicht wider. Insbesondere die Frauen mit mehrfachen Wohnortverlagerungen sind zum späteren Befragungszeitpunkt unzufriedener. Hierhinter verbirgt sich möglicherweise eine Enttäuschung darüber, daß trotz des hohen Grades an regionaler Mobilität eine den Erwartungen entsprechende, adäquate und zufriedenstellende Berufstätigkeit nicht gefunden werden kann. Die hohen persönlichen, sozialen und finanziellen Investitionen, die mit einem hohen Mobilitätsaufkommen verbunden sind, stehen in keinem angemessenen Verhältnis zur ausgeübten Berufstätigkeit (z.B. hinsichtlich Position, Autonomiespielraum, Verantwortung). In den übrigen Mobilitätsgruppen entwickelt sich die berufliche Zufriedenheit sowohl bei den Frauen und auch bei den Männern mehr oder weniger deutlich in eine positive Richtung. Die gravierende finanzielle Benachteiligung der Frauen, die sicherlich auch durch überdurchschnittlich häufige Teilzeittätigkeiten vermittelt wird, spiegelt sich also in der beruflichen Zufriedenheit (bis auf die eine Ausnahme) nicht wider.

Ein bei weiblichen Hochschulabsolventen sehr viel häufigeres Eingebundensein in familiäre Pflichten erschwert ein zielorientiertes und komplikationsloses Weiterverfolgen der beruflichen Orientierungen und Karrieren (vgl. z.B. ROLOFF, 1992, S. 57 f.; LEWIN, 1992, S. 24 f.). Insofern spielt gleichzeitig auch die *Haushaltsstruktur* bei der Analyse geschlechtsspezifischer Mobilitätsentscheidungen eine grundlegende Rolle (vgl. M. WAGNER, 1992, S. 152 f.). Entscheidungen über Wanderungen werden zwar in der Regel mit dem jeweiligen Partner abgesprochen, Tatsache ist aber, daß bedeutend häufiger eine berufsbedingte regionale Mobilität des Mannes die Wanderungen von Familien bzw. der Partnerin dominieren. Die Initiative zum Wohnortwechsel könnten demnach bei Frauen häufiger fremdbestimmt sein, und zwar durch einen berufstätigen Partner.[168] Dies muß sich zwangsläufig negativ auf den beruflichen Erfolg von Hochschulabsolventinnen auswirken. Regionale Mobilität ist für diese Frauen dann kein berufsbedingter Vorgang, z.B. im Zusammenhang mit einem Arbeitsplatzwechsel. Auch die Daten aus der Kasseler Absolventenstudie stärken die Vermutung, daß bei Frauen öfter ein Koordinationsbedarf mit dem Partner notwendig ist als bei männlichen Hochschulabsolventen. 90 Prozent der Frauen aber nur 50 Prozent der männlichen Befragten haben 4 bzw. 5 Jahre nach dem Studienende einen vollzeitig berufstätigen Partner. Dies verdeutlicht, daß insbesondere bei den weiblichen Befragten die tatsächlichen Mobilitätsvorgänge nicht ausschließlich auf das Konto eigener Initiativen und Motive zurückgehen (können). Sie müssen sich anteilmäßig sehr viel öfter mit den Tätigkeiten eines ebenfalls berufstätigen Partners engagieren und dabei Kompromisse eingehen.

Vergleicht man die Verdienstentwicklungen nach Geschlecht, regionaler Mobilität und Haushaltssituation in Tabelle 6.12, so wird erkennbar, daß bei den männlichen Hochschulabsolventen die Größe des Haushaltes nur einen geringen Einfluß auf das Jahreseinkommen ausübt. Auch das Ausmaß der Mobilität wirkt sich bei den männlichen Absolventen nicht eindeutig positiv auf die Gehaltsentwicklung aus (vgl. Tab. 6.12, 3 und mehr Personen-Haushalte). Bei den weiblichen Befragten macht sich dagegen sowohl bei den mobilen als auch bei den immobilen Frauen in den 3 und mehr Personen-Haushalten ein deutlich negativer Einfluß auf die Gehaltsentwicklung bemerkbar. Mobile wie immobile Frauen haben sehr große Verdienstnachteile in Kauf zu nehmen, wenn sie in einem 3 und mehr Personen-Haushalt leben. Mehr als die Hälfte dieser Frauen hat zwischen T2 und T3 ihre Berufstätigkeit aufgegeben, so daß in diesem »großen« Haushalt nur noch solche berufstätigen Frauen in die Berechnungen eingingen, die trotz ihres familiären Eingebundenseins weiterhin einer Beschäftigung nachgehen.[169] Die besondere Benachteiligung von Frauen in 3 und mehr Personen-Haushalten wird auch dadurch deutlich, daß sie selbst bei regionaler Mobilität zwischen T2 und T3 nur eine Gehaltszunahme von 12 Prozent zu verzeichnen haben. Das ist die geringste Gehaltszunahme in allen untersuchten Gruppen. Die in Part-

[168] Vgl. die Motive des Wohnortwechsels durch Dritte bei BIRG/FLÖTHMANN, 1992, S. 35.

[169] Bei einer kleinen Gruppe von weiblichen Befragten (die hier nicht näher dargestellt werden sollen) *sinkt* das Einkommen nach einem Umzug rapide ab. Eine Wohnortverlagerung ist bei diesen Frauen nicht in dem Ausmaß selbstgewählt wie bei Männern sondern fremdinitiiert. Offenbar werden lukrative oder vollzeitige Berufstätigkeiten am alten Wohnort aufgegeben. An diesen Status kann dann am neuen Wohnort nicht ohne weiteres angeschlossen werden.

nerschaft lebenden Frauen mit Kindern sind oft nur deswegen mobil, weil sie dem berufstätigen Partner (mit der besseren Position, dem höheren Einkommen und den günstigeren Aufstiegsmöglichkeiten) bei einem regionalen Arbeitsplatzwechsel folgen. Dabei nehmen sie für ihre eigenen Berufstätigkeit Nachteile in Kauf bzw. geben die Tätigkeit teilweise (Teilzeit) oder ganz auf. Gestützt wird diese These durch das Ergebnis, daß immerhin 50 Prozent der Frauen, die zwischen T2 und T3 den Arbeitgeber gewechselt haben, als Motiv angegeben haben, eine »bessere Vereinbarkeit von Partnerschaft und Beruf erreichen« zu wollen. Bei den männlichen Absolventen liegt der entsprechende Anteil bei unter 20 Prozent. Trotzdem erzielen die mobilen Frauen insgesamt ein höheres Einkommen als ihre nicht-mobilen Kolleginnen in derselben familiären Situation.

Tab. 6.12: Jahreseinkommen, berufliche Zufriedenheit und regionale Mobilität von Hochschulabsolventen in den ersten 4 bzw. 5 Jahren nach Studienabschluß nach Geschlecht und Haushaltsstruktur (Mittelwerte)

		Jahreseinkommen			berufliche Zufriedenheit		
		1 Pers.-Haushalt	2 Pers.-Haushalt	3 u. mehr Pers.-Haushalt	1 Pers.-Haushalt	2 Pers.-Haushalt	3 u. mehr Pers.-Haushalt
Männer		(n=167)	(n=283)	(n=294)			
mobil[170]	T2	49.600	50.300	51.000	2,29	2,24	2,31
	T3	69.300	73.800	69.900	2,12	2,06	2,01
immobil	T2	46.600	46.900	50.600	2,47	2,17	2,20
	T3	65.300	66.400	72.400	2,24	2,15	1,99
Frauen		(n=60)	(n=81)	(n=43)			
mobil	T2	38.500	42.100	36.300	2,42	2,40	2,44
	T3	52.200	56.200	40.700	2,38	2,26	2,11
immobil	T2	36.700	40.800	30.900	2,57	2,40	2,29
	T3	48.000	51.900	36.600	2,46	2,27	2,13

Überraschend ist dann aber, daß sich diese negative Verdienstentwicklung bei Frauen in 3 und mehr Personen-Haushalten kaum auf das Ausmaß der beruflichen Zufriedenheit niederschlägt. Bei berufstätigen Frauen in größeren Familien zeichnet sich eine sehr positive Entwicklung der beruflichen Zufriedenheit ab (vgl. Tab. 6.12). Die Zufriedenheit steigt

[170] In dieser Gruppe werden alle 3 Mobilitätskategorien zusammengefaßt (zwischen T1 und T2 mobil, zwischen T2 und T3 mobil, zwischen T1 und T2 sowie zwischen T2 und T3 mobil.

von einem relativ niedrigen Punkt auf ein Niveau, wie es nur bei männlichen Absolventen festgestellt wurde. Vielleicht strahlt hier das »glückliche« Familienleben und die Gelegenheit, Beruf und Familie miteinander zu vereinbaren, auch auf die berufliche Zufriedenheit aus. Dabei spielt es offenbar keine Rolle, ob eine Wohnortverlagerung stattgefunden hat oder nicht. Mobile Frauen in 1 Personen-Haushalten sind trotz des beträchtlichen Einkommenszuwachses zwischen T2 und T3 (+ 36 Prozent) zum Zeitpunkt 4 bis 5 Jahre nach Studienende kaum zufriedener als 2 Jahre zuvor. Hinter dieser Entwicklung kann möglicherweise eine Enttäuschung darüber gesehen werden, daß trotz des Verlassens von Heimat- und Studienregion sich nicht in erhofftem und erwartetem Maße die berufliche Situation verbessert hat (s.o.).

Eine weitere Determinante vor allem des Jahreseinkommens stellt der *Typ der besuchten Hochschule* dar. Aufgrund der generell etwas niedrigeren Berufseinstiegspositionen von Fachhochschulabsolventen liegt in dieser Qualifikationsgruppe das Einkommen in der Regel unterhalb der Einkünfte von Universitätsabsolventen. Die Einkommensunterschiede von Fachhochschul- und Universitätsabsolventen zu vergleichen, ist dabei nur fachspezifisch sinnvoll und dann nur zu vergleichbaren Zeitpunkten der Berufseinstiegs- und Etablierungsphase. Berufseinführende Praktika, berufliche Vorbereitungs- und Einarbeitungsphasen und fachspezifisch differierende Ausmaße von Such- oder Dauerarbeitslosigkeit verbieten einen pauschalen Vergleich der Gehaltssituation. Werden solche Gesichtspunkte nicht berücksichtigt, besitzen Fachhochschulabsolventen gegenüber Universitätsabsolventen sogar einen leichten Gehaltsvorteil (vgl. die Ergebnisse von MINKS/NIGMANN, 1991, S. 160 und S. 170). Im Rahmen der Kasseler Hochschulabsolventen-Verlaufsstudie wurde 4 bzw. 5 Jahre nach Studienende bei Wirtschaftswissenschaftlern mit Universitätsabschluß ein um 10 Prozent höheres Einkommen als bei den Fachhochschulabsolventen ermittelt, in Maschinenbau lag der Gehaltsvorteil nur bei 3 Prozent und im Sozialwesen bei 6 Prozent (vgl. SCHOMBURG, 1992a, S. 33 f.). 4 bis 5 Jahre nach Studienende konnten Unterschiede in der beruflichen Zufriedenheit, die auf den Typ der besuchten Hochschule zurückgehen, in der Kasseler Studie nicht festgestellt werden (vgl. SCHOMBURG, 1992b, S. 227).

Werden nun dahingehende Untersuchungen durchgeführt, ob regionale Mobilität hochschultypspezifisch unterschiedliche Ausprägungen zeigt, so wird dabei den Universitätsabsolventen eine größere regionale Mobilität(-sbereitschaft) zugeschrieben als den Fachhochschulabsolventen (WEISSHUHN/BÜCHEL, 1992, S. 181; IAB-Kurzbericht, 1989, S. 114). Dies konnte auch für die ländlich-peripheren Regionen des westlichen Niedersachsens in den Osnabrücker Absolventen-Untersuchungen gezeigt werden. Die Ursachen liegen in den regional eher in Verdichtungsräumen lokalisierten Beschäftigungsmöglichkeiten für die Universitätsabsolventen und den demgegenüber häufiger auch in ländlichen und in peripheren Regionen verfügbaren Arbeitsplätzen für Absolventen von Fachhochschulen. Damit korrespondieren ein auf die großen Agglomerationen und Zentren ausgerichtetes Netz von Universitäten und die dezentral angesiedelten Standorte der Fachhochschulen. In der Abbildung 6.8 sind nun die beiden Berufserfolgskriterien (Jahreseinkommen und berufliche Zufriedenheit) für die 4 unterschiedlichen Mobilitätsstufen getrennt nach Fachhochschul- und Universitätsstudiengängen dargestellt. Zunächst wird auf der linken Seite der Abbildung der Einkommensunterschied zwischen den Fachhochschul- und den Universitätsabsolventen deutlich, der in allen Mobilitätsgruppen zu verzeichnen ist. Es wird ein bemerkenswerter Unterschied zwischen Fachhochschul- und Universitätsabsolventen sichtbar:

Während mobile Universitätsabsolventen 2 Jahre nach dem Studienabschluß mit DM 2.200 bis DM 8.200 signifikant mehr verdienen als immobile Universitätsabsolventen , ist zum gleichen Befragungszeitpunkt das Jahresgehalt bei den immobilen Fachhochschulabsolventen am höchsten: es liegt bis zu DM 2.500 über den Einkünften der Gruppe der mobilen Fachhochschulabsolventen. Die Verdienstspannen haben sich, vergleicht man die beiden Befragungszeitpunkte, weiter auseinanderentwickelt. Universitätsabsolventen, die in den ersten 4 bis 5 Berufsjahren mehr als einmal umgezogen sind (und dabei vermutlich den Arbeitgeber und/oder den Betrieb gewechselt haben), können zwischen T2 und T3 einen Gehaltszuwachs von fast 56 Prozent verbuchen. Immobile Universitätsabsolventen haben demgegenüber 4 bzw. 5 Jahre nach Studienabschluß nur ein um 41 Prozent höheres Jahreseinkommen als 2 bzw. 3 Jahre zuvor. Bei den Fachhochschulabsolventen zeigt sich dagegen fast ein gegenläufiger Trend. Diese Ergebnisse stützen weitestgehend die schon im Kapitel 5 dieser Arbeit aufgestellten Hypothesen, daß für Universitätsabsolventen adäquate Arbeitsplätze mit entsprechend guter Entlohnung am Heimat- oder auch an ländlich-peripheren Studienorten nicht ohne weiteres zur Verfügung stehen. Die Ausweitung der Arbeitsplatzsuche auch auf entferntere Regionen bzw. die Akzeptanz von Tätigkeiten außerhalb der unmittelbaren Studien- und Heimatregion ist dabei für die Universitätsabsolventen in finanzieller Hinsicht ertragreich. Für die Hochschulabsolventen, die im Rahmen der Kasseler Studie bundesweit befragt wurden, ist eine berufsbedingte Wohnortverlagerung zwar nicht in dem Ausmaß notwendig wie bei den Absolventen der Universitäten Osnabrück, Oldenburg oder Vechta, aber die finanziellen Vorteile, die eine überregionale Orientierung mit sich bringt, sind (für sich genommen) doch unübersehbar.

Richtet man nun seinen Blick auf die Entwicklung der beruflichen Zufriedenheit, so ist zunächst festzuhalten, daß die Fachhochschulabsolventen zum Zeitpunkt 2 Jahre nach Studienabschluß in den meisten Mobilitätsgruppen unzufriedener sind als ihre Kommilitonen von den Universitäten. Diese Unterschiede heben sich aber bis zum Zeitpunkt T3 weitestgehend auf bzw. die Werte nähern sich an (man beachte die Skalierung auf der vertikalen Achse). Eine besondere Steigerung auf der Zufriedenheitsskala haben zum einen die zwischen T1 und T3 mehrmals gewanderten Fachhochschulabsolventen zu verzeichnen (von 2,70 auf 2,13) sowie die zwischen T2 und T3 gewanderten Universitätsabsolventen (von 2,36 auf 1,97). Bei den immobilen Absolventen oder denjenigen, die bereits zwischen T1 und T2 regional mobil sind, hält sich die berufliche Zufriedenheit im Beobachtungszeitraum auf einem durchschnittlichen Niveau mit einer leichten Tendenz nach oben. Für Absolventen, die nach T2 mobil sind (unabhängig davon, ob es sich um Fachhochschul- oder Universitätsabsolventen handelt), hat ein mit dieser regionalen Mobilität verbundener Arbeitsplatzwechsel einen signifikant-positiven Einfluß auf das Ausmaß der beruflichen Zufriedenheit. Möglicherweise ist die berufliche Unzufriedenheit zum Zeitpunkt T2 selbst ein Push-Faktor, der die spätmobilen Absolventen veranlaßt hat, den Arbeitsplatz und den Wohnort zu wechseln. Absolventen, die bereits innerhalb der 2 Jahre nach Studienende den Wohnort (und vermutlich damit den Arbeitsplatz) gewechselt haben oder gar nicht regional mobil sind, sind 2 Jahre nach Studienabschluß in der Regel mit ihrer Berufstätigkeit in ausreichendem Maße zufrieden. Ein weiterer oder überhaupt ein Wohnortwechsel und ein damit verbundener Arbeitsplatzwechsel erscheint ihnen nicht zwingend notwendig. Ein hoher Prozentsatz dieser Absolventen wird sich also auch 4 bis 5 Jahre nach Studienabschluß noch in derselben Berufstätigkeit befinden wie 2 bzw. 3 Jahre zuvor. Das würde die geringen Veränderungen der beruflichen Zufriedenheit in diesen Mobilitätsgruppen erklären.

Abb. 6.8: Jahreseinkommen und berufliche Zufriedenheit von Hochschulabsolventen nach Typ der besuchten Hochschule und regionaler Mobilität 2 Jahre sowie 4 bzw. 5 Jahre nach Studienabschluß

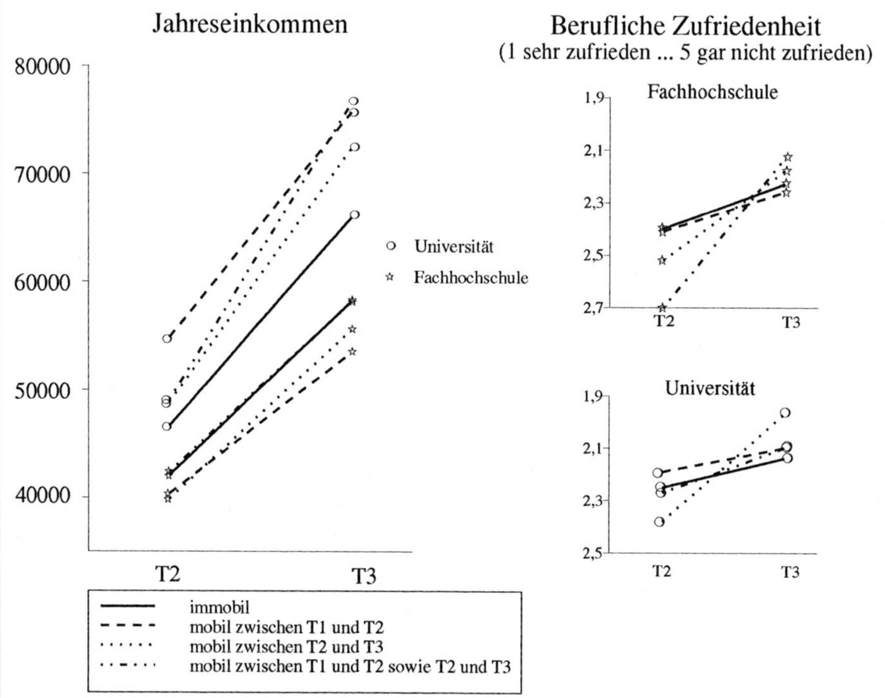

Quelle: Kasseler Hochschulabsolventen-Verlaufsstudie 1982–1990
GHS Kassel – Wiss. Zentrum für Berufs- und Hochschulforschung

Abb. 6.9: Jahreseinkommen und berufliche Zufriedenheit von Hochschulabsolventen nach siedlungsstrukturellen Regionstypen der Hochschulregion und der Wohnort in den ersten 4 bzw. 5 Berufsjahren[171]

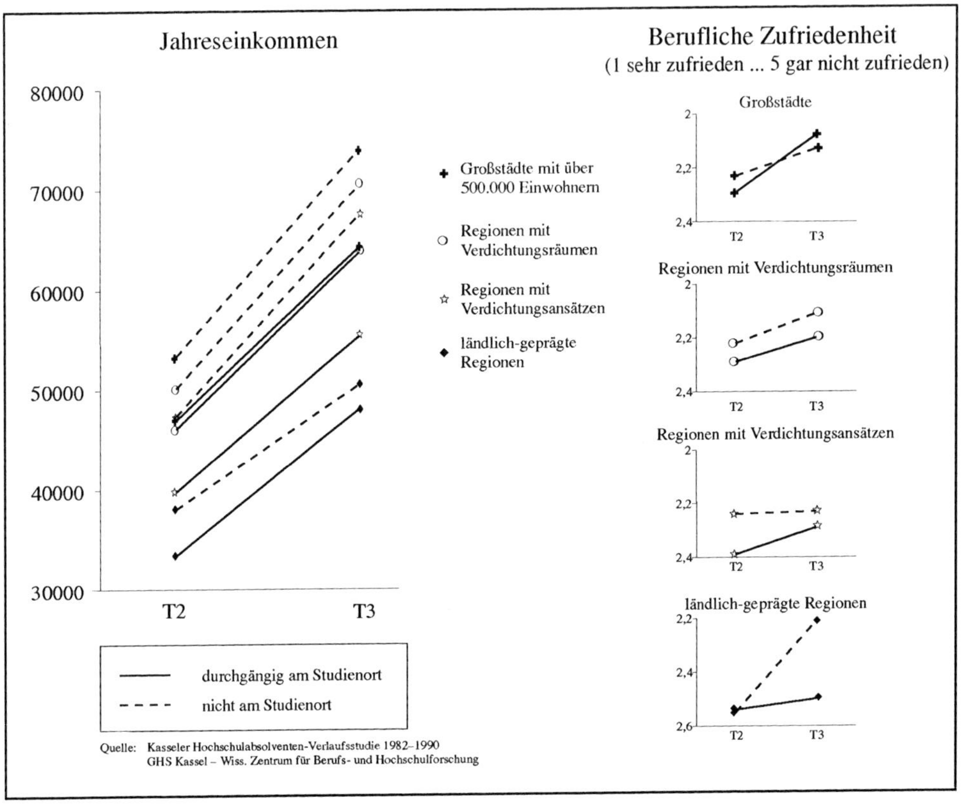

Es wurde in dieser Arbeit bereits mehrfach auf die insgesamt schlechtere Beschäftigungssituation und schlechteren Arbeitsplatzangebote für Hochschulabsolventen in peripheren-ländlichen Regionen hingewiesen (vgl. dazu auch ROLFES/WENZEL, 1990, S. 8).[172] Abschließend soll nun untersucht werden, inwieweit die *siedlungsstrukturelle Situation in der*

[171] Für diese Abbildung wird die regionale Mobilität der Absolventen auf eine andere Weise erfaßt, als dies in den vorangegangenen Abbildungen der Fall war. Als absoluter Wohnort der Absolventen konnte nur der Studienort festgestellt werden. Somit war es auch nur für diesen Ort möglich, eine Zuordnung der Wohnorte nach siedlungsstrukturellen Regionstypen vorzunehmen. Folglich mußte in diesem Analyseschritte die regionale Mobilität der Absolventen im Verhältnis zum Studienort im Mittelpunkt stehen. Dazu wurden zwei Gruppen gebildet: a) Absolventen, die zum Zeitpunkt T2 und T3, also innerhalb des gesamten Befragungszeitraumes *durchgängig in der Studienregion* gewohnt hatten (Studienregion: Region im Umkreis von bis zu 50 km um den Studienort) und b) Absolventen, die in den ersten 4 bzw. 5 Jahren (d.h. zu beiden Befragungszeitpunkten) *nicht in der Studienregion* wohnhaft waren. Diejenigen Absolventen, die nur zu einem der beiden Zeitpunkt in der Studienregion wohnten, blieben aufgrund der geringen Fallzahlen unberücksichtigt.

[172] Siehe aber auch IAB-Kurzbericht, 1989, S. 130. Eine überdurchschnittliche Benachteiligung für arbeitsuchende, nicht-berufstätige Frauen in ländlich-peripheren Regionen konnte auf der Ebene der siedlungsstrukturellen Kreistypen nicht bestätigt werden. Hier muß allerdings berücksichtigt werden, daß sich die Analysen nicht schwerpunktmäßig mit den Berufseintrittsmöglichkeiten für Hochschulabsolventen befaßt.

Hochschulregion die unterschiedlichen Aspekte des beruflichen Erfolges beeinflußt und ob diesen Einflüssen durch regionale Mobilität wirksam entgegengetreten werden kann. In der Abbildung 6.9 ist die Entwicklung von Jahreseinkommen und beruflicher Zufriedenheit nun für zwei Mobilitätsgruppen und nach dem siedlungsstrukturellen Regionstyp der Hochschulregion dargestellt.[173] Die Wohnortverlagerungen der Absolventen wird bei dieser speziellen Fragestellung nur in bezug auf den Studienort untersucht (siehe die Anmerkung zu Abb. 6.9).

Die Abbildung 6.9 macht deutlich, daß das Verdienstniveau der Absolventen zum einen von dem siedlungsstrukturellen Regionstyp abhängig ist, in dem der Studienort liegt, dabei aber auch in nicht unerheblichem Maße von dem Grad der regionalen Mobilität. Sowohl für die Studienortverbleiber als auch die Studienortabwanderer gilt dabei, daß das Jahreseinkommen zu den beiden Befragungszeitpunkten umso größer ausfällt, je höher der Verdichtungsgrad der jeweiligen Region ist. Daß das Einkommensniveau in Großstädten und hochverdichteten Räumen durchschnittlich höher liegt als in eher ländlich geprägten Regionen mit einem geringeren Grad der Verdichtung, ist bereits mehrfach nachgewiesen worden. Dies ist in der Regel auf das generell höhere Anforderungs- und Qualifikationsniveau von Arbeitsplätzen in höherverdichteten Räumen zurückzuführen. In Verdichtungsräumen verschiebt sich die Anforderungs- und Qualifikationsstruktur immer stärker in Richtung hochqualifizierter Arbeitsplätze (vgl. dazu aus neuerer Zeit für Österreich FASSMANN. 1993, S. 217 ff.), und damit erhöht sich das durchschnittliche Einkommen. Die qualifikationsbezogenen Arbeitsmarkt- und Beschäftigungsstrukturen sind damit ein Hauptverursacher regionsspezifischer Einkommensunterschiede.

Zunächst zu den Unterschieden im Jahreseinkommen in den unterschiedlichen siedlungsstrukturellen Regionen: Das Jahreseinkommen von immobilen Absolventen in ländlich-peripheren Regionen (also denjenigen Absolventen, die durchgängig am Studienort in einer ländlich-geprägten Region wohnen geblieben sind) liegt durchschnittlich um 34 (T3) bis 41 Prozent (T2) unter dem Verdienst immobiler Studienortverbleiber in Studienorten mit mehr als 500.000 Einwohnern. Die entsprechende Differenz ist bei den mobilen Absolventen (solche, die nach Studienende die Studienregion verlassen haben) mit Werten zwischen 40 (T2) und 47 Prozent (T3) sogar noch etwas höher als bei den Studienortverbleibern.[174] Bezüglich der regionalen Mobilität zeigt sich, daß siedlungsstrukturelle Standortvorteile, die zu Beginn des Berufseintrittsprozesses bestehen, auch durch erhöhte regionale Mobilität nicht wieder ausgeglichen werden können. Hat ein Absolvent in einer Region mit Verdichtungsansätzen studiert und diese Region dann nach Studienende verlassen, so kann er das Verdienstniveau eines regional mobilen Absolventen, der in einer Großstadt studiert hat, nicht erreichen. Generell verbessert sich zwar die Einkommenssituation erheblich, wenn nach Studienende die Studienregion verlassen wird. Es können damit jedoch die

[173]Es muß an dieser Stelle angemerkt werden, daß vor allem in der Gruppe von Absolventen die an Hochschulen in ländlich-peripheren Gebieten studiert haben der Anteil von Sozialarbeitern/-pädagogen besonders hoch ist. Die spezielle Einkommenssituation dieser Berufsgruppe dominiert daher sehr stark das Jahreseinkommen der Absolventen aus ländlich peripheren Regionen. Ferner ist darauf hinzuweisen, daß die Gruppe derjenigen Absolventen, die in den ersten 4 bis 5 Jahren ihrer Wohnsitz durchgängig am Studienort in ländlich-peripheren Regionen hatten, nur sehr schwach besetzt ist (knapp 10 Absolventen). Daher muß für diese Gruppe auf eine tiefergehende Analyse verzichtet werden.

[174]Es sei aber an dieser Stelle nochmals darauf verwiesen, daß an den Studienorten in ländlich-geprägten Regionen die Absolventen des Studienganges Sozialwesen überrepräsentiert sind.

Einkommensvorteile, die Absolventen mit Studienorten in höher verdichteten Räumen gegenüber Absolventen mit Studienorten in weniger verdichteten Räumen offensichtlich besitzen, nicht annähernd erreicht werden. Die Einkommensvorteile, die die Absolventen mit Studienorten in höher verdichteten Regionen gegenüber Absolventen aus weniger verdichteten Regionen haben, bleiben sogar dann bestehen, wenn die Absolventen gar nicht mehr in diesen hochverdichteten Studienregionen wohnen. Zwei Erklärungsansätze können hierfür herangezogen werden: Zum einen ist den Absolventen durch eigene Erfahrungen bekannt, daß in beispielsweise einer hochverdichteten Studienregion die Qualität der verfügbaren Akademikerarbeitsplätze und somit das Einkommensniveau höher liegt als in weniger verdichteten Regionen. Beim Wechsel einer Tätigkeit oder dem Neuantritt einer Beschäftigung orientieren sie sich dann an den berufs-, status- und einkommensbezogenen Maßstäben, die sie aus ihrer Studienregion kennen. Sie haben bereits bestimmte Idealvorstellungen davon, wie ihre Berufstätigkeit einmal aussehen soll und sind nicht bereit, von ihrem Anspruchsniveau abzurücken. Sie werden eine Berufstätigkeit suchen, die ihnen den Erhalt dieses Status-quo garantiert; entsprechend wird auch das Gehalt nicht zu gering ausfallen. Zum anderen kann angenommen werden, daß bei einem Arbeitsplatzwechsel und der damit verbundenen regionalen Mobilität ein vom siedlungsstrukturellen Regionstyp vergleichbarer Wohnort wie der Studienort gesucht wird. Es wird Wert darauf gelegt, die spezifischen Vorteile der unterschiedlich strukturierten Räume, das »Lebensgefühl« und die Lebensqualität am neuen Wohn- und Arbeitsort möglichst zu erhalten (z.B. ein großes kulturelles oder Freizeitangebot in Großstädten oder großen Verdichtungsräumen bzw. die bessere Überschaubarkeit, Erreichbarkeit, Wohnqualität oder das soziale Eingebundensein in eher ländlich-geprägten, weniger verdichteten Regionen). Auch eine anders gerichtete Wirkungsweise ist vorstellbar: Aufgrund der wahrgenommenen oder erwarteten Nachteile in höher bzw. geringer verdichteten Räumen wird ein Arbeitsplatz- oder Wohnortwechsel von beispielsweise einer Kleinstadt in eine Großstadt (oder umgekehrt) von vornherein ausgeschlossen. Solche Orientierungen an bestimmten lebensweltlichen Wünschen und wohnumfeldbezogenen Gesichtspunkten bezüglich der Lebensqualität am Wohnort spiegeln sich möglicherweise in dieser siedlungsstrukturell unterschiedlichen Gehaltsentwicklung wider.

Wendet man sich nun dem subjektiven Maß des beruflichen Erfolges zu, der beruflichen Zufriedenheit zu beiden Befragungszeitpunkten, so lassen sich hier zwischen Absolventen, deren Studienort in Großstädten mit mehr als 500.000 Einwohner, in Regionen mit großen Verdichtungsräumen oder in Regionen mit Verdichtungsansätzen liegt, keine signifikanten Unterschiede im Ausmaß der beruflichen Zufriedenheit feststellen. Dies betrifft auch die Differenzen bei der beruflichen Zufriedenheit der studienortmobilen bzw. studienortimmobilen Absolventen (den Studienortverbleibern und aus dem Studienort abgewanderten Befragten). Die berufliche Zufriedenheit ist demnach unabhängig von zumindest diesen drei siedlungsstrukturellen Regionstypen und der studienortbezogenen regionalen Mobilität. Dies trifft jedoch nicht zu, wenn der Studienort einer ländlich-geprägten Region zugeordnet werden muß. Studienortverbleiber aus siedlungsstrukturell eher *ländlich-geprägten Regionen* sind zu beiden Befragungszeitpunkten signifikant unzufriedener als die Absolventen aus den verdichteteren Regionen. Während bei diesen die berufliche Zufriedenheit in den ersten 4 bzw. 5 Berufsjahren mehr oder weniger stark ansteigt und dies zudem von einem relativ hohen Niveau ausgehend, ist bei den studienortimmobilen Absolventen in den ländlich-peripheren Regionen zu beiden Befragungszeitpunkten die durchschnittliche berufliche Zufriedenheit deutlich (und signifikant) geringer als die der übrigen Absolventen; bemerkenswert ist dabei jedoch insbesondere, daß sich trotz dieses unterdurchschnittlichen Zufriedenheitsniveaus keine nennenswerte Verbesserung dieser Zufriedenheitseinschätzungen bis zum Befragungszeitpunkt 4 bzw. 5 Jahre nach Studienabschluß abzeichnet. Damit gehören die Absolventen, die in den ersten 4 bis 5 Jahren seit Studienende ununterbrochen in ihrer (ländlich-geprägten) Studienregion wohnhaft waren zu denjenigen Befragten, die über ein vergleichsweise niedriges Jahreseinkommen verfügen können *und* außerdem im Durchschnitt sehr viel unzufriedener mit ihrer beruflichen Tätigkeit sind. Werden als Vergleichsgruppe solche Absolventen genauer betrachtet, die zwar auch an einem Studienort in einer ländlich-geprägten Region studierten, diese aber nach Abschluß des Studiums verlassen haben,[175] so verfügen diese zwar auch nur über ein unwesentlich höheres Jahreseinkommen als die Studienortverbleiber, sie sind aber zum Befragungszeitpunkt T3 deutlich zufriedener mit ihrer Berufstätigkeit.[176]

3.3 Zum Einfluß der regionalen Mobilität auf den beruflichen Erfolg im Kontext anderer Variablen

In der nachfolgenden Tabelle 6.13 sind noch einmal die Variablen aufgeführt, von denen aufgrund der theoretischen Vorüberlegungen bzw. den Ergebnissen meiner empirischen Untersuchungen vermutet wird, daß ihnen ein grundlegender Einfluß auf den beruflichen Erfolg zugeschrieben werden kann. Auf der Grundlage einer mehrfaktoriellen Varianzanalyse wurden für das Jahreseinkommen die Anteile der Varianzaufklärung durch die unterschiedlichen Variablen bestimmt. Die berufliche Zufriedenheit konnte nur partiell in diese Analysen mit einbezogen werden. Als wichtiger Ursachenkomplex für den beruflichen Erfolg ist das *studierte Fach* zu nennen, wie dies auch bereits bei den vorangegangenen Analysen angedeutet wurde. Der Einfluß des Studienfaches wirkt sich sehr stark auf das Jahreseinkommen aus, mit den bereits beschriebenen starken Diskrepanzen zwischen Wirtschaftswissenschaftlern und Sozialarbeitern/-pädagogen. Auch das *Geschlecht* beeinflußt partiell das Ausmaß des beruflichen Erfolges, gemessen in Form des Jahreseinkommens. Die Varianzaufklärung des Jahreseinkommens durch das Geschlecht bleibt, ähnlich wie beim Studienfach, zu beiden Befragungszeitpunkten annähernd gleich (10,9 bzw. 9,9 Prozent), d. h. Frauen können auch im Laufe der Zeit ihre finanziellen Nachteile nicht ausgleichen. Natürlich liefert auch die *Positionshöhe* zu den beiden Befragungszeitpunkten einen wesentlichen Anteil an der Erklärung des Varianz des Jahresverdienstes. Die Varianzaufklärung durch die Positionshöhe ist dabei zum Zeitpunkt T3 mit 16 Prozent deutlich größer als 2 Jahre nach Abschluß des Studiums (11 Prozent). Zum Befragungszeitpunkt 2 Jahre nach Studienabschluß befinden sich die Absolventen noch mehrheitlich in typischen Einstiegspositionen, z.B. als Sachbearbeiter. Die Gehalts- und Positionsstruktur ist dementsprechend überwiegend homogen. Mit dem im Laufe der ersten 4 bis 5 Berufsjahre steigenden Kenntnissen und Verantwortungsbereichen erhöht sich insgesamt das Niveau der

[175] Man berücksichtige die geringe Fallzahl von unter 10 Befragten.

[176] Es sei hier nochmals auf die Dominanz von Absolventen sozialpflegerischer Studiengänge in den ländlich-geprägten Regionen hingewiesen. Dieser Umstand übt einen nicht unwesentlichen Einfluß auf die Differenzen des Jahreseinkommens der Absolventen in den siedlungsstrukturellen Regionen aus.

beruflichen Positionen, allerdings nicht für alle Absolventen in der gleichen Weise. Damit vergrößern sich auch Verdienstspannen und die Parallelen zwischen Position und Gehalt, die Varianzaufklärung des Jahreseinkommens durch die berufliche Position wirden nun noch deutlicher. Die Höhe der Position, die ebenfalls als ein objektives Maß des beruflichen Erfolges gewertet werden kann, hängt demgegenüber nur in geringem Ausmaß mit dem Zufriedenheitsniveau der Absolventen zusammen. Für die Zeitpunkte 2 Jahre und 4 bzw. 5 Jahre nach Studienabschluß wurde zwischen Positionshöhe und Zufriedenheit ein (nicht nennenswerter) Korrelationskoeffizient (SPEARMAN) von R=0,064 und R=0,084 gemessen. Wie unten noch weiter ausgeführt werden wird, mißt die berufliche Zufriedenheit als Indikator eine andere Qualität des beruflichen Erfolges. Dennoch ist dieser geringe Zusammenhang überraschend, da die Vermutung naheliegt, daß in besonderer Weise die berufliche Positionierung die Arbeitszufriedenheit beeinflußt. Erwartungsgemäß trägt auch der *Typ der besuchten Hochschule* zur Erklärung von Varianzen im Jahreseinkommen bei. Je nach Qualität des Hochschulstudiums (Fachhochschule oder Universität) werden die Absolventen im Regelfall innerhalb der Betriebshierarchie in bestimmten Einstiegspositionen plaziert. Interessant ist, daß die Differenzen auf der einen Seite zwar relativ gering sind, daß sich aber andererseits diese Unterschiede im Laufe des Berufslebens auch nicht weiter angleichen. Fachhochschulabsolventen können also Universitätsabsolventen, wie vielfach vermutet wurde, in bezug auf das Jahreseinkommen (zumindest in den ersten 5 Jahren) nicht einholen oder sogar überholen. In etwa vergleichbaren Größenordnungen hängt das Jahreseinkommen auch von den *siedlungsstrukturellen Regionstypen* ab, denen der Studienort der Absolventen zugeordet werden kann. Es zeigt sich dabei, daß sich mit größerer Verdichtung der Regionen durch die regionsspezifischen Wirtschafts- und Qualifikationsstrukturen auch die Verdienstmöglichkeiten verbessern.

Wie schon die vorhergehenden Analysen gezeigt haben, spielt die *Haushaltsstruktur* im Zusammenhang mit dem beruflichen Erfolg keine große Rolle. Dies gilt auch für die Variable, die im Mittelpunkt des Interesses dieser Arbeit steht, die *regionale Mobilität*. Oben konnte gezeigt werden, daß unter bestimmten Bedingungen regionale Mobilität zu einer Verbesserung des Einkommens beitragen kann. Hypothesen, wonach regionale Mobilität als eine wesentliche Handlungsstrategie für einen erfolgreichen Übergang vom Bildungs- in das Beschäftigungssystem bezeichnet werden kann und diese Handlungsstrategie im weiteren Berufsverlauf möglicherweise eine wichtiger Baustein für den beruflichen Erfolg sein könnte, können für die hier untersuchten Absolventengruppen nur teilweise aufrecht erhalten werden. In idealtypischen Einzelfällen, in denen beispielsweise ein lediger und ungebundener Wirtschaftswissenschaftler fern von seinem gegenwärtigen Arbeitsort eine attraktive Referenten- oder Mitarbeiterstelle im Stab eines Großunternehmens in einem innovativen und zukunftsorientierten Industriezweig angeboten bekommt, bedeutet dies natürlich für ihn zum einen eine finanzielle Verbesserung und zum anderen wird dies sicherlich auch positive Auswirkungen auf seine berufliche Zufriedenheit haben. Überwiegen werden aber sicherlich solche beruflichen Übergänge, bei denen der Vorteil, den eine arbeitsplatzbedingte Wohnortverlagerung mit sich bringen würde, nicht derart deutlich ist. In der Regel können Arbeitsplatz- und Ortswechsel nicht ohne weiteres umgesetzt werden. Wenn sich also Beschäftiger einen jungen Akademiker wünschen, der gut und schnell studiert hat und zudem noch regional mobil ist, so wird damit eine Idealvorstellung aufgebaut, die einer Prüfung in der Realität nur schwer Stand hält. Die empirischen Analysen haben nämlich nicht nur gezeigt, daß regionale Mobilität von eher untergeordneter Bedeutung ist, sondern auch, daß so zentrale Studienerfolgsvariablen wie *Examensnote, Alter* und *Studiendauer* keine bedeutsamen Effekte für das Jahreseinkommen haben. (Wobei davon ausgegangen werden muß, daß die Bedeutungen dieser Variablen fachspezifisch stark schwanken werden).

Tab. 6.13: Jahreseinkommen 2 Jahre und 4 bzw. 5 Jahre nach Studienabschluß – Anteile der Varianzaufklärung durch ausgewählte unabhängige Variablen (in Prozent)

	Freiheitsgrade	2 Jahre nach Studienabschluß (T2)	4 bzw. 5 Jahre nach Studienabschluß (T3)
studiertes Fach	2	24,8*	21,9*
Geschlecht	1	10,9*	9,9*
Positionshöhe T2 bzw. T3	4	9,7*	16,0*
Typ der besuchten Hochschule	1	5,3*	5,6*
Einschätzung der Angemessenheit der Position T2 bzw. T3	3	5,1*	5,0*
siedlungsstrukturelle Regionstypen	3	5,1*	3,3*
Examensnote	3	2,0*	3,3*
regionale Mobilität bis T2 bzw. bis T3	1	1,2*	0,8
Haushaltsstruktur	2	0,4	0,4
Insgesamt (n)		100 (86)	100 (33)

* F-Test $p < 0,05$

Die berufliche Zufriedenheit als subjektiver Indikator mißt offensichtlich eine völlig andere Qualität des beruflichen Erfolgs als das Jahreseinkommen. Die berufliche Zufriedenheit ist sehr viel stärker von den *Erwartungen der Absolventen* an die eigene berufliche Tätigkeit und berufliche Zukunft abhängig als von die objektiven Bedingungen der Beschäftigung, also der tatsächlich erreichten beruflichen Position. Dies macht auch die Tatsache deutlich, daß die subjektive Beurteilung der Angemessenheit der Position sehr stark (und signifikant) mit dem Ausmaß der beruflichen Zufriedenheit zusammenhängt (R=0,43 für T2 und R=0,45 für T3). Die tatsächliche Positionshöhe ist für die berufliche Zufriedenheit nicht von Bedeutung (s.o.). Für die berufliche Zufriedenheit kommt es also ganz entscheidend darauf an, wie der Befragte das Erreichte für sich interpretiert. Ob die Berufstätigkeit den eigenen Erwartungen, Vorstellungen und Wünschen entspricht, ist für die berufliche Zufriedenheit sehr viel wichtiger als objektive Einflußfaktoren (die z.B. das Jahreseinkommen entscheidend beeinflussen, wie die Positionshöhe, das studierte Fach oder der Typ der besuchten Hochschule). Darüber hinaus zeigt sich, daß die berufliche Zufriedenheit in nur sehr geringem Maße mit dem Jahreseinkommen korreliert: R=0,21 für T2 und R=0,22 für T3.

Bei fast allen in der Tabelle 6.13 aufgeführten erklärenden Variablen (Ausnahme: Positionshöhe) zeigt sich beim Übergang vom Befragungszeitpunkt T2 zum Befragungszeitpunkt T3 eine Abschwächung ihres Einflusses auf das Jahreseinkommen. Diese Einflußvariablen (Fach, Geschlecht, Typ der besuchten Hochschule, regionale Mobilität) werden im Laufe der Berufseintritts- und Konsolidierungsphase offensichtlich tendenziell unwichtiger. Arbeitsplatzbezogene Qualifikationen, die im Laufe der beruflichen Tätigkeit angeeignet werden, gewinnen für den beruflichen Erfolg immer mehr an Bedeutung. Das im Hochschulstudium erworbene Grundwissen bzw. die Erstbildung wird durch das berufliche Handeln und die Berufspraxis ergänzt und erweitert in Richtung auf ein Fachwissen oder sogar Expertenwissen, das sich erst in der beruflichen Auseinandersetzung etablieren kann (vgl. zur Thematik Allgemeinbildung – Erstbildung – Grundwissen – Fachwissen – Expertenwissen; HECKHAUSEN, 1987, S. 105 ff.). Gerade die nicht-fachlichen oder sozialen Kompetenzen, dazu Eigenschaften wie fachliches Engagement oder die beruflichen Wertorientierungen, sind für die Aneignung der speziellen arbeitsplatzbezogenen oder betriebsbezogenen Qualifikationen von großer Bedeutung.[177] Sie entscheiden darüber, in welchem Ausmaß Hochschulabsolventen im Rahmen ihrer Berufstätigkeit in der Lage sind, sich neues, arbeitsplatzbezogenes Wissen anzueignen und sich damit neuen Anforderungen zu stellen und anzupassen. Diese Fähigkeiten des ständigen Neulernens und nicht das Bewahren einmal angeeigneten Fachwissens aus dem Studium ist ein entscheidender Faktor für den beruflichen Erfolg. Flexibles Sich-Anpassen und Einarbeiten in neue Arbeitsaufgaben sind dann für den Berufserfolg möglicherweise wichtiger als die zertifizierten Leistungen. Aber gerade diese Fähigkeiten (Flexibilität, Kreativität, schnelle Auffassungsgabe, ...) sind in empirischen Erhebungen nur sehr schwer zu operationalisieren. Es wird mit diesen methodischen Mitteln kaum möglich sein, ihren Einfluß auf den beruflichen Erfolg genauer zu bestimmen.

4 Zusammenfassung der Ergebnisse zur regionalen Mobilität und zum beruflichen Erfolg

Bemerkenswert ist sicher die Tatsache, daß solche Wohnortverlagerungen, die mit einer Aufgabe bestehender sozialer Netzwerke verbunden sind, nur von knapp 40 Prozent aller Absolventen in den ersten 4 bzw. 5 Berufsjahren vorgenommen werden. Dabei spielt sich der Großteil der Wanderungsbewegungen in einem Zeitraum unmittelbar nach Studienende ab (Phase der Beschäftigungssuche und der Orientierung). Das insgesamt geringe Mobilitätsaufkommen hängt in hohem Maße vom Verdichtungsgrad der untersuchten Regionen und Hochschulstandorte ab. In hochverdichteten Regionen treten aufgrund des größeren Angebots von Arbeitsplätzen für Hochqualifizierte kaum (Ab-) Wanderungsvorgänge auf. Dies ist in ländlich-peripheren Regionen anders, hier werden die Abwanderungstendenzen sehr deutlich.

[177] In diesem Zusammenhang stehen auch die Anforderungen, die im Rahmen des sog. Lean-Management an Hochschulabsolventen gestellt werden.

Es wurde auch festgestellt, daß Universitätsabsolventen in der Regel eine höhere regionale Mobilität an den Tag legen als Fachhochschulabsolventen (wenn man bezüglich des Verdichtungsgrades der Hochschulstandorte vergleichbare Studienorte untersucht). Hält man dagegen die siedlungsstrukturellen Unterschiede bezüglich der Hochschulstandorte konstant, so sind keine Differenzen im Ausmaß der Mobilität von Universitäts- und Fachhochschulabsolventen festzustellen. Die häufiger ländlich und dezentral gelegenen Standorte der Fachhochschulen erfordern von ihren Absolventen an der Schwelle vom Bildungs- in das Beschäftigungssystem insgesamt ein etwas höheres Maß an regionaler Mobilität.

Bei einer vergleichenden Analyse von regionalem Mobilitätspotential und realisierter regionaler Mobilität konnte die Annahme, daß das regionale Mobilitätspotential in der Regel höher liegt als die später tatsächlich realisierten Wanderungsvorgänge, in Teilbereichen nicht belegt werden. Vielmehr zeigt sich z.B. bei den Absolventen des Studienganges Sozialwesen ein zunächst vergleichsweise geringes Mobilitätspotential, die realisierte regionale Mobilität fällt demgegenüber dann aber höher aus. Vergleichbares trifft auch zu, wenn nur die weiblichen Absolventen analysiert werden. Obwohl ihr regionales Mobilitätspotential gegenüber dem der Männer deutlich niedriger liegt, sind sie real ebenso mobil wie ihre männlichen Kommilitonen.

Generell kann festgehalten werden, daß sich eine höhere regionale Mobilität, gemessen am Ausmaß der beruflichen Zufriedenheit und der Höhe des Jahreseinkommens, positiv auf den beruflichen Erfolg auswirkt. Insgesamt betrachtet, sind die Positivwirkungen aber nur gering. Andere Einflußvariablen, die in diesem Abschnitt eingehender untersucht worden sind, üben einen bedeutend größeren Effekt auf die Entwicklung des beruflichen Erfolges aus als es die regionale Mobilität. Wenn ein Absolvent bzw. eine Absolventin über Eigenschaften verfügt, die den beruflichen Erfolg negativ beeinflussen (z.B. bestimmte geschlechtsspezifische Nachteile) oder unter ungünstigen Rahmenbedingungen in das Beschäftigungssystem eintritt (z.B. ein Studienfach mit negativen Arbeitsmarktaussichten oder geringes Einkommen bzw. ein Berufseintritt in einer ländliche-peripheren Region), so kann eine erhöhte Mobilität diese Nachteile nicht annähernd ausgleichen. Tendenziell bedingt regionale Mobilität zwar eine Verbesserung des Berufserfolges, aber nur dann, wenn die Wanderung berufsbedingt und selbstinitiiert ist; insgesamt gesehen ist sie aber nur eine mäßig bedeutsame Größe für den beruflichen Erfolg. Die starken Fixierungen von z.B. Arbeitsverwaltungen und Arbeitgebern auf ein hohes Maß an regionaler Mobilität von Akademikern (ebenfalls auf gute Abschlußnoten und ein kurzes Studium) suggerieren verbesserte Beschäftigungschancen und größere berufliche Erfolge, die sich für die Masse der bundesdeutschen Hochschulabsolventen jedoch nicht einstellen werden. Wenn Personalleiter von Hochschulabsolventen einen ganzen Kanon von Voraussetzungen verlangen, die für einen erfolgreichen Berufsstart scheinbar notwendig sind, dann ist die Variable regionale Mobilität bzw. regionale Mobilitätsbereitschaft, die viele unter großem Wehklagen bei der heutigen Hochschulabsolventengeneration vermissen, in diesem Kanon gewünschter Qualifikations- und Persönlichkeitsmerkmale nur von nachrangiger Bedeutung.

VII Fazit und Defizite der Arbeit

1 Fazit

In dieser Studie sollte versucht werden, für die Gruppe der Hochschulabsolventen den Stellenwert *regionaler Mobilität in der Berufsstartphase und den ersten Berufsjahren* zu bestimmen. Dies geschah vor dem Hintergrund, daß regionale Mobilität besonders in Zeiten allgemein ungünstiger Arbeitsmarktbedingungen als eine geeignete Strategie erscheint, um den (regionalen) Arbeitsmarktproblemen durch Abwanderung zu begegnen. Als ein Ergebnis dieser Untersuchung muß dabei festgehalten werden, daß der Auslöser für regionale Mobilitätsprozesse allerdings nicht in erster Linie in konjunkturbedingten Arbeitsmarktdefiziten zu sehen ist.[178] Viel entscheidender sind regionale Disparitäten im Qualifikationsniveau der Arbeitsplätze, also qualifikationsbezogene, regionale Arbeitsmarktungleichgewichte. Ein hohe Abwanderungsquote haben dementsprechend vor allem solche Regionen zu verzeichnen, die aufgrund ihrer Branchen- und Qualifikationsstruktur in nur begrenztem Umfang über Akademikerarbeitsplätze verfügen (z.B. strukturschwache periphere Regionen wie das westliche Niedersachsen). In Zeiten eines wirtschaftlichen Abschwungs und hoher Akademikerarbeitslosigkeit verstärken sich diese bestehenden strukturellen Arbeitsmarktdefizite und verschlechtern dadurch (in der Regel) in *allen* Regionen die Berufseinstiegschancen von Hochschulabsolventen. In ländlich-peripheren Regionen wird die ohnehin ungünstige Situation auf dem Arbeitsmarkt durch die konjunkturbedingten Arbeitsplatzverluste auch im Bereich akademischer Qualifikationen noch problematischer. Dies betrifft natürlich auch Regionen mit einem höheren Potential an akademischen Arbeitsplätzen, allerdings geht hier die Verringerung des Arbeitsplatzangebotes für Akademiker von einem vergleichsweise höheren Niveau aus.

Überträgt man diese Ergebnisse von der Ebene der ökologischen Daten auf die Individualebene (Einbeziehung der externen Rahmenbedingungen in die Handlungsentwürfe der Individuen), so geht der Ansatz, regionale Mobilität lediglich als gezielte Strategie zur Erreichung einer befriedigenden Berufstätigkeit bzw. zur Vermeidung von Arbeitslosigkeit oder inadäquater Beschäftigung aufzufassen, von tendenziell falschen Voraussetzungen aus. Bei *Hochschulabsolventen aus peripheren Regionen* ist in der Entscheidung für ein Studium die Entscheidung zu wandern implizit bereits enthalten. Regionale Mobilität ist für diese Absolventen nicht in erster Linie eine bewußte Strategie, eine Stelle zu finden bzw. Arbeitslosigkeit zu vermeiden, sondern eine von ihnen akzeptierte Notwendigkeit, die der eingeschlagene (Berufs-) Ausbildungsweg (in diesem Fall eine akademische Berufslaufbahn) mit sich bringt.[179] Für Absolventen dezentraler, ländlicher Hochschulstandorte

[178] In Makro-Studien zum Zusammenhang von regionaler Mobilität und Wirtschaftsentwicklung wird die Hypothese aufgestellt, die berufsbedingte soziale (und damit auch regionale) Mobilität sei in Zeiten einer schwachen Konjunktur überdurchschnittlich gering (geringer Stellenumschlag) in der Phase der konjunkturellen Belebung dagegen überdurchschnittlich hoch (hoher Stellenumschlag) (vgl. SCHETTKATT, 1992, S. 26 ff.).

[179] Dies trifft auf Fachhochschulabsolventen nur partiell zu: Ein beachtlicher Anteil von Fachhochschulabsolventen findet (trotz Studium) eine adäquate Tätigkeit in Heimatnähe.

sind die strukturellen regionalen Arbeitsmarktungleichgewichte Bestandteil der externen Rahmenbedingungen des Berufseintritts (constrains). Diese fließen in die Ausbildungs- und Berufsentscheidung als sogenannte Push-Faktoren ein und veranlassen bzw. zwingen die Absolventen dazu, aus ihrer Heimat- oder Studienregion abzuwandern. Die Handlungsentwürfe von Hochschulabsolventen aus solchen Regionen stellen diese Arbeitsmarktungleichgewichte bereits in Rechnung, da diese (die Handlungsentwürfe) mit der Situationsdefinition (also u.a. der Wahrnehmung der externen Rahmenbedingungen, z.B. des regionalen Arbeitsmarktes) in einer engen Wechselwirkung stehen. Anders sieht es bei *Hochschulabsolventen* aus, die *aus Verdichtungsräumen* stammen oder in Verdichtungsräumen studieren. Diese zeichnen sich durch ein überdurchschnittliches Maß an Immobilität aus. In Verdichtungsräumen ist das Potential an adäquaten Akademikerarbeitsplätzen deutlich besser als in peripheren Regionen. Die Notwendigkeit zur Abwanderung ist hier weniger zwingend. Viele Absolventen werden daher zunächst versuchen, auf dem Arbeitsmarkt in der Heimat- oder Studienregion Fuß zu fassen.

Auch wenn sich die Rahmenbedingungen für Absolventen aus ländlich-peripheren Regionen und Verdichtungsräumen deutlich voneinander unterscheiden, so kommen doch für beide Gruppen Migrationen nur dann in Frage, wenn am neuen Wohnort ein vom Inhalt und dem Niveau angemessener Arbeitsplatz garantiert bzw. sicher erwartet werden kann. In diesem Zusammenhang wird dann regionale Mobilität als Strategie zur Erreichung eines Handlungsziels gezielt eingesetzt bzw. ins Kalkül gezogen.

Damit wird auch deutlich, daß die realisierten Wanderungsvorgänge die Entscheidungsprozesse in der Berufseintrittsphase nur unzureichend widerspiegeln. Das Handlungsresultat ist nur das Ergebnis *eines* Handlungsentwurfes; gerade in der Berufseintrittsphase werden von den Absolventen aber sicherlich mehrere alternative Handlungsentwürfe in Erwägung gezogen. Diese potentiellen Handlungsalternativen bleiben aber unbeachtet, da man sich aufgrund der Qualität der erhobenen Daten lediglich auf die realisierte Handlung (mit den realisierten Mobilitäts- und Flexibilitätsprozessen) konzentrieren kann. Um die Handlungsdispositionen nachvollziehen zu können, müssen die Untersuchungen vielmehr auf die regionale Mobilitätsbereitschaft bzw. das Mobilitätspotential gerichtet werden (ebenso wie die berufliche Flexibilitätsbereitschaft bzw. andere potentielle Anpassungsbereitschaften oder Handlungsstrategien). Erst bei Berücksichtigung latenter Handlungen wird deutlich, mit welchen möglichen Handlungsentwürfen versucht wird, auf dem Arbeitsmarkt eine Stelle zu finden. Dann wird z.B. deutlich, daß Wohnortverlagerungen mit einer positiven Arbeitsmarkteinschätzung überdurchschnittlich oft in Zusammenhang stehen. Mit einer Vergrößerung des regionalen Suchradius kommen dabei mehr akzeptable Berufstätigkeiten ins Blickfeld. Aufgrund der erwarteten guten Beschäftigungsbedingungen zeigen diese mobilen Absolventen dementsprechend kaum berufliche Flexibilitätsbereitschaft. Bei einer eher negativen Beurteilung der Arbeitsmarktbedingungen ist demgegenüber die berufliche Flexibilitätsbereitschaft überdurchschnittlich groß, Wohnortverlagerungen werden deutlich seltener in Erwägung gezogen. Es kann hier aber kein Kausalzusammenhang dergestalt hergestellt werden, daß regionale Mobilität unabhängig von den Arbeitsmarktbedingungen die Beschäftigungsaussichten verbessert. Es wurde lediglich gezeigt, daß, unter den Bedingungen eines relativ günstigen Arbeitsplatzangebotes, ein erweiterter Suchradius bei der Stellensuche (also eine höhere Mobilitätsbereitschaft) ein größeres Arbeitsplatzpotential bietet. Unter ungünstigen Arbeitsmarktbedingungen wird eine hohe regionale Mobilitätsbereitschaft in der Regel kein deutlich besseres Stellenangebot liefern. Wenn die Beschäftigungsaussichten generell schlecht sind, fehlen in allen Regionen Arbeitsplätze.

Das Verhältnis zwischen regionaler Mobilitätsbereitschaft und realisierter Mobilität ist dabei nicht eindeutig. Generell wird davon ausgegangen, daß in der Regel die Mobilitätsbereitschaft höher liegt als die später realisierte Mobilität. Dies zeigte sich beispielsweise bei den männlichen Maschinenbauingenieuren und den männlichen Wirtschaftswissenschaftlern. Es konnte in dieser Studie aber auch gezeigt werden, daß es Fälle gibt, in denen die Absolventen räumlich mobiler sein müssen, als es ihnen aufgrund ihres Mobilitätspotential selbst vorschwebt. Dies betrifft beispielsweise Absolventen sozialpflegerischer Studiengänge oder Hochschulabsolventinnen. Diese sind also aufgrund der Arbeitsmarktsituation (oder der sozialen bzw. familiären Bedingungen) gezwungen, häufiger den Wohnort zu wechseln, als sie es im Studium oder bei Studienende erwartet oder beabsichtigt haben.

Ausgehend von der Annahme, daß regionale Mobilität als eine bewußte Handlungsstrategie zur Erreichung einer zufriedenstellenden Berufstätigkeit bzw. zur Verbesserung der beruflichen Situation verstanden werden könnte, wurde der Einfluß der *regionalen Mobilität auf den beruflichen Erfolg* geprüft. Hinter dieser Annahme stand die nachvollziehbare Überlegung, daß Hochschulabsolventen gerade in der Berufseintrittsphase und den ersten Berufsjahren das Ziel vor Augen haben, das jeweils beruflich Erreichte durch ein gezieltes Bewerben auf attraktivere und höher dotierte Arbeitsstellen optimieren wollen (im Sinne des homo oeconomicus). Die Analysen haben aber nun gezeigt, daß regionale Mobilität für die Mehrzahl der Befragten nicht in diesem Sinne zum Einsatz kommt. Generell zeigt sich bei den Hochschulabsolventen ein relativ niedriges Mobilitätsniveau. Mehr als *60 Prozent* wohnen 5 Jahre nach Studienende noch in der Studienregion oder ihrer Herkunftsregion. Wenn Absolventen allerdings mobil sind, dann können sie auch häufiger über signifikant höhere Einkünfte verfügen als die immobilen Absolventen; dennoch beeinflussen Variablen wie das studierte Fach oder das Geschlecht den beruflichen Erfolg stärker als regionale Mobilität. Durch ein erhöhtes Maß an regionaler Mobilität werden die Einkommenseffekte anderer unabhängiger Variablen nicht wettgemacht. Entsprechendes trifft auch für die berufliche Zufriedenheit zu.

Angesichts dieser Ergebnisse muß der Sinn und Zweck der Forderung von Arbeitgebern in Frage gestellt werden, daß Hochschulabsolventen in sehr viel größerem Ausmaß regional mobil sein müßten. Arbeitslose Hochschulabsolventen können durch regionale Mobilität keine grundlegende Verbesserung ihrer Situation erreichen. Die Mehrzahl der berufstätigen Hochschulabsolventen profitieren zwar in mehr oder weniger starkem Ausmaß, wenn sie regional mobil sind (bezüglich des Jahreseinkommens und/oder der beruflichen Zufriedenheit). Für einen nicht unbeträchtlichen Teil der Absolventen sind regionale Mobilitätsprozesse aber auch einkommensneutral.

Ebenso wie die Forderung nach höher beruflicher Flexibilität, größerer finanzieller Anpassungsbereitschaft, guten Examensnoten oder kurzen Studienzeiten bewirken diese Arbeitgeberäußerungen in erster Linie, daß die Probleme auf dem Arbeitsmarkt (sei es eine fehlende oder eine unbefriedigende Beschäftigung) dem Einzelnen überantwortet und damit individualisiert werden.[180] Drohende Beschäftigungsprobleme werden so zum persönlichen Schicksal, denen die Betroffenen selbst entgegentreten müssen (vgl. BECK, 1986, S. 144). Beschäftigungsprobleme scheinen also grundsätzlich lösbar zu sein, wenn sich die Arbeitsuchenden entsprechend weiträumiger (in regionaler wie qualifikationsbezogener Sicht) orientieren würden.[181] Diese überregionale Orientierung könnte von Akademikern auch durchaus eingefordert werden, wenn tatsächlich die Akademikerarbeitsplätze lediglich regional ungleich verteilt wären, und alle Hochschulabsolventen wirklich bedingungslos immobil wären. Doch das ist ja gerade nicht der Fall. Hochschulabsolventen nehmen diese regionalen Arbeitsmarktungleichgewichte durchaus wahr, und sie sind dementsprechend bereits bei der Studienortwahl oder spätenstens bei der Wahl des Arbeitsortes mobil bzw. mobilitätsbereit . Es fehlen allerdings überall akademikeradäquate Arbeitsplätze, regionale Mobilität wird daran kaum etwas ändern (vgl. BÖRSCH-SUPAN, 1990, S. 60 ff.; DERENBACH, 1984, S. 50 f.; BLASCHKE/NAGEL, 1984, S. 209). Eine Individualisierung dieser Problemlagen kann keine Lösung dieses Beschäftigungsproblems liefern, weil die arbeitsmarktbezogenen Rahmenbedingungen sich dem Zugriff des Individuums entziehen (vgl. BECK, 1986, S. 211). Dies wird bezüglich der regionalen Mobilität besonders deutlich. Etwas anders sieht es in bezug auf die geforderte berufliche Flexibilität aus. Hier haben Hochschulabsolventen aufgrund ihres hohen Qualifikationsniveaus durchaus noch die Chancen, durch eine Verdrängung von Arbeitskräften niedrigerer Qualifikationsstufen, doch noch auf dem Arbeitsmarkt unterzukommen. Berufliche Flexibilität bedeutet dann aber in der Regel Flexibilität nach unten. Dies kann nicht für alle Hochschulabsolventen eine befriedigende und endgültige Lösung des Beschäftigungsproblems sein. Zudem verschiebt dieser Substitutionsprozeß zwischen den Qualifikationsgruppen das Arbeitsmarktproblem stets auf die Absolventen der nächst-niedrigeren Qualifikationsstufe. Der Gesamtumfang des Ungleichgewichts zwischen Arbeitsplatznachfrage und Arbeitskraftangebot wird dadurch nicht verringert.

Inhaltlich bleibt weiterhin festzustellen, daß die formalen Anforderungen wie Examensnote, Alter oder Studiendauer für den beruflichen Erfolg sehr viel unbedeutender sind, als es gemeinhin eingefordert und proklamiert wird. Flexibilität im Denken, soziale und außerfachliche Kompetenzen und generalistische Qualifikationen oder z.B. arbeitsplatzspezifische Kenntnisse sind jetzt die neuen Schlüsselworte für den beruflichen Erfolg. Diese neuen Anforderungen sind empirisch, insbesondere quantitativ-empirisch aber kaum operationalisierbar.

[180] Vgl. dazu auch die Hypothesen von BECK zu Individualisierung und Arbeitslosigkeit (BECK, 1986, S. 143 ff.) und zur Individualisierung von Biographiemustern (BECK, 1986, S. 205 ff.).

[181] Diese Individualisierung der Beschäftigungsprobleme und die Forderung, ihnen mit Mobilität und Flexibilität zu begegnen, betrifft natürlich nicht nur Akademiker, sondern auch andere Qualifikationsgruppen.

2 Defizite der Arbeit

In den ersten drei Kapiteln dieses Dissertationsvorhabens wurde der theoretische Rahmen des bearbeiteten Themas relativ umfangreich abgesteckt. Es sind unterschiedliche Aspekte aus der Migrations- und Berufs- bzw. Verbleibsforschung behandelt worden. Schließlich wurde versucht, vor einem handlungstheoretischen Hintergrund den Übergangsprozeß vom Bildungs- in das Beschäftigungssystem als Handlungsablauf zu rekonstruieren; auf diese Weise sollte der Entscheidungs- und Handlungsprozeß der Hochschulabsolventen in der Berufseintrittsphase modellhaft nachvollziehbar gemacht werden. In dieses Handlungsmodell wurde auch die regionale Mobilität bzw. die regionale Mobilitätsbereitschaft eingeordnet. In den beiden empirischen Kapiteln wurde dann versucht, einige Aspekte dieser modellhaften Handlungsrekonstruktion nachzuzeichnen und statistisch zu überprüfen bzw. zu belegen. Es ist bereits im Laufe der Arbeit deutlich geworden, daß bei den Forschungsprojekten, aus denen die Befragungsdaten stammen, die Frage nach der Bedeutung der regionalen Mobilität in der Berufseintrittsphase und den ersten Berufsjahren nicht im Mittelpunkt stand. Außerdem hat sich gezeigt, daß Erhebungen und Untersuchungen zur regionalen Mobilität nur sinnvoll sind, wenn gleichzeitig auch die sozialen Mobilitätsprozesse berücksichtigt werden.

2.1 Mangelnde Übereinstimmung zwischen Theorieanspruch und seiner empirischen Überprüfbarkeit

Die Komplexität der Entscheidungen in der Berufseinstiegsphase wurde in den theoretischen Vorüberlegungen und anschließend bei der handlungstheoretischen Rekonstruktion des Handlungsablaufes immer wieder deutlich, insbesondere wenn von den Hochschulabsolventen zusätzlich auch Wohnortverlagerungen in Betracht gezogen wurden. Man hatte es also mit einer Vielzahl abhängiger und unabhängiger Variablen zu tun, die in unterschiedlichen Wechselwirkungen zueinander standen (zudem war eine eindeutige Trennung zwischen abhängigen und unabhängigen Variablen nicht immer eindeutig möglich).[182] In beiden Forschungsprojekten wurden wesentliche Aspekte und Variablen, die dazu geeignet gewesen wären, die Bedeutung regionaler Mobilität beim Übergang vom Bildungs- in das Beschäftigungssystem näher zu bestimmen, nicht oder nur unvollständig erhoben. Daher mußte die Analyse an einigen Stellen lückenhaft bleiben. Bei der Kasseler Befragung war beispielsweise eine Untersuchung der regionalen Arbeitsmarktbedingungen oder Wirtschafts- bzw. Branchenstrukturen nur eingeschränkt möglich. Dementsprechend konnte ihr Einfluß auf Handlungsweisen der Hochschulabsolventen beim Berufseintritt und der beruflichen Konsolidierung nicht festgestellt werden. In der Osnabrücker Hochschulabsolventenbefragung wurden ebenfalls nicht alle Variablen vollständig erhoben, denen aufgrund der theoretischen Vorüberlegungen eine wesentliche Rolle zugeschrieben werden konnte (z.B. bezüglich des Bewerbungsverhaltens, der familiären Situation oder den verschiedenen Aspekten des beruflichen Erfolges). Insbesondere lag der letzte Befragungszeitpunkt (1 bis 2 Jahren nach Studienende) noch zu nah am Studienabschluß, so daß nur ein Ausschnitt des Berufseintrittsprozesses verfolgt werden konnte. Zudem bezog sich die

[182] Vgl. z.B. die Überlegung, daß berufliche Wertvorstellungen als unabhängige Variable den Berufseintrittsprozeß und die Berufswahl beeinflussen können. Sie können ebenfalls als abhängige Variable gesehen werden, die sich durch Erfahrungen bei der Stellensuche oder im Laufe der beruflichen Sozialisation verändern oder herausbilden.

Befragung nur auf eine ländlich-periphere Region. Die Defizite in der Datenqualität der beiden Forschungsprojekte ließen sich nicht immer gegenseitig aufwiegen. Die Funktion des handlungstheoretischen Modells des Berufseintritts von Hochschulabsolventen als Auswertungsschema zu nutzen, kam somit zum einen aufgrund der Unvollständigkeit der Daten nicht voll zum Tragen.

Einige wichtige Aspekte des Handlungsmodells wurden zum zweiten deswegen nicht einbezogen, weil ihre Operationalisierung unkalkulierbare Probleme mit sich gebracht hätte. Dies konnte beispielsweise bei der Konstruktion des Indikators zur beruflichen Flexibilitätsbereitschaft gezeigt werden. Diesem Indikator wurde von Fachhochschul- und Universitätsabsolventen verschiedene inhaltliche Bedeutungen zugeschrieben. Die berufliche Flexibilitätsbereitschaft war trotz identischer Konstruktion nicht für die beiden Absolventengruppen vergleichbar. Ähnliche Probleme zeichneten sich auch bezüglich der beruflichen Wertorientierungen und Einstellungen ab. Weil sich bereits der Versuch der Operationalisierung bei der beruflichen Flexibilitätsbereitschaft als sehr schwierig erwies, wurde in bezug auf die beruflichen Wertvorstellungen und Orientierungen von vornherein auf eine Analyse verzichtet. Somit blieben also gerade solche Variablen unberücksichtigt, von denen vermutet werden konnte, daß sie den Prozeß des Berufseintritts und der beruflichen Etablierung möglicherweise entscheidend mitbeeinflussen. Es sind damit Variablenbereiche angesprochen, bei dem in der quantitativ-empirischen Berufs- bzw. Verbleibsforschung relativ unklar ist, welche Bedeutung diesen beruflichen Orientierungen und Werthaltungen bei den individuellen Entscheidungen in der Übergangsphase von Studium in den Beruf zugeschrieben werden kann (vgl. SCHOMBURG, 1992a, S. 207). Es müßte daher einer weiteren Untersuchung vorbehalten sein, die Frage zu klären, in welcher Weise z.B. die Karriere- oder Sicherheitsorientierung, das berufliche Engagement sowie die finanzielle Ansprüche oder Erwartungen in der Phase des Berufseintritts und im weiteren Berufsverlauf eine Rolle spielen.[183] Erst wenn sich diese Zusammenhänge befriedigend klären ließen, wären Aussagen dazu möglich, in welchem Rahmen die beruflichen Wertorientierungen regionale Mobilitätsprozesse auslösen (regionale Mobilität, um z.B. bessere Arbeitsaufgaben übernehmen zu können) oder verhindern (z.B. regionale Immobilität, um z.B. einen sicheren Arbeitsplatz behalten zu können).

2.2 Möglichkeiten und Grenzen der Leistungsfähigkeit qualitativ-empirischer Methoden

Es wurde bereits am Ende von Kapitel III darauf hingewiesen, daß das handlungstheoretische Modell nur einen heuristischen Charakter haben kann. Den Übergangsprozeß zwischen Studium und Beruf als eine zielorientierten Handlungssequenz nachzuvollziehen bzw. den subjektiven Sinn der Handlung zu erkennen, war mit dem vorhandenen Datenmaterial nicht möglich. Dies wurde in den empirischen Kapitel V und VI auch deutlich. Zwar konnten auf der Grundlage der empirischen Daten die tatsächlichen Handlungen und z.T. auch Handlungsfolgen ermittelt werden, doch davon konnte nicht auf die handlungsleitenden Zielorientierungen oder die alternativen Handlungsentwürfe geschlossen werden. Es blieb lediglich zu prüfen, welcher Weg letztendlich zu einem (vorläufigen) beruflichen Verbleib geführt hat, aber nicht, welche Wege und Strategien in der Übergangsphase über-

[183] Vgl. die Liste der beruflichen Orientierungen bei SCHOMBURG, 1992a, S. 208.

haupt in Erwägung gezogen wurden. Auch die Analysen zu den Handlungsbereitschaften konnten nur Hinweise dafür liefern, welche Prioritäten die Absolventen unter unterschiedlichen Rahmenbedingungen haben würden. Wie die individuellen Entscheidungsprozesse tatsächlich ablaufen bzw. abgelaufen sind, konnte auch daraus nicht abgeleitet werden. Auch wenn das handlungstheoretischen Modell der beruflichen Übergangs eine Idealtypus dafür war, in welchem Orientierungsrahmen der Berufseintritt verlaufen kann und insbesondere wie er nachvollzogen werden kann, konnten diese Verstehens- und Erklärungspotentiale im empirischen Teil der Arbeit nicht oder nur stellenweise genutzt werden.

Es stellt sich daher an dieser Stelle die Frage, ob Methoden aus dem Bereich der empirisch-qualitativen Sozialforschung, z.B. offene Interviews, bessere Ergebnisse geliefert hätten; möglicherweise auch in Kombination mit den quantitativen Ansätzen. Orientiert man sich an den Ansprüchen, die qualitativ-empirische Sozialforscher mit diesen Methoden glauben einlösen zu können, so sind sie (die Methoden) in besonderer Weise dazu geeignet, den *subjektiv vermeinten Sinn oder objektive Bedeutungen, die mit Handlungen einhergehen, aufzudecken* (GARZ/KRAIMER, 1991, S. 2). Durch narrative Interviews könnten demnach die Übergänge in den Beruf als Handlungssequenz nachvollziehbar gemacht werden. Die Befragten hätten die Möglichkeit, ausführlich ihren Entscheidungsprozeß darzulegen. Sie könnten ihre primären Handlungsentwürfe und Zielorientierungen in der Berufseintrittsphase deutlich machen und offenlegen, auf welche Weise sie versuchen würden, diese Ziele zu erreichen. Es könnten sehr detaillierte Angaben zur Bedeutung regionaler Mobilität im Berufseintrittsprozeß und im weiteren Berufsverlauf gemacht werden. Insbesondere die unterschiedlichen Aspekte des Eingebundenseins in bestehende soziale Netzwerke würden auf diese Weise klarer werden. Qualitative Verfahren würden eher als quantitative Methoden darauf zielen, die den Handlungen zugrundeliegenden latenten Sinn- und Tiefenstrukturen zu erforschen. *Der ... Weg besteht darin, nach den, eine Handlung – ... – leitenden Regeln zu suchen, unabhängig davon, ob diese den Subjekten bewußt sind oder nicht* (GARZ/KRAIMER, 1991, S. 4). Man kann also davon ausgehen, daß qualitative Methoden prinzipiell geeigneter wären, auf das in Kapitel III ausgearbeitete Handlungsmodell aufzusetzen.[184]

Es ist sicherlich ein Defizit dieser Arbeit, daß qualitative Methoden (z.B. Interviews mit Hochschulabsolventen) nicht in strukturierter Form in diese Arbeit Eingang gefunden haben. Insbesondere um die Plausibilität des aufgestellten Handlungsmodell zu prüfen, hätten Aussagen von Hochschulabsolventen zu ihrem beruflichen Übergang und ihrer beruflichen Etablierung wichtige Hinweise geben können.[185] Dies wäre bei einer weiteren Bearbeitung dieses Themas der nächste Schritt.

---

[184] In welcher Weise dann die qualitativen und quantitativen Untersuchungsansätze dann miteinander verknüpft würden, müßte ebenfalls noch diskutiert werden (vgl. dazu GARZ/KRAIMER, 1991, S. 15 ff.).

[185] Nun ist es aber nicht so, daß im Rahmen dieser Dissertation keine Interviews mit Fachhochschul- und Universitätsabsolventen stattgefunden haben. Im Gegenteil: Bei jeder sich bietenden Gelegenheit habe ich Hochschulabsolventen nach ihren beruflichen Zielvorstellungen befragt und insbesondere danach, wie sie ihren beruflichen Verbleib organisieren werden. Auch ging es in solchen Gesprächen stets um die Frage, inwieweit regionale Mobilität in Frage kommt bzw. wie die Berufseintrittsprozesse mit Partner oder Familie koordiniert werden. Eine strukturelle Einbindung dieser Erfahrungen in die Arbeit erfolgte aber nicht (vgl. aber das Vorwort).

Allerdings muß auch auf Probleme hingewiesen werden, die diese qualitativen Ansätze aufweisen:

- Ebenso wie bei schriftlichen Befragungen handelt es sich auch bei Tiefeninterviews um *reaktive Ansätze*. Die erhobenen Daten sind Folgen eines Stimulus, in diesen Zusammenhängen einer schriftlichen oder einer mündlichen Frage. In beiden Fällen ist problematisch, daß *der Befragte weniger auf das [reagiert], was der Forscher meint, sondern auf das, was er versteht ...* (KRIZ, 1991, S. 108 f.; vgl dazu auch SOEFFNER, 1989, S. 58 f.). Beides ist nur im Idealfall identisch. Es kann allerdings davon ausgegangen werden, daß die Meinungen, Einstellungen, Werthaltungen und Tatsachen, die den Reaktionen zugrundeliegen, nicht erst durch diese Befragung entstehen (vgl. KRIZ, 1991, S. 108).
- Ein zentrales Problem insbesondere bei den narrativen Interviews ist das Fehlen handhabbarer Auswertungsanleitungen, damit die erhobenen Daten (Interviewtexte) kontrolliert interpretiert werden können.[186] Schon auf dieser Ebene *scheitert eine ganze Anzahl der qualitativen Untersuchungen, deren zweifelhafte Qualitäten entweder in naiven Intuitionismus und Empathie sowie in der unkontrollierten Anwendung alltäglicher Deutungsroutinen und Plausibilitätsmaximen bestehen oder aber auf der mehr als problematischen Übertragung geborgter und nicht fallspezifisch angewandter Interpretationsmuster und Vorwegdeutungen (...) beruhen* (SOEFFNER, 1989, S. 59).[187]

Bevor also der Übertritt von Hochschulabsolventen vom Bildungs- in das Beschäftigungssystem unter Einschluß qualitativer Methoden analysiert werden könnte, müßten noch zweckmäßige Interpretationsroutinen entwickelt werden. Sollte dies gelingen, dann könnte der Übergangsprozeß auf der Basis des handlungstheoretischen Modells sicherlich besser untersucht werden, als dies auf der Grundlage der empirisch-quantitativen Auswertungen möglich war.

[186] Zu den unterschiedlichen Zielvorstellungen, wie eine kontrollierte Interpretation der erhobenen Daten sichergestellt werden kann vgl. HAUPERT, 1991, S. 213 ff. und SOEFFNER, 1989, S. 59 ff.

[187] Vgl. auch die von HAUPERT genannten Probleme: Beliebigkeit der Interpretation, mangelnde Generalisierbarkeit der Ergebnisse, Problem einer zeitökonomischen Bearbeitung, fehlende Möglichkeiten der Darstellung von Ergebnissen und das Problem des Selbst- und Wissenschaftsverständnisses (vgl. HAUPERT, 1991, S. 214 ff.).

Literaturverzeichnis

Abkürzungen in den Literaturtiteln:

ARL	Akademie für Raumforschung und Landesplanung in Hannover
BeitrAB	Beiträge aus der Arbeitsmarkt und Berufsforschung, hrsg. vom Institut für Arbeitsmarkt- und Berufsforschung
BfLR	Bundesforschungsanstalt für Landeskunde und Raumordnung in Bonn
HIS	Hochschul-Informations-System GmbH in Hannover
IAB	Institut für Arbeitsmarkt- und Berufsforschung der Bundesanstalt für Arbeit in Nürnberg
MatAB	Materialen aus der Arbeitsmarkt und Berufsforschung, hrsg. vom Institut für Arbeitsmarkt- und Berufsforschung
MittAB	Mittelungen aus der Arbeitsmarkt und Berufsforschung, hrsg. vom Institut für Arbeitsmarkt- und Berufsforschung

ADEBAHR, Hubertus (1972, zuerst 1969): Binnenwanderung und Lohnhöhe. Eine Analyse der Binnenwanderungen in der Bundesrepublik in den Jahren 1957–1967 im Hinblick auf die Frage, ob Wanderungen »lohngerichtet« sind. In: SZÉLL, György (Hrsg.): Regionale Mobilität. München: Nymphenburger Verlagshandlung, 1972. (nymphenbuger texte zur wissenschaft, modelluniversität 10). S. 229–250.

AKADEMIE FÜR RAUMFORSCHUNG UND LANDESPLANUNG (Hrsg.) (1988): Analyse regionaler Arbeitsmarktprobleme. Hannover: Vincentz (Forschungs- und Sitzungsberichte, Bd. 168).

AKADEMIE FÜR RAUMFORSCHUNG UND LANDESPLANUNG (Hrsg.) (1988): Politikansätze zu regionalen Arbeitsmarktproblemen. Hannover: ARL. (Forschungs- und Sitzungsberichte, Bd. 178).

Akademiker als Sachbearbeiter. Personalplanung der Unternehmen. Interview mit R. Falk. In: UNI. Perspektiven für Beruf und Arbeitsmarkt. 18. Jg., Heft 2, 1994. S. 23.

AMTLICHE NACHRICHTEN DER BUNDESANSTALT FÜR ARBEIT: verschiedene Jahrgänge. Nürnberg.

ALBRECHT, Günter (1972): Soziologie der geographischen Mobilität. Zugleich ein Beitrag zur Soziologie des sozialen Wandels. Stuttgart: Enke.

ARNOLD, Heinz (1988): Soziologische Theorien und ihre Anwendung in der Geographie. Kassel: Gesamthochschulbibliothek. Kasseler Schriften zur Geographie und Planung. (URBS ET REGIO 49/1988).

BÄHR, Jürgen (1995): Internationale Wanderungen in Vergangenheit und Gegenwart. In: Geographische Rundschau, H. 7–8/1995. S. 389–404.

BÄHR, Jürgen (1992): Bevölkerungsgeographie. Verteilung und Dynamik der Bevölkerung in globaler, nationaler und regionaler Sicht. Stuttgart: Ulmer/UTB. (bes. Kap. 4, S. 277–370).

BARGEL, Tino (1987): Schlechte Berufsaussichten: Filter sozialer Selektion und Stress-Faktor im Studium. In: Reinhard BADER; Werner HABEL; Rolf v. LÜDE; Sigrid METZ-GÖCKEL; Eckhard STEUER (Hrsg.): Studenten im Schatten des Arbeitsmarktes. Studienwahl, Studium und

Berufseinmündung zwischen Wunschtraum und Realitätssinn. Frankfurt/New York: Campus. (Schwerpunktreihe Hochschule und Beruf, Campus Forschung, Bd. 525). S. 61–71.

BARGEL, Tino; Gerhild FRAMHEIN-PEISERT; J.-U. SANDBERGER (1989): Studienerfahrungen und studentische Orientierungen in den 80er Jahren. Trends und Stabilitäten. Bad Honnef: Bock. (Schriftenreihe Studien zu Bildung und Wissenschaft, hrsg. vom Bundesminister für Bildung und Wissenschaft, Bd. 86).

BAUMGARTEN, Helmut; Alexander WIEGAND (1996): Begehrte Spezialisten. Arbeitsmarkt Wirtschaftsingenieure. IN: UNI. Perspektiven für Beruf und Arbeitsmarkt. 20. Jg., H. 5/1996. S. 10–14.

BECK, Günther (1982): Der verhaltens- und entscheidungstheoretische Ansatz. Zur Kritik eines modernen Paradigmas in der Geographie. In: Peter Sedlacek (Hrsg.): Kultur-/Sozialgeographie. Beiträge zu ihrer wissenschaftstheoretischen Grundlegung. Paderborn, München, Wien, Zürich: Schöningh. S. 55–89.

BECK, Ulrich (1986): Risikogesellschaft. Auf dem Weg in die Moderne. Frankfurt a.M.: Suhrkamp.

BETZ, Rolf (1988): Wanderungen in peripheren ländlichen Räumen – Voraussetzungen, Abläufe und Motive. dargestellt am Beispiel dreier niedersächsischer Nahbereiche. Berlin: Reimer. (Abhandlungen des Geographischen Instituts – Anthropogeographie, Bd. 42).

BILGER, Ursula; Joachim GENESKO; Georg HIRTE (1991): Migration and Regional Labour Market Adjustment in West Germany. In: STILLWELL, John; Peter CONGDON (Hrsg.): Migration Models. Macro and Micro Approaches. London/New York: Belhaven Press, 1991. S. 152–167.

BIRG, Herwig (1993): Migrationsanalyse. Empirische Längsschnitt- und Querschnittanalyse auf der Grundlage von Mikro- und Makromodellen für die Bundesrepublik Deutschland. Bonn: Selbstverlag der BfLR. (Forschungen zur Raumentwicklung, Bd. 22).

BIRG, Herwig und E.-Jürgen FLÖTHMANN (1992): Biographische Determinanten der räumlichen Mobilität. In: ARL (Hrsg.): Regionale und biographische Mobilität im Lebenslauf. Hannover: ARL, 1992. (Forschungs- und Sitzungsberichte 189). S. 27–52.

BIRG, Herwig; E.-Jürgen FLÖTHMANN; Iris REITER (1991): Biographische Theorie der demographischen Reproduktion. Frankfurt/New York: Campus. (Forschungsberichte des Instituts für Bevölkerungsforschung und Sozialpolitik (IBS) Universität Bielefeld).

BLASCHKE, Dieter; Elisabeth NAGEL (1984): Regionale Mobilität von Erwerbspersonen. Bedingungen regionaler Mobilität und Seßhaftigkeit. In: MittAB, 17. Jg., H. 2, 1984, S. 201–215.

BLOSSFELD, Hans-Peter; Michael T. HANNAN; Klaus SCHÖMANN (1988): Erwerbsverlauf und die Entwicklung der Arbeitseinkommen bei Männern. Eine Längsschnittanalyse unter Verwendung einer stochastischen Differentialgleichung. In: Zeitschrift für Soziologie, 17. Jg., H. 6; Dezember 1988; S. 407–423.

BÖLTKEN, Ferdinand (1992): Mobilitätspotentiale in den alten und neuen Ländern. Ergebnisse der vergleichenden BfLR-Umfragen 1990/91. In: BfLR (Hrsg.): Informationen zur Raumentwicklung: Perspektiven der künftigen Bevölkerungsentwicklung in Deutschland. Teil 1: Fakten und Hypothesen, H. 9–10/1992. S. 745–768.

BÖRSCH-SUPAN, Axel H. (1990): Regionale und sektorale Arbeitslosigkeit: Durch höhere Mobilität reduzierbar? In: Zeitschrift für Wirtschafts- und Sozialwissenschaften. Nr. 110, 1990. S. 55–82.

BÖRSCH-SUPAN, Axel H. (1989): Mobilitätshemmende und mobilitätsfördernde Qualifizierung. In: SCHERF, Harald (Hrsg.): Beschäftigungsprobleme hochentwickelter Volkswirtschaften. Berlin: Duncker und Humblot, 1989. (Schriften des Vereins für Socialpolitik, Gesellschaft für Wirtschafts- und Sozialwissenschaften, Bd. 178). S. 451–470.

BOMMES, Michael; Carsten KLINGEMANN; Gabi KÖHLER; Albert SCHER (1991): Bereiche anwendungsorientierter soziologischer Forschung. In: KERBER, Harald; Arnold SCHMIEDERER (Hrsg.): Soziologie. Arbeitsfelder, Theorien, Ausbildung. Ein Grundkurs. Reinbek bei Hamburg: Rowohlt, 1991. (Rowohlts Enzyklopädie). S. 62–104.

Bonus durch Examensort? Hochschulranking und Berufseinstieg. Interview mit U. Teichler. In: UNI. Perspektiven für Beruf und Arbeitsmarkt. 18. Jg., Heft 4, 1994. S. 32–33.

BRUNKHORST, Hauke (1991): Entwicklung des Rationalitätsbegriffes. In: KERBER, Harald; Arnold SCHMIEDERER (Hrsg.): Soziologie. Arbeitsfelder, Theorien, Ausbildung. Ein Grundkurs. Reinbek bei Hamburg: Rowohlt, 1991. (Rowohlts Enzyklopädie). S. 252–294.

BÜCHEL, Felix; Christof HELBERGER (1995): Bildungsnachfrage als Versicherungsstrategie. Der Effekt eines zusätzlich erworbenen Lehrabschlusses auf die beruflichen Chancen von Hochschulabsolventen. In: MittAB, 28. Jg., H. 1/1995. S. 32–42.

BÜCHEL, Felix; Johannes SCHWARZE (1994): Die Migration von Ost- nach Westdeutschland – Absicht und Realisierung. Ein sequentielles Probitmodell unter Kontrolle unbeobacheter Heterogenität. In: MittAB, 27. Jg.; Heft 1, 1994. S. 43–52.

BÜSSING, André (1983): Arbeitssituation und Arbeitszufriedenheit. Ein theoretischer und methodischer Beitrag zur Kontroverse um die Bedeutung der Arbeitssituation für die Arbeitszufriedenheit. In: Kölner Zeitschrift für Soziologie und Sozialpsychologie, 35. Jg., 1983. S. 680–708.

BUND-LÄNDER-KOMMISSION FÜR BILDUNGSPLANUNG UND FORSCHUNGSFÖRDERUNG (1989): Gesamtbetrachtung zu den Beschäftigungsperspektiven von Absolventen des Bildungssystems. Bonn: Geschäftsstelle der Bund-Länder-Kommission. (Materialien zur Bildungsplanung, Heft 18).

BUNDESFORSCHUNGSANSTALT FÜR LANDESKUNDE UND RAUMORDNUNG (1990): Zur Dynamik der regionalen Arbeitsmarktentwicklung. Bonn: Selbstverlag der BfLR. (Informationen zur Raumentwicklung, Heft 1/1990).

BUNDESFORSCHUNGSANSTALT FÜR LANDESKUNDE UND RAUMORDNUNG (1987): Laufende Raumbeobachtung. Aktuelle Daten zur Entwicklung der Städte, Kreise und Gemeinden 1986. Bonn: Selbstverlag der BfLR. (Seminare – Symposien – Arbeitspapiere, Heft 28).

BUNDESMINISTER FÜR BILDUNG UND WISSENSCHAFT (Hrsg.) (1995): Grund- und Strukturdaten 1995/96. Bonn: BMBW.

BUNDESMINISTER FÜR BILDUNG UND WISSENSCHAFT (Hrsg.) (1992): Grund- und Strukturdaten 1992/93. Bad Honnef: Bock.

BUNDESMINISTER FÜR BILDUNG UND WISSENSCHAFT (Hrsg.) (1991): Grund- und Strukturdaten 1991/92. Bad Honnef: Bock.

BUNDESMINISTER FÜR BILDUNG UND WISSENSCHAFT (Hrsg.) (1990): Grund- und Strukturdaten 1990/91. Bad Honnef: Bock.

BUNDESMINISTER FÜR BILDUNG UND WISSENSCHAFT (Hrsg.) (1989): Grund- und Strukturdaten 1989/90. Bad Honnef: Bock.

BUNDESMINISTER FÜR BILDUNG UND WISSENSCHAFT (Hrsg.) (1989): Das soziale Bild der Studentenschaft in der Bundesrepublik Deutschland. 12. Sozialerhebung des Deutschen Studentenwerkes. Bad Honnef: Bock. (Schriftenreihe Studien zu Bildung und Wissenschaft, hrsg. vom Bundesminister für Bildung und Wissenschaft, Bd. 84).

BUNDESMINISTERIUM FÜR RAUMORDNUNG, BAUWESEN UND STÄDTEBAU (Hrsg.) (1991): Raumordnungsbericht 1991 der Bundesregierung. Bonn-Bad Godesberg: Bonner Universitäts-Buchdruckerei. (9/91).

BUNDESMINISTERIUM FÜR WIRTSCHAFT (BMWi) (1991): Akademische Berufe im EG-Binnenmarkt. Bonn: Ref. Öffentlichkeitsarbeit des Bundesministeriums für Wirtschaft.

BUNK, Gerhard P.; Manfred KAISER; Reinhard ZEDLER (1991): Schlüsselqualifikationen – Intention, Modifikation und Realisation in der beruflichen Aus- und Weiterbildung. In: MittAB, 24. Jg, H. 2, 1991, S. 365–374.

BUSCH, Dirk W.; HOMMERICH, Christoph (1987): Die neuen Akademiker – Modellathleten oder Breitensportler. In: Reinhard BADER; Werner HABEL; Rolf v. LÜDE; Sigrid METZ-GÖCKEL; Eckhard STEUER (Hrsg.): Studenten im Schatten des Arbeitsmarktes. Studienwahl, Studium und Berufseinmündung zwischen Wunschtraum und Realitätssinn. Frankfurt/New York: Campus, 1987. (Schwerpunktreihe Hochschule und Beruf, Campus Forschung, Bd. 525). S. 84–100.

BUSCH, Dirk W.; HOMMERICH, Christoph (1983): Der akademische »Modellathlet«: Tendenzen, Erwartungen und Widersprüche. In: Hochschulexpansion und Arbeitsmarkt. Problemstellungen und Forschungsperspektiven. Nürnberg: IAB, 1983. (BeitrAB 77). S. 60–87.

BUTTLER, Friedrich; Manfred TESSARING (1993): Humankapital als Standortfaktor. Argumente zur Bildungsdiskussion aus arbeitsmarktpolitischer Sicht. In: MittAB, 26. Jg., Heft 4, 1993. S. 467–476.

BUTTLER, Friedrich; Bernd RAHMANN; Wolf-Joachim SAWAHN; Beate SCHMITZ; Wolfgang WEBER (1985): Hochschulabsolventen beim Übergang in den Beruf. Absolventen der Universität-Gesamthochschule Paderborn 1977–1981. In: Manfred KAISER; Reinhard NUTHMANN; Heinz STEGMANN (Hrsg.): Berufliche Verbleibsforschung in der Diskussion. Materialienband 3: Hochschulabsolventen beim Übergang in den Beruf. Nürnberg: IAB, 1985. (BeitrAB 90.3) S. 439–468.

CAMSTRA, Ronald (1995): Emanzipation und die Entfernung von Wohnort zur Arbeit. Eine Niederländische Studie. In: BfLR (Hrsg.): Informationen zur Raumentwicklung: Frau in Europa. H. 1/1995. S. 73–89.

CLEMENS, Bärbel; Sigrid METZ-GÖCKEL; Aylâ NEUSEL; Barbara PORT (Hrsg.) (1986): Töchter der Alma Mater. Frauen in der Berufs- und Hochschulforschung. Frankfurt/New York: Campus. (Schwerpunktreihe Hochschule und Beruf, Campus Forschung, Bd. 513).

CRAMER, Ulrich (1992): Regionale Mobilität im Beschäftigungsverlauf. In: ARL (Hrsg.): Regionale und biographische Mobilität im Lebenslauf. Hannover: ARL, 1992. (Forschungs- und Sitzungsberichte 189). S. 69–89.

CRAMER, Ulrich (1990): Dynamik der Arbeitsplatzentwicklung. Die Job-Turnover-Analyse des Instituts für Arbeitsmarkt- und Berufsforschung. In: BfLR (Hrsg.): Informationen zur Raumentwicklung: Zur Dynamik der regionalen Arbeitsplatzentwicklung, H. 1/1990. S. 1–5.

DAVANZO, Julie (1981): Microeconomic Approaches to Studying Migration Decisions. In: DEJONG, Gordon F.; Robert W. GARDNER (Hrsg.): Migration Decision Making. Multidisciplinary Approaches to Microlevel Studies in Developed and Developing Countries. New York: Pergamon Press, 1981. S. 90–129.

DEJONG, Gordon; James T. FAWCETT (1981): Motivations of Migration: An Assessment and Value-Expectancy Research Model. In: DEJONG, Gordon F.; Robert W. GARDNER (Hrsg.): Migration Decision Making. Multidisciplinary Approaches to Microlevel Studies in Developed and Developing Countries. New York: Pergamon Press, 1981. S. 13–58.

DERENBACH, Rolf (1990): Regionale Arbeitsplatzdynamik im Bundesgebiet. Ergebnisse der Job-Turnover-Analyse in regionaler Differenzierung. In: BfLR (Hrsg.): Informationen zur Raumentwicklung: Zur Dynamik der regionalen Arbeitsplatzentwicklung, H. 1/1990. S. 7–19.

DERENBACH, Rolf (1987): Bildung, Qualifikation und Forschung. In: Bundesminister für Raumordnung, Bauwesen und Städtebau (Hrsg.): Stand und Perspektiven der Forschungen über den ländlichen Raum. (Schriftenreihe »Forschung« des Bundesministers für Raumordnung, Bauwesen und Städtebau, H. 464). S. 178–186.

DERENBACH, Rolf (1984): Berufliche Eingliederung der nachwachsenden Generation in regionaler Sicht. Bonn: Selbstverlag der BfLR. (Forschungen zur Raumentwicklung, Bd. 13).

Doppelkarriere: Mobil zu zweit. In: UNI. Perspektiven für Beruf und Arbeitsmarkt. 16. Jg., H. 10, 1992. S. 36–38.

DURRER, Franz; Christoph HEINE (1993): Studienaufnahme und regionale Mobilität. Eine vergleichende Analyse der Abiturienten 90, 91 und 92 aus den neuen Ländern. Hannover: HIS. (HIS-Kurzinformation, Heft A16, 1993).

EGLE, Franz; Wolfgang MERSCHWIRTH (1987): Regionale Unterschiede in den Arbeitsmarktergebnissen. Nürnberg: IAB. (MatAB 2/1987).

EHRHARDT, Thomas; Manfred ROLFES; Hans-Joachim WENZEL (1990): Hürdenlauf ins Berufsleben. Verbleib und Handlungsorientierungen von Universitätsabsolventen im westlichen Niedersachsen eineinhalb Jahre nach ihrem Examen. In: Universität Osnabrück, Dezember 1990. S. 42–44.

ESSER, Hartmut (1993): Soziologie. Allgemeine Grundlagen. Frankfurt, New York: Campus.

ESSER, Hartmut (1980): Aspekte der Wanderungssoziologie. Darmstadt, Neuwied:

FALK, Rüdiger; Reinhold WEISS (1993): Studieren und was dann? Beschäftigungs-Chancen für Akademiker in der Privatwirtschaft. Ergebnisse einer Unternehmensbefragung. Köln: Deutscher Instituts-Verlag, (hrsg. vom Institut der deutschen Wirtschaft).

FASSMANN, Heinz (1993): Arbeitsmarktsegmentation und Berufslaufbahnen. Ein Beitrag zur Arbeitsmarktgeographie Österreichs. Wien: Verlag der Österreichischen Akademie der Wissenschaften (Beiträge zur Stadt- und Regionalforschung, Bd. 11).

FICHTER, Karl-Heinz; Wolfgang KÖRNER (1993): Die Weiterentwicklung des regionalisierten niedersächsischen Fachhochschulsystems. In: BfLR (Hrsg.): Informationen zur Raumentwicklung: Fachhochschulen und Raumordnungspolitik. S. 139–146.

FLÖTHMANN, E.-Jürgen (1985): Ein interdependenter erwerbsbiographischer Ansatz. In: BIRG, Herwig; Wolfgang FELBER; E.-Jürgen FLÖTHMANN: Arbeitsdynamik, Familienentwicklung und generatives Verhalten. Eine biographietheoretische Konzeption für Untersuchungen demographisch relevanter Verhaltensweisen. Bielefeld: Institut für Bevölkerungsforschung und Sozialpolitik der Universität Bielefeld. (IBS-Materialien Nr. 16). S. 107–163.

FRAMHEIN, Gerhild (1985): Vier und acht Jahre nach Studienbeginn: Erwartungen und Erfahrungen beim Übergang von der Hochschule in den Beruf. Ergebnisse aus dem Konstanzer Absolventen-Panel. In: Manfred KAISER; Reinhard NUTHMANN; Heinz STEGMANN (Hrsg.): Berufliche Verbleibsforschung in der Diskussion. Materialienband 3: Hochschulabsolventen beim Übergang in den Beruf. Nürnberg: IAB, 1985. (BeitrAB 90.3) S. 247–262.

FRAMHEIN, Gerhild (1984): Studienortwahl und Entwicklungsprobleme neuer Universitäten. In: W.-D. Webler (Hrsg.): Hochschule und Region. Wechselwirkungen. Weinheim/Basel: Beltz. S. 245–274.

FRANZ, Peter (1984): Soziologie der räumlichen Mobilität. Eine Einführung. Frankfurt/New York: Campus. (Campus Studium Bd. 556).

FRIEDRICHS, Jürgen (1985): Methoden empirischer Sozialforschung. Opladen: Westdeutscher Verlag. (WV Studium, Bd. 28).

FUCHS, Jürgen (1994): Quer-Denken statt Auf-Steigen. Neue Karrieremuster. In: UNI. Perspektiven für Beruf und Arbeitsmarkt. 18. Jg., Heft 2, 1994. S. 20–22.

GANS, Rüdiger (1993): Regionalbewußtsein und regionale Identität. Ein Konzept der Moderne als Forschungsfeld der Geschichtswissenschaft. In: BfLR (Hrsg.): Informationen zur Raumentwicklung: Regionalgeschichte: ein Ansatz zur Erforschung regionaler Identität. Heft 11, 1993. S. 781–792.

GARDNER, Robert W. (1981): Macrolevel Influences on the Mgration Decision Process. In: DEJONG, Gordon F.; Robert W. GARDNER (Hrsg.): Migration Decision Making. Multidisciplinary Approaches to Microlevel Studies in Developed and Developing Countries. New York: Pergamon Press, 1981. S. 59–89.

GARZ, Detlef; Klaus KRAIMER (1991): Qualitativ-empirische Sozialforschung im Aufbruch. In: Detlef GARZ, Klaus KRAIMER (Hrsg.): Qualitativ-empirische Sozialforschung. Konzepte, Methoden, Analysen. Opladen:Westdeutscher Verlag. S. 1–33.

GATZWEILER, Hans-Peter (1975): Zur Selektivität interregionaler Wanderungen. Ein theoretisch-empirischer Beitrag zur Analyse und Prognose altersspezifischer interregionaler Wanderungen. Bonn: Selbstverlag der BfLR. (Forschungen zur Raumentwicklung, Bd. 1/1975).

GEIPEL, Robert (1984): Regionalisierung versus Zentralisierung des Studienangebotes an Universitäten. Paradigmatische Überlegungen zu widersprüchlichen Konzepten. In: ARL (Hrsg.): Regionale Hochschulplanung unter veränderten Verhältnissen. Hannover: Vincentz, 1984. S. 59–78.

GROTTIAN, Peter; Dieter GRÜHN; Marlene KÜCK (1985): Hochschulabsolventen im Selbsthilfe und Alternativsektor, oder: 100.000 innovative Arbeitsplätze im Selbsthilfe- und Alternativsektor durch neue Finanzierungsmethoden realistisch! In: Manfred KAISER; Reinhard NUTHMANN; Heinz STEGMANN (Hrsg.): Berufliche Verbleibsforschung in der Diskussion. Materialienband 3: Hochschulabsolventen beim Übergang in den Beruf. Nürnberg: IAB, 1985. (BeitrAB 90.3). S. 645–658.

HABERKORN, Gerald (1981): The Migration Decision-Making Process: Some Social-Psychological Considerations. In: DEJONG, Gordon F.; Robert W. GARDNER (Hrsg.): Migration Decision Making. Multidisciplinary Approaches to Microlevel Studies in Developed and Developing Countries. New York: Pergamon Press, 1981. S. 252–278.

HABICH, Roland (1987): Wege der Stellenfindung und berufliche Plazierung. In: DEEKE, Axel; Joachim FISCHER; Ursula SCHUMM-GARLING (Hrsg.): Arbeitsmarktbewegung als sozialer Prozeß. Berlin: Arbeitskreis Sozialwissenschaftliche Arbeitsmarktforschung, 1987. (Arbeitspapier 1987–3). S. 143–173.

HARD, Gerhard (1989): Geographie als Spurenlesen. Eine Möglichkeit, den Sinn und die Grenzen der Geographie zu formulieren. In: Zeitschrift für Wirtschaftsgeographie. H. 1–2/1989, S. 2–11.

HARD, Gerhard (1987): Störche, Kinder, Orchideen, Sonne. Berlin, New York: de Gruyter. (Sonderdruck).

HARD, Gerhard (1986): Der Raum – einmal systemtheoretisch gesehen. In: Geographica Helvetica, H. 2, 1986. S. 77–83.

HARD, Gerhard (1973): Die Geographie. Eine wissenschaftstheoretische Einführung. Berlin, New York: de Gruyter, 1973.

HAUPERT, Bernhard (1991): Vom narrativen Interview zur biographischen Typenbildung. Ein Auswertungsverfahren, dargestellt am Beispiel eines Projektes zur Jugendarbeitslosigkeit. In: Detlef GARZ, Klaus KRAIMER (Hrsg.): Qualitativ-empirische Sozialforschung. Konzepte, Methoden, Analysen. Opladen:Westdeutscher Verlag. S. 213–254.

HECKHAUSEN, Heinz (1987): Perspektiven im Bildungsverständnis: Naives Überzeugungswissen und fachwissenschaftliche Erkenntnis. In: Beiträge zur Hochschulforschung, H. 2/1987. S. 99–121.

HEIDTMANN-FROHME, Susanne (1991): Migration. In: KERBER, Harald; Arnold SCHMIEDERER (Hrsg.): Handbuch Soziologie. Zur Theorie und Praxis sozialer Beziehungen. Reinbek bei Hamburg: Rowohlt, 1991. (Rowohlts Enzyklopädie). S. 384–387.

HEILAND, Ingolf (1993): Fachhochschulstandorte, räumliche Verteilung, regionale Disparitäten und räumliche Planungen im Bundesgebiet. In: BfLR (Hrsg.): Informationen zur Raumentwicklung: Fachhochschulen und Raumordnungspolitik. S. 123–137.

HEINEN, Johannes (1982): Studentischer Einzugsbereich und Motive der Standortwahl der Studienanfänger an der Universität Osnabrück. Osnabrück: Selbstverlag des Fachbereichs 2 der Universität Osnabrück, 1982. (Osnabrücker Studien zur Geographie, Band 6).

HERLYN, Ingrid; Ansgar WEYMANN (1987): Bildung ohne Berufsperspektive. Frankfurt/New York: Campus. (Schwerpunktreihe Hochschule und Beruf, Campus Forschung, Bd. 528).

HERRMANN, Helga (1992): Akademikerinnen in der Wirtschaft – Maßnahmen zur Vereinbarkeit von Beruf und Familie. In: BATHKE, Gustav-Wilhelm u.a.: Berufseinmündungen und berufliche Orientierungen von Hochschulabsolventinnen. Hannover: HIS GmbH, 1992. (HIS Kurzinformationen, A8/92). S. 73–77.

HESSLER, Andrea (1994): Ohne Job: Was nun? Tips der Personalchefs. In: UNI. Perspektiven für Beruf und Arbeitsmarkt. H. 6/1994. S. 42–45.

HOFFMANN-NOWOTNY, Hans-Joachim (1995): Soziologische Aspekte internationaler Migration. In: Geographische Rundschau. H. 7–8/1995. S. 410–414.

HOFFMANN-NOWOTNY, Hans-Joachim (1970): Migration. Ein Beitrag zu einer soziologischen Erklärung. Stuttgart: Enke.

HOLST, Mathias, Gerold DIERS; Birgit SCHULTZ (1989): Entwicklungspotentiale der Wirtschaft im Raum Osnabrück-Emsland-Grafschaft Bentheim. Band 1: Gesamtübersicht. Berlin: Prognos AG Basel.

IAB-Kurzbericht (1989a): Beschäftigungsmöglichkeiten von Rückkehrerinnen nach Regionen. In: IAB (Hrsg.) (1989): Kurzberichte 1988. Nürnberg, IAB (BeitrAB 42.10). S. 129–137.

IAB-Kurzbericht (1989b): Wie wollen Hochschulabsolventen auf eine ungünstige Arbeitsmarktsituation reagieren? In: IAB (Hrsg.) (1989): Kurzberichte 1988. Nürnberg, IAB. (BeitrAB 42.10). S. 113–116.

IZRAELI, Oded; An-Loh LIN (1984): Recent Evidence of the Effect of Real Earnings on Net Migration. In: Regional Studies, Vol. 18, 1984, S. 113–120.

JANIS, I., L. MANN (1977): Decision Making. New York: The Free Press.

JUNG, H.-U. (1989): Wirtschaft und Arbeitsmarkt in Niedersachsen. In: Neues Archiv für Niedersachsen, Bd. 38, H. 4, 1989. S. 12–34.

KAHLE, Irene (1992): Berufliche Orientierungen und Berufsstartphase von Hochschulabsolventinnen und -absolventen. In: BATHKE, Gustav-Wilhelm u.a.: Berufseinmündungen und berufliche Orientierungen von Hochschulabsolventinnen. Hannover: HIS GmbH, 1992. (HIS Kurzinformationen, A8/92). S. 9–19.

KAISER, Manfred (1988): »Akademisierung« des Beschäftigungssystems am Übergang von der Hochschule in den Beruf. In: Hans-Joachim BODENHÖFER (Hrsg.): Bildung, Beruf, Arbeitsmarkt. Berlin: Duncker und Humblot, 1988. (Schriften des Vereins für Socialpolitik, Gesellschaft für Wirtschafts- und Sozialwissenschaften, Neue Folge Bd. 174). S. 83–124.

KAISER, Manfred; Reinhard NUTHMANN; Heinz STEGMANN (1985) (Hrsg.): Berufliche Verbleibsforschung in der Diskussion. 3 Materialienbände und 1 Hauptband. Nürnberg: IAB, 1985. (BeitrAB 90.1–90.4)

KAISER, Manfred (1985): Empirische Aspekte einer »persönlichkeitsorientierten Flexibilitätsforschung«. In: KNEPEL, Helmut; Reinhard HUJER: Mobilitätsprozesse auf dem Arbeitsmarkt. Frankfurt/New York: Campus, 1985. (Sonderforschungsbereich 3 der Universitäten Frankfurt und Mannheim, Mikroanalytische Grundlagen der Gesellschaftspolitik, Schriftenreihe Bd. 13). S. 83–106.

KARR, Werner; Martin KOLLER; Herbert KRIDDE; Heinz WERNER (1987): Regionale Mobilität am Arbeitsmarkt. In: MittAB, 20. Jg., H. 2, 1987. S. 197–212.

KELLER, Berndt; Thomas KLEIN (1994): Berufseinstieg und Mobilität von Akademikern zwischen Öffentlichem Dienst und Privatwirtschaft. Evidenz aus der Konstanzer Absolventenbefragung bei Dipl. Verwaltungswissenschaftlern. In: MittAB, 27. Jg., H. 2/1994. S. 152–160.

KILLISCH, Winfried F. (1979): Räumliche Mobilität. Grundlegung einer allgemeinen Theorie der räumlichen Mobilität und Analyse des Mobilitätsverhaltens der Bevölkerung in Kieler Sanierungsgebieten. Kiel: Selbstverlag des Geographischen Instituts der Universität Kiel. (Kieler Geographische Schriften, Bd. 49).

KLOSE, Joachim (1987): Die Problematik der Abstimmung zwischen Bildungs- und Beschäftigungssystem. Analysen und Perspektiven aus sozialwissenschaftlicher Sicht. Nürnberg: IAB, (BeitrAB 113).

KOHLI, Martin (1973): Studium und berufliche Laufbahn. Über den Zusammenhang von Berufswahl und beruflicher Sozialisation. Stuttgart: Enke.

KOLLER, Martin (1988): Beschäftigung: Konjunktur bleibt regional gespalten. In: IAB (Hrsg.): materialien aktuell H. 2, 1988, S. 1.

KRIZ, Jürgen (1991): Empirische Sozialforschung. In: KERBER, Harald; Arnold SCHMIEDERER (Hrsg.): Handbuch Soziologie. Zur Theorie und Praxis sozialer Beziehungen. Reinbek bei Hamburg: Rowohlt, 1991. (Rowohlts Enzyklopädie). S. 101–111.

KRIZ, Jürgen (1983): Statistik in den Sozialwissenschaften. Einführung und kritische Diskussion. Opladen: Westdeutscher Verlag.

LANGE, Elmar (1985): Determinanten des Übergangs von Hochschülern von der Universität ins Beschäftigungssystem. In: Manfred KAISER; Reinhard NUTHMANN; Heinz STEGMANN (Hrsg.): Berufliche Verbleibsforschung in der Diskussion. Materialienband 3: Hochschulabsolventen beim Übergang in den Beruf. Nürnberg: IAB, 1985. (BeitrAB 90.3). S. 161–206.

LANGE, Elmar (1983): Zur Berufswahl von Hochschülern unter restriktiven Arbeitsmarkt- und Beschäftigungsbedingungen. In: Hochschulexpansion und Arbeitsmarkt. Problemstellungen und Forschungsperspektiven. Nürnberg: IAB, 1983. (BeitrAB 77). S. 88–109.

LEE, Everett S. (1972, zuerst 1966): Eine Theorie der Wanderung. In: SZÉLL, György (Hrsg.): Regionale Mobilität. München: Nymphenburger Verlagshandlung, 1972. (nymphenbuger texte zur wissenschaft, modelluniversität 10). S. 115–129.

LEWIN, Karl; Ulrich Neublein; Dieter SOMMER; Heidi CORIER; Hilke ANDERMANN (1994): Studienbeginn im Wintersemester 1993/94. Immer mehr Studienanfänger mit Doppelqualifikation. In: HIS-Kurzinformation. Hannover: HIS. Heft A6, 1994. S. 1–9.

LEWIN, Karl (1992): Die Berufseintrittsphase von Hochschulabsolventinnen und -absolventen: Probleme und Einschätzungen der Betroffenen. In: BATHKE, Gustav-Wilhelm u.a.: Berufseinmündungen und berufliche Orientierungen von Hochschulabsolventinnen. Hannover: HIS GmbH, 1992. (HIS Kurzinformationen, A8/92). S. 21–35.

LUHMANN, Niklas (1967): Soziologie als Theorie sozialer Systeme. In: Kölner Zeitschrift für Soziologie und Sozialpsychologie. 19. Jg., 1967. S. 615–644.

MACKENSEN, Rainer (1992): Zur Entwicklung der Binnenwanderungen im geeinten Deutschland: zwischen alten Siedlungsstrukturen und neuen Rahmenbedingungen. In: BfLR (Hrsg.): Informationen zur Raumentwicklung: Perspektiven der künftigen Bevölkerungsentwicklung in Deutschland. Teil 1: Fakten und Hypothesen, H. 9–10/1992. S. 737–744.

MATTHEIER, Klaus P. (1980): Pragmatik und Soziologie der Dialekte. Einführung in eine kommunikative Dialektologie des Deutschen. Heidelberg: Quelle und Meyer.

MAYR, Alois (1979): Universität und Stadt. Paderborn: Schöningh.

MERTENS, Dieter (1974): Schlüsselqualifikationen. Thesen zur Schulung für eine moderne Gesellschaft. In: MittAB, 7 Jg., H. 1, 1974, S. 36–43.

MERTENS, Dieter (1973): Der unscharfe Arbeitsmarkt. Eine Zwischenbilanz der Flexibilitätsforschung. In: MittAB, 6. Jg., H. 4, 1973, S. 314–325.

MEUSBURGER, Peter (1991): Ausbildungsniveau und regionale Disparitäten der Wirtschaftsstruktur. Neuere Forschungstrends in der Geographie des Bildungs- und Qualifikationswesens. In: Geographische Rundschau. Nr. 43, H. 11, 1991. S. 652–657.

MEUSBURGER, Peter (1990): Die regionale und soziale Rekrutierung der Heidelberger Professoren zwischen 1950 und 1932. In: MEUSBURGER, Peter und Jürgen SCHMUDE (Hrsg.): Bildungsgeographische Studien über Baden-Württemberg. Heidelberg: Selbstverlag des Geographischen Instituts der Universität Heidelberg. S. 187–239.

MEUSBURGER, Peter (1988): Das Ausbildungsniveau der österreichischen Arbeitsbevölkerung im Jahre 1981 nach der Gemeindegröße des Arbeitsortes. Ein organisationstheoretischer Erklärungsansatz. In: Österreich in Geschichte und Literatur mit Geographie. 32. Jg., H. 1, 1988. S. 31–54.

MEUSBURGER; Peter (1986): Die Heidelberger Professoren im Jahre 1984 mit besonderer Berücksichtigung ihrer regionalen und sozialen Herkunft. In: Beiträge zur Hochschulforschung. H. 1–2, 1986. S. 63–106.

MEUSBURGER, Peter (1980): Beiträge zur Geographie des Bildungs- und Qualifikationswesens. Regionale und soziale Unterschiede des Ausbildungsniveaus der österreichischen Bevölkerung (Textband). Innsbruck: Selbstverlag des Instituts für Geographie der Universität Innsbruck. (Innbrucker Geographische Studien, Bd. 7).

MEYRAT-SCHLEE, Ellen (1993): Mobil sind die anderen. Wohnqualität, Quartierleben und Sesshaftigkeit. Zürich: Verlag der Fachvereine an den schweizerischen Hochschulen und Techniken AG. (ORL-Bericht 87/1993)

MINKS, Karl-Heinz (1992): Absolventenreport Wirtschaftswissenschaften. Ergebnisse einer Untersuchung zur Berufseinmündung von Absolventen wirtschaftswissenschaftlicher Studiengänge des Prüfungsjahres 1988/89. Bonn. (Aktuell – Bildung – Wissenschaft, Heft 6/1992; hrsg. Bundesminister für Bildung und Wissenschaft).

MINKS, Karl-Heinz; Ralf NIGMANN (1991): Hochschulabsolventen 88/89 zwischen Studium und Beruf. Hannover: HIS GmbH. (Hochschulpalnung 88).

MINKS, Karl-Heinz; Reiner REISSERT (1985): Berufliche Wertvorstellungen und Mobilitätsverhalten von Hochschulabsolventen. In: Manfred KAISER; Reinhard NUTHMANN; Heinz STEGMANN (Hrsg.): Berufliche Verbleibsforschung in der Diskussion. Materialienband 3: Hochschulabsolventen beim Übergang in den Beruf. Nürnberg: IAB, 1985. (BeitrAB 90.3) S. 597–620.

NIGMANN, Ralf-Rüdiger (1989): Abiturienten an Fachhochschulen. Ursachen und Auswirkungen der Attraktivität des Fachhochschulstudiums für Abiturienten. Hannover: HIS GmbH. (Hochschulplanung 74).

NOLL, Heinz-Herbert (1985): Arbeitsplatzsuche und Stellenfindung. Überlegungen und Befunde zur Rationalität des Arbeitsmarktverhaltens. In: KNEPEL, Helmut; Reinhard HUJER: Mobilitätsprozesse auf dem Arbeitsmarkt. Frankfurt/New York: Campus, 1985. (Sonderforschungsbereich 3 der Universitäten Frankfurt und Mannheim, Mikroanalytische Grundlagen der Gesellschaftspolitik, Schriftenreihe Bd. 13). S. 275–303.

PARMENTIER, Klaus (1989): Wege aus der Arbeitslosigkeit – Zum Berufsverbleib von ehemals arbeitslos gemeldeten Lehrern, Erziehungs- und Geisteswissenschaftlern. In: Klaus PARMENTIER; Friedemann STOOSS (Hrsg.): Übergange in den Beruf. Zum Verbleib von Lehrern, Erziehungs- und Geisteswissenschaftlern. Nürnberg: IAB, 1989. (BeitrAB 125). S. 55–168.

PEISERT, Hansgert; Tino BARGEL, Gerhild FRAMHEIN (1988): Studiensituation und studentische Orientierungen an Universitäten und Fachhochschulen. 2. Erhebung zur Studiensituation im WS 1984/85. Bad Honnef: Bock, 1988. (Schriftenreihe Studien zu Bildung und Wissenschaft, hrsg. vom Bundesminister für Bildung und Wissenschaft, Bd. 59)

PICKLES, Andrew; Peter ROGERSON (1984): Wage Distributions and Spatial Preferences in Competitive Job Search and Migration. In: Regional Studies, 18, 1984, S. 131–142.

POHL, Jürgen (1993): Kann es eine Geographie ohne Raum geben? Zum Verhältnis von Theoriediskussion und Diszplinpolitik. In: Erdkunde, Bd. 47, Heft 4/1993. S. 255–266.

POLLVOGT, Renate; Maria NIGGEMANN (1991): Organisationssoziologie. In: KERBER, Harald; Arnold SCHMIEDERER (Hrsg.): Handbuch Soziologie. Zur Theorie und Praxis sozialer Beziehungen. Reinbek bei Hamburg: Rowohlt, 1991. (Rowohlts Enzyklopädie). S. 419–423.

RABES, Manfred (1984): »Was ich im Moment mache, ist nicht unbedingt zweite Wahl!« Lehramtsabsolventen berichten über Alternativen zum Schuldienst. Oldenburg. (Zentrum für pädagogische Berufspraxis – Universität Oldenburg).

RAMM, Michael; Tino BARGEL (1995): Studium, Beruf und Arbeitsmarkt. Orientierungen von Studierenden in West- und Ostdeutschland. Nürnberg: IAB. (BeitrAB 193).

REISSERT, Reiner; Bernard MARCISZEWSKI (1987): Studienverlauf und Berufseintritt. Ergebnisse einer Befragung von Hochschulabsolventen und Studienabbrechern des Studienjahres 1984. Hannover: HIS GmbH. (Hochschulplanung 61).

REISSERT, Reiner; Harald WELZER (1987): Übergang wohin? Ergebnisse zur Studiendauer und Übergangsphase von Hochschulabsolventen. In: Reinhard BADER; Werner HABEL; Rolf v. LÜDE; Sigrid METZ-GÖCKEL; Eckhard STEUER (Hrsg.): Studenten im Schatten des Arbeitsmarktes. Studienwahl, Studium und Berufseinmündung zwischen Wunschtraum und Realitätssinn. Frankfurt/New York: Campus, 1987. (Schwerpunktreihe Hochschule und Beruf, Campus Forschung, Bd. 525). S. 225–243.

RHODE-JÜCHTERN, Tilmann (1975): Geographie und Planung. Eine Analyse des sozial- und politikwissenschaftlichen Zusammenhangs. Marburg/Lahn: Selbstverlag des Geographischen Instituts der Universität Marburg. (Marburger Geographische Schriften, Heft 65).

RIPPE, Wolfgang (1988): Zur Ausbildungsadäquanz der Arbeitsplätze von Hochschulabsolventen: Konzeptionen und Indikatoren, Erwartungen und Erfahrungen. In: Hans-Joachim BODENHÖFER (Hrsg.): Bildung, Beruf, Arbeitsmarkt. Berlin: Duncker und Humblot, 1988. (Schriften des Vereins für Socialpolitik, Gesellschaft für Wirtschafts- und Sozialwissenschaften, Neue Folge Bd. 174). S. 171–208.

ROLFES, Manfred; Hans-Joachim WENZEL (1990): Hochschulausbildung und akademischer Arbeitsmarkt im westlichen Niedersachsen. In: Berichte zur deutschen Landeskunde, Bd. 64, H. 2, 1990. S. 345–380.

ROLFES, Manfred; Hans-Joachim WENZEL (1989): Der akademische Arbeitsmarkt in Niedersachsen. Übersicht über die Zahl und die berufliche Qualifikation arbeitsloser Hochschulabsolventen sowie über offenen Akademikerstellen im westlichen Niedersachsen von 1980 bis 1987. In: Neues Archiv für Niedersachsen, Bd. 38, H. 3, 1989. S. 66–94.

ROLFES, Manfred (1993): Fachliche Affinität von Studium und Beruf. Zusammenhänge zwischen Studienschwerpunkten und beruflichen Einsatzbereichen. 61-seitiges Manuskript. Druck in Vorbereitung.

ROLFES, Manfred (1988): Lehramtsabsolventen, Lehrer und regionale Arbeitsmärkte unter besonderer Berücksichtigung des westlichen Niedersachsens. Osnabrück: Unveröffentlichte Hausarbeit im Rahmen der 1. Staatsprüfung für das Lehramt an Gymnasien.

ROLOFF, Christine (1992): Berufseinstieg und berufliche Situation von Chemikerinnen und Informatikerinnen. In: BATHKE, Gustav-Wilhelm u.a.: Berufseinmündungen und berufliche Orientierungen von Hochschulabsolventinnen. Hannover: HIS GmbH, 1992. (HIS Kurzinformationen, A8/92). S. 53–59.

RUPPERT; Karl; Franz SCHAFFER (1969): Zur Konzeption der Sozialgeographie. In: Arnold Schultze (Hrsg.): Dreißig Texte zur Didaktik der Geographie.Braunschweig: Westermann, [5]1976.

SCHETTKAT, Ronald (1992): Mobilität am Arbeitsmarkt – eine Funktion der Makroökonomie. In: Wolfgang FRANZ (Hrsg.): Mikro- und Makroökonomische Aspekte der Arbeitslosigkeit. Nürnberg: IAB. (BeitrAB 165). S. 25–35.

SCHMIDT, Heinz-Ulrich (1993): Überregionale und regionale Aspekte des Ausbaus der Fachhochschulen. In: BfLR (Hrsg.): Informationen zur Raumentwicklung: Fachhochschulen und Raumordnungspolitik. S. 117–122.

SCHMIDT, Siegfried H. (1994): Ausbildung und Beschäftigung von Universitätsabsolventen. Planung und Realität. In: Beiträge zur Hochschulforschung. Heft 1, 1994. S. 6–22.

SCHOBER, Karen; Manfred TESSARING (1993): Eine unendliche Geschichte. Vom Wandel im Bildungs- und Berufswahlverhalten Jugendlicher. Nürnberg: IAB. (MatAB 3/1993).

SCHOMBURG, Harald (1992a): Berufliche Orientierungen und berufliche Zufriedenheit. In: TEICHLER, Ulrich; Michael BUTTGEREIT (Hrsg.): Hochschulabsolventen im Beruf. Ergebnisse der dritten Befragung. Bad Honnef: Bock, 1992. (Schriftenreihe Studien zu Bildung und Wissenschaft, hrsg. vom Bundesminister für Bildung und Wissenschaft, Bd. 102) S. 207–242.

SCHOMBURG, Harald (1992b): Berufsverlauf in den ersten vier bis fünf Jahren nach Studienabschluß. In: TEICHLER, Ulrich; Michael BUTTGEREIT (Hrsg.): Hochschulabsolventen im Beruf. Ergebnisse der dritten Befragung. Bad Honnef: Bock, 1992. (Schriftenreihe Studien zu Bildung und Wissenschaft, hrsg. vom Bundesminister für Bildung und Wissenschaft, Bd. 102) S. 23–65.

SCHOMBURG, Harald (1992c): Zum Stellenwert der besuchten Hochschule für den Berufserfolg vier bis fünf Jahre nach Studienabschluß. In: TEICHLER, Ulrich; Michael BUTTGEREIT (Hrsg.): Hochschulabsolventen im Beruf. Ergebnisse der dritten Befragung. Bad Honnef: Bock, 1992. (Schriftenreihe Studien zu Bildung und Wissenschaft, hrsg. vom Bundesminister für Bildung und Wissenschaft, Bd. 102) S. 243–265.

SCHOMBURG, Harald (1990a): Der Übergang vom Studium in den Beruf. In: Ulrich TEICHLER, Helmut WINKLER (Hrsg.): Der Berufsstart von Hochschulabsolventen. Bad Honnef: Bock, 1990. (Schriftenreihe Studien zu Bildung und Wissenschaft, hrsg. vom Bundesminister für Bildung und Wissenschaft, Bd. 87) S. 19–48.

SCHOMBURG, Harald (1990b): Unterschiede beim Berufsstart – Zum Stellenwert der besuchten Hochschule. In: Ulrich TEICHLER, Helmut WINKLER (Hrsg.): Der Berufsstart von Hochschulabsolventen. Bad Honnef: Bock, 1990. (Schriftenreihe Studien zu Bildung und Wissenschaft, hrsg. vom Bundesminister für Bildung und Wissenschaft, Bd. 87) S. 209–234.

SCHUBERT, Herbert J. (1987): Grenzen der politischen Förderung räumlicher Mobilität: Am Beispiel der Auswirkungen von Fernmigration auf Familien. In: Zeitschrift für Bevölkerungswissenschaft, 13. Jg., H. 4, 1987. S. 473–490.

SCHULTE, Peter (1993): Fachhochschule als Infrastrukturfaktor von Regionen. In: BfLR (Hrsg.): Informationen zur Raumentwicklung: Fachhochschulen und Raumordnungspolitik. S. 171–178.

SCHWARZ-V.-RAUMER, Hans-Georg (1991): Stadt-Umland-Wanderung im Verdichtungsraum Karlsruhe. Eine Analyse mit dem Migrationsmodell von WEIDLICH/HAAG. Karlsruhe: Geographisches Institut II der Universität Karlsruhe. (Karlsruher Manuskripte zur Mathematischen und Theoretischen Wirtschafts- und Sozialgeographie, H. 97).

SEDLACEK, Peter (1982): Kulturgeographie als normative Handlungswissenschaft. In: Peter Sedlacek (Hrsg.): Kultur-/Sozialgeographie. Beiträge zu ihrer wissenschaftstheoretischen Grundlegung. Paderborn, München, Wien, Zürich: Schöningh. S. 187–216.

SIEBERT, Horst (1995): Internationale Migrationen aus wirtschaftswissenschaftlicher Sicht. In: Geographische Rundschau, H. 7–8/1995. S. 405–409.

SOEFFNER, Hans-Georg (1989): Auslegung des Alltags – Der Alltag der Auslegung. Zur wissenssoziologischen Konzeption einer sozialwissenschaftlichen Hermeneutik. Frankfurt a.: Suhrkamp. (Suhrkamp Taschenbuch Wissenschaft, 785).

SPRETER-MÜLLER, Birgit (1988): Außerfachliche Qualifikationen in der Wirtschaft. Anforderungen für den beruflichen Ein- und Aufstieg. Bad Honnef: Bock. (Schriftenreihe Studien zu Bildung und Wissenschaft, hrsg. vom Bundesminister für Bildung und Wissenschaft, Bd. 62)

STEPHAN, Rainer (1992): Berufliche Erfahrungen Wuppertaler Hochschulabsolventen 1985–1989. Wuppertal: Rektorat der Bergischen Universität-Gesamthochschule Wuppertal.

STIGLER, George J. (1962): Information in the Labor Market. In: The Journal of Political Economy. Vol. 70, Heft 5/Okt. 1962, Part 2. S. 94–105.

STILLWELL, John; Peter CONGDON (1991): Migration Modelling: Concepts and Contents. In: STILLWELL, John; Peter CONGDON (Hrsg.): Migration Models. Macro and Micro Approaches. London/New York: Belhaven Press, 1991. S. 1–16.

STILLWELL, John; Peter CONGDON (Hrsg.): Migration Models. Macro and Micro Approaches. London/New York: Belhaven Press, 1991.

STUDENT UND ARBEITSMARKT (Hrsg.) (1991): Mit Kant und Kafka in die Wirtschaft. Studierende der Geistes- und Sozialwissenschaften: Arbeitskräfte für morgen – Arbeitskräfte mit Schlüsselqualifikationen. München: Ludwig-Maximilians-Universität.

TAUBMANN, Wolfgang (1980): Räumliche Disparitäten. Das Beispiel der Bundesrepublik. In: Geographie heute. Heft 2/1980, S. 2–11.

TECKENBERG, Wolfgang (1986): Arbeitszufriedenheit und Postionsstruktur. Auferstehung des Phoenix oder Wiedergeburt einer Nebelkrähe? In: Kölner Zeitschrift für Soziologie und Sozialpsychologie, 38. Jg., 1986. S. 280–313.

TEICHLER, Ulrich; Harald SCHOMBURG, Helmut WINKLER (1992): Studium und Berufsweg von Hochschulabsolventen. Ergebnisse einer Langzeitstudie. Bonn. (Aktuell – Bildung – Wissenschaft, Heft 18/92, hrsg. vom Bundesminister für Bildung und Wissenschaft).

TEICHLER, Ulrich; Michael BUTTGEREIT (1992) (Hrsg.): Hochschulabsolventen im Beruf. Ergebnisse der dritten Befragung. Bad Honnef: Bock. (Schriftenreihe Studien zu Bildung und Wissenschaft, hrsg. vom Bundesminister für Bildung und Wissenschaft, Bd. 102).

TEICHLER, Ulrich (1992): Die wichtigsten Befunde im Überblick. In: TEICHLER, Ulrich; Michael BUTTGEREIT (Hrsg.): Hochschulabsolventen im Beruf. Ergebnisse der dritten Befragung. Bad Honnef: Bock, 1992. (Schriftenreihe Studien zu Bildung und Wissenschaft, hrsg. vom Bundesminister für Bildung und Wissenschaft, Bd. 102). S. 267–287.

TEICHLER, Ulrich (1991): Greifbare Realitäten. Hochschule und Berufseinstieg: Ein europäischer Vergleich. In: UNI. Perspektiven für Beruf und Arbeitsmarkt. 15. Jg., H. 5, 1991. S. 41–53.

TEICHLER, Ulrich; Helmut WINKLER (1990) (Hrsg.): Hochschulabsolventen im Beruf. Ergebnisse der dritten Befragung. Bad Honnef: Bock. (Schriftenreihe Studien zu Bildung und Wissenschaft, hrsg. vom Bundesminister für Bildung und Wissenschaft, Bd. 87).

TEICHLER, Ulrich (1990): Die wichtigsten Befunde im Überblick. In: TEICHLER, Ulrich; Helmut WINKLER (Hrsg.): Hochschulabsolventen im Beruf. Ergebnisse der dritten Befragung. Bad Honnef: Bock, 1990. (Schriftenreihe Studien zu Bildung und Wissenschaft, hrsg. vom Bundesminister für Bildung und Wissenschaft, Bd. 87). S. 235–255.

TEICHLER, Ulrich (1989): Hochschulen in Europa. Studiengänge, Studiendauer, Übergang in den Beruf. In: Aus Politik und Zeitgeschichte. Beilage zur Wochenzeitung Das Parlament. B. 50/89, 8. Dezember 1989. S. 25–39.

TEICHLER, Ulrich (1981): Der Arbeitsmarkt für Hochschulabsolventen. Zum Wandel der Berufsperspektiven im Zuge der Hochschulexpansion. München/New York/London/Paris: Saur.

TEICHLER, Ulrich u.a. (1987): Hochschule – Studium – Berufvorstellungen. Eine empirische Untersuchung zur Vielfalt von Hochschulen und deren Auswirkungen. Bad Honnef: Bock, 1987. (Schriftenreihe Studien zu Bildung und Wissenschaft, hrsg. vom Bundesminister für Bildung und Wissenschaft, Bd. 50)

TEICHLER, Ulrich; Michael BUTTGEREIT, Rolf HOLTKAMP (1984): Hochschulzertifikate in der betrieblichen Einstellungspraxis. Bad Honnef: Bock. (Schriftenreihe Studien zu Bildung und Wissenschaft, hrsg. vom Bundesminister für Bildung und Wissenschaft, Bd. 6)

TEICHLER, Ulrich; Dirk HARTUNG; Reinhard NUTHMANN (1976): Hochschulexpansion und Bedarf der Gesellschaft. Wissenschaftliche Erklärungsansätze, bildungspolitische Konzeptionen und internationale Entwicklungstendenzen. Stuttgart: Klett.

TESSARING, Manfred (1994): Langfristige Tendenzen des Arbeitskräftebedarfs nach Tätigkeiten und Qualifikationen in den alten Bundesländern bis zum Jahr 2010. Eine erste Aktualisierung der IAB/PROGNOS-Projektion 1989/91. In: MittAB, 27. Jg., H. 1, 1994. S. 5–19.

TESSARING, Manfred (1991a): Die Arbeitslandschaft der Zukunft. Projektionen auf das Jahr 2010. In: UNI. Perspektiven für Beruf und Arbeitsmarkt. 15. Jg., H. 1, 1991. S. 18–23.

TESSARING, Manfred (1991b): Tendenzen des Qualifikationsbedarfs in der Bundesrepublik Deutschland bis zum Jahre 2010. Implikationen der IAB/Prognos-Projektion 1989 für die Qualifikationsstruktur der Arbeitsplätze in Westdeutschland. In: MittAB, 24. Jg., H. 1, 1991, S. 45–62.

TESSARING, Manfred (1989): Beschäftigungssituation und -perspektiven für Hochschulabsolventen. In: Aus Politik und Zeitgeschichte. Beilage zur Wochenzeitung Das Parlament. B. 50/89, 8. Dezember 1989. S. 14–24.

TESSARING, Manfred (1988): Arbeitsmarkt für Akademiker: Gestern – heute – morgen. Nürnberg: IAB. (MatAB 5/1988).

UNSELD, Georg; A. FISCHER; K. GROB; J.-S. RADICKE; K. SCHNEIDER (1989): Außerschulische Tätigkeitsfelder für Lehrer – Untersuchung zur Situation der Lehrer für Grund-, Haupt- und Realschulen. In: Klaus PARMENTIER; Friedemann STOOSS (Hrsg.): Übergange in den Beruf. Zum Verbleib von Lehrern, Erziehungs- und Geisteswissenschaftlern. Nürnberg: IAB, 1989. (BeitrAB 125). S. 27–54.

VANBERG, Monika (1974): Ansätze der Wanderungsforschung. Folgerungen für ein Modell der Wanderungsentscheidung. In: ARL (Hrsg.): Untersuchungen zur kleinräumlichen Bevölkerungsbewegung. Forschungsberichte des Arbeitskreises »Soziale Entwicklung und regionale Bevölkerungsprognose« der Akademie für Raumforschung und Landesplanung. Hannover: Schroedel, 1974. (Forschungs- und Sitzungsberichte Bd. 95). S. 3–20.

WAGNER, Herbert (1993): Bildung und Raum. Entwicklung und Strategien einer geographischen Forschungsrichtung. Osnabrück: Selbstverlag des Fachgebietes Geographie der Universität Osnabrück. (Osnabrücker Studien zur Geographie (OSG) Band 13).

WAGNER, Michael (1992): Zur Bedeutung räumlicher Mobilität für den Erwerbsverlauf bei Männern und Frauen. In: ARL (Hrsg.): Regionale und biographische Mobilität im Lebenslauf. Hannover: ARL, 1992. (Forschungs- und Sitzungsberichte 189). S. 149–167.

WAGNER, Michael (1989): Räumliche Mobilität im Lebenslauf. Stuttgart: Enke.

WEBER, Max (1984, zuerst 1921): Soziologische Grundbegriffe. 6. Auflage. Tübingen: Mohr/Siebeck. (UTB 541).

WEBER, Peter (1982): Geographische Mobilitätsforschung. Darmstadt: Wissenschaftliche Buchgesellschaft. (Erträge der Forschung, Bd. 179).

WEICHHART, Peter (1993): Vom »Räumeln« in der Geographie und anderen Wissenschaften. Einige Thesen zum Raumaspekt sozialer Phänomene. In: Jörg MAYER (Hrsg.): Die aufgeräumte Welt. Raumbilder und Raumkonzepte im Zeitalter globaler Marktwirtschaft. Rehberg-Loccum: Evangelische Akademie Loccum: 1993. (Loccumer Protokolle 74/92). S. 225–341.

WEICHHART, Peter (1986): Das Erkenntnisobjekt der Sozialgeographie aus handlungstheoretischer Sicht. In: Geographica Helvetica, H. 2, 1986. S. 84–90.

WEISS, Reinhold; Rüdiger FALK (1985): Lehrer in die Wirtschaft. Modellversuch zur Qualifizierung und Integration. Bad Honnef: Bock, 1985. (Schriftenreihe Studien zu Bildung und Wissenschaft, hrsg. vom Bundesminister für Bildung und Wissenschaft, Bd. 18)

WEISSHUHN, Gernot; Felix BÜCHEL (1992): Betriebswechsel, räumliche Mobilität und Verdienstentwicklung. Eine Longitudinalanalyse sozialversicherungspflichtig Beschäftigter in den Perioden 1977–1979 und 1982–1984. In: ARL (Hrsg.): Regionale und biographische Mobilität im Lebenslauf. Hannover: ARL, 1992. (Forschungs- und Sitzungsberichte 189). S. 168–199.

WENZEL, Hans-Joachim, Thomas EHRHARDT (1987): Ausbildungsentscheidungen und Mobilität von Abiturienten im westlichen und nordwestlichen Niedersachsen. Oldenburg: Zentrum für pädagogische Berufspraxis der Universität Oldenburg. (Oldenburger Vor-Drucke, Heft 9/1987).

WENZEL, Hans-Joachim (1993): Studenten im westlichen Niedersachsen und in Osnabrück. Fakten und Trends. In: Neues Archiv, Heft 2, 1993. S. 19–35.

WENZEL, Hans-Joachim (1989): Entwicklungstendenzen des akademischen Arbeitsmarktes in Westniedersachsen und das Übertrittsverhalten der regionalen Universitätsabsolventen. In: Stadt Osnabrück/Der Oberstadtdirektor und Landkreis Osnabrück/Der Oberkreisdirektor (Hrsg.): Perspektiven der Regionalentwicklung: Gesellschaft. Osnabrück: Selbstverlag der Stadt Osnabrück, 1989. S. 71–100.

WENZEL, Hans-Joachim (1982): Raumwahrnehmung/Umweltwahrnehmung. In: Lothar JANDER, Wolfgang SCHRAMKE, Hans-Joachim WENZEL (Hrsg.): Metzler Handbuch für den Geographieunterricht. Ein Leitfaden für Praxis und Ausbildung. Stuttgart: Metzler, 1982. S. 326–333.

WENZEL, Hanz-Joachim (1982): Sozialgeographie. In: Lothar JANDER, Wolfgang SCHRAMKE, Hans-Joachim WENZEL (Hrsg.): Metzler Handbuch für den Geographieunterricht. Ein Leitfaden für Praxis und Ausbildung. Stuttgart: Metzler, 1982. S. 380–388.

WENZEL, Hans-Joachim; Thomas EHRHARDT, Manfred ROLFES (1990): Studenten und Universitätsabsolventen im westlichen Niedersachsen beim Übertritt ins Beschäftigungssystem und ihre berufliche Flexibilität und räumliche Mobilität. In: Raumforschung und Raumordnung, 48. Jg., H. 2–3, 1990. S. 130–141.

WERLEN, Benno (1993): Gibt es eine Geographie ohne Raum? Zum Verhältnis von traditioneller Geographie und zeitgenössischer Gesellschaften. In: Erdkunde, Bd. 47, Heft 4/1993. S. 241–254.

WERLEN, Benno (1988): Gesellschaft, Handlung und Raum. Grundlagen handlungstheoretischer Sozialgeographie. Stuttgart: Franz Steiner, 1987.

WERLEN, Benno (1986): Thesen zur handlungstheoretischen Neuorientierung sozialgeographischer Forschung. In: Geographica Helvetica, H. 2, 1986. S. 67–76.

WINKLER, Helmut (1992): Unterschiede in Studienergebnissen und im Berufsstarterfolg bei Fachhochschul- und Universitätsabsolventen. In. Manfred KAISER, Helmut GÖRLITZ (Hrsg.): Bildung und Beruf im Umbruch. Zur Diskussion der Übergange in die Hochschule und Beschäftigung im geeinten Deutschland. Nürnberg: IAB, 1992. (BeitrAB 153.3). S. 270–288.

WINKLER, Helmut (1990): Beschäftigungssuche. In: Ulrich TEICHLER, Helmut WINKLER (Hrsg.): Der Berufsstart von Hochschulabsolventen. Bad Honnef: Bock, 1990. (Schriftenreihe Studien zu Bildung und Wissenschaft, hrsg. vom Bundesminister für Bildung und Wissenschaft, Bd. 87) S. 49–73.

WISSENSCHAFTSRAT (1991) (Hrsg.): Empfehlungen zur Entwicklung der Fachhochschulen in den 90er Jahren. Köln: Geschäftsstelle des Wissenschaftsrates.

WISSENSCHAFTSRAT (1988) (Hrsg.): Empfehlungen des Wissenschaftsrates zu den Perspektiven der Hochschulen in den 90er Jahren. Köln: Geschäftsstelle des Wissenschaftsrates.

WOLPERT, J. (1975, zuerst 1965): Behavioural Aspects of the Decision to Migrate. In: JONES, Emrys (Hrsg.): Readings in Social Geography. London: Oxford University Press, 1975. S. 191–199.

von WRIGHT, Georg Henrik (1991): Erklären und Verstehen. Frankfurt am Main: Hain.

von WRIGHT, Georg Henrik (1967): Handlungslogik. Ein Entwurk. In: Georg Henrik von Wright: Handlung, Norm und Intention. Untersuchungen zur deontischen Logik. Berlin, New York: de Gruyter, 1977. S. 83–103.

ZIEGLER, R.; J. BRÜDERL; A. DIEKMANN (1988): Stellensuchdauer und Anfangseinkommen bei Hochschulabsolventen. Ein empirischer Beitrag zur Job-Search-Theorie. In: Zeitschrift für Wirtschafts- und Sozialwissenschaften. Nr. 108, 1988. S. 247–270.

ZINGG, Walter (1976): Soziale Mobilität und Wanderung. In: ATTESLANDER, Peter (Hrsg.): Soziologie und Raumplanung. Einführung in ausgewählte Aspekte. Berlin/New York: DeGruyter. (Sammlung Göschen 2110). S. 181–210.